北京市社会科学理论著作出版基金重点资助项目

吴晗全集

第7卷
杂文卷（1）

吴晗 著　　常君实 编

中国人民大学出版社
· 北京 ·

吴晗、尚钺与费孝通在一起。

吴晗和周总理、贺龙、田汉在一起。

1956 年 2 月 28 日，印度总理尼赫鲁在孟买接见中印友好协会访印文化代表团团长吴晗和团员。前排右四为尼赫鲁，右五为吴晗。

吴晗全家合影。前排右起：吴晗、袁震、吴浦星（小妹）、吴浦月（大妹）；后排右起：吴浦星的爱人李超、吴晗胞弟吴春曦。

1956年，吴晗访问巴基斯坦时，在欢迎会上讲话。

1957年2月1日，中国人民代表大会和北京市人民委员会代表团去苏联和东欧一些国家访问回到北京，吴晗前往机场迎接，与彭真握手交谈。左一为民盟中央副主席高崇民。

吴晗和毛主席、周总理一起看戏。

吴晗夫妇和抱着吴小彦的朱德夫人康克清同孩子们在一起。

目　录

历史的镜子

史事与人物

投枪集

灯 下 集

历史的镜子

说明：

《历史的镜子》是吴晗自己编辑的第一本杂文集，收杂文47篇，1946年8月由生活书店出版。为了让读者了解吴晗编辑的他的每一本著作的用意，包括每本书的取名，为了尊重吴晗为编辑自己的每本书付出的劳动，也为了给吴晗的研究者提供一些原始的资料，《吴晗全集》收入的吴晗自己编辑成册的杂文集，除对个别重复的篇目进行删节外，其他均遵照原书原貌。

——编者注

论社会风气

宋人张端义在他所著的《贵耳集》中有一段话：

> 古今治天下多有所尚，唐虞尚德，夏尚功，商尚老，周尚亲，秦尚刑法，汉尚材谋，东汉尚节义，魏尚辞章，晋尚清谈，周隋尚族望，唐尚制度文华，本朝尚法令议论。

把每一个时代的特征指出。“尚”从纵的方面，可以说是时代精神，从横的方面，可以说是社会风气。

一时代有它的特殊时代精神，社会风气，也就是有所“尚”，这是合乎历史事实的。成问题的是所尚的“主流”，是发端于“治天下者”？是被治的下层民众？是中间阶层的士大夫集团？

就历代所“尚”而说，三代渺远，我们姑且搁开不说，秦以下的刑法、材谋、节义、辞章、清谈、族望、制度文华、法令议论，大体上似乎都和小百姓无干，治天下者的作用也只是推波助澜，主流实实在在发于中层的士大夫集团，加以上层的提倡，下层的随和，才会蔚为风气，滂溥一世。不管历史对所“尚”的评价如何，就主流的发动而论，转变社会风气，也就是所谓移风易俗，只有中层的士大夫集团才能负起责任。

就上述的所“尚”而论，有所“尚”同时也有所弊。社会风气的正常或健全与否，决定这一社会人群的历史命运，往古如此，即在今日也还是如此。例如秦尚刑法，其弊流为诽谤之诛，参族之刑，残虐天下，卒以自灭。东汉尚节义，固然收效于国家艰危之际，可是也造成了处士盗虚声，矫名饰行，欺世害俗的伪孝廉、伪君子。晋尚清谈，生活的趣味是够条件了，其弊流为只顾耳目口腹的享受，忘掉国家民族的安危。王夷甫一流人的死是不足塞责的。周隋尚族望（唐也还未能免此），流品是“清”了，黄散令仆子弟的入仕，都有一定的出身。谱牒之学也盛极一时，可是用人唯论门第，不责才力，庸劣居上位，才俊沉下品，政治的效率和纲纪也就谈不到了。高门子弟坐致三公，尽忠于所事的道德也当然说不上了。宋尚法令议论，史实告诉我们，宋代的敕令格式，一司一局的海行往往一来就是几百千卷，结果是文吏疲于翻检，夤缘为奸。议论更是不得了，当靖康艰危之际，敌人长驱深入，政府群公还在议战议和议守议逃，议论未决，和战未定，敌人已经不费一兵一卒渡过了黄河进围开封了。饶是兵临城下，还是在议论和战，和战始终不决，战也不能战，和也和不了，终于亡国。

史实明明白白地告诉我们，社会风气所尚的正面，给一群特殊人物以方便，尚族望的给高门子弟以仕进的优先权，尚法令议论的给文墨之士以纵横反覆的际会。反面呢，寒士拮据一生，终被摈斥于台阁之外，国民杀敌破家，不能于国事置喙一字，他们的血是无代价地被这群人所牺牲了。

从历史上的社会风气的正反面，来衡量近三十年来的变局，也许可以给我们以一个反省的机会。

最近三十年间的变革，不能不归功于致力新文化运动的先辈，他们负起了转移社会风气的责任。举具体的例子来说，他们把人从旧礼教旧家庭之下解放出来，他们打倒了父母之命媒妁之言的买卖式婚姻，妇女再嫁和离婚已不再成为社会的话柄。受之父母的头发给剪掉了，缠足解放了。诘屈难解的文言代替以明白易懂的白话，对于旧的传说和史实重新予以科学的评价，传统的经典也从语言学比较文字学各方面予以新的意义。他们也介绍了西洋的新思想，民主与科学，奠定了新时代的学术风气，综合地说明这时期的社会风气，可以说是所尚在“革”。

反面呢？破坏了旧的以后，新的一套还不曾完备地建设起来，小犊偾辕，前进的青年凭着热情、毅力，百折不回地着手建设所憧憬的乐园，他们不顾险阻，不辞劳瘁，继续前进，要完成新文化运动所启示的后果，结局是遇到障碍，时代落在他们的后面。他们的血汇合起来成为一条大河，滋润后一代人的心灵，给史家以凭吊的资料。

这一转变正在继续迈进中，光明已经在望了，突然爆发了不甘奴役的抗战，前后经过了七年的艰苦挣扎，创造了新的时代精神，前一时期的思想的解放，于此转变为整个民族的解放了。

七年来的抗战，完成了民族统一的伟业，提高了国际地位，就对外的同仇敌忾这一点来说，我们做到了史无前例，全国人民一心一德的地步。可是就对内方面说，似乎过度动荡紧张的情绪，使整个社会失去了常态，“人”重新归纳在民族抗战的前提之下，前一时期所破坏的对象，又以另一姿态出见，另一名词出见了。近几年来随着不正常的物价狂跌，安居乐业的悠闲趣味已被生存问题所威胁，随之社会风气也起了重大的空前的变化，这变化根本变化了个人的思想信仰，被变化了的人所作的不正常的活动，也根本促进社会风气的再变化，循环激荡，互相因果，变化的痕迹有线索可寻，病象也极明白，举目前能够看出来而又可说的大概有几方面：

第一是过去造成社会风气的主流，所谓中层集团的渐趋消灭。这集团包括曾受教育的智识分子和小有产者。在历史上这个集团的政治意识是最保守的，下层民众的叛乱，多由这个集团负责任压制和敉平，元末豪族之抵抗香军，清代后期曾、胡、左、李诸人之对抗太平天国即是著例。这七八年来，这集团的人一小部分离开原来的岗位，长袖善舞，扶摇直上，爬到上层去了。大部分人则被自然所淘汰，固定的收入减为战前的百分之四，终日工作所得不及一引车卖浆者流，失去产业，失去过去可以自慰的优越感，鸠形鹄面，捉襟露肘，儿女啼饥号寒，甚至倒毙路旁，瘐死床第，被推落在下层。中间阶层将被肃清了。以后会只剩了上层和下层，一富一贫，形成鲜明的对比。

第二是道德观念的改变。前一时代的社会舆论，所称扬的是有才有能的人（这类人虽然事实上并不很多），并不一定以财富为标准，著名的贪官污吏，军阀劣绅，虽然满足于个人生活的享受，却也还知道清议可畏，不敢用圣经贤传的话来强自粉饰。现在则正好相反，能弄钱和赚钱最多的是合乎生存条件的优胜者，社会并不追问他的钱是由于贪污，由于走私，由于囤积，只要腰缠万贯，即使是过去不齿于乡党的败类，也可遨游都市，号为名流，经商入仕，亦商亦官，无不如意。至于遵守法纪，忠心职业的人，不是被排挤，就是困死病死，即使不死，也永远无声无臭，得不到社会的尊敬，更得不到朋友的同情，乡党的称誉。道德的观念，因社会的变革而需要重新估价了。

第三是职业的混淆与贪污。就几年来的见闻，靠固定收入来维持生活的人，逼于环境，非兼差或兼业不能生存，有人甚至于同时兼任三四个机关有给的职务，或者兼管有倍蓰利润的商业，不但学商不分，工商不分，连官商也不分了。东边画卯，西边报到，日夜奔波，以正业为副业，敷衍了事，以兼业为本分，全神贯注，习与性成，以为天经地义，无可非议。不但作事效率无从谈起，单就各行各业各机关的人事异动来说，人人都存三日京兆之心，随时都准备作乔迁之计，人不安业，业也不能择人，社会的国家的损失，在这种职业的混淆和流动之下，简直是不可以数字来计算。更进一步，若干败类藉口于收入不足以赡家养身，公开收受贿赂，营私舞弊，破法坏法，贪污成为风气，置国法清议于不顾，大官小官，都成利薮，大事小事，尽是财源，上行下效，惘然不知廉耻之为何物，这种不正常的现象如不纠正，未来的建国大业，恐怕会有无从下手的困难。

就以上所指出的几方面，综合起来，就历史系统而强为归纳，这时期所尚的恐怕是“利”！美名之为拜金主义。这是一个可怕的病态，比敌人的侵略更可怕的病症。目前如不努力设法转变，用社会的力量来移风易俗，则抗战虽然胜利，恐怕我们的损失将会比失败更为可怕。

论贪污

古语说：“无敌国外患者国恒亡。”这是历代相传的名言，颠扑不破的真理。其实，征之于过去的史实，这句话还可引申为：“内政修明而有敌国外患者国必不亡！”“内政不修而无敌国外患者国恒亡”。

内政不修的涵义极广，举实例说明之，如政出多门，机构庞冗，横征暴敛，法令滋彰，宠佞用事，民困无告，货币紊乱，盗贼横行，水旱为灾等等都是，而最普遍最传统的一个现象是贪污。这现象是“一以贯之”，上述种种实例都和她有母子关系，也可以说贪污是因，这些实例是果。有了这些现象才会有敌国外患，反之如政治修明，则虽有敌国外患也不足为患。

贪污这一现象，假如我们肯细心翻读过去每一朝代的历史，不禁令人很痛心地发现“无代无之”，竟是与史实同寿！我们这时代，不应该再讳疾忌医了，更不应该蒙在鼓里夜郎自大了。翻翻陈账，看看历代覆亡之原，再针对现状，求出对症的药石，也许可以对抗建大业有些小补。

一部二十四史充满了贪污的故事，我们只能拣最脍炙人口的大人物举几个例，开一笔账，“豺狼当道，安问狐狸！”下僚小吏，姑且放开不谈。

过去历史上皇帝是国家元首，皇帝的宫廷财政和国家财政向来分开，但是有时候皇帝昏乱浪费，公私不分，以国产为私产，恣意挥霍，闹得民穷财尽，这种情形，史不绝书。最奇的是皇帝也有贪污的，用不正当的方法收受贿赂，例如汉灵帝和明神宗。汉灵帝为侯时常苦贫，及即位后，每叹桓帝不能作家居，曾无私钱，故卖官聚钱，以为私藏。光和元年（公元178）初开西邸卖官，二千石二千万，四百石四百万，公千万，郎五百万，富者先入钱，贫者到官然后倍输。崔烈入钱五百万拜司徒，拜日天子临轩，百僚毕会。灵帝忽然懊悔，和左右说，这官卖得上当，那时只要稍为措住一下，他会出一千万的。大将如段颎、张温虽然有功，也还是用钱买，才能作三公。又收天下之珍货，每郡国贡献，先输内廷，名为导引费。又税天下田亩什钱修宫室，内外官迁除都先到西园讲价钱，大郡至二三千万，付了钱才能上任，关内侯值钱五百万。他把国库的金钱缯帛取归内府，造万金堂贮之，藏不下的寄存在小黄门常侍家。黄巾乱起，卒亡汉社。无独有偶，一千四百年后的明神宗也是爱钱胜过爱民的皇帝，他要增殖私产，到处派太监榷税采矿，大珰小监，纵横绎骚，吸髓饮血，以供进奉，有的称奉密旨搜金宝，募人告密，有的发掘历代陵寝，豪夺民产，所至肆虐，民不聊生，大小臣工上疏谏止的一概不理，税监有所纠劾的却朝上夕报，立得重谴。结果内库虽然金银山积，民间却被逼叛乱四起，所遣税监高淮激变于辽东，梁永激变于陕西，陈奉激变于江夏，李奉激变于新会，孙隆激变于苏州，杨荣激变于云南，刘成激变于常镇，潘相激变于江西，瓦解土崩，民流政散，甚至遣使到菲律宾采金，引起误会，侨民被杀的至二万五千人，国库被挪用空乏，到了外患内乱迭起，无可应付时，请发内库存金，却靳靳不肯，再三催讨，才勉强发出一点敷衍面子。他死后，不过二十多年，明朝就亡国了，推原根本，亡国的责任应该由他的贪污行为负责。

皇后贪污亡国的，著名的例子有五代唐庄宗的刘后。刘后出身寒微，既贵，专务蓄财，薪蔬果茹，都贩鬻充私房，到了作皇后时四方贡献，分作两份，一上天子，一上中宫，又广收货赂，营私乱政，宫中宝货山积，皇后的教和皇帝的制敕并行，藩镇奉之如一。邺都变起后，仓储不足，军士有流言，政府请发内库金帛给军，庄宗要答应，她却说自有天命，不必理会。大臣再三申论，她拿出妆具和三个银盆，又叫三个皇子出去说，人家说宫中蓄积多，不知都已赏赐完了，止留下这些，请连皇子卖了给军士罢。到庄宗被弑后，她却打叠珍宝驮在马鞍上，首先逃命。余下带不走的都被乱军所得。

大臣贪污乱国的更是指不胜屈，著例如唐代的杨国忠、元载，宋代的秦桧、贾似道，明代的严嵩，清代的和珅。史书记元载籍没时单胡椒一项就有八百斛，钟乳五百两。严嵩的家产可支军饷数年，籍没时有黄金三万余两白金二百余万两，其他珍宝不可胜计。隐没未抄的不可计数。和珅的家产可以供给全国经费二十年，以半数就够付清庚子赔款。

太监得君主信任的，财产的数目也多得惊人。例如明代的王振，籍没时有金银六十余库，玉盘百，珊瑚高六七尺者二十余株。刘瑾擅权不过六七年，籍没时有大玉带八十束，黄金二百五十万两，银五千万余两，其他珍宝无算。

一般官僚的贪污情形，以元朝末年作例。当时上下交征，问人讨钱，各有名目，所属始参曰拜见钱，无事白要曰撒花钱，逢节曰追节钱，生辰曰生日钱，管事而索曰常例钱，送迎曰人情钱，勾追曰赍发钱，论诉曰公事钱。觅得钱多曰得手，除得州美曰好地，补得职近曰好窠。遇事要钱，成为风气，种下了亡国的祸根。

武人的贪污在历史上也不能例外，有个著名的故事说，五代时有一个军阀被召入朝，百姓喜欢极了，说是从今拔去眼中钉了，不料这人在朝廷打点花了大钱，又回旧任，下马后即刻征收“拔钉钱”。又有一军阀也被召入朝，年老的百姓都摸摸胡子，会心微笑，这人回任后，也向百姓要“摸胡子钱”。

上下几千年，细读历史，政简刑清，官吏廉洁，生民乐业的时代简直是黄钟大吕之音，少得可怜。史家遇见这样稀觏的时代，往往一唱三叹，低徊景仰而不能自已。

历朝的政治家用尽了心力，想法子肃清贪污，树立廉洁的吏治，不外两种办法，第一种是厚禄，他们以为官吏之所以不顾廉耻，倒行逆施，主要原因是禄不足以养廉，如国家所给俸禄足够生活，则一般中人之资，受过教育的应该知道自爱。如再违法受赃，便是自暴自弃，可以重法绳之。第二种是严刑，国家制定法令，犯法的立置刑章，和全国共弃之。前者例如宋，后者例如明初。

宋代官俸最厚，京朝官有月俸，有春冬服（绫绢绵），有禄粟，有职钱，有元随傔人衣粮傔人餐钱。此外又有茶酒厨料之给，薪蒿炭盐诸物之给，饲马刍粟之给，米面羊口之给。外官则别有公用钱，有职田。小官无职田者别有茶汤钱，给赐优裕，入仕的人都可得到生活的保障，不必顾念身家，一心一意替国家作事。一面严刑重法，凡犯赃的官吏都杀无赦，太祖时代执法最严，中外官犯赃的一定弃市。太宗时代也还能维持这法令，真宗时从轻改为杖流海岛。仁宗以后，姑息成风，吏治也日渐腐败，和初期的循良治行不可同日而语了。明代和宋代恰好相反，明太祖有惩于元代的覆败，用重刑治乱国，凡贪官污吏重则处死，轻也充军或罚作苦工，甚至立剥皮之刑，一时中外官吏无不重足屏息，奉公畏法，仁宣两代继以宽仁之治，一张一弛，倒也建设了几十年的清明政治。正统以后，情形便大不相同了，原因是明代官俸本来不厚，洪武年代还可全支，后来便采用折色的办法，以俸米折钞，又以布折俸米，朝官每月实得米不过一二石，外官厚者不过三石，薄的一石二石，其余都折钞布，钞价贬值到千分之二三，折算实收一个正七品的知县不过得钱一二百文。仰无以事父母，俯无以蓄妻子，除了贪污，更无别的法子可想。这情形政府当局未尝不了解，却始终因循敷衍，不从根本解决，上下相蒙，贪污成为正常风气，时事也就不可问了。

由于上述两个例子，宋代厚禄，明初严刑，暂时都有相当效果，却都不能维持久远。（但是比较的说，宋代一般的吏治情形要比明代好一点。）原因是这两个办法只能治标，对贪污的根本原因不能发生作用。治本的唯一办法，应该从整个历史和社会组织去理解。

一直到今天为止，我们的政治，我们的社会组织，我们的文化都是以家族为本位的。在农村里聚族而居，父子兄弟共同劳作，在社会上工商也世承其业，治国平天下的道理也从修身齐家出发。孝友睦姻是公认的美德，几代同居的大家族更可以夸耀乡党。作官三辈爷，不但诰封父母，荫及妻子，连亲戚乡党也鸡犬同升。平居父诏其子，兄诏其弟以作官发财，亲朋也以此相勉，社会也以此相钦羡，“个人”在这环境下不复存在，一旦青云得路，父族妻族儿女姻戚和故旧乡里都一拥而来，禄薄固不能支给，即禄厚又何尝能够全部应付，更何况上官要承迎，要人要敷衍，送往迎来，在在需钱！

如不贪污非饿死冻死不可！固然过去也有清官，清到儿女啼饥号寒，死后连棺材也买不起的。也有作官一辈子，告休后连住屋也没有一间的。可是这类人并不多，一部正史的循吏传也不过寥寥十数人而已。而且打开天窗说亮话，这些人之所以作清官，只是用礼法勉强约束自己，有一个故事说某一清官对人说钱多自然我也喜欢，只是名节可畏，正是一个好例。

根据这个理解，贪污的根绝，治本的办法应该是把“人”从家族的桎梏下解放出来。个人生活的独立，每一个人都为工作而生存，人与人之间无倚赖心。从家族本位的社会组织改变为个人本位的社会组织，自然，上层的政治思想文化也都随而改变。“人”能够独立存在以后，工作的收入足够生活，法律的制裁使他不愿犯禁，厚禄严刑，交互为用，社会上有公开的舆论指导监督，政府中有有力的监察机关举劾纠弹，“衣食足而后知荣辱”，贪污的肃清当然可操左券。

贪污史的一章

吏治的贪污在我国整个历史上，是一个最严重最值得研究的问题。

两个月前作者曾略举历史的例证，撰《论贪污》一文，发表于《云南日报》。在这短文中曾指出："贪污这一现象，假如我们肯细心翻读过去每一朝代的历史，不禁令人很痛心地发现'无代无之'，竟是和史实同寿！我们这时代，不应该再讳疾忌医了，更不应该蒙在鼓里自欺欺人了，翻翻陈账，看看历代覆亡之原，再针对现状，求出对症的药石，也许可以对抗建大业有些小补。"结论是，治本的办法应该是把"人"从家族的桎梏下解放出来，个人生活的独立，每一个人都为工作而生存，人与人之间无倚赖心。从家族本位的社会组织改变为个人本位的社会组织，自然，上层的政治思想文化也都随而改变。"人"能够独立存在以后，工作的收入足够生活，厚禄严刑，交互为用，社会有公开的舆论指导监督，政府中有有力的监察机关举劾纠弹，"衣食足而后知荣辱"，贪污的肃清当然可操左券。所说多属通论，意有未尽，现在专就一个时代研究贪污的现象和背景，作为贪污史的一章。

我所挑选的一个代表时代是明朝，因为这时代离我们近，史料也较多，《明史·循吏传序》说："明太祖下逮宣仁，抚循休息，民人安乐，吏治澄清者百余年。英武之际，内外多故，而民心无土崩瓦解之虞者，亦由吏鲜贪残，故祸乱易弭也。嘉隆以后，资格既重……庙堂考课，一切以虚文从事，不复加意循良之选，吏治既已日偷，民生由之益蹙。"陈邦彦在他的《中兴政要》书中也说："嘉隆以前，士大夫敦尚名节，游宦来归，客或询其囊橐，必嗤斥之。今天下自大吏于百僚，商较有无，公然形之齿颊，受铨天曹，得䄂地则更相庆，得瘠地则更相吊。宦成之日，或垂囊而返，则群相讥笑，以为无能。士当齿学之初，问以读书何为，皆以为博科第，肥妻子而已。一行作吏，所以受知于上者非贿赂不为功，而相与文之以美名曰礼。”检《明史·循吏传》所纪循吏一百二十五人，从开国到正德（公元1368到1521）一百五十三年中有一百二十人，从嘉靖到明亡（公元1521到1644）一百二十四年只有五人！清儒赵翼赞叹明代前期的吏治说：“崇尚循良，小廉大法，几有两汉之遗风。”

其实这只是一种比较的说法，事实上嘉隆以前的贪污现象并未绝迹。举著例如洪武时代的勾捕逃军案，兵部侍郎王志受赃二十二万，盗粮案户部侍郎郭桓侵没至千万，诸司官吏系狱至数万人。成祖朝纪纲之作恶，方宾之贪赃，宣宗朝刘观之黩货，英宗朝王振之赂贿兢集，逮杲门达之勒贿乱政，宪宗朝汪直尚铭，武宗朝刘瑾、江彬、焦芳、韩福、张綵之权震天下，公然纳贿，几乎没有一个时代是不闹得乌烟瘴气的。和嘉靖以来的严嵩、魏忠贤两个时代比较，只是程度上的差异而已。假如像《循吏传》所说，前后两时期真有划然不同之点，那就是陈邦彦所指出的，前一时期，社会尚指斥贪污为不道德，一般士大夫还知道守身自爱，后一时期则贪污成为社会风气，清廉自矢的且被斥为无能。这一风气的变化是值得今日士大夫思之重思之的。

明代吏治的贪污如上举诸例，都已为学人所谂知，不必赘及，现在要说明的是一般的情形。前期如宣德朝可说这朝代的全盛时期，吏治最修明的一阶段了。宣德三年（公元1428）敕谕说：“比者所司每缘公务，急于科差，贫富困于买办，丁中之民服役连年，公家所用十不二三，民间耗费，常数十倍。加以郡邑宦鲜得人，吏肆为奸，征收不时，科敛无度，假公营私，弊不胜纪，以致吾民衣食不足，转徙逃亡，凡百应输，年年逋欠，国家仓廪，月计不足。”十年后，英宗初政，三杨当国，有人上书政府叙述地方吏治情形说：“今之守令，冒牧民之美名，乏循良之善政，往往贪泉一酌而邪念顿兴，非深文以逞，即钩距之求，或假公营私，或诛求百计，经年置人于犴狱，滥刑恒及于无辜，甚至不任法律而颠倒是非，高下其手者有之，刻薄相尚而避己小嫌入人大辟者有之，不贪则酷，不怠则奸，或通吏胥以贾祸，或纵主案以肥家，殃民蠹政，莫敢谁何。”到七年后王振用事，公开的纳贿，公开的勒索，连政府仅存的一点纪纲都扫地而尽了。

到后期上下贪污相蒙，互相援引，辇毂赂遗，往来如织，民苦贪残者宦称卓异，不但不为察典所黜，而且连连升擢。地方官司捕者以捕为外府，收粮者以粮为外府，清军者以军为外府，长吏则有科罚，有羡余，刑驱势逼，虽绿林之豪，无以复加。搜括聚敛，号为常例，公开声说这钱为朝觐为考课之用，上言之而不讳，下闻之而不惊，驯至国家颁一法令，地方兴建事业，都成为官吏的利薮。以搜括所得经营升调，“以官爵为性命，以钻刺为风俗，以贿赂为交际，以嘱托为当然，以循情为盛德，以请教为谦厚”。萧然而来，捆载而去。即使被铨司察黜，最多也不过罢官，即使被抚按弹劾，最多也不过为民，反正良田大宅，歌儿舞女，不但自己受用，连子孙的基业也已打好，区区一官，倒也无足留恋了。

入仕必由科第，科场的关节，用钱买题目的技术也发见了。做官要作宰相，行贿入阁也成公开的秘密了。科名和辅相都可用金钱取得，其他的情形当然类推可知。

纳贿的技术也随时代而进步，前期孝宗时太监李广惧罪自杀，他家的账簿登载文武大臣纳贿数目的被查出，明载某人送黄米若干石，某人白米若干石，孝宗一看吓呆了说，李广能吃多少？后来才知道黄米代表金，白米代表银。后期改以雅称，号为书帕。外官和京官交际，公开有科（给事中）三道（御史）四的比例。开头还假托小书名色，列柬投递标书十册二十册，袖手授受，不让人见，有点忌讳。后来渐渐公开，由白银而黄金而珠玉，数目也逐渐增多。外官和京官出使回来的都以书帕为人情，免不得买一些新书，刻几种新书来陪奉金银珠宝。明代后期刻书之多之滥，就是这个道理。

滔滔者举世皆是也！如饮狂泉，如膺痼疾，上下男女老幼都孜孜矻矻惟利是图，惟钱是贵，不但国家民族的利益谈不到，即是家人父子夫妇兄弟朋友的感情，也以钱来决定其是否持续。

这种风气是怎样造成的？我们最好用当时人的话来说明。

第一是社会教育。读书受苦是为得科名，辛苦得科名是为做官，做官的目的是发财。由读书到发财成为一连串的人生哲学。黄省曾在《吴风录》中说：“吴人好游托权要之家，家无担石者入仕二三年即成巨富。由是无不以士为贵。而求入学庠者肯捐百金图之，以大利在后也。”谢肇淛《五杂俎》更说得明白：“今之人教子读书，不过取科第耳，其于立身行己不问也。故子弟往往有登既仕而贪虐恣睢者，彼其心以为幼之受苦，政为今日耳。志得意满，不快其欲不止也。”刘宗周也说：“士习之坏也，自科举之学兴而士习日坏。明经取金紫，读易规利禄，自古而然矣。父兄之教，子弟之学，非是不出焉。士童而习之，几与性成，未能操觚，先熟钻刺，一入学校，闯行公庭。等而上之，势分虽殊，行迳一辙。以嘱托为通津，以官府为奴隶，伤风败俗，寡廉鲜耻，即乡里且为厉焉，何论出门而往？尚望其居官尽节，临难忘身，一效之君父乎？此盖已非一朝一夕之故矣。”

贪污在这种社会风气之下，习与性成，诚然，非一朝一夕之故矣！

第二是社会环境。一般读书人在得科名的一天，也就是开始负债的一天。吴应箕在他的《拟进策》里说：“士始一窭人子耳。一列贤书，即有报赏宴饮之费，衣宴舆马之需，于是不得不假贷戚友，干谒有司，假贷则期报以异日，谒见则先丧其在我。黠者因之，而交通之径熟，圆巧之习成。拙者债日益重，气日益衰，盖未仕而所根抵于仕者已如此矣。及登甲榜，费且数倍，债亦如之。彼仕者即无言营立家私，但以前此之属债给于民，能堪之乎？”甚至一入仕途，债家即随之赴任，京债之累，使官吏非贪污不可。陶奭龄说：“今寒士一旦登第，诸凡舆马仆从饮食衣服之类，即欲兴膏粱华腴之家争为盛丽，秋毫皆出债家。谒选之后，债家即随之而至，非盗窃帑藏，朘削闾阎，何以偿之？”周顺昌在作官后，被债主所逼，向他的亲戚诉苦说：“诸亲友之索债者填门盈户，甚至有怒面相詈者。做秀才时艰苦备历，反能以馆谷怡二人，当大事。今以滥叨之故，做一不干净人，五年宦游，不能还诸债主，官之累人也多矣。”这是一个不合时代的书呆子，难怪他日后死于魏忠贤之手。

第三是政治环境。皇帝要进献，得宠的内官要贿赂，内阁要，吏部也要，有关的京官也要，上层的抚按要，知府更非多送不可，层层贿赂，层层剥削，钱一本说：“以远臣为近臣府库，以远近之臣为内阁府库。”刘宗周说：“一令耳，上官之诛求，自府而道，自道而司，自司而抚而按，而过客，而乡绅，而在京之权要，递而进焉，肆应不给……”举实例如刘瑾用事时，凡入觐出使官，皆有厚献。给事中周钥勘事归，以无金自杀，令天下巡抚入京受敕，输瑾赂，延绥巡抚刘宇不至，逮下狱。宣府巡抚陆完后至，几得罪，既赂乃令试职视事。上下左右都是贪污的环境，如不照样行贿，不但作不成官，反要得罪，教人如何能不贪污！

第四是政治制度。明代官俸之薄，是有史以来所少见的。宣德时朝臣月薪止给米一石，外官不过三石，原来的俸钞，因为贬值，每贯止实值二三钱。举例说正一品官月俸米八十七石，七品官米七石五斗。洪武时代官俸全给米，有时以钱钞折支，照物价钞一贯钱一千抵米一石，到后钞价日落，才增定每石米折钞十贯。正统时又规定五品以上，米二钞八，六品以下，米三钞七。后又改在外官月支本色米二石，其余俱支折色。照比例推算，正一品月俸得米十七石四斗，余折钞五百九十六贯，以贯值三钱计，合钱一千七百八十八文。外任正七品官知县实得米二石，得钞五十五贯，合钱一百六十五文。结果内外官都无以为生，朝官至于放遣皂隶，责以薪炭。正统元年（公元1436）副都御史吴讷要求增俸，举出一实例说：“洪武年间京官俸全支，后因营造减省，遂为例，近小官多不能赡。如广西道御史刘准，由进士授官，月支俸米一石五斗，不能养其母妻子女，贷同官俸米三十余石，去年病死，竟负无还。”六年巡按山西监察御史曹春也上奏说：“今在内诸司文臣，去家远任，妻子随行，然禄厚者月给米不过三石，禄薄者不过一石二石而已，其所折钞，急不得济，九载之间，仰事俯蓄之具，道路往来之费，亲故问遗之需，满罢闲居之用，其禄不赡，则不免移其所守，此所以陷于罪者多也。”他要求廷臣会议，酌量加俸，使其足够养廉。俸额提高以后，如仍有贪污冒法者，立置重典。可是户部以为定制难改，竟不理会。此后几十年，改折的办法虽然稍有调整，但是离生活水准还是很远，中叶以后钞已成废纸，不值一钱，政府收入的款项改为银子，但官员的薪俸折色，却还是照定制发钞，一直未改。除去上述一切情形，单就官俸说，明代的官吏贪污也是实逼使然，是环境造成的。

生活与思想

大概上了所谓“中年”年纪的人，在饭后，在深宵，有一点可以给自己利用的时间的时候，想想过去，想想现在，终会喟然长叹，感觉到有点，甚至于很不同，困恼，彷徨，但愿时光倒流。至于明天，那简直不敢想起，一想起明天，烦躁，恐慌，算了罢，但愿永远不会有明天。明天是一把利刃，对着你的胸膛，使你戒惧，不敢接近。

过去的怀恋，现实的不安，未来的恐惧，成为一般有家庭之累的，有生活负担的中年人的普遍的感觉。当然，这里所谓中年人应该除开少数的权贵和大大小小的战时暴发户。也除开有信仰有魄力肯做傻事，希望能够以牺牲自己的微少代价，来换取光明的未来的那些“傻子”们。我不说青年，因为青年还在学校，即使已经走进了社会，也还不到对社会负责任的时候，自然，有些有了中年气味的青年人，也可包括在我所指的事实上的中年人之内。

这种普遍的感觉形成一种世纪末的人生观。最好的说明是曹孟德的话：“对酒当歌，人生几何！”苟安甚至麻醉于目前的现实的生活的痛苦，对于未来不敢有计划，有希望，更谈不到理想。这和前一时代相比，和这批中年人的青年时代相比，他们曾幻想明天如何如何，个人如何如何，尽管幼稚，尽管荒唐，却表明他们对前途有信心，有把握，这信心造成了民族的动力，推动时代前进。这信心使他们出汗流血，前仆后继蹈着前人的骷髅向前。然而，现在呢？信心是丧失了，勇气被生活所消沉了，一部分人学得糊涂，也乐得糊涂，“各人自扫门前雪，莫管他家瓦上霜。”发发牢骚，哭哭穷苦，横直无办法，而且假使有办法，自己也得救了，不会比别人吃亏。没办法呢？你一个人又济得甚事。一部分人变得聪明了，他们继承而且体会了“明哲保身”的古训，是非只为多开口，既然不应该说话那最好是不说，不该想的最好也不想。做傻事的有的是，办妥了自然不会单撇开我，而且我也是人才，毕竟也撇不开我，弄不好他倒他的霉，也沾不着我。还有一部分呢？会说也会想。他会告诉人这个不好，那个要不得，批评很中肯，有时也还扼要。可是他只是说说，背着人说说，到末了也还是说说而已，以后有好处，他会说这是我说过的，我出过力气，没好处他也不负责任。这三种人处世的方法不同，看法却是一样的，他们以为“国家兴亡，匹夫有责”是书呆子的想头，在民主的国家不是已经有人民的公仆在负责了吗？军队有指挥官，各级政府有长官，付托得人，要你来操这闲心则甚？最要紧的最要操心的还是自己的生活，开门七件事，柴米油盐酱醋茶，还得加上房租小菜灯水四样，添衣服，买袜子，孩子教育和医药费用固然谈不上，这九件事却缺一不可，你这个月的收入只够五天便完了，其余的二十五天是准备吃风还是吃空气？假如你嫌风嫌空气不大饱肚子，那得赶紧张罗，衣服卖完了，书籍吃完了，告贷的门路都堵住了，那你得另生法门，第一是兼差，第二是兼业，兼差兼政府机关职员，公司商店职员，什么都可以，只要有全份米贴。兼业更无所谓，教书，做官，开铺子，跑街，做点肥皂牙粉什么的，甚至种菜种花，养猪养牛都行，不是说国民应该增加生产吗，这正是替国家增产呀！另外有点什么权带上个把什么长之类的，薪水连米贴合起不过六七千元，雇的女帮月薪便是两千三千，每天开销几千元满不在乎。他自己原谅，他不如此干就得饿死，社会也同情他，作官不赚个十万百万，那成个什么官，而且他是人，他有家眷，他总得吃饭呀？人人抱着吃饭第一，弄钱第一，生活至上现实至上的宗旨，自然，对于国家，对于民族，对于社会，这些空洞的观念只好姑且置之高阁了。

而且最不好的，还是明天。几年来的经验使他深切了解乌龟和兔子赛跑的故事。这故事已经改编了，主要的一点是兔子不但不肯睡一会而且会驾飞机。他已经断了心，放弃了赶上去的幻梦。现实还是现实，第一要明白的是你今天必须要活着，而且有活的权利。

对于明天以至遥远的后天或下一个月，你不能有什么打算，即使你要打算，时间可不能对你负责任，三个月前的米价是多少，今天是多少，你过去曾打算到没有？如此这般你本能地明白这个道理，你现在有多少钱，最好即时换成实物，保险你最近不会饿死，票子在市场周流不息地转着，各种货物被大量地小量地囤积着，票子转得愈快，物价就愈高，票子也跟着愈快，循环到了一个限度以后，公的私的出入将都以实物来代替票子，人不但对事失去信心，对未来和对自己本身也失去信心，一切都改变了，头昏眼花，精疲力竭，只好守住今天，对现实作最后的挣扎，明天的且到明天再说了。

生活的改变，改变了一般人的人生观，把握现实，苟延残喘，对前途无信心，对未来无理想，对以后不存希望，这是现在最严重的中年人的痼疾，民族的惰性的蔓延，也是国家的隐忧。

生活改变了思想，转移了社会风气，我们假如还要有明天的话，唯一的办法是想法请兔子先生下来步行，替乌龟先生预备一辆自行车，让一般替国家社会服务的中年人安心于工作，保证他们明天后天还能和今天一样地生活，而且惟有给他们以明天，才是他们唯一的出路。

文字与形式

八股文废止于1902年，到今天已经四十三年了。四十三年在中国人的生命历程来说，是一辈子的大半，时间不可说不久。就形式说，八股文死了几十年，应该早已和草木同腐了。然而，在事实上，它不但未死，它的精神仍然滂薄于新时代新社会，充塞澎沛，表现于每一政令上，每一事务上。形式也依然存在，不过换了新名目，例如四维八德，什么生活，动什么员之类。

六百年的八股文教育，八股文生活，单凭了政治的表面改革，先是由皇帝下一道诏谕，后来又粉刷门面，换上中华民国四个大字，结果当然是形去实存，灵魂不灭。几十年来的政治的社会的经济的思想的一切一切的改革，只是表现在文字上形式上，本体上不但是依然故我，而且变本加厉，就历史的线索来说明，可以说是应有的现象，应有的结果。因为时代的形式虽变，它的精神——八股精神却并未为时代所转变。

抽象地说，八股文之所以为八股文，是因为它专讲求形式，文字只是表达这一机械形式的符号。形式的一定公式是承起转合，例如起句必用“今夫”，承句用“是故”，转句用“然而”，合句用“所以”。无论什么理论或批评或建议，或游记或书后，都可套上这公式。一共四大段，每段又双股对称，说了大半天，尽可毫无意思，等于白说，尤其妙的是最好的文章也就是白说最道地的文章。写的人看的人都彼此心照，明知是如此。相传有一名人作一破题，题目是“鞟”，破题是“鞟，皮去毛者也。”这一点也不错，犹之于说“建设健全的政治必自去贪吏始”一样的合理。但是下文呢，没有了，于是只是一张光皮，一个吏治贪污成为风气的时代而已。

讲求形式的极致。进而讲求书法，墨要浓而发光，字体要方正，风檐寸晷，一刻钟要能写上多少字。主文者也是从此道出身的，只要眼睛看着顺眼，取录的把握就有了五成，形式再不错，就稳着等捷报了。至于意思，那上文已经说过，越没意思越好，实践根本说不上。假如真的有意思，独出心裁的意思，胆敢想前人所未想，说古圣先贤所未说，即是反动，是叛逆，小子鸣鼓而攻之，权威者则将你捉去坐监，杀头。

受了六百年的教育、训练，养成了光白说不做事，专讲形式，玩弄文字的国民性。我们要记住，六百年来的政治，就操在这些专说古圣先贤的话的人手里，从当国的执政到中下属干部，即使是有不从科举出身的，至少也受过八股文的训练。社会上的领袖名流，也无例外。这习性根深蒂固，蟠结在每一个人的心里，活动在每一个人的脑子里，即使是见面寒暄，也还是今天天气好那一套公式。对人无友不如己者，拣高处爬。对事见机而作，有钱落的就干，对己自然是恕道啰，有一千个理由，一千个古人的话可以辩解，自然问心无愧。把自己和自己这批人除开以后，自然更可以应用公式，把所有古圣先贤的话搬出来，一大堆道理教人应该如此，应该如彼。有关国家兴亡民族隆替的，更可以说得叫人感激流涕，忠义愤发。这些语言文字被他的门生故旧撰成志传记状以后，史书采录，自然编入名臣传或理学传，而名垂青史，成为一代完人了。

六百年来所养成的讲求文字与形式的精神，光绪帝的诏书和辛亥革命所给予的打击，只是摧毁了这精神的形式的形式而已。民国五年袁世凯死后，日本首相大隈重信在吊袁世凯一文中，感慨地说中国人的特性是专用文字来表现高超的政治见解，所实行的则正好和所说的相反。细读袁世凯的文告诏谕，假如不知他的为人和祸国殃民的经过的，一定会以为是不世出的贤臣圣主伟人。他之所以成功在此，失败亦在此。大隈的话固然中肯，但是犹去一间，因为袁氏之所以如此，正因为他是这时代的产物，他是这时代的宠儿，他因为如此，才能得光绪帝的信任，才成为西后的宠臣，因为如此，才能当内阁总理，当总统以至于皇帝，假如没有对外问题，他能得到外国援助的话，也许到今天还是中华民国的皇帝。

民国以来的文字上形式上的成绩，也许会超过世界上任何国家，即使是最先进最民主的国家。我们曾经有过多少套宪法约法，我们也有参照中西集其大成的最完美的民法刑法，我们读过无数通的纲领宣言，我们也有过多少个计划，三年或五年的，并且还有数目字和表格。然而，只是表现在文字上形式上而已。

报纸与舆论

世界上的民主国家，或者多多少少有点民主气味的国家，报纸的主要任务是报导正确的消息，反映、发扬人民对于政府措施的意见，批评，指责，提出纠正，贡献意见，都是人民应有的权利。即使是战时，除掉泄漏军事机密可资敌人利用这一点，国内消息照例不受检查，社评尤其无需乎送检。

民主国家有一个特点，便是多党政治。在野的政党有堂堂正正批评政府的权利，倒过来，在野党执政了，执政党在野，同样保有这权利。彼此互相批评，互相责难，一方面有权提出以事实为根据的质问，被质问的也有义务提供解释的事实，是非曲直，取决于人民的舆论，舆论所表见的工具，最主要的是报纸。

一个国家的前途，发展或停滞，向前或落后，繁荣或衰落，最好的测验器是这一个国家的报纸能不能、敢不敢代表舆论，这也是说明了这国家是为人民所统治，是为人民谋幸福，或是为少数人所统治，为少数人争权利。

拿这个尺度来权衡我国的前途，真使人感慨万端，有不知从何处说起之苦。几十年来我们沐猴而冠，事事学人家，学得都有点样子，例如人家有政府，我们也有，人家有委员会，我们也有，人家有政党，我们也有好几个，人家有报纸，我们居然也有几十百个大大小小的报纸，所不同的是我们的政府是一元的，委员会是一元的，甚至报纸也属于一元的，报纸的消息属于一元，舆论自然也无例外。

就报纸而论，国内外消息由一个机构发出，凡是对某一方面感觉不快或者不方便的，永远不会让人民知道。因之，全国的报纸具有同型的千篇一律的整齐的可爱的面目。就杂志而论，新旧检查条例有十几种之多，现行的一种光是条文就有好几百条。图书杂志内容关于政治的，军事的，外交的，都必须事先送检。尽管全国人民在要求言论自由，思想自由，出版自由，政府也放宽了检查尺度，然而，在事实上，这尺度不但未曾放宽，而且更加紧加严了。社论要送检，专载要送检，甚至连通讯、书评、补白也要送检。国内政党关系不许谈，外国法西斯不许谈，连历史上几百年前的专制的黑暗也不许谈，人民的批评意见不许发表，外国的批评指责不许发表，甚至连“履春冰，蹈虎尾”一类警惕的话，也不许发表，于是所有的报纸图书杂志，尽管种类不同，名目不同，地点不同，时间不同，内容都举一可以反三，全部相同，这不但浪费人力物力财力，其结果也会使人民的脑子一型化，僵化，硬化。有计划的桎梏，这国度内的人民将会重返自然，成为木石，成为猿鹿，为葛天氏之民，为无怀氏之民，为羲皇上人！

目前的事实，是报纸杂志和舆论分了家，舆论被埋没在每一人民的胸坎中，报纸杂志离开了现实，背叛了人民，孤零零地挂在半空中，不上不下，不进不退，不左不右，不死不活，只作为这时代的一个应有的点缀品罢了。

即就单纯的报导正确消息这一点而说，举一个实例，两个月以前，昆明学术界宪政研究会所发动的昆明各界双十节纪念大会，全国报纸有哪一家曾把这一事实报导过？又如两星期前，昆明文化界包括三个大学，十几个中学，若干学术文化团体所主办的云南护国起义纪念大会，地点在云南大学，参加的好几千人，会中有行营和省府的代表演讲，有省参议会的主席演讲，有护国耆宿的演讲，会后有大规模的游行，口号是立即实行宪政，保障人民身体自由，铲除贪官污吏，保卫大西南，不但完全合理，而且是完全合法的。不但纪念会和游行的秩序非常良好，而且，这一天是国定的纪念日，中央政府在举行纪念，全国各地在举行纪念，即在昆明同一市区，同日上午省党部在举行纪念，同日晚间，官方还举行提灯大游行。然而，第二天的报纸除官方的纪念和游行大书特书而外，人民的庆祝，人民的纪念，人民的庄严而伟大的游行，却一字不见，一字不提。这一件历史事实被隐没了，被挖去了，人民的愿望被报纸所封锁了，画地为牢，人民的要求被无言的威力所圈禁了。这一件铁一般的事实，说明旧时代里的老话："只许州官放火，不许百姓点灯。"只消把州字代以另一个字，完全适合于当前的情景。时代在变，环境在变，可是这精神还是屹立不变，且更变本加厉。

我们禁不住要质问昆明大大小小几家报纸杂志，他们不是没有采访消息，他们不聋不盲，并非没有看见这一史实，为什么不能报导？为什么不敢报导？

我们也禁不住要对下令免登这消息的机构，提出抗议，凭哪一条法令，凭什么理由，滥用权力，封锁报纸，压制舆论，以一手掩尽天下耳目？

与世无争，与人无争，是懦夫的行为，受辱不争，受害不争，是比懦夫更下一等的奴才行径，我们是懦夫？还是奴才？

我们在这样一个时代，被侵略被压迫的时代，要解放自己，要解放国家，应该先以铲除这不争的恶根性开始。

我们要建设真正的民主政治，自由世界，要从报纸能尽报导批评的责任，替人民服务，用公正的舆论来监督政府，指导政府开始。

报纸与舆论的合一，应该是当前最迫切的人民的要求。

治人与法治

历史上的政治家经常提到的一句话是："有治人，无治法。"意思是徒法不足以为治，有能运用治法的治人，其法然后足以为治。法的本身是机械的，是不能发生作用的，譬如一片沃土，辽廓广漠，虽然土壤是十分宜于种植，气候也合宜，假如不加以人力，这片地还是不能发生生产作用。假如利用这片土地的人不是一个道地有经验的农人，一个种植专家，而是一个博徒，游手好闲的纨袴子弟，一曝十寒，这片地也是不会有好收成的。反之，这块好地如能属于一个勤恳精明的老农，有人力，有计划，应天时，顺地利，耕耨以时，水旱有备，丰收自然不成问题。这句话不能说没有道理，就历史的例证看，有治人之世是太平盛世，无治人之世是衰世乱世。因之，有些人就以之为口实，主张法治不如人治。

反之，也有人主张："有治法，无治人。"法是鉴往失，顺人情，集古圣先贤遗教，全国聪明才智之士的精力，穷研极讨所制成的。法度举，纪纲立，有贤德的领袖固然可以用法而求治，相得益彰，即使中才之主，也还可以守法而无过举。法有永久性，假定是环境不变的时候，法也有伸缩性，假定环境改变了，前王后王不相因，变法以合时宜所以成后王之治，法之真精神真作用即在其能变。所谓变是因时以变，而不是因人以变，至于治人则间世不多得，有治人固然能使世治，但是治人未必能有治人相继，尧舜都是治人，其子丹朱、商均却都不肖，晋武帝、宋文帝都是中等的君主，晋惠帝却是个白痴，元凶劭则禽兽之不若。假使纯以人治，无大法可守，寄国家民族的命运于不肖子白痴低能儿枭獍之手，其危险不问可知，以此，这派人主张法治，以法纲纪国家，全国人都应该守法。君主也不能例外。

就人治论者和法治论者所持论点而论，两者都有其颠扑不破的理由，也都有其论据上的弱点。问题是人治论者的治人从何产生，在世业的社会组织下，农之子恒为农，父兄之教诲，邻里之启发。日兹月兹，习与性成，自然而然会成为一个好农人，继承父兄遗业，纵然不能光大，至少可以保持勿失。治人却不同了，子弟长于深宫，习于左右，养尊处厚，不辨菽麦，不知人生疾苦，和现实社会完全隔绝，中才以上的还肯就学，修身砥砺，有一点教养，却无缘实习政事，一旦登极执政，不知典故，不识是非，任喜怒爱憎，用左右近习，上世的治业由之而衰，幸而再传数传，一代不如一代，终致家破国灭，遗讥史册。中才以下的更不用说了，溺于邪侈，移于嬖幸，骄悍性成，暴恣自喜，肇成祸乱，身死国危，史例之多，不可胜举。治人不世出，治人之子不必贤，而治人之子却依法非治国不可，这是君主世袭制度所造成的人治论者的致命打击。法治论者的缺点和人治论者一样，以法为治固然是天经地义，问题是如何使君主守法，过去的儒家法家都曾费尽心力，用天变来警告，用人言来约束，用谏官来谏净，用祖宗成宪来劝导。可是这些方法只能诱引中才以上的君主，使之守法，对那些庸愚刚愎的下才，就无能为力了，法无废君之条，历史上偶尔有一两个例子，如伊尹放太甲，霍光废昌邑，都是不世出的惊人举动，为后来人所不敢效法。君主必须世袭，而世袭的君主不必能守法，虽有法而不能守，有法等于无法，法治论者到此也技穷而无所措手足了。

这两派持论的弱点到这世纪算是解决了，解决的枢纽是君主世袭制度的废除。就人治论者说，只要有这片地，就可以找出一个最合于开发这片地的条件的治人，方法是选举。选出的人干了几年无成绩或成绩不好，换了再选一个。治人之后必选治人相继，选举治人的全权操在这片地的全数主人手上。法治论者的困难也解决了，由全数主人建立一个治国大法，然后再选出能守法的治人，使之依法管理，这被选人如不守法，可由全数主人的公意撤换，另选一个能守法的继任，以人治，亦以法治，治人受治于法，治法运用于治人，由治法而有治人，由治人而励行法治，人治论者和法治论者到此合流了，历史上的争辩告一解决了。

就历史而论，具有现代意义的治法的成文法，加于全国国民的有各朝的法典，法意因时代而不同，其尤著者有唐律和明律。加于治国者虽无明文规定，却有习俗相沿的两句话："国以民为本，民以食为天。"现代的宪法是被治者加于治国者的约束，这两句话也正是过去国民加于治国者的约束。用这两句话来作尺度，衡量历史上的治国者，凡是遵守约束的一定是治人，是治世，反之是敌人，是乱世。这两句话是治法，能守治法的是治人。治人以这治法为原则，一切施政，以民为本，裕民以足食为本，治民以安民为本，事业以国民的利害定取舍从违，因民之欲而欲之，因民之恶而恶之，这政府自然为人民所拥戴爱护，国运也自然炽盛隆昌。

历史上的治人试举四人作例子说明，第一个是汉文帝，第二是魏太武帝，第三是唐太宗，第四是宋太祖。

汉文帝之所以为治人，是在他能守法和爱民。薄昭是薄太后弟，文帝亲舅，封侯为将军，犯法当死，文帝绝不以至亲曲宥，流涕赐死，虽然在理论上他是有特赦权的。邓通是文帝的弄臣，极为宠幸，丞相申屠嘉以通小臣戏殿上大不敬，召通诘责，通叩头流血不解，文帝至遣使谢丞相，并不因幸臣被屈辱而有所偏护。至于对人民的爱护，更是无微不至，劝农桑，敦孝弟，恭俭节用，与民休息，达到了海内殷富、刑罚不用的境界。

魏太武帝信任古弼，古弼为人忠慎质直，有一次为了国事见太武帝面奏，太武帝正和一贵官围棋，没有理会，古弼等得不耐烦，大怒起捽贵官头，掣下床，搏其耳，殴其背，数说朝廷不治，都是你的罪过，太武帝失容赶紧说，都是我的过错，和他无干。忙谈正事，古弼请求把太宽的苑囿，分大半给贫民耕种，也满口答应。几月后太武帝出去打猎，古弼留守，奉命把肥马做猎骑，古弼给的全是瘦马，太武帝大怒说：笔头奴敢克扣我，回去先杀他（古弼头尖，太武帝形容为笔头）。古弼却对官属说，打猎不是正经事，我不能谏止，罪小。军国有危险，没有准备，罪大。敌人近在塞外，南朝的实力也很强，好马应该供军，弱马供猎，这是为国家打算，死了也值得。太武帝听了，叹息说："有臣如此，国之宝也。"过了几日，又去打猎，得了几千头麋鹿，兴高采烈，派人叫古弼征发五百乘民车来运，使人走后，太武帝想了想，吩咐左右曰，算了吧，笔公一定不肯，还是自己用马运吧。回到半路，古弼的信也来了，说正在收获，农忙，迟一天收，野兽鸟雀风雨侵耗，损失很大。太武帝说，果不出我所料，笔公真是社稷之臣。他不但为民守法，也为国执法，以为法是应该上下共守，不可变易，明于刑赏，赏不遗贱，刑不避亲。大臣犯法，无所宽假，节俭清素，不私亲戚，替国家奠定下富强的基础。

唐太宗以武勇定天下，治国却用文治。内举不避亲，外举不避雠，长孙无忌是后兄，王珪、魏徵都是仇敌，却全是人才，一例登用，无所偏徇顾忌，忧国爱民，至公守法。《唐史》记："上以选人多诈冒资荫，敕令自首，不首者死。未几有诈冒事觉者，上却杀之，大理少卿戴胄奏据法应流，上怒曰，卿欲守法而使朕失信？对曰，敕者出于一时喜怒，法者国家所以布大信于天下也。陛下忿选人之多诈，故欲杀之，而即知其不可，复断之以法，此乃忍小忿而全大信也。上曰，卿能执法，朕复何忧。"又："安州都督吴王恪数出畋猎，颇损居人，侍御史柳范奏弹之，恪坐免官，削户三百。上曰，长史权万纪事吾儿，不能匡正，罪当死，柳范曰，房玄龄事陛下，犹不能止畋猎，岂得独罪万纪。上大怒，拂衣而入。久之，独引范谓曰：何面折我！对曰，陛下仁明，臣敢不尽愚直，上悦。"前一事他能捐一时之喜怒，听法官执法。后一事爱子犯法，也依法削户免官，且能容忍侍臣的当面折辱。法平国治，贞观之盛的基础就建筑在守法这一点上。

宋太祖出身于军伍，也崇尚法治，《宋史》记："有群臣当迁官，太祖素恶其人不与，宰相赵普坚以为请，太祖怒曰，朕固不为迁官，卿若如何？普曰：刑以惩恶，赏以酬功，古今通道也。且刑赏天下之刑赏，非陛下之刑赏，岂得以喜怒专之！太祖怒甚起，普亦随之，太祖入宫，普立于宫门口，久之不去，太祖卒从之。"皇后弟杀人犯法，依法处刑，绝不宽贷，群臣犯赃，诛杀无赦。

从上引四个伟大的治人的例子，说明了治人之所以使国治，是遵绳于以民为本的治法，治法之所以为治，是在治人之尊重与力行。治人无常而治法有常。治人或不能守法，即有治法的代表者执法以使其就范，贵为帝王，亲为帝子，元舅后弟，宠幸近习，在尊严的治法之下，都必须奉法守法，行法从上始，风行草偃，在下的国民自然兢兢业业，政简刑清，移风易俗，臻于至治了。

就历史的教训以论今日，我们不但要有治法，尤其要有治人。治人在历史上固不世出，在民主政治的选择下，却可以世出继出。治人之养成，选出罢免诸权之如何运用，是求治的先决条件。使有治法而无治人，等于无法，有治人而无治法，无适应时宜的治法，也是缘木求鱼，国终不治。

治人与治法的合一，一言以蔽之，曰实行民主政治。

历史上的君权的限制

近四十年来，坊间流行的教科书和其他书籍，普遍的有一种误解，以为在民国成立以前，几千年来的政体全是君主专制的，甚至全是苛暴的，独裁的，黑暗的，这话显然有错误。在革命前后持这论调以攻击君主政体，固然是一个合宜的策略，但在现在，君主政体早已成为历史陈迹的现在，我们不应厚诬古人，应该平心静气地还原其本来的面目。

过去两千年的政体，以君主（皇帝）为领袖，用现代话说是君主政体，固然不错，说全是君主专制却不尽然。至少除开最后明清两代的六百年，以前的君主在常态上并不全是专制。苛暴的，独裁的，黑暗的时代，历史上虽不尽无，但都可说是变态的，非正常的现象。就政体来说，除开少数非常态的君主个人的行为，大体上说，一千四百年的君主政体，君权是有限制的，能受限制的君主被人民所爱戴。反之，他必然会被倾覆，破家亡国，人民也陪着遭殃。

就个人所了解的历史上的政体，至少有五点可以说明过去的君权的限制，第一是议的制度，第二是封驳制度，第三是守法的传统，第四是台谏制度，第五是敬天法祖的信仰。

国有大业，取决于群议，是几千年来一贯的制度。春秋时子产为郑国执政，办了好多事，老百姓不了解，大家在乡校里纷纷议论，有人劝子产毁乡校，子产说，不必，让他们在那里议论吧，他们的批评可以作我施政的参考。秦汉以来，议成为政府解决大事的主要方法，在国有大事的时候，君主并不先有成见，却把这事交给廷议，廷议的人员包括政府的高级当局如丞相御史大夫及公卿列侯二千石以至下级官如议郎博士以及贤良文学。谁都可以发表意见，这意见即使是恰好和政府当局相反，可以反复辩论不厌其详，即使所说的话是攻击政府当局。辩论终了时理由最充分的得了全体或大多数的赞成（甚至包括反对者），成为决议，政府照例采用作为施政的方针。例如汉武帝以来的监铁榷酤政策，政府当局如御史大夫桑弘羊及丞相等官都主张继续专卖，民间都纷纷反对，昭帝时令郡国举贤良文学之士，问以民所疾苦，教化之要。皆对曰，愿罢监铁榷酤均输官，无与天下争利。于是政府当局以桑弘羊为主和贤良文学互相诘难，词辩云涌，当局几为贤良文学所屈，于是诏罢郡国榷酤关内铁官。宣帝时桓宽推衍其议为《盐铁论》十六篇。又如汉元帝时珠崖郡数反，元帝和当局已议定，发大军征讨，待诏贾捐之上疏独以为当罢郡，不必发军。奏上后，帝以问丞相御史大夫，丞相以为当罢，御史大夫以为当击，帝卒用捐之议，罢珠崖郡。又如宋代每有大事，必令两制侍从诸臣集议，明代之内阁六部都察院通政司六科诸臣集议，清代之王大臣会议，虽然与议的人选和资格的限制，各朝不尽相同，但君主不以私见或成见独断国家大政，却是历朝一贯相承的。

封驳制度概括地说，可以分作两部分。汉武帝以前，丞相专决国事，权力极大，在丞相职权以内所应作的事，虽君主也不能任意干涉。武帝以后，丞相名存职废，光武帝委政尚书，政归台阁，魏以中书典机密，六朝则侍中掌禁令，逐渐衍变为隋唐的三省——中书、门下、尚书——制度，三省的职权是中书取旨，门下封驳，尚书施行，中书省有中书舍人掌起草命令，中书省在得到君主同意或命令，就让舍人起草，舍人在接到词头（命令大意）以后，认为不合法的便可以缴还词头，不给起草。在这局面下，君主就得改换主意。如坚持不改，也还可以第二次第三次发下，但舍人仍可第二次第三次退回，除非君主罢免他的职务，否则，还是拒绝起草。著例如宋仁宗时，富弼为中书舍人封还刘从愿妻封遂国夫人词头。门下省有给事中专掌封驳，凡百司奏钞，侍中审定，则先读而署之，以驳正违失，凡制敕宣行，大事覆奏而请施行，小事则署而颁之，其有不便者，涂窜而奏还，谓之涂归。著例是唐李藩迁给事中，制有不便，就制尾批却之，吏惊请联他纸，藩曰，联纸是牒，岂得云批敕耶。这制度规定君主所发命令，得经过两次审查，第一次是中书省专主起草的中书舍人，他认为不合的可以拒绝起草，舍人把命令草成后，必须经过门下省的审读，审读通过，由给事中签名副署，才行下到尚书省施行。如被封驳，则此事便当作为罢论。这是第二次也是最后一次的审查。如两省官都能称职，坚定地执行他们的职权，便可防止君主的过失和政治上的不合法行为。从唐到明这制度始终为政府及君主所尊重，在这个时期内君权不但有限制，而且其限制的形式，也似乎不能为现代法西斯国家所接受。

法有两种，一种是成文法，即历朝所制定的法典，一种是不成文法，即习惯法，普通政治上的相沿传统属之。两者都可以纲纪政事，维持国本，凡是贤明的君主必得遵守。不能以喜怒爱憎，个人的感情来破法坏法。即使有特殊情形，也必须先经法的制裁，然后利用君主的特赦权或特权来补救。著例如汉文帝的幸臣邓通，在帝旁有怠慢之礼，丞相申屠嘉因言朝廷之礼不可以不肃，罢朝坐府中檄召通到丞相府，不来且斩，通求救于帝，帝令诣嘉，免冠顿首徒跣谢，嘉谓小臣戏殿上，大不敬当斩，史今行斩之，通顿首首尽出血不解，文帝预料丞相已把他困辱够了，才遣使向丞相说情，说这是我的弄臣，请你特赦他，邓通回去见皇帝，哭着说丞相几杀臣。又如宋太祖时有群臣当迁官，太祖素恶其人不与，宰相赵普坚以为请，太祖怒曰，朕固不为迁官，卿若之何！普曰，刑以惩恶，赏以酬功，古今通道也，且刑赏天下之刑赏，非陛下之刑赏，岂得以喜怒专之。太祖怒甚起，普亦随之，太祖入宫，普立于宫门口，久久不去，太祖卒从之。又如明太祖时定制，凡私茶出境，与关隘不讥者并论死，驸马都尉欧阳伦以贩私茶依法赐死。（伦妻安庆公主为马皇后所生）。类此的传统的守法精神，因历代君主的个性和教养不同，或由于自觉，或由于被动，都认为守法是作君主的应有的德性，君主如不守法则政治即失常轨，臣下无所准绳，亡国之祸，跷足可待。

为了使君主不做错事，能够守法，历朝又有台谏制度。一是御史台，主要的职务是纠察官邪，肃正纲纪，但在有的时代，御史亦得言事。谏是谏官，有谏议大夫左右拾遗，补阙，及司谏正言等官，分属中书门下两省（元废门下，谏职并入中书，明废中书，以谏职归给事中兼领）。台谏以直陈主夫，尽言直谏为职业，批龙鳞，捋虎须，如沉默不言，便为失职，史记唐太宗爱子吴王恪好畋猎损居人田苗，侍御史柳范奏弹之，太宗因谓侍臣曰，权万纪事我儿，不能匡正，其罪合死。范进曰，房玄龄事陛下，犹不能谏正畋猎，岂可独坐万纪乎？又如魏徵事太宗，直言无所避。若谏取已受聘女，谏作层观望昭陵，谏怠于受谏，谏作飞仙宫，太宗无不曲意听从，肇成贞观之治。宋代言官气焰最盛，大至国家政事，小至君主私事无不过问。包拯论事仁宗前，说得高兴，唾沫四飞，仁宗回宫告诉妃嫔说，被包拯唾了一面。言官以进言纠箴为尽职，人君以受言改过为美德，这制度对于君主政体的贡献可说很大。

两汉以来，政治上又形成了敬天法祖的信条，敬天是适应自然界的规律，在天人合一的政治哲学观点上，敬天的所以育人治国。法祖是法祖宗成宪，大抵开国君主的施为，因时制宜，着重在安全秩序保持和平生活。后世君主，如不能有新的发展，便应该保守祖宗成业，不使失坠；这一信条，在积极方面说，固然是近千年来我民族颓弱落后的主因，但在消极方面说，过去的台谏官却利用以劝告非常态的君主，使其安分，使其不作意外的过举。因为在理论上君主是最高的主宰，只能抬出祖宗，抬出比人君更高的天来教训他，才能措议，说得动听。[①] 此类的例子不可胜举，例如某地闹水灾或旱灾，言官便说据五行水是什么，火是什么，其灾之所以成是因为女谒太盛，或土木太侈，或奸臣害政，君主应该积极采取相对的办法斥去女谒，罢营土木，驱诛奸臣，发赈救民。消极的应该避殿减膳停乐素服，下诏引咎求直言以应天变。好在大大小小的灾异，每年各地总有一些，言官总不愁无材料利用，来批评君主和政府，再不然便引用祖宗成宪或教训，某事非祖宗时所曾行，某事则曾行于祖宗时，要求君主之改正或奉行。君主的意志在这信条下，多多少少为天与祖宗所束缚，不敢作逆天或破坏祖宗成宪的事。两千年来

① 此处文意费解。原文如此，姑依其旧。——编者注

只有一个王安石，他敢说“天变不足畏，祖宗不足法，人言不足恤”，除他以外，谁都不敢说这话。

就上文所说，国有大事，君主无适无莫，虚心取决于群议。其命令有中书舍人审核于前，有给事中封驳于后，如不经门下副署，便不能行下尚书省。其所施为必须合于法度，如有违失，又有台谏官以近臣之地位，从中救正，或谏止于事前，或追论于事后，人为之机构以外，又有敬天法祖之观念，天与祖宗同时为君权之约束器。在这样的君主政体下，说是专制固然不尽然，说是独裁，尤其不对，说是黑暗或苛暴，以政治史上偶然的畸形状态，加上于全部历史，尤其不应该。就个人所了解，六百年以前的君权是有限制的，至少在君主不肯受限制的时候，还有忠于这个君主的人敢提出指责，提出批评。近六百年来，时代愈进步，限制君权的办法逐渐被取消，驯至以桀纣之行，文以禹汤文武之言，诰训典谟，连篇累牍，“朕即国家”和西史暴君同符。历史的覆辙，是值得读史的人深切注意的。

历史上的政治的向心力和离心力

历史上有若干时代，军权政权法权财权一切大权，始终握于中央政府之手，各级地方政府唯唯听命，中央之于地方，犹躯干之于手足，令出必行。地方之于中央，犹众星之拱北辰，环侍唯谨。例如宋代和明代。

也有若干时代，中叶以后，大权旁落，地方政府自成单位，其强大者更是操纵中枢，形成尾大不掉之势。中枢政令只及于直属的部分，枝强干弱，失去均衡。例如汉末六朝和唐的后期，清的后期。

前者用科学的术语说，我们叫它作政治上的向心力时代，用政治上的术语说，可叫作中央集权时代。后者则是政治上的离心力时代，也可叫作地方分权时代。为避免和现代的政治术语混淆起见，我们还是用向心力和离心力这两个名词较为妥当。

要详细说明上举几个不同时代的各方面情形，简直是一部中国政治史，颇有不知从何处说起之苦，并且篇幅也不容许。我们不妨用简笔画的办法，举几个有趣的例子来说明。办法是看那个时代人愿意在中央做事，还是在地方做事，前者举宋朝作例，后者举唐朝作例。

宋承五代藩镇割据之后，由大分裂而一统。宋太祖采用谋臣赵普的主意，用种种方法收回地方的兵权、政权、法权、财权。中央直属的军队叫禁军，挑选全国最精锐的军人组成，战斗力最强，挑剩的留在地方的叫厢军，全国各地的厢军总数才和禁军的总数相等，以此在质、量两方面禁军都超过了厢军。各地方政府的长官也都直接由中央任免。地方的司法和财政也都由中央派专使，提点刑狱公事和转运使直辖。府县的长官大部分都带有在中央服务的职名，任满后仍须回中央供职，到地方作事只算是出差（差遣）。在这一个系统之下，就造成了政治上的向心力。宋代的各级官吏，都以到地方服务为回到中央供职的过程，内外虽迭用，但最后的归结还是台阁监寺以至两地。如地位已到了台阁侍从，则出任州守，便算谴谪。反之由外面内召，能到曹郎，便是美迁。“故仕人以登台阁，升禁从为显宦，而不以官之迟速为荣滞，以差遣要剧为贵途，而不以阶勋爵邑有无为轻重。”一般士大夫大多顾恋京师，轻易不肯离去阙下，叶梦得《避暑录话》下记有一则范纯仁的故事说：

> 范尧夫每仕京师，早晚二膳，自己至婢妾皆治于家，往往镌削，过为简俭，有不饱者，虽晚登政府亦然。补外则付之外厨，加料几倍，无不厌余。或问其故，曰：人进退虽在己，然亦未有不累于妻孥者。吾欲使居中则劳且不足，在外则逸而有余，故处吾左右者，朝夕所言，必以外为乐，而无顾恋京师之意，于吾亦一佐也。前辈严于出处，每致其意如此。

范尧夫是哲宗时的名臣名相，尚且以克削饮食的手段，来节制出处，可见当时一般重内轻外的情形。南渡后半壁江山，政治重心却仍因制度的关系，维护在朝廷，外官纷纷要求京职。《宋会要稿》九五《职官》六〇之二九：

> 绍兴九年（西元1139）五月二十三日，殿中侍御史周英言：士大夫无安分效职之心，奔走权势，惟恐不及，职事官半年不迁，往往有滞淹之叹。

又一〇六《职官》七九之一二：

> 庆元二年（西元1196）十月十四日，臣僚言，近日监司帅守，到任之后，甫及半考，或几一年，观风问俗，巡历未周，承流宣化，抚字未遍，即致书当路，自述劳绩，干求朝堂，经营召命。
>
> 四年八月二十四日，臣僚言，比年以来，州县官吏，奔竞躁进，相师成风，嘱托请求，恬不知耻，贿赂杂沓于往来之市，汗牍旁午于贵要之门，上下玩习，不以为怪。故作县未几，即求荐以图院辖。作倅未几，即求荐以图作州。作州未几，即求

荐以图特节。既得节矣，复图职名，得职名矣，复图召命。

以上二例，固然是政治的病态，却也可看出这时代向心力的程度。

再就唐代说，安史之乱是一个路标，乱前内重外轻，乱后内轻外重。乱前的府兵属于国家，乱后节镇兵强，中央衰弱。乱前官吏任免由朝廷，乱后地方多自辟僚属，墨版假授。乱前财政统一，乱后财赋有留州留使，仅上供是朝廷的收入。乱前中央官俸厚，地方官俸薄，乱后恰好相反。至于河北山东割据的藩镇，则索性一切自主，完全和中央无干。乱前士大夫多重内官，轻外职。此种风气，唐初已极显著，贞观十一年（西元637）马周上疏即提到这问题，他说：

今朝廷独重内官，刺史县令，颇轻其选。刺史多是武夫勋人，或京官不称职始外出，边远之处，用人更轻，所以百姓未安，殆由于此。①

长安四年（西元704）李峤也上疏说：

安人之方，须择刺史，窃见朝廷物议，莫不重内官，轻外职，每除牧伯，皆再三披诉。比来所遣外任，多是贬累之人，风俗不澄，实由于此。②

神龙元年（西元705）赵冬曦也说：

今京职之不称者，乃左为外任，大邑之负累者，乃降为小邑，近官之不能者，乃迁为远官。③

直至开元五年（西元721）源乾曜还说：

臣窃见势要之家，并求京职，俊乂之士，出任外官，王道均平，不合如此。④

这种畸轻畸重的形势，深为当时有识的政治家所忧虑，唐太宗以此自简刺史，令五品以上京官举县令一人。武后时以台阁近臣分典大州，中宗时特敕内外官吏更用，玄宗时源乾曜请出近臣子弟为

①②③　《唐会要》六十八，《刺史》上。

④　《唐会要》五十三。

外官，都想矫正这种弊端。不过全无用处，外官之望京职，有如登仙。《新唐书·倪若水传》：

开元初为中书舍人，尚书右丞，出为汴州刺史……时天下久平，朝廷尊荣，人皆重内任，虽自冗官擢方面，皆自谓下迁。班景倩自扬州采访使入为大理少卿，过州，若水饯于郊，顾左右曰：班公是行若登仙，吾恨不得为驺仆！

等到“渔阳鼙鼓动地来”，胡笳一声，立刻把这一种向心力转为相反的离心力。《新唐书·李泌传》说：

贞元三年（西元787）……时州刺史月俸至千缗，方镇所取无艺，而京官禄寡薄。自方镇入至八座，至谓罢权。薛邕由左丞贬歙州刺史，家人恨降之晚。崔祐甫任吏部员外，求为洪州别驾。使府宾，佐有所忤者，荐为郎官，其迁台阁者，皆以不赴取罪去。泌以为外太重，内太轻，乃请随官闲剧，倍增其俸，时以为宜。而窦参多沮其事，不能悉如所请。

元和时（西元806—820）李鄘为淮南节度使，内召作相，至祖道泣下，固辞不就。《新唐书》本传：

吐突承璀数称荐之，召拜门下侍郎同中书门下平章事。鄘不喜由宦幸进，及出，祖乐作，泣下谓诸将曰：吾老安外镇，宰相岂吾任乎？至京师，不肯视事，引疾固辞。

这情形恰好是乱前乱后绝妙的对照。士大夫都营求外任，不肯赴阙，人才分散在地方，政府无才可用，末期至用朱朴、郑綮作相，“履霜坚冰至”其由来也渐矣。

明代政治组织较前代进步，内阁决大政，六部主庶务，都督府司兵籍，都察院司弹劾监察，官无虚设，职与事符。并且卫军全属于国家，地方无私兵。地方政府的组织也较前代简单而严密，严格说只有府县两级，均直属中央。原来的三司（布政使司，按察使司，都指挥使司）皆带使名，以中央官外任，后来增设巡抚，也是以中央大员出巡。总督主两省以上的军务，事定即罢。士大夫以内召为宠命。诏书一下，全国上下奉行唯谨。清代因承明制，却有一部分没有学到家，总督军务成为地方常设的经制的疆吏，权限过大过重，前期国势强盛，尚可以一纸命令节制调动。中叶以后，八旗军力衰弱，代以绿营，洪杨乱起，绿营不能用，复代以练勇。事定后，各省疆吏拥兵自重，内中淮军衍变为北洋系，犹自成一系统，潜势力可以影响国政，义和团乱起，南方各省疆吏竟成联省自立的局面。中央政令不行，地方形同割据。革命起后，北洋系的军人相继当国，形成十六年割据混战的局面。在这期间内，政治上的离心力大过向心力，一般智识分子，多服务于地方，人才分散。我们回顾这两千年的专制政治，无论向心或者离心，都是以独夫之心，操纵数万万人之事。而历朝皇帝，都生怕天下把得不稳，于是大量引用戚族，举全国人的血汗，供一家之荣华富贵，荒淫奢侈。自今而后，我们需要向心，我们更需要统一，但我们必须向心于一个民主的政权，我们必须统一于一个民主的政府之下。

说　士

现代词汇中的军人一名辞，在古代叫作士，士原来是又文又武的，文士和武士的分立，是唐以后的事。

在春秋时代，金字塔形的统治阶级，王诸侯大夫以下的阶层就是士，士和以上的阶层比较，人数最多，势力也最大。其下是庶民和奴隶，是劳动者，是小人，应该供养和侍候上层的君子。王诸侯大夫都是不亲庶务的，士介在上下层两阶级之间，受特殊的教育，在平时是治民的官吏，在战时是战争的主力。就上层的贵族阶级说，是维持治权的唯一动力，王诸侯大夫如不能得到士的支持，不但政权立刻崩溃，身家也不能保全。就下层的民众说，士又是庶政的推动和执行人，他们当邑宰，管理租赋，审判案件（以此，士这名辞又含有司法官的意义，有的时候也叫作士师），维持治安，当司马管理军队，当贾正管理商人，当工正管理工人，和民众的关系最为密切，因之又惯常和民众联在一起。就职业的区分，士为四民之首，其下是农工商。再就教育的程度和地位说，士和大夫最为接近，因之士大夫也就成为代表相同的教育程度和社会地位的一个专门名辞。

士在政治上社会上负有特殊任务，在四民中，独享教育的特权。为着适应士所负荷的业务，课程分作六种，称为六艺：礼乐射御书数。内中射御是必修科，其他四种次之。射是射箭和战争技术的训练，御是驾车，在车战时代，这一门功课也是非常重要的。礼是人生生活的轨范，作人的方法，礼不下庶人，在贵族社会中，是最实际的处世之学。乐是音乐，是调剂生活和节制情感的工具，士无故不辍琴瑟，孔子在齐闻韶，三月不知肉味的故事，正可以代表古代士大夫对于音乐的爱好和欣赏的能力，奏乐时所唱的歌词是诗，在外交或私人交际场合，甚至男女求爱时，都可用歌词来表达自己的意思，这些诗被记录下来，保存到现在的叫《诗经》。书是写字，数是算数，要当一个政府或地方官吏，这两门功课也是非学不可的。

士不但受特殊的教育训练，也受特殊的精神训练。过去先民奋战的史迹，临难不屈，见危授命，牺牲小我以保全邦国的可歌可泣的史诗，和食人之禄忠人之事的理论，深深印入脑中。在这两种训练下，养成了他们的道德观念！——忠，忠的意义是应该把责任看得重于生命，荣誉重于安全，在两者发生冲突时，毫不犹豫牺牲生命或安全，去完成责任，保持荣誉。

在封建时代，各国并立，士的生活由他的主人诸侯或大夫所赐的田土维持，由于这种经济关系，士只能效忠于主人。到了秦汉的统一的大帝国成立以后，诸侯大夫这一阶层完全消灭，士便直属于君主于国家，忠的对象自然也转移到对君主对国家了。士分为文武以后，道德观念依然不变，几千年以来的文士和武士，轰轰烈烈，为国家为民族而战争，而流血，而牺牲，不屈不挠，前仆后继，悲壮勇决的事迹，史不绝书。甚至布衣白丁，匹妇老妪，补锅匠，卖菜佣，乞丐妓女，一些未受教育的平民百姓，在国家危急时，也宁愿破家杀身，不肯为敌人所凌辱，这种从上到下，几千年来的一贯信念，是我国的立国精神，是我中华民族始终昂然永存，历经无数次外患而永不屈服，终能独立自主的真精神。

士原来受文事武事两种训练，平时治民，战时治军，都是本分。春秋时代列国的卿大夫，一到战时便统率军队作战，前方后方都归一体（晋名将郤縠以敦诗书礼乐见称，是个著例）。到战国时代，军事渐趋专业化，军事学的著作日益增多，军事学家战术家战略家辈出，文官和军人渐渐开始分别，可是像孟尝君、廉颇、吴起等人，也还是出将入相，既武且文。汉代的大将军、车骑将军、前将军、后将军都是内廷重臣，遇有征伐时，将军固然应该奉命出征，外廷的大臣如御史大夫和九卿也时常以将军号统军征伐，而且文武互用，将军出为外廷文官，外廷文臣改官将军，不分畛域，末年如曹操、孙权都曾举孝廉，曹操横槊赋诗，英武盖世，诸葛亮相蜀，行军时则为元帅，虽然有纯粹的职业军人如吕布、许褚之流，纯粹的文人如华歆、许靖之流，在大体上仍是文武一体。一直到唐代李林甫当国以前，还是边帅入为宰相，宰相出任边帅，内外互用，文武互调。

李林甫作宰相以后，要擅位固宠，边疆将帅多用胡人，胡人不识汉字，虽然立功，也只能从军阶爵邑上升迁，不能入主中枢大政，从此文武就判为两途。安史乱后的郭子仪，奉天功臣李晟，虽然名义上都是宰相，都是汉人，都通文义，却并不与闻政事，和前期李靖、李勣出将入相的情形完全不同了。经过晚唐五代藩镇割据之乱，宋太祖用全力集权中央，罢诸将军权，地方守令都以文士充任，直隶中枢，文士治国，武士作战，成为国家用人的金科玉律，由之文士地位日高，武士地位日低，一味重文轻武的结果，使宋朝成为历史上最不重武的时代。仁宗时名将狄青南北立功，作了枢密使，一些文士便群起攻击，逼使失意而死，南宋初年的岳飞致力恢复失地，也为宰相秦桧所诬杀。文武不但分途，而且成为对立的局面。明代文武的区分更是明显，文士任内阁部院大臣，武士任官都督府卫所，遇着征伐，必以文士督师，武士统军陷阵，武士即使官为将军总兵，到兵部辞见时，对兵部尚书必须长跪。能弯八石弓，不如识一丁字，一般青年除非科举无望，岂肯弃文就武。致武士成为只有技勇膂力而无智识教养的人，在社会上被目为粗人，品质日低，声誉日降，偶尔有一两个武士能通文翰吟咏，便群相惊诧，以为儒将。偶尔有一两个武士发表对当前国事的意见，便群起攻击，以为干政。结果武士自安于军阵，本来无教养学识的，以为军人的职责只是作战，不必求学识。这种心理的普遍化，使上至朝廷，下至闾巷，都以武士不文为当然，为天经地义。武士这一名词省去下一半，武而不士，只好称为武人了。

近百年来的外患，当国的文士应该负责，作战的武士，亦应该负责。七年来的艰苦作战，文士不应独居其功，大功当属于前线流血授命的武士。就史实所昭示，汉唐之盛之强，宋明之衰之弱，士的文武合一和分立，殆可解释其所以然。古代对士的教育和训练，应加以重视，尤其应该着重道德观念——对国家对民族尽责的精神的养成。提高政治水准，为什么而战和有所不为，彻头彻脑明白战争的意义。要提高士的社会地位，必须文事和武事并重，必须政治水准和社会地位提高，这是今后全国所应全力以赴的课题。

宋代两次均产运动

——人民的历史之一章

十世纪末年（993—995）四川成都平原爆发了伟大的农民均产运动。

十二世纪初期（1130—1135）湖南洞庭湖一带产米区又爆发了和上次意义相同的运动。

在地主官僚贵族的高压的统治之下，有组织的正规军，犀利的武器，加上全国的财力，这两次均产运动当然是被“肃清”了。失败的鲜血在历史上写下了辉煌的一页。

宋代这两次失败的运动之所以值得现代人特别研究，是因为它们提出了明显的经济的政治的要求，改革的方案，具体的实践，是自觉的人民的呼声，是人民的历史的一章。

第一次的均产运动，宋李攸《宋朝事实》卷十七记：

> 淳化四年（993）青城县民王小波聚徒起而为乱。谓其众曰，吾疾贫富不均，今为汝均之。贫民附者益众，先是国家平孟氏（昶）之乱，成都府库之物，悉载归于内府。后来任事者竞功利，于常赋外，更置博买务，禁商贾不得私市布帛。蜀地土狭民稠，耕稼不足以给，由是群众起而为乱。

说明了刺激这运动的两个政治经济的因素，第一是宋军平蜀，把蜀中的财赋都当作战利品运到开封。第二是新治权的统制商业行为，使人民生活陷于绝境。这两个因素造成了蜀人的心理反抗，不甘于被征服者的奴役，剥削，起来要求经济上的均等和政治上的解放。

宋王辟之《渑水燕谈录》所记大体相同，他说：

> 本朝王小波李顺王均辈，啸聚西蜀，盖朝廷初平孟氏，蜀

之帑藏，尽归京师。其后言利者争述功利，置博易务，禁私市，商贾不行，蜀民不足，故小波得以激怒其人曰，吾疾贫富不均，今为汝均之。贫者附之益众。

均贫富的方案和实践，宋沈括《梦溪笔谈》二十五记（王明清《挥麈后录》五同）：

李顺本蜀江王小博之妻弟。始王小博反于蜀中，不能抚其众，众乃推顺为主。顺初起，悉召乡里富人大姓，令具其家所有财粟，据其生齿足用之外，一切调发，大赈贫乏，录用材能，存抚良善，号令严明，所至一无所犯。时两蜀大饥，旬日之间，归之者数万人，所向州县，开门延纳，传檄所至，无复完垒。及败，人尚怀之，故顺得脱去三十余年，乃始就戮。

就是把富豪地主的过剩的，除开生活必需以外的财粟，用公开的手续，让他们自己报告，由人民调发，分配给贫民，这一新的经济措施自然获得广大的贫民阶层的支持。相对的严明的军纪和合理的政治，使这一运动更获得广大的发展，虽然遭遇政府正规军，数和质都占优势的大军所围剿而消灭，然而，在几十年后，这一运动的成果仍然温暖地被保存于蜀中父老子弟的心坎中。

第二次的均产运动的背景，绍兴三年（1133）伪齐尚书户部郎中兼权给事中冯长宁尚书右司员外郎许同伯同修什一税法，报告北宋的税制，给豪富地主以兼并的机会，造成贫富对立的尖锐现象说：

宋之季世，税法为民大蠹，权要豪右之家，交通州县，欺侮愚弱，恃其高赀，择利兼并，势必膏腴，减落税亩，至有入其田宅而不承其税者，贫民下户，急于贸易，俯首听之。间有陈词，官吏附势，不能推割，至有田产已尽，而税籍犹在者，监锢拘囚，至于卖妻鬻子，死徙而后已。官司摊逃户赋，则牵连邑里，岁使代输，无有穷已。折变之法，小估大折，名曰实直，巧诈欺民，十倍榨取，舍其所有，而责其所无。至于检灾之蠲放分数，方田之高下土色，不公不实，率毕大姓享其利，而小民被其害。贪虐相资，诛求不辍，朝行宽恤之诏，夕下割剥之令，元元穷蹙，群起为盗。①

洞庭湖沿岸是最饶足的米仓，贫富对立的现象也就特别显著。当宋徽宗正在穷奢极欲，搜敛豪取，建宫室，崇道教，求长生的时候，洞庭西岸武陵的农民钟相，相对的在宣扬等贵贱，均贫富的新教义。《建炎以来系年要录》卷三十一记：

> 建炎四年（1130）正月甲午，鼎州（常德）人钟相作乱，自称楚王。初金人去潭州（长沙），群盗乃大起，东北流移之人，相率渡江……相武陵人，以左道惑众，自号天大圣，言有神灵与天通，能救人疾患。阴语其徒，则曰，法分贵贱贫富，非善法也，我行法，当等贵贱，均贫富。持此语以动小民，故环数百里间，小民无知者翕然从之，备粮谒相，谓之拜父，如此者二十余年。相以故家赀巨万，及湖湘盗起，相与其徒结集为忠义民兵，士大夫避免者多依之。相所居村曰天子岗，遂即其处筑垒浚壕，以捍贼为名。会孔彦舟入澧州，相乘人情惊扰，因托言拒彦舟以聚众。至是起兵，鼎澧荆南之民响应。相遂称楚王，改元天战，行移称圣旨，补授一用黄牒，一方骚然。遂焚官府城市寺观及豪右之家，凡官吏儒生僧道巫医卜祝之流，皆为所杀。

钟相的作风比李顺又进一步，不但要均贫富，而且要等贵贱，就现在的意义说，不止是彻底消灭地主贵族集团的经济特权，而是更进一步，消除更根本的这一集团人搜括剥削的政治特权。使人人有平等的经济的享受，有过问政治，运用政权的权利。这一运动所消灭的对象，是贪污不法的官吏，武断乡曲的儒生，不劳而食的僧道，和劳苦民众的寄生虫巫医卜祝，四种靠原始迷信生活的废物。所破坏的对象是特权阶级所凭藉的官府，和保护官府安全的城市，僧道所在的为民脂民膏所经营的寺观，以及豪右之家，农民所最痛恨的吸血鬼的巢穴。

这一运动经过几次的挫折，最后，于1135年为名将岳飞所荡平。

---

① 李心传：《建炎以来系年要录》卷六十五。

明代的锦衣卫和东西厂

（一）

在旧式的政体之下，皇帝只是代表他的家族以及外环的一特殊集团的利益，比较被统治的人民，他的地位，不但孤立，而且永远是在危险的边缘，尊严的神圣宝座之下，酝酿着待爆发的火山。为了家族的威权和利益的持续，他们不得不想尽镇压的法子，公开的律例，刑章，公开的军校和法庭不够用，也不便用，他们还需要造成恐怖空气的特种组织，特种监狱，和特种侦探，来监视每一个可疑的人，可疑的官吏，他们用秘密的方法侦伺，搜查，逮捕，审讯，处刑。在军队中，在学校中，在政府机关中，在民间，在茶楼酒馆，在集会场所，甚至在交通孔道，大街小巷，处处都有这类人在活动。执行这些任务的特种组织，历代都有。在汉有“诏狱”和“大谁何”，在唐有“丽景门”和“不良人”，在宋有“诏狱”和“内军巡院”，在明有锦衣卫和东西厂，在袁世凯时代则有“侦缉队”。

锦衣卫和东西厂明人合称为厂卫。从十四世纪后期一直到十七世纪中叶，这两机关始终存在（中间曾经几度短期的废止，但不久即复设）。锦衣卫是内廷的侦察机关，东厂则由宦官提督，最为皇帝所亲信，即锦衣卫也受其侦察。锦衣卫初设于明太祖时，是内廷亲军，皇帝的私人卫队，不隶都督府。其下有南北镇抚司，南镇抚司掌本卫刑名，北镇抚司专治诏狱，可以直接取诏行事，不必经过外廷法司的法律手续，甚至本卫长官亦不得干预。① 锦衣卫的正式职

① 王世贞：《锦衣志》。

务，据《明史·职官志》说是“掌侍卫缉捕刑狱之事，凡盗贼奸宄街涂沟洫，密缉而时省之”。经过嘉靖初年裁汰后，缩小职权，改为“专察不轨妖言人命强盗重事”①。其实最主要的还是侦察“不轨妖言”，不轨指政治上的反动者或党派，妖言指宗教的集团如弥勒教、白莲教、明教等。明太祖出身于香军，深知“弥勒降生”和“明王出世”等宗教传说，对于渴望改善生活的一般农民，所发生的政治作用，是如何重大。他尤其了解聚众结社对现实政权有如何重大的意义和威胁，他从这两种活动中得到政权，也已为这政权立下基础，唯一使他焦急的问题是如何才能永远子子孙孙都能不费事地继承这政权。他所感觉到的严重危机有两方面，其一是并肩起事的诸将，个个都身经百战，枭悍难制。其二是出身豪室的文臣，他们有地方的历史势力，有政治的声望，又有计谋，不容易对付。这些人在他在位的时候，固然镇压得下，但也还惴惴不安。身后的继承人呢，太子忠厚柔仁，只能守成，不能应变。到太子死后，他已是望七高年，太孙不但幼稚，而且比他儿子更不中用，成天和一批腐儒接近，景慕三王，服膺儒术，更非制驭枭雄的脚色。他为着要使自己安心，要替他儿孙斩除荆棘，便不惜用一切可能的残酷手段，大兴胡蓝党案，屠杀功臣，又用整顿吏治，治乱国用重刑的口实，把中外官吏地主豪绅也着实淘汰了一下，锦衣卫的创立和授权，便是发挥这个作用。经过几次的大屠杀以后，臣民侧足而立，觉得自己的地位已经安定了。为了缓和太过紧张的空气，洪武二十年（公元1387）下令焚毁锦衣卫刑具，把锦衣卫所禁闭的囚徒都送刑部。再隔六年，胡党蓝党都已杀完，不再感觉到政治上的逼胁了，于是又解除锦衣卫的典诏狱权，诏内外狱毋得上锦衣卫，大小案件都由法司治理。天下从此算太平了。②

不到十年，帝位发生争执，靖难兵起，以庶子出藩北平的燕王入居大位，打了几年血仗，虽然到了南京，名义上算作了皇帝，可是地位仍不稳固。因为第一，建文帝有出亡的传说，宫内自焚的遗体中不能决定是否建文帝也在内，假如万一建文帝未死，很有起兵

①② 《明史·刑法志》。

复国的可能。第二，他以庶子僭位，和他地位相同的十几个亲王看着眼红，保不住也重玩一次靖难的把戏。（这一点在他生前算是过虑，可是到孙子登位后，果然又闹了一次叔侄交兵。）第三，当时他的兵力所及的只是由北平到南京一条交通线，其他地方只是外表表示服从。第四，建文帝的臣下，在朝的如曹国公李景隆驸马都尉梅殷等，在地方的如盛庸平安何福等都曾和他敌对作战。其他地方官吏文武臣僚也都是建文旧人，不能立地全盘更动。这使他感觉有临深履薄的恐惧。在这样的情况之下，他用得着他父亲传下的衣钵，于是锦衣卫重复活动，一直到亡国，始终作皇帝的耳目，担任猎犬和屠夫的双重任务。

锦衣卫虽然亲近，到底是外官，也许会徇情面，仍是不能放心。明成祖初起时曾利用建文帝左右的宦官探消息，即位以后，以为这些内官忠心可靠，特设一个东厂，职务是“缉访谋逆妖言大逆等”，完全和锦衣卫相同。属官有贴刑，以锦衣卫千百户充任，所不同的是用内臣提督，通常都以司礼监秉笔太监第二人或第三人派充，关系和皇帝最密切，威权也最重。① 以后虽有时废罢，名义也有时更换为西厂或外厂，或东西厂内外厂并设，或在东西厂之上加设内行厂，连东西厂也在伺察之下。但在实际上，厂的使命是没有什么变更的。

厂与卫成为皇帝私人的特种侦探机关，其系统是锦衣卫监察侦伺一切官民，东（西）厂侦察一切官民及锦衣卫，有时或加设一最高机构，侦探一切官民和厂卫，如刘瑾的内行厂和冯保的内厂，皇帝则直接监督一切侦缉机关。如此层层缉伺，层层作恶，人人自疑，人人自危，造成了政治恐怖。

（二）

厂卫同时也是最高法庭，有任意逮捕官吏平民，加以刑讯判罪和行刑的最高法律以外的权力。

---

① 《明史》，《刑法志》、《职官志》。

卫的长官是指挥使，其下有官校，专司侦察，名为[illegible]。嘉靖时陆炳官缇帅，所选用卫士缇骑皆都中大豪，善把持长短，[illegible]耳目，所睚眦无不立碎。所召募畿辅秦晋鲁卫骈胁超乘迹射之士[illegible]计。卫之人鲜衣怒马而仰度支者凡十五六万人。① 四出迹访："凡缉[illegible]之门，各有数人往来其间，而凡所缉访，止属风闻，多涉暧昧，虽[illegible]口，无可辩白。各类计所获功次，以为升授。凭其可逞之势，而邀[illegible]获之功，捕风捉影，每附会以仇其奸，非法拷讯，时威逼以强其认[illegible]结果，一般仕宦阶级都吓得提心吊胆，"常晏起早阖，毋敢偶[illegible]旗校过门，如被大盗"③。抓到了人时先找一个空庙祠宇榜掠了[illegible]，名为打桩，"有真盗幸免，故令多攀平民以足数者，有括家[illegible]，而通棍恶以证其事者，有潜种图书陷人于妖言之律者[illegible]人以假印之科者，有姓名仿佛而荼毒连累以死者。"[illegible]则"家资一空，甚至并同室之有而席卷以去，轻则匿于档[illegible]校尉之手，重则官与瓜分"。被访拿的一入狱门，便无生理，"[illegible]尝，肢体不全。其最酷者曰琵琶，每上百骨尽脱，汗下如水，[illegible]生，如是者二三次，荼酷之下，何狱不成"④。

其提人[illegible]驾帖，弘治元年（公元1488）刑部尚书何乔新奏："旧制[illegible]所在官司必验精微批文，与符号相合，然后发遣。近者[illegible]，只凭驾帖，既不用符，真伪莫辨，奸人矫命，何以拒之？"当时虽然明令恢复批文提人的制度，可是锦衣旗校却依旧只凭驾帖拘捕。⑤ 正德初周玺所说："迩者皇亲贵幸有所奏陈，陛下据其一面之词，即行差官赍驾帖拿人于数百里之外，惊骇黎庶之心，甚非新政美事。"⑥ 便是一个例子。

东厂的体制，在内廷衙门中最为隆重。凡内官奉差关防皆曰某处内官关防，惟东厂篆文为"钦差监督东厂官校力事太监关防"⑦。

---

① 王世贞：《锦衣志》。
② 傅维麟：《明书》卷七十三。
③ 《明史·刑法志》。
④ 《明书》卷七十三。
⑤ 《明史·刑法志》。
⑥ 《垂光集》一，《论治化疏》。
⑦ 刘若愚：《酌中志》十六。

《明史》记“其隶役皆取给于卫，最轻巧儇佶者乃充之。役长曰档头，帽上锐，衣青素裤褶，系小绦，白皮靴，专主伺察。其下番子数人为干事，京师亡命诓财挟仇视干事者为窟穴，得一阴事，由之以密白于档头，档头视其事大小先予之金，事曰起数，金曰买起数。既得事，帅番子至所犯家，左右坐曰打桩，番子即突入执讯之无有左证符牒，贿如数径去，少不如意，榜治之名曰乾酢酒，亦曰搬罾儿，痛楚十倍官刑，且授意使牵有力者，有力者予多金即无事，或靳不予，予不足，立闻上，下镇抚司狱，立死矣。”对于行政官吏所在，也到处派人伺察：“每月旦，厂役数百人掣签庭中，分瞰官府。”有听记坐记之别，“其视中府诸处会审大狱，北镇抚司拷讯重犯者曰听记，他官府及各城门缉访曰坐记”。所得秘密名为打事件，即时由东厂转呈皇帝，甚至深更半夜也可随时呈进，“以故事无大小，天子皆得闻之，家人米盐猥事，宫中或传为笑谑，上下惴惴，无不畏打事件者”①。

锦衣卫到底是比不上东厂亲近，报告要用奏疏，东厂则可以直达。以此，厂权就高于卫。

东厂的淫威，试举一例。当天启时，有四个平民半夜里偷偷在密室喝酒谈心。酒酣耳热，有一人大骂魏忠贤，余三人听了不敢出声。骂犹未了，便有番子突入，把四人都捉去，在魏忠贤面前把发话这人剥了皮，余三人赏一点钱放还，这三人吓得魂不附体，差一点变成疯子。

锦衣卫狱即世所称诏狱，由北镇抚司专领。北镇抚司本来是锦衣卫指挥使的属官，品秩极低，成化十四年（公元1478）增铸北司印信，一切刑狱不必关白本卫，连卫所行下的公事也可直接上请皇帝裁决，卫指挥使不敢干预，因之权势日重。② 外廷的三法司（刑部，大理寺，都察院）不敢与抗。嘉靖二年（公元1523），刑科给事中刘济上言：“国家置三法司以理刑狱，其后乃有锦衣卫镇抚司专理诏狱，缉访于罗织之门，锻炼于诏狱之手，裁决于内降之旨，而三法司几于虚设矣。”③ 其用刑之惨酷，有非人类所能想象，沈德符

① 《明史·刑法志》。

② 《明史》卷九十五。

③ 《明世宗实录》。

记："凡厂卫所廉谋反杀逆及强盗等重辟，始下锦衣之镇抚司拷问，寻常止曰打着问，重者加好生二字，其最重大者则曰好生着实打着问，必用刑一套，凡十八种，无不试之。"① 用刑一套为全刑，曰械，曰镣，曰棍，曰拶，曰夹棍，五毒备具，呼号声沸然，血肉溃烂，宛转求死不得。② 诏狱"室卑入地，墙厚数仞，即隔壁号呼，悄不闻声，每市一物入内，必经数处检查，饮食之属十不能得一，又不得自举火，虽严寒不过啖冷炙披冷衲而已。家人辈不但不得随入，亦不许相面。惟于拷问之期，得遥于堂下相见"③。天启五年（公元 1625）遭党祸被害的顾大章所作《狱中杂记》里说："予入诏狱百日而奉旨暂发（刑）部者十日，有此十日之生，并前之百日皆生矣。何则，与家人相见，前之遥闻者皆亲证也。"拿诏狱和刑部狱相比，竟有天堂地狱之别。瞿式耜在他的《陈时政急著疏》中也说："往者魏崔之世，凡属凶网，即烦缇骑，一属缇骑，即下镇抚，魂飞汤火，惨毒难言，苟得一送法司，便不啻天堂之乐矣。"④ 被提者一入抚狱，便无申诉余地，坐受榜掠。魏大中《自记年谱》：十三日入都羁锦衣卫东司房，二十八日许显纯崔应元奉旨严鞫，许既迎二魏（忠贤、广微）意，构汪文言招辞而急毙之以灭口。对簿时遂断断如两造之相质，一拶敲一百，穿梭一夹，敲五十板子，打四十棍，惨酷备至，而抗辨之语悉闷不得宣。""六君子"被坐的罪名是受熊廷弼的贿赂，有的被刑自忖无生理，不得已承顺，希望能转刑部得生路，不料结果更坏，厂卫勒令追赃，"遂五日一比，惨毒更甚。比时累累跪阶前，诃诟百出，裸体辱之，弛杻则受拶，弛拶则受夹，弛拶与夹则仍戴杻镣以受棍，创痛未复，不再宿复加榜掠。后讯时皆不能跪起荷桎梏，平卧堂下"⑤。终于由狱卒之手秘密处死，死者家人至不知其死法及死期，苇席裹尸出牢户，虫蛆腐体。六君子是杨涟、左光斗、顾大中、袁化中、周朝瑞、顾大章，都是当时的清流领袖，朝野

① 《野获编》卷二十一。

② 《明史·刑法志》。

③ 《野获编》。

④ 《瞿忠宣公集》卷一。

⑤ 《明史纪事本末》卷七十一。

表率，为魏忠贤臣所忌，天启五年（公元1625）相继死于诏狱。

除了在狱中的非刑以外，和厂卫互相表里的一件恶政是廷杖，锦衣卫始自明太祖，东厂为明成祖所创设，廷杖却是抄袭元朝的。

在元朝以前，君臣之间的距离还不十分悬绝，三公坐而论道，和皇帝是师友，宋朝虽然臣僚在殿廷无坐处，却也还礼貌大臣，绝不加以非礼的行为，“士可杀不可辱”这一传统的观念，上下都能体会。蒙古人可不同了，他们根本不了解士的地位，也不能用理论来装饰殿廷的庄严。他们起自马上，生活在马上，政府中的臣僚也就是军队中的将校，一有过错，拉下来打一顿，打完照旧办事，不论是中央官，地方官，在平时，或是在战时，臣僚挨打是家常便饭，甚至中书省的长官，也有在殿廷被杖的记载。明太祖继元而起，虽然一力“复汉官之威仪”，摒弃胡俗胡化，对于杖责大臣这一故事，却习惯地继承下来，著名的例子，被杖死的如亲侄大都督朱文正，工部尚书薛祥，永嘉侯朱亮祖父子，部曹被廷杖的如主事茹太素。从此殿陛行杖，习为祖制，正德十四年（公元1519）以南巡廷杖舒芬等百四十六人，死者十一人，嘉靖三年（公元1523）以大礼之争廷杖丰熙等百三十四人，死者十六人。循至方面大臣多毙杖下，幸而不死，犯公过的仍须到官办事，犯私仇者再下诏狱处死。① 至于前期和后期廷杖之不同，是去衣和不去衣，沈德符说：“成化以前诸臣被杖者皆带衣裹毡，不损肤膜，然犹内伤困卧，需数旬而后起，若去衣受笞，则始于逆瑾用事，名贤多死，今遂不改。”② 廷杖的情形，据艾穆所说，行刑的是锦衣官校，监刑的是司礼监：“司礼大珰数十辈捧驾帖来，首喝曰带上犯人来，每一喝则千百人一大喊以应，声震甸服，初喝跪下，宣驾帖杖吾二人，着实打八十棍，五棍一换，总之八十棍换十六人。喝着实打，喝打阁上棍，次第凡四十六声，皆大喊应如前首喝时，喝阁上棍者阁棍在股上也。杖毕喝踩下去，尉四人以布袱曳之而行。”③ 天启时万璟被杖死的情形，樊良材撰

---

① 《明史·刑法志》。

② 《野获编》卷十八。

③ 《熙亭先生文集》四，《恩遣记》。

《万忠贞公传》说："初璟劾魏珰疏上，珰恚甚，矫旨廷杖一百。褫斥为民。彼一时也，缇骑甫出，群聚蜂拥，绕舍骤禽，饱恣拳棒，摘发捉肘，拖沓摧残，曳至午门，已无完肤。迨行杖时逆档领小竖数十辈奋袂而前，执金吾（锦衣卫指挥使）止之曰留人受杖，逆珰瞋目监视，倒杖张威，施辣手而甘心焉。杖已，血肉淋漓，奄奄待尽。"

廷杖之外，还有立枷，创自刘瑾，锦衣卫常用之："其重枷头号者至三百斤，为期至二月，已无一全。而最毒者为立枷，不旬日必绝。偶有稍延者，命放低三数寸，则顷刻殒矣。凡枷未满期而死，则守者掊土掩之，俟期满以请，始奏闻领埋，若值炎暑，则所存仅空骸耳，故谈者谓重于大辟云。"①

诏狱、廷杖、立枷之下，士大夫不但可杀，而且可辱，君臣间的距离愈来愈远，"天皇圣明，臣罪当诛"，打得快死而犹美名之曰恩谴，曰赐杖，礼貌固然谈不到，连主奴间的恩意也因之而荡然无存了。

（三）

厂卫之弊，是当时人抗议最集中的一个问题，但是毫无效果，并且愈演愈烈。著例如商辂《请革西厂疏》说："近日伺察太繁，法令太急，刑网太密，官校提拿职官，事皆出于风闻，暮夜搜检家财，初不见有驾帖，人心汹汹各怀疑畏。内外文武重臣，托之为股肱心膂者也，亦皆不安于位。有司庶府之官，资之以建立政事者也，举皆不安于职，商贾不安于市，行旅不安于涂，士卒不安于伍，黎民不安于业。"② 在这情形下，任何人都有时时被捕的危险。反之，真是作恶多端的巨奸大憝，只要能得到宫廷的谅解，更可置身法外。《明史·刑法志》说："英宪以后，钦恤之意微，侦伺之风炽，巨恶大憝，案如山积，而旨从中下，纵不之问。或本无死理，而片纸付诏狱，为祸尤烈。"明代二祖设立厂卫之本意，原在侦察不轨，尤其

① 《野获编》卷十八。

② 《商文毅公集》卷一。

是注意官吏的行动。隆庆中刑科给事中舒化上疏只凭表面事理立论，恰中君主所忌，他说：“朝廷设立厂卫，所以捕盗防奸细，非以察百官也。驾驭百官乃天子之权，而奏劾诸司责在台谏，朝廷自有公论。今以暗访之权归诸厂卫，万一人非正直，事出冤诬，是非颠倒，殃及善良，陛下何由知之。且朝廷既凭厂卫，厂卫必委之番役，此辈贪残，何所不至！人心忧危，众目睚眦，非盛世所宜有也。”① 至于苛扰平民，则更非宫廷所计及，杨涟劾魏忠贤二十四大罪疏中曾特别指出：“东厂原以察奸细，备非常，非扰平民也。自忠贤受事，鸡犬不宁，而且直以快恩怨，行倾陷，片语违，则驾帖立下，造谋告密，日夜未已。”② 甚至在魏忠贤失败以后，厂卫的权力仍不因之动摇，刘宗周上疏论其侵法司权限，讥为人主私刑，他说：“我国家设立三法司以治庶狱，视前代为独详，盖曰刑部所不能决者，都察院得而决之，部院所不能平者，大理寺得而平之，其寓意至深远。开国之初，高皇帝不废重典以惩巨恶，于是有锦衣之狱。至东厂缉事，亦国初定都时偶一行之于大逆大奸，事出一时权宜，后日遂相沿而不复改，得与锦衣卫比周用事，致人主有私刑。自皇上御极以后，此曹犹肆罗织之威，日以风闻事件上尘睿览，辇毂之下，人人重足。”结果是：“自厂卫司讥访而告奸之风炽，自诏狱及士绅而堂廉之等夷，自人人救过不给而欺罔之习转盛，自事事仰承独断而谄谀之风日长，自三尺法不伸于司寇而犯者日众。”③

厂卫威权日盛，使厂卫二字成为凶险恐怖的象征，破胆的霹雳，游民奸棍遂假为恐诈之工具，京师外郡并受荼毒，其祸较真厂卫更甚。崇祯四年（公元1631）给事中许国荣《论厂卫疏》历举例证说：“如绸商刘文斗行货到京，奸棍赵瞎子等口称厂卫，捏指漏税，密擒于崇文门东小桥庙内，诈银二千余两。长子县教官推升县令，忽有数棍拥入其寓内，口称厂卫，指为营干得来，诈银五百两。山西解官买办黑铅照数交足，众棍窥有余剩在潞细铺内，口称厂卫，指克

① 《春明梦余录》卷六十三。

② 《杨忠烈公文集》二。

③ 《刘子全书》十六《痛陈时艰疏》，十七《敬循职掌疏》。

官物，捉拿王铺等四家，各诈银千余两……蓟门孔道，假侦边庭，往来如织……至于散在各衙门者，藉口密探，故露踪迹，纪言纪事，笔底可操祸福，书吏畏其播弄风波，不得不醵金阴饵之，遂相沿为例而莫可问。”① 崇祯十五年（公元1642）御史杨仁愿疏《论假番及东厂之害》说：“臣待罪南城，所阅词讼多以假番故称冤，夫假称东厂，害犹如此，况其真乎？此由积重之势然也。所谓积重之势者，功令比较事件，番役每悬价以买事件，受买者至诱人为奸盗而卖之，番役不问其从来，诱者分利去矣。挟忿首告，诬以重法，挟者志无不逞矣。伏愿宽东厂事件而后东厂之比较可缓，东厂之比较缓而番役之买事件与卖事件者俱可息，积重之势庶可稍轻。”② 抗议者的理由纵然充分到极点，也不能消除统治者孤立自危的心理。《明史》说：“然帝（思宗）倚厂卫益甚，至国亡乃已。”

民国二十三年十二月旧稿，三十三年五月
为纪念甲申三百周年重写于昆明

① 《春明梦余录》卷六十三。
② 《明史》，《刑法志》三。

明代的奴隶和奴变

一、奴隶的来源

元末明初的学者陶宗仪，在所著《辍耕录》卷十七奴婢条，说明这时代的奴隶情形，他指出了几点：第一蒙古、色目人的臧获，男曰奴，女曰婢，总称为驱口，这类人是元初平定诸国所俘到的男女匹配为夫妇，所生的子孙，永为奴婢。第二是由于买卖，由元主转卖与人，立券投税，称为红契买到。第三是陪送，富人嫁女，用奴婢标拨随女出嫁。这三类来源不同，性质一样，在法律上和奴隶对称的是良人，买良为驱，就法律说是被禁止的，因为良人是国家的公民，驱口或奴隶则是私人的财产。

其次，奴隶的婚姻限于同一阶级，奴婢止可自相婚嫁，例不许聘娶良家，除非是良家自愿娶奴隶的女儿，至于奴娶良家妇女，则绝对为法律为社会所不容许。

主奴关系的改变，有一种情形。奴隶发了财，成为富人，主子眼红，故意找出一点小过错，打一顿关起来，到他家席卷财物而去，名为抄估。家倾了，产荡了，依然是奴才。除非是自己识相，自动献出家财以求脱免奴籍，主人出了放良凭执，才能取得自由人的地位。

在法律上，私宰牛马杖一百，打死驱口或奴隶呢，比平人减死一等，杖一百七，奴隶的生命和牛马一样！

奴婢所生的子女叫家生孩儿。

买卖奴隶的红契，据姚燧《牧庵集》十二《浙西廉访副使潘公神道碑》说：凡买卖人口，都要被卖人在契上打手指印，用的是食指，男左女右，以指纹的疏密来判断人的短长壮少。这位潘廉访就曾用指纹学，集合同年龄的十个人的指纹，来昭雪一件良人被抑为奴的冤狱。

买奴的实例，最值得我们注意的是1555年杨继盛的遗嘱，他在被杀前写信给儿子处分后事，有一条说：

> 趟钺，他若守分，到日后亦与他地二十亩，村宅一小所。若是生事，心里要回去，你就合你两个丈人商议告着他。——原是四两银子买的他，放债一年，银一两得利六钱，按着年问他要，不可饶他，恐怕小厮们照样行，你就难管。

奴隶作为财产处分的实例，小说《今古奇观》“徐老仆义愤成家”是根据《明史》二百九十卷《阿寄传》写的，淳安徐家兄弟三人分家，大哥分得一匹马，二哥分得一条牛，老三被欺侮，分得五十多岁的老奴阿寄，寡妇成天悲哭，以为马可以骑，牛可以耕田，老奴才光会吃饭，老奴才气急了，发愤经商，发了大财，临死时说：“老奴牛马之报尽矣!”

二、《大明律》中的奴隶

驱口这一名词在明代似乎不大用了，奴隶的社会地位和生活情形却并不因为朝代之改变而有所不同。

为了维持阶级的尊严，庶民是不许蓄养奴隶的，《明律》四《户律》一：

> 庶民之家养奴婢者，杖一百，即放一奴婢从良。

良贱绝对不许通婚，《明律》六《户律》一：

> 凡家长与奴娶良人女为妻者，杖八十。女家减一等。不知者不坐，其奴自娶者罪亦如之。家长知情者减二等，因而入籍为婢者杖一百。若妄以奴婢为良人而与良人为夫妻者，杖九十，各离异改正。

奸淫的处刑也不问行为，只问所属阶级，《明律》二十五《刑律》八：

> 凡奴及雇工人奸家长妻女者各斩。妾各减一等，强者亦斩。凡奴奸良人妇女者，加凡奸罪一等。良人奸他人婢者减一等，奴婢相奸者以凡奸论。

殴骂杀伤也是一样，《明律》二十《刑律》三：

> 凡奴婢殴良人等加凡人一等，至笃疾者绞，死者斩。其良人殴伤他人奴婢者减凡人一等，若死及故杀者绞。若奴婢自相殴伤杀者，各依凡斗伤法，相侵财物者不用此律。
>
> 凡奴婢殴家长者皆斩，杀者皆凌迟处死，过失杀者绞，伤者杖一百，流三千里。
>
> 若奴婢殴旧家长，家长殴旧奴婢者以凡人论。
>
> 凡奴婢骂家长者绞。若雇工人骂家长者，杖八十，徒二年。

大体地说来，私人畜养的奴隶愈多，国家的人民就愈少，租税力役的供给就会感觉到困难。以此政府虽然为代表官僚贵族地主的少数集团利益而存在，但是，这少数集团的过分发展将要动摇政府生存的基础时，政府也会和这少数集团争夺人口，发生内部的斗争。著例如洪武五年（公元1372）五月下诏解放过去因战争流亡，因而为人奴隶的大量奴隶。正统十二年（1447）云南鹤庆军民府因为所辖诸州土官，家僮庄户，动计千百，不供租赋，放逸为非，要求依照品级，量免数丁，其余悉数编入民籍，俾供徭役。政府议决的方案是四品以上免十六丁，五品六品免十二丁，七品以下递减二丁，其余尽数解放，归入民籍，但是，在实际上，这些法令是不会发生效力的，因为庶民不许畜养奴隶，而畜养奴隶的人正是支持政府的这少数官僚贵族地主集团，法令只是为庶民而设，刑不上大夫，这法令当然是落空的。

三、奴隶的生活

明代统治集团畜养奴婢的数量是值得注意的，单就吴宽《匏翁家藏集》的几篇墓志铭说，卷五十七《先世事略》：

先母张氏，勤劳内助，开拓产业，僮奴千指，衣食必均。

七十四《承事郎王应详墓表》：

家有僮奴千指。

何乔新《何文肃公集》三十一《故承事郎赵孺人董氏墓表》：

无锡赵氏族大资厚，僮使千指。

唐顺之《荆川文集》十一《葛母传》：

葛翁容庵，游于商贾中，殖其家，僮婢三百余指。

嘉靖时名相徐阶家人多至数千。① 至于军人贵族，那更不用说了，洪武时代的凉国公蓝玉蓄庄奴假子数千人②，武定侯郭英私养家奴百五十余人。③

大量奴隶的畜养，除开少数的家庭奴隶，为供奔走服役的以外，大部分是用来作为生产力量的。用于农业的例子如《匏翁家藏集》五十八《徐南溪传》：

徐讷不自安逸，率其僮奴，服劳农事，家用再起。

六十五《封文林郎江西道监察御史王公墓志铭》：

吴江王宗吉置田使僮奴隶以养生，久之，囷有余粟。

《何文肃公文集》三十《先伯父稼轩先生墓志铭》：

---

① 于慎行：《榖山笔麈》五。
② 《明太祖实录》卷二二五。
③ 《明太祖实录》卷一五五。

买田一区，帅群僮耕之。

用于商业的例子如《匏翁家藏集》六十一《裕庵汤府君墓志铭》：

世勤生殖，有兄弟八人，其仕者曰渭，他皆行货于外，其家出者，率僮奴能协力作居，而收倍蓰之息。

六十二《李君信墓志铭》：

益督僮奴治生业，入则量物货，出则置田亩，家卒赖以不堕。

用于工业的如《縠山笔麈》所记：

吴人以织作为业，即士大夫家多以纺织求利，其俗勤啬好殖，以故富庶。然而可议者如华亭相（徐阶）在位，多蓄织妇，岁计所织，与市为贾，公仪休之所不为也。

高度的劳动力的剥削，造成这些统治集团大量的财富，奴隶过着牛马一样的生活，在精神上也被当作牛马一样看待。谢肇淛《五杂俎》十四《事部》说，福建长乐奴庶之别极严，为人奴者子孙不许读书应试，违者必群击之。新安之俗，不禁出仕，而禁婚姻。江苏娄县则主仆之分尤严，据《研堂见闻杂记》：

吾娄风俗极重主仆，男子入富家为奴，即立身契，终身不敢雁行立。有役呼之，不敢失尺寸。而子孙累世不得脱籍，间有富厚者，以多金赎之，即名赎而终不得与等肩，此制御人奴之律令也。

四、明末的奴变

奴隶在统治集团的政治和军力控制之下，他们受尽了虐待，受尽了侮辱。然而，一到这集团腐烂了，政治崩溃了，军队解体了，整个社会组织涣散无力了，他们便一哄而起，要索还身契，解放自己和他的家族了。明代末年的奴隶——奴隶解放运动，可以说是历史上最光辉的一件大事。这运动从崇祯十六年到弘光元年（公元1644至1646），地域从湖北蔓延到江浙。

徐鼒《小腆纪年》卷二：

崇祯十六年四月，张献忠连陷麻城。楚士大夫仆隶之盛甲天下，而麻城尤甲于全楚。梅刘田李诸姓家僮不下三四千人，雄张里闾间。寇之将作也，（奴）思齐以民伍为相蔽，听其纠率同党，坎牲为盟为里仁会。诸家兢饰衣冠以夸耀之，其人遂炮烙衣冠，推刃故主，城中大乱。城外义兵围之，里仁会之人大惧，其渠汤志杀诸生六十人，而推其与己合者曰周文江为主，缒城求救于献忠。献忠自残破后，步卒多降于自成，麾下惟骑士七千人，闻麻城使至，大喜，进兵城下，义兵解围走，献忠遂入麻城，城中降者五万七千人，献忠别立一军名曰新营，改麻城为州，以文江知州事。

次年北都政权覆灭后，嘉定又起奴变，《小腆纪年》卷六：

崇祯十七年五月，嘉定华生家客勾合他家奴及群不逞近万人，突起劫杀，各缚其主而数之，倨坐索身契。苏松巡抚祁彪佳捕斩数人，余尽掩诣狱，令曰，有原主来者得免死，于是诸奴搏颡行匄原主以免。

金堡《偏行堂集》卷六《朱它园传》：

东南故家奴树党叛主，所在横行。翁家豢奴谋乘宗祠长至之祀，围而焚之。翁即从山中，归预祭毕，门外剑戟林立，翁久以恩信孚诸健儿，里无赖闻声辄敛手。

至是出叱之去，群奴尽靡，翁密语当涂，诛其首恶，主仆之分始明。

虽然被地方政府用军力压服，可是这运动还是在继续发展，《研堂见闻杂记》记 1646 年娄县的情形：

乙酉乱，奴中有黠者，倡为索契之说，以鼎革故，奴例何得如初。一呼千应，各至主门，立逼身契。主人捧纸待，稍后时即举火焚屋，间有缚主人者。虽最相得受恩，此时各易面孔为虎狼，老拳恶声相加。凡小奚佃婢在主人所者，立即扶出，

> 不得缓半刻。其大家不习并任事者，不得不自举火。自城及镇及各村，而东村尤甚，鸣锣聚众，每日有数千人，鼓噪而行，群夫至家，主人落魄，焚劫杀掠，反掌间耳，如是数日而势稍定。

到建州政权在各地奠定以后，这些旧地主官僚和资本家又得到新主人的荫蔽了，他们替新主人镇压人民，维持秩序，搜括财富，征发劳役，自然，所得到的报酬是财产的尊重和奴隶的控制。

一部分人民的厄运，又因大清帝国的成立，而延续了将近三百年。

三百年前的历史教训

今年，假如我们不太健忘的话，正好是明代亡于外族的三百周年纪念。

历史是一面镜子，三百年前，有太多的事情，值得我们追念。

三百年前，当明思宗殉国以后。李自成西走，清人藉吴三桂的向导，占领北平分兵南下的时候，南京小朝廷领袖弘光帝，正在粉饰升平，兴建宫室，大备百官，征歌选舞，夜以继日。他的父亲死于非命，元配离散不知下落，国君殉国，国土一部分沦于“流寇”，一部分被异族兵威所蹂躏，人民流亡离散，被战争所毁灭，被饥饿瘟疫所威胁，覆巢之中无完卵，即使是禽兽也该明白当前危机的严重。然而这位皇帝还是满不在乎，人生行乐耳，对酒当歌，南京沦陷的前夕，他还在排演当代有名的歌剧燕子笺！

三百年前，当南京小朝廷覆亡的前夕，清兵迫近江北，流寇纵横晋陕，民穷财尽，内忧外患交迫的时候。宰相马士英凭了一点拥立的私恩，独擅朝权，排斥异己，摈史可法于江北，斥刘宗周、黄道周于田野，迎合弘光帝的私欲，滥费国帑，搜括金帛，卖官鬻爵，闹得“职方多似狗，都督满街走！”左良玉举兵东下，以清君侧为名，他才着了急，尽撤防江的军队来堵住西兵，给清军以长驱深入的机会，他宁可亡国于外族，不肯屈意于私争。到南京沦陷以后，他却满载金帛，拥兵到浙江，准备再找一个傀儡皇帝，又富又贵，消遣他的余年。

三百年前，当国家民族存亡系在一发的严重关头，过去名列阉党，作魏忠贤干儿子，倒行逆施，为士大夫所不齿的阮大铖勾结了马士英，奉承好了弘光帝，居然作了新朝廷的兵部尚书，综全国军政，负江防全责，在大权在握的当儿，他的作为不是厉兵秣马，激励士气，也不是构筑工事，协和将帅，相反的他提出分别邪正的政策，他是多年来被摈斥的阉党，素来和清流对立的，趁时机把所有在朝的东林党人一一摈斥，代以相反的过去名在逆案的阉党。他造出十八罗汉五十三参的黑名单，把素所不快的士大夫留在北都不能出来的，和已经逃亡南下的，都依次顺列，定以罪名。对付一般读书人，他也不肯放松，咬定他们与东林和左良玉有关，开了名单，依次搜捕。天不如人意，这些计划都因南都倾覆而搁浅。他只好狼狈逃到浙江，清军赶到，叩马乞降，不久又为清军所杀，结束他不光明的一生。

三百年前，当外族铁蹄纵横河朔，“流寇”主力恣张晋豫，国破民散，人不聊生的时候，拥兵数十万虎踞长江上游的左良玉，却按兵不动，坐观兴亡。他看透了政局的混乱，只要自己能保全实力，舍出一点贿赂当局，自然会加官晋爵，封妻荫子。在这个看法之下，他不肯用全力来消灭“流寇”，却用全力来扩充队伍。政府也仰仗他全力对付“流寇”，不肯调出来对付外敌。驻防在江北的四镇，又是一种看法，一面用全副精神勾结权要，一面用全副力量来争夺防区，扬州是东南最繁荣的都会，也就是这些军阀眼红的目标。敌人发动攻势了，他们自己还发动内战，杀得惊天动地。好容易和解了，指定了任务，北伐的一个被部下暗杀了，全师降敌，其他两个，清兵一到，不战而降，只有一个战死。左良玉的部队东下，中途良玉病死，全军都投降了清朝，作征服两浙闽广的先头部队。

三百年前，当前方战区的民众，在被敌人残杀奴役，焚掠抢劫，辗转于枪刀之下，流离于沟壑之中的时候，后方的都市，后方的乡村，却像另一个世界，和战争无关，依然醉生梦死，歌舞升平，南京的秦淮河畔，盛极一时，豪商富贾，文人墨士，衣香鬓影，一掷千金，画舫笙歌，穷奢极欲。杭州的西湖，苏州的阊门，扬州的平山堂，都是集会的胜地，文人们结文社，谈八股，玩古董，捧戏子，品评妓女，研究食谱，奔走公堂，鱼肉乡里。人民也在欢天喜地，到处迎神赛佛，踏青赏月，过节过年，戏班开演，万人空巷。商人依旧在计较锱铢，拿斤拈两。在战区和围城中的，更会居奇囤积，要取厚利。大家似乎都不知道，也不愿意知道当前是什么日子，更发生什么变局。他们不但是神经麻木，而且患着更严重的痿痹症。敌人一到，财产被占夺了，妻女被糟蹋了，伸颈受戮，似乎是很应该的事情。《扬州十日记》和《嘉定三屠记》所描写的正是这些人物的归宿，糊里糊涂过活的结局。

三百年前，从当局到人民，从将军到文士，都只顾自己的享受，儿女的幸福，看不见国家民族的前途，个人的腐化，社会的腐化，宣告了这个时代的毁灭。虽然有史可法，黄道周，刘宗周，张煌言，瞿式耜，李定国，郑成功，一些代表民族正气的人物，却都无救于国家的沦亡，民族的被奴化！

三百年后，我们想想三百年前的情形，殷鉴不远，在夏后氏之世。

论晚明“流寇”

明末“流寇”的兴起，是一个社会组织崩溃时必有的现象，像瓜熟蒂落一样，即使李自成张献忠这一班暴民领袖不出来，那由贵族太监官吏和地主绅士所组成的统治集团，已经腐烂了，僵化了，肚子吃得太饱了，搜括到的财富已经堆积得使他们窒息了，只要人民能够自觉，团结成为伟大的力量，要求生有的权利，这一个高高的挂在半空中的恶化的无能的机构，是可以一蹴即倒的。

朱明政权的被消灭，被消灭于这政权和人民的对立，杀鸡求卵。被消灭于财富分配的不均，穷人和地主的对立。在三百年前，崇祯十七年（1644年）正月兵科都给事中曾应遴明白地指出这现象，用书面警告政府当局，他说：“臣闻有国家者不患寡而患不均，不患贫而患不安。今天下不安甚矣，察其故原于不均耳。何以言之？今之绅富率皆衣租食税，安坐而吸百姓之髓，平日操奇计赢以役愚民而独拥其利，有事欲其与绅富出气力，同休戚，得乎？故富者极其富而至于剥民，贫者极其贫而甚至于不能聊生，以相极之数，成相恶之刑，不均之甚也。”富者愈富，贫者愈贫，绅富阶级利用他们所有的富力，和因此而得到的特殊政治势力，加速地加重地剥削和压迫农民，吸取最后的一滴血液，农民穷极无路，除自杀，除逃亡以外，唯一的活路是起来反抗，团结起来，用暴力推翻这一集团的吸血鬼，以争得生存的权利。

十七世纪初年的农民反抗运动，日渐开展，得到一切被压迫人民的支持，参加，终于广泛地组织起来，用生命去搏斗，无情地对统治集团进攻，加以打击，消灭。这运动，当时的统治集团和后来的正统派史家称之为“流寇”。

“流寇”的发动，成长，和实力的扩充，自然是当时统治集团所最痛心疾首的。他们有的是过分的充足的财富，舒服，纵佚，淫荡，美满而无耻的生活。他们要维持现状，要照旧加重剥削来维持欲望上更自由的需要，纵然已有的产业足够子子孙孙的社会地位的保证，仍然像饥饿的狼，又馋又贪，永远无法满足。然而，当前的变化明朗化了，眼见得被消灭，被屠杀了，他们不能不联合起来，用一切可能的方法，加强统制，加强武力，侮蔑，中伤对方，作最后的挣扎。同时，集团的利益还是不能消除个人利害的冲突，这一集团的中坚分子，即使在火烧眉睫的时候，彼此间还是充满了嫉妒，猜疑，勾心斗角，互相计算。在整三百年前，北平的形势最紧张的时候，政府请勋贵大臣富贾巨商献金救国，话说得极恳切，希望自己人能自己想办法，可是，结果，最著名的一个富豪出得最少，他是皇帝的亲戚，皇帝皇后都动了气，才添了一点点，其他的人自然不会例外，人民虽然肯尽其所有报效国家，可惜的是他们早已被榨干了。三月十九日北平陷落后，这些悭吝的高贵的人们，被毫无怜悯的几夹棍几十板子，大量的金子银子珠宝被搜出以后，一批一批地斩决，清算了他们对人民所造的孽债。皇宫被占领以后，几十间尘封灰积的库房也打开了，里面堆满了黄的金子，白的银子！皇宫北面的景山，一棵枯树下，一条破席子，躺着崇祯皇帝和他的忠心的仆人的尸身！

站在相反的场合，广大的农民群众，他们是欢迎“流寇”的，因为同样是在饥饿线上挣扎的人们。举几个例子，山西的许多城市，没有经过什么战斗便被占领了，因为饿着肚子的人们到处都是，他们作内应，作先遣部队，打开城门，请敌人进来。山东河南的城市，得到“流寇”的安民牌以后，人民恨透了苛捐，恨透了种种名目的征输，更恨的是在位的地方官吏，他们不约而同，一窝蜂起来赶走了地方官，持香设酒，欢迎占领军的光临，有的地方甚至悬灯结彩，远近若狂。又如宣府是京师门户，北方重镇，被围以后，巡抚朱之冯悬重赏募人守城，没人理会。再三申说，城中的军民反而要求准许廾城纳款，朱之冯急了，自己单独上城，指挥炮手发炮，炮手又不理会，毫无办法，急得自己点着火线，要发炮，又被军民抢着拉住手，不许放，他只好叹一口气说："人心离叛，一至如此！"

由于政治的腐败，政府军队大部分是勇于抢劫，怯于作战的，他们不敢和"流寇"正面相见，却会杀手无寸铁的老百姓报功，"将无纪律，兵无行伍，淫污杀劫，惨不可言，尾贼而往，莫敢奋臂，所报之级，半是良民"。民间有一个譬喻，譬"流寇军"如梳，政府军如栉，到这田地，连剩下些过于老实的良民也不得不加入"流寇军"的集团去了。名将左良玉驻兵襄樊，奸淫掳掠，无所不为，老百姓气苦，半夜里放火烧营房，左良玉站不住脚，劫了一些商船逃避下流，左兵未发，老百姓已在椎牛设酒欢迎"流寇"了。其他一些将领，更是尴尬，马扩奉命援凤阳，凤阳被焚劫了四天以后，敌人走了，他才慢慢赶到。归德已经解围，尤玘才敢带兵到城下，颍、亳、安、庐一带的敌人已经唱得胜歌凯旋了，飞檄赴援的部队，连影子也看不见。将军们一个个脑满肠肥，要留着性命享受用人格换来的财富，士兵都是出身于贫困阶层的农民，穿不暖，吃不饱，脸黄肌瘦，走路尚且艰难，更犯不着替剥削他们的政权卖命，整个军队的纪律破坏了，士气消沉，军心涣散，社会秩序，地方安宁都无法维持，朱明政权也不能不随之解体了。

"流寇"的初起，是各地方陆续发动的，人自为战，目的只在不被饥饿所困死。后来势力渐大，兵力渐强，政府军每战必败，才有推翻统治集团的企图。最后到了李自成在1643年渡汉江陷荆襄后，恍然于统治集团的庸劣无能，才决定建立一新政权，从此便攻城守地，分置官守，作争夺政权的步骤，一反过去流窜的作风，果然不到两年，北京政府便被消灭，长江以北大部分被放在新政权之下。这是在李自成初起时所意料不及的。其实与其说这是李自成的成功，还不如说是社会经济的自然崩溃比较妥当。

分析朱明政权的倾覆，就政府当局说，最好的评论是戴笠的《流寇长篇序》，他说："主上则好察而不明，好佞而恶直，好小人而疑君子，速效而无远计，好自大而耻下人，好自用而不能用人。廷臣则善私而不善公，善结党而不善自立，善逢迎而不善执守，善蒙蔽而不善任事，善守资格而不善求才能，善大言虚气而不善小心实事。百年以来，习以为然。有忧念国事者则共诧之如怪物。”君臣都是亡国的负责人，独裁、专制、加上无能的结果是自掘坟墓。

就整个社会组织的解体说，文震孟在1635年上疏《论致乱之源》说：“堂陛之地，猜欺愈深，朝野之间，刻削日甚。缙绅蹙靡骋之怀，士子嗟束湿之困。商旅咨叹，百工失业，本犹全盛之海宇，忽见无聊之景色，此致乱之源也。”他又指出政府和人民的对立：“边事既坏，修举无谋，兵不精而日增，饷随兵而日益，饷重则税重，税重则刑繁，复乘之以天灾，加之以饥馑，而守牧惕功令之严，畏参罚之峻，不得不举鸠形鹄面无食无衣之赤子而笞之禁之，下民无知，直谓有司仇我虐我，今而后得反之也，此又致乱之源也。”驱民死地，为丛殴雀，文震孟是政府的一员大官，统治集团的一个清流领袖，委婉地说出致乱之源是由于政府的上下当局所造成，官逼民反。

正面的指斥是李自成的檄文，他指斥统治集团的罪状说：“明朝昏主不仁，宠宦官，重科第，贪税敛，重刑罚，不能救民水火，日罄师旅，掳掠民财，奸人妻女，吸髓剥肤。”完全违反农民的利益，剥夺人民的生存权利，接着他特别提出他是代表农民利益，而且他本身是出身农民阶层的，他说：“本营十世务农良善，急兴仁义之师，拯民涂炭，士民勿得惊惶，各安生理。各营有擅杀良民者，全队皆斩。”他提出鲜明的口号：“吃他娘，着他娘，吃着不尽有闯王，不当差，不纳粮!”以除力役，废赋税，保障生活为号召，以所掠得统治集团的财富散给饥民，百姓喜欢极了，叫这政府所痛恨的军队为“李公子仁义兵”。他标着鲜明的农民革命的旗帜，向统治集团作致命的打击。在这情势下，对方还是执迷不悟，茫然于当前的危机，抱定对外和平，对内高压的政策，几次企图和关外对峙的建州部族，讲求以不失面子为光荣的和平，只用一小部分军力在山海关内外，堵住建州入侵的门户，作消极的防卫，对内却用全力来消灭“流寇”。同时，内部又互相猜嫌排斥，“有忧念国事者则共诧之如怪物”，继续过着荒淫无耻的生活。对人民则更加强压迫，搜括出最后的血液，驱其反抗。政府和人民的对立情势达于尖锐化，以一小数的腐烂的统治集团来抵抗全体农民的袭击，自然一触即摧，朱明的政权于此告了终结。

十七世纪前期的政府和人民的对立，政府军包围，追逐“流寇”，两个力量互相抵消，给关外的新兴的建州部族以可乘之机，乘虚窜入，建立了大清帝国。这新政权的本质是继承旧传统的，又给铲除未尽的地主绅富以更甦的机会，民族的进展活力又被窒息了三百年！

附带的提出两件事实：

其一是距今三百零一年前的七月二十五日，当外寇内乱最严重的时候，江苏枫桥，举行空前的赛会，绅衿士庶男女老幼，倾城罢市，通国若狂。

其二是距今三百年前的四月初二，江苏吴江在得到北都倾覆的消息以后，举行郡中从来未有的富丽异常的赛会。

这两次亡国的狂欢之后，接着就是嘉定三屠，扬州十日！

此文原名《晚明“流寇”之社会背景》，1934年10月发表于天津《大公报·史地周刊》第五、六期。
1944年3月重写于昆明。

论五四

在中国历史上留下辉煌纪录的五四运动，到今天，屈指已二十六年，人民年年此日举行纪念，尤其是学生，青年的学生，更热爱这一天，憧憬这一天，因为这一天是他们自己的日子。

二十六年占一世纪的四分之一，在中国，三十年为一世，不算太短的时期。当年的青年，过了一世的日子，如今都已鬓发苍苍，在岸然的道貌，崇高的地位掩护下，劝告青年应该“明哲保身，勿偏勿枉”了。当年才出生的婴孩，过了一世的日子，如今也都年富力强，在受大学教育，或者已出校门，为社会服务，为人类争正义，争自由，争解放，争民主，正走着一世以前的青年所曾走的道路。累得中年人老年人在颦眉蹙额，不是说世风不古，而是慨叹世风之复古了！

上一代的青年在反抗旧传统，对礼教宣战，这一代的青年又在反抗上一代的青年，要求自由，要求民主。上一代青年要的是民主和科学，这一代青年所要的还是民主和科学。这一世纪的四分之一，可惜，真如我们中国人的口头禅“虚度”了。

不，不止是虚度，更使人痛心，更使人伤心的是这二十六年是血的时代，以万计，以千百万计的青年们的头颅，换得了支持民族命运的廿六年，换得了一块镀银描金的什么什么招牌，换得了……

“天下有道，庶人不议。”就整个的历史说，有东汉末季的宦官专政，卖官鬻爵，才引起太学生的清议，以致闹成党锢之祸。有建炎时代汪伯彦、黄潜善的朋比乱政，主和误国，才引起太学生陈东、欧阳澈的上书言事，汪、黄不除，二生被杀，金人长驱南下，宋朝几乎全部沦亡。有明末的魏忠贤盗政乱国，阉党横行，才引起东林党议。历代的学生运动都在亡国的前夕，都是对当前的腐烂政治，对误国的权奸，加以针砭，加以讨伐，都是知其不可为而为之，都是被传名追捕，望门投止，膏身草野，喋血市朝，这种至死不屈，为正义为人民服务的至大至刚的精神，真可以惊天地而泣鬼神，为百世师，为子孙式！

历史上时代末叶的学生运动，到现在颠倒了过来，在中华民国开国之初，就爆发了史无前例的五四运动，接着是“五卅”，“三一八”，“九一八”，“一二·九”，以至最近各大学的学生对时局的宣言运动，天真热诚的青年在为国家民族的前途担忧着急，食不甘味，寝不安席地在为国事奔走呼号，在为国事而被“自行失足落水”，失踪。长一辈的上一时代的青年呢？却脑满肠肥，温和地劝导着叫“少安勿躁”，国事我们自有办法，青年还是读书第一，不必受人利用。

是的，我们承认老年人中年人站在超然地位，对国家民族的存亡不闻不问，甚而从中渔利，混水摸鱼，才使得青年人忍无可忍，挺身而负起安危重任，对时代逆流作无情的斗争。青年论政，以至青年问政，都不是正常现象，只有在历史上，在国家民族发生危机时才有过这种情形。但是我们不仅要问，过去和现在，是谁把局面弄糟的？是谁把水弄浑的？是谁葬送了国家民族的利益？

过去的学生运动发生在时代末叶，而当前的学生运动却和国运同符，这是论五四运动所该深切注意的第一点。

其次，我们要究问为什么会有五四运动？

我们明白辛亥革命只是一个狭隘的种族革命，是一个早熟的先天不足的政治革命。结果大清帝国换成中华民国，龙旗改成五色旗，乳臭的溥仪换上老奸巨猾的袁世凯，以至袁世凯的羽翼腹心爪牙冯国璋、段祺瑞、曹锟、徐世昌一伙北洋军阀的余孽，名变貌变而质不变。甚至变本加厉而文以现代化的美名。封建的传统如故，官僚的习气如故，一家一族的利益如故，人民之被剥削被奴役也亦如故！如故的这一套，大清帝国因之以亡国，中华民国反因之以建国！在这腐烂的局面下，自然而然，民主和科学成为不甘腐烂不甘奴役的青年大众的呼声，他们要打倒吃人的礼教，他们要实行思想、学术的自由，人身的解放，从而反对文言，提倡白话，从而接受西洋的新思潮，锻炼组织新的力量。新的坚强的前进的革命主潮，在这运动展开以后，继续不断激起民族解放的思潮，于是而“五卅”，而“三一八”，以至1927年的大革命，都是以五四为其先导。虽然革命的高潮随即带来了反动的逆流，但整个的社会整个的思想界无疑地受到了巨大的影响，激起了空前的变化。

因之，我们可以肯定地说，五四运动是继承辛亥革命，补充辛亥革命的社会的思想的革命。五四运动之所以必然地出现于历史，是因为辛亥革命的早熟和缺陷。这是论五四运动所应该深切认识的第二点。

时至今日——五四运动以后的二十六年，仍然有学生运动，学生仍然不能缄口结舌，要过问国家民族的存亡安危，而且，风起云涌，意义比过去更严重，规模比过去更阔大，在全世界人类为自由、民主、正义与法西斯作伟大壮烈的生死斗争的今天，在中华民族争取独立解放而抗战八年的今天，青年人必然要继承五四光荣的传统精神，从反礼教而转变到反法西斯，反独裁，要求民主，要求自由，要求解放，配合着全世界的民主潮流，努力于奠定人民世纪的伟业。

在这新局面，史所未有的新局面之下，代表人民的青年，起来要求政治的民主。而且更进一步，要求经济的民主。要求思想，言论，出版，通讯，集会，结社，居住，演剧的以至最基本的人身自由，要求团结，要求统一，要求配合盟邦，要求整顿革新内政，用全民的力量，驱逐暴敌，还我河山，这是一个庄严的历史任务，也是今日中华民族的唯一生活。

从反封建而转变为反法西斯，从文化思想的改革转变到政治的经济的改革，从历史走到现实，这是论五四运动所应该深切认识的第三点。

只有用人民的力量才能解决人民本身的问题。只有用人民的力量，才能奠定人民的世纪。

五四以来的血没有白流，五四的精神永远存在，在每一个现代青年的胸膛中，脑袋里！

论图籍之厄

抗战的建国大业，纲举目张，时贤已多论列，有一事似轻而实重，似可缓而实急，上关几千年来先民精神神智所寄托，下为后世子子孙孙所必守的，是旧藏的图籍的复原的问题。

从有记载以来，因内乱外患而引起的图籍的厄运著例有十几次，第一次是秦始皇的焚书，始皇三十四年（公元前213）李斯请史官非秦纪者烧之，非博士官所职，天下有藏诗书百家语者皆诣守尉杂烧之，所不去者医药、卜筮、种树之书。制曰可。第二次是王莽之乱，刘歆总群书，著《七略》，大凡三万三千九十卷，莽败（公元前23年）焚烧无遗。第三次是汉末的丧乱，献帝初平元年（公元190）董卓移都之际，吏民扰乱，自辟雍东观兰台石室宣明鸿都诸藏典策文章，竞共剖散，其缣帛图书，大则连为帷盖，小乃制为縢囊，及王允所收而西者载七十余乘，道路艰远，又弃其半，长安之乱，焚荡泯尽。第四次是惠怀之乱（公元300至312）京华荡覆，石渠阁文籍，靡有孑遗。第五次是魏师入郢（公元554），江陵城陷，梁元帝焚古今图书十四万卷，又以实剑斫柱令折，叹为文武道尽。第六次是大业之乱（公元618）隋西京嘉则殿有书三十七万卷，东都修文殿有正御本三万七千余卷，兵起后焚失殆尽，唐平王世充，得隋旧书八千余卷，浮舟西运，又尽没于水。第七次是安史之乱，唐自武德以来，极意搜书，至开元天宝而极盛，两都各聚书四部，以甲乙丙丁为次，列经史子集四库，渔阳兵起，两都倾覆（公元755），尺简不存，第八次是广明之乱（公元880），肃代二帝相继搜访，文宗又诏秘阁采书，四库文书重复完备，黄巢乱起，复致荡然。第九次是靖康之变，宋代图史，一盛于庆历，再盛于宣和，汴都陷落（公元1127），尽为金人辇载以去。第十次是临安陷落，南宋图书，一盛于淳熙，再盛于嘉定，中兴馆阁书目有书四万五千卷，嘉定又增一万五千卷。伯颜灭宋（公元1279），尽数捆载以去。第十一次是英法联军（公元1860），第十二次是八国联军，（公元1900），这两次外患，北京俱曾被占领，公私藏书因之而流入海外者不可数计，著名世界的《永乐大典》，即因之而散失殆尽。到现在是第十三次的图籍遭厄了！

这一次的图籍损失的详细情形，目前虽然无法精确说明，但就大概而论，国内人文最盛藏书最多的五个城市北平、上海、南京、苏州、杭州已沦陷，国立图书馆如北平图书馆、故宫博物院图书馆的藏书，除掉小部分珍本图书先期南运以外，其余中西图书档案写本全部损失。国立大学图书馆如北京大学、清华大学，私立大学如南开大学，每校都经数十年的经营购置，各有藏书数十万册，变起仓卒，都全部沦陷。上海的藏书，以商务印书馆的涵芬楼为最多，所收地方志之多，全国无出其右，"一·二八"之役涵芬楼被毁，上海沦陷后所有书籍自然也被敌人捆载而走。南京龙蟠里国学图书馆所藏大部多为杭州丁氏八千卷楼善本，苏杭二地的故家和杭州省立图书馆也拥有数量极大的典籍，据说在陷落前，敌人即已精密调查，事后按图索骥，尽数运去。至于其他城市，公家和私人的藏书损失的如山东杨氏的海源阁，南浔刘氏的嘉业堂等等更不可计数。例外幸而保全的，据现在所知只有中央研究院历史语言研究所和国立中央大学的藏书安全运到后方，算是替国家替民族保存了一点产业。

除开因战争而损失的图籍以外，在平时珍贵的普通的书籍正如漏卮一样，逐年流到海外，例如日本的静嘉堂文库所藏书大部是归安陆氏十万卷楼和皕宋楼的旧藏，陆家子孙没落了，要卖书，国内找不到买主，只好卖给外国。美国的哈佛燕京社委托燕京大学、□□在北平以□款收购旧书，运往美国。此外美国的国会图书馆、英国的伦敦博物院、法国的巴黎图书馆都收藏有数量极大的中国图籍，这些书都是逐年流出的。

这一次的图籍的损失，数量之多，范围之广，意义的重要，综合起来，也许超过以前十二次的总和。因为第九次以前的书都是写本，卷轴虽多，和后来的刻本书比，一本书要抵十几卷，隋炀帝有书三十七万卷，合起刻本书来，也不过几万册而已。第二在内乱时所损失的书籍，除非是孤本，除非是焚毁，否则楚弓楚得，将来还有办法可以寻访，可以重刻。第三在外患侵入时所损失的，例如汴都的书籍入金，金亡入元，元亡归明，临安的图籍运到大都，元亡后也是为明所继承，始终未曾流亡国外。和现在相比，不但损失的数量无法计算，而且有一部分是古刻本、古写本，一部分是孤本，而且都流出国外，其余的数量最多的普通刻本，有的刊印时代较早，有的校刊特精，有的经学者批注，有的纸墨图版特别考究，就版本学的领域说，都是无法补偿的至宝。即使用现代印刷技术，用摄影用珂罗版覆印，也到底是赝品，和原来的价值不可同日而语。次之刻本书和现代的印书术各有短长，近代刻本的版片，经过这次战争，恐怕都已散失，无法重印。刻本书怕要绝迹，流出海外的普通书的重刻，工费太浩大了，也是一件不可能的梦想。就现在的情势看，我们这一代已经感觉到读书的困难，旧的买不到，新的书出不来，下一代人势将无旧书可读，我们的历史将割成两截，战前和战后，上代和下代无法取得联系，先民精神神智所寄托的著作不复为后人所钻研，所景仰，这是一个意义极严重的问题。

要解救这厄运，我们提议几个具体的方法：

第一，在敌寇无条件投降以后，应该把敌国的公私藏书，凡是中国文字的一律运回，内中一部分是这次被抢去的，照法理应该收回，一部分是过去被收买去的，我们以战胜国的地位，得点战利品也是极应该的。

第二，在盟国的公私图书馆馆中的中文书籍，凡是有重本的，应该商请将重本赠送，如无重本，可以商洽派专家逐种摄影或晒印，运回后精钞数本，分藏各地国立图书馆。

第三，国内藏书家应该将藏书种目呈报政府，政府得就需要出款收买或派人誊录副本。

第四，聘请专家学者组织访书机构，就过去公私书目探求现存图籍种目，编成现存书目，然后再就此目录校查国内所有公私藏书，标明现有者某种共有几部，分藏地点，然后就所无者尽力搜访，务使十年之内，恢复原有现存图籍。

至于外国文字的图书杂志的复原，英美两大盟国俱未遭战祸，将来商请他们的政府和私人捐助，一定不会十分困难。苏联出版事业极发达，虽然被侵损失极大，在复兴文化的立场上，也一定会给我们以慷慨的援助的。

附录一：史话

一、元末的军政

元李士瞻《经济文集》一《上中书丞相书》，指出当时的军政情形说：

> 承平以来，百年于兹，礼乐教纪，日益不明，纪纲法度，日益废弛，上下之间，玩岁愒日，率以为常，恬不为怪，一旦盗贼猝起，甚若无睹。总兵者唯事虚声，秉钧者务存姑息，其失律丧师者未闻显戮一人，玩兵养寇者未闻明诛一将，是以不数年间，使中原震扰，海内鼎沸，山东河北，莽为丘墟，千里王畿，举皆骚动，而终未见尺寸之效。此无他，赏罚不明而是非不公故也。

这是胡元亡国前夕的实况。也可以说是每一个朝代覆亡的前夕的共有的实况，也可以说是因为这样，才闹到国亡家破。六百年前的李士瞻很懂得军政之腐化由于政治之不修，社会风气之恶化，无纪纲，无法度，大官大贪，小官小贪。上下交征利，只顾个人生活的享受，家族姻戚以至乡党的提携引用，残民以逞，竭泽而渔，把国家民族的利益置之不顾，一旦外寇内患交起，还是以不了了之，还是个人利益第一，自己这集团利益第一，带兵的将帅尽是政府当局的私人，自家人说得上什么军法军纪！而且所谓将帅还不是银样镴枪头，说起来有一套，只凭一点门生故旧的因缘，弄得杀人民找大钱的机会，怎么谈得上战略战术？又怎么能谈得上军民一致，军民合作？“失律丧师者未闻显戮一人，玩兵养寇者未闻明诛一将。”又怎么不应该？

只是可惜，照规矩胡元的中书丞相必定是蒙古或者色目人，蒙古、色目人不懂得汉文，这意见白糟蹋了。

二、撒花

彭大雅《黑鞑事略》记蒙古军队抢劫情形说：“其见物则欲，谓之撒花，予之则曰捺杀因，鞑语好也，不予则曰冒乌，鞑语不好也，撒花者汉语觅也。”跟着宋谢太后和小皇帝被俘到北边的词人汪元量，在他的名著《水云集》里，有一首醉歌：“北军要讨撒花银，官府行移逼市民。”

撒花这一名词，可以作为今典。

三、两道檄文

元至正二十六年（公元 1366）八月朱元璋传檄姑苏，在数张士诚罪状以前，先指斥当时的胡元政府说：“皇帝圣旨，吴王令旨：近睹有元之末，王居深宫，臣操威福，官以贿成，罪以情免，宪台举亲而劾仇，有司差贫而优富，庙堂不以为忧，方添冗官，又改钞法。”举出：一、政出权臣，二、政治腐败，三、贿赂公行，四、刑赏颠倒，五、剞贫优富，六、组织扩大，七、通货膨胀。

明崇祯十六年（公元 1643）李自成数檄明廷罪状说：“君非甚暗，孤立而炀灶恒多，臣尽行私，比党而公忠绝少。”又说：“明朝昏主不仁，宠官宦，重科第，贪税敛，重刑罚，不能救民水火，日罄师旅，掳掠民财，奸人妻女，吸髓剥肤。”

四、黄菜叶

《明太祖实录》二十五："初张士诚用事者黄参军、蔡参军、叶参军辈迂阔书生，不知大计，吴中童谣云：黄菜叶，作齿颊，一夜西风来，干鳖。"按《明史·五行志》载此谣作："吴王作事业，专凭黄菜叶，一夜西风来，干鳖。"

这两个记载把一世枭雄张士诚的灭亡，归罪于三个迂阔书生，初看似乎不很合理，迂阔何能亡国！检《明史·张士诚传》，原来这三人并不迂阔，相反的倒是搜括聚敛、贪污的能手。《士诚传》说：

> 士诚以弟士信及女夫潘元绍为腹心，参军黄敬夫、蔡彦文、叶德新主谋议。既掳有吴中，吴中承平久，户口殷盛。士诚渐奢纵，怠于政事，士信、元绍尤好聚敛金玉珍宝及古书法名画，无不充牣，日夜歌舞自娱。将帅亦偃蹇不用命，每有攻战，辄称疾邀官爵田宅，然后起。甫至军，所载婢妾乐器，踵相接不绝。或大会游谈之士，樗蒲蹴鞠，皆不以军务为意。及丧师失地还，士诚概置不问，已复用为将，上下嬉娱，以至于亡。

在六百年前，没有对外交通，虽然不怕封锁，可是外汇走私和囤积器材以至粮食这类办法也无从发明，金玉珍宝法书名画等等便成为达官名将所注意聚敛的对象了，贪污聚敛不问，丧师失地不问，终至地丧尽到无可丧，民剥尽而无可贪，跼蹐姑苏城中，被朱元璋所困死。如此政治，如此军官，不亡才是奇迹！

迂阔只是不合现实，贪污才是当前的现实的问题。

五、人生五计

陶奭龄《小柴桑喃喃录》上说："朱平涵（国桢）有五计之说亦可喜。十岁为儿童，依依父母，嬉嬉饱暖，无虑无营，忘得忘失，其名曰仙计。二十以还，坚强自用，舞蹈欲前，视青紫如拾芥，骛声名若逐膻，其名曰贾计。三十至四十，利欲熏心，趋避著念，官欲高，名欲大，子孙欲多，奴婢欲众，其名曰丐计。五十之年，嗜好渐减，经变已多，仆趋于斗争之场，享塞于险巇之境，得意尚有强阳，失意遂成枯木，其名曰囚计。过此以往，聪明既衰，齿发非故，子弟为卿，方有后手，阅颐未艾，愿为婴儿，其名曰尸计。大概世人一生，尽此五计，非学道人。鲜自脱者。”

过了三百多年，时代变了，人的脑子也变了，当今士大夫的五计，十岁以前，被训被塞，识了之无，头脑没得，其名曰填鸭子计。十至二十，中学大学，奖金贷金，利诱威吓，其名曰塑猢狲计。廿至三十，留学情殷，护照奥援，是经是营，其名曰良心病计。（参看××日报蔡×女士谈话）三十以还，学成名遂，博士头衔，摸鱼心肺，狗揹骨头，留心虾米，文化班头，为人狂吠，其名摸虾米计。五十左右，儿女镀金，岸然道貌，青年所矜，官方讲演，道统留心，发为文章，值钱半文，其名曰冷猪肉计。（准备进新孔庙也）过此以往，后台无人，名为利累，生为世轻，死灰枯木，焚香诵经，老而不死，急急如律令，其名曰活死人计，大概士大夫一生，尽此五计，非学道人，鲜自脱者。

六、特权阶级与礼

为了维持统治权的尊严，历代以来，都会费心思规定了一大套生活服用的限制，某些人可以如何，某些人不可以如何如何。可以不可以，全凭人的身份来决定。这些决定，美其名曰礼，正史里每一套都有极其啰唆、乏味的礼志，或者舆服志、仪卫志之类，看了叫人头痛。其实说穿了，正有大道理在。原来上帝造人，极其平等，虽然有高短肥瘦白黑美丑之不同，原则上，作为具备“人”的条件却是相同的，不管你是地主或农奴，皇帝或小兵，都有鼻子眼睛，都有牙齿耳朵，也都有两条腿，以及其他的一切。脱了衣服，大家都光着身子，一切的阶级区别便会荡然无存，没有穿衣服的光身皇帝，在大街上捡一块破蒲包，遮着身子，立刻变成叫化子。因之，一些特殊的人物为了矫正这天然的平等，便不能不用人为的方式来造成不平等，用衣服冠履，用宫室仪卫，来造成一种尊严显赫以至神秘的景象，使另外一些人感觉不同，感觉异样，以至感觉羡慕，景仰。以为统治者果然是另一种人，不敢生非分之想，一辈子，而且子子孙孙作奴才下去，如此，天下便太平了。

平心而论，作一个皇帝，戴十二旒的冕，累累赘赘的拖着许多珠宝，压得头昏脑胀，穿的又是五颜六色，多少种名目。上朝时规规矩矩坐在大殿正中死硬正方或长方的蟠龙椅上，实在不舒服。不能随便出门，见人也得板着脸孔，不能随便说笑。作为一个自由人的可爱可享乐处，他都被剥夺了。然而，他还是要要这一套，为的是，他除开这一套，脱了衣服，他只是一个普普通通上帝所造的人。

礼乎礼乎，衣服云乎哉，礼乎礼乎，宫室云乎哉！

明白了这一点，也就可以明白如今不管什么机关，即使是什么部的，什么局的第几军需处的第几服装厂的第几针织部，门口都有一个荷枪的卫兵在守卫着的缘故了。

明白了这一点，也就可以明白古代许多陵，埋死人的坟，为什么花这么多钱的理由，也可以明白在北平在上海，阔人们的大出丧，以至公务人员每七天都要做的那一套，以至看电影前那一些不谐和的情调的由来了。

七、刑与礼

刑不上大夫，礼不下庶人。

大夫与庶人是两个阶级，一个是劳心者，是君子，也就是贵族。一个是劳力者，是小人，是野人，也就是老百姓，有义务而无权利的老百姓。天生着贵族是为治理小民的，该老百姓养他，天生着老百姓是作粗活的，种田锄地，饲蚕喂猪，养活贵族。

刑是法律，法律只是为着管制老百姓而设，至于贵族，那是自己人，自己人怎么可以用法律对待，“本是同根生”，共存共荣，自己人只能谈礼，除非是谋叛，那又作为别论。

贵族也会作错事，万不能照对付老百姓的办法，于是乎有八议，议什么呢？第一是议亲，第二是议故，第三是议贤，第四是议能，第五是议功，第六是议贵，第七是议宾，第八是议勋。一句话，和统治者有亲，有故，有功，都不受普通法律的制裁，亲故功都说不上，还有贵，官做大了就不会犯罪，再不，还有贤啊，能啊，勋啊，总可以说上一个，反正贤能无角无形，只要说是，谁又能反驳呢？于是乎贵人不死了。

继承尧舜禹汤文武周公孔子以及什么什么以来的道统，允执厥中的我中华民国，忝列为世界五强之一，凭的是，就是这个“道”。

而且，过去的议宾，只是很少数的例外，前朝的统治者家族早已杀光，无宾可议，（只有宋朝，优待柴世宗子孙，《水浒传》上的小旋风柴进家藏免死铁券，是个例外，还有民国初年的溥仪。）而现在呢，把它解释为外国使节的驻外法权，不更是为有经有据吗？

就刑不上大夫这一古代的历史事实，来了解当前的许多问题，也许不是白费精力的吧！

八、庶民服饰

在过去，虽然有贵贱尊卑的等差。虽然有贵族庶民的分别，生存的机会倒还算平等，皇帝得活，老百姓也得活。而且，统治者们纵然昏庸腐烂到了极点，至少还剩一点小聪明，他们的生活是建筑在对老百姓的剥削上，“留得青山在，不怕没柴烧”，慢慢地一滴滴地享用，打个长远算盘，竭泽而渔，杀鸡求卵，取快一时，遗臭百世的短命办法，他们是不愿而且也不敢采取的。因此，历代以来的重农政策，历代以来的救荒赈灾政策，以及士大夫不许与民争利的法令，小恩小惠，以及治河渠，修水利，贷种子，抚流民种种治国鸿猷，多多少少为老百姓保障一点生存的权利。

剥削老百姓有个分寸，是汉唐宋明所以历年数百的主因。末叶的不肖子孙，剥溜了手，分寸也忘了。官逼民反，是汉唐宋明以及其他朝代之所以崩溃覆灭的原因。

因为有个分寸，老百姓还剩得点饭吃，他们以无比的勤劳刻苦，披星戴月，胼手胝足，少有点积蓄，也就不免润屋润身，装点一下。然而，这一来，又不免使统治者头痛了，他们以为章服居室舆从是所以别贵贱，限尊卑的，一切中看中吃中用的东西都应该为贵者尊者所专利，老百姓发了迹，居然也要闹排场，“唯名与器，不可以假人”，孔子尚在惜繁缨，自命为尊奉孔子道统的君王巨卿，又岂敢不诚惶诚恐地遵守，自绝于名教！以此，历代史乘上不许老百姓这样，不许老百姓那样的法令也就层出不穷了，试举一例，《明太祖实录》卷五十五：

> 洪武三年（公元1370）八月庚申，省部定议，职官自一品至九品，房舍车舆器用衣服各有等差。庶民房舍不过三间，不得用斗拱彩色。其男女衣服并不得用金绣锦绮丝绫罗，止用绸绢素纱。首饰钏镯不得用金玉珠翠，止用银，靴不得裁制花样，金线装饰，违者罪之。

卷七十三：

> 洪武五年三月乙卯，诏庶民妇女袍衫，止以紫绿桃红及诸浅淡颜色，其大红鸦青黄色，悉禁勿用，带以蓝绢布为之。

六百年后的今天，贵贱尊卑的等差固然被革命革除，可是，附带的最低的一点老百姓生存的权利也跟着革掉了，跟着买办资本官僚资本地主和军阀资本的发展，社会上显然只剩两个集团，一个有钱有势的，一个无钱无势的。靠着战争的赐予，有的愈有，无的愈无；一面是朱门酒肉臭，一面是路有冻死骨；一面逃囤资金于国外，一面是肘穿踵露，儿女啼饥号寒；一面是荒淫无耻，一面是流徙四方。不但金绣锦绮丝绫罗，被有的集团所专利，就连绸绢素纱也被囤积了，不但金玉珠翠，被有的集团所专利，连银子也运到外国去了，老百姓所剩下的唯一财产是一条不值半文钱的命。

钱的有无和多少决定了新的社会阶层，造成对立的两个阶级，也决定了道德名誉人品以至一切的一切。

“法令滋彰，盗贼多有”，在当前的新趋势新社会风气之下，像明太祖所颁发的这一类法令，看来真是多事。

政简刑清，国以大治！

九、阮圆海

提起了明末的词人，风流文采、照耀一时的阮圆海，立刻会联想到他的名著《春灯谜》、《燕子笺》。云亭山人的《桃花扇》，逼真活现，三百年后，此公形象如在目前。

阮圆海的一生，可以分为若干时期。第一时期声华未著，依附同乡清流东林重望左光斗，以为自重之计。第二时期急于作官，为东林所挤。立刻投奔魏忠贤，拜在门下为干儿，成为东林死敌。第三时期东林党人为魏阉所一网打尽，圆海的官也大了，和干爹相处得很好，可是他绝顶聪明，看出场面要散，就预留地步，每次见干爹，总花钱给门房买回名片。第四时期，忠贤被杀，阉党失势，他立刻反咬一口，清算总账，东林阉党混同攻击，可是结果还是挂名逆案，削官为民。崇祯一朝十七年，再也爬不起来。第五时期，南方诸名士缔盟结社，正在热闹，圆海也不甘寂寞，自托东林人物，谈兵说剑，想借此翻身，不料惹了复社名士的公愤。出了留都防乱揭，指出他是魏珰干儿，一棍打下去。第六时期，北都倾覆，马士英拥立弘光帝，圆海又勾上马士英，重翻旧案，排斥东林，屠死端士，重新引起党案，招引逆案人物，组织特务，准备把正人君子一网打尽。朝政浊乱，贿赂公行，闹到“职方贱如狗，都督满街走”。（职方有点像现在的军政部军政司长，都督相当于总司令。）把南京政权断送了。第七时期清兵南下，圆海叩马乞降，终为清军所杀。

总算圆海一生，前后七变，变来变去，都是从左到右，从右到左，明末三十年是东林党和阉党对立，一起一伏，互相倾轧排陷，变幻莫测，陆离光怪的时代，圆海算是经过所有的风波，用左制右，附右排左，有时不左不右，自命中立，有时不管左右，一味乱咬，有时以东林孽子的道貌求哀于正人，有时又以魏珰干儿的色相求援于阉寺，“有奶便是娘，无官不可做。”于是扶之摇之，魏珰时代他做到太常少卿，马士英时代他做到兵部尚书兼右副都御史。最后是作了降敌的国贼，原形毕露。

明末三十年党争黑暗面的代表是阮圆海，和阮圆海形迹相类的还有几千百人。这一类人可名之曰阮圆海型。

三百年后的历史和三百年前当然不同。最大的不同是如今是人民的世纪，黑白不但分明，而且有人民在裁判。然而，阮圆海型的正人君子们还是车载斗量，朝秦暮楚，南辕北辙，以清流之面目，作市侩之营生：一变两变三变都已记在历史上了，最后的一变将由人民来判决。

阮圆海名大铖，安徽怀宁人，《明史》卷三百八《奸臣传》有传。

十、债帅

债帅这一古典名辞，始见《旧唐书》卷一六二《高瑀传》：

> 自大历（唐代宗年号，公元766至779）以来，节制之除拜，多出禁军中尉。凡命一帅，必广行赇赂。禁军将校当为帅者，虽无家财，必取资于人，得镇之后，则膏血疲民以偿之，及高瑀之拜（忠武节度使，治河南许州）以内外公议，缙绅相庆，韦公（处厚）作相，债帅鲜矣。

到地方作掌军权的节度使，事先必须用钱报效禁军统帅由宦官充当的神策中尉，即使你资历才能都合格，即使你清廉到儿女啼饥号寒，你没有钱，还是不济事，反之，只要有钱行贿，力可通神，资格才能都可不问，中尉一笑，旌节上门。因之，贪污的军官，由此道而升官统兵，可以大展搜括之鸿猷。不贪污的军官难甘寂寞，也只好向人借债，到任之后，再括军士括地皮还债。使贪者更贪，不贪者也非贪不可。闹得军士饿病，逃亡，闹得军纪扫地，军气消沉，闹得军队和人民对立，闹得民穷财尽，国亡家破。

唐代后期之国威不振，纪纲荡然，以至亡国，由于债帅，债帅之所以造成，决不是军事的，而是基本的政治的原因。

抚今怀古，不免对“债帅”一词低徊婉怅，想望韦处厚风采。

十一、小民和巨室

明代中叶，一位很懂得政治道理的学者谢肇淛，在所著《五杂俎》十三《事部》论小民和巨室说：

> 今为仕者，宁得罪于朝廷，无得罪于官长，宁得罪于小民，无得罪于巨室，得罪朝廷者竟盗批鳞之名，得罪小民者可施弥缝之术，惟官长巨室，朝忤旨而夕报罢矣。欲使吏治之善，安可得哉。

晚近得一精抄本，文字和刻本多有不同，这一段抄本作：

> 今之士大夫，应结欢于朝廷，无得罪于官长，宁得罪于人民，无得罪于巨室。结欢朝廷者可得召见之荣，得罪人民者可膺茅士之赏。惟官长巨室，朝忤旨而夕入营矣。欲使吏治之善，安可得哉！

十二、□员论

家藏顾炎武《亭林文集》。虫蛀破损，卷一有三篇《□员论》分上中下，□字都蛀损了，不能找得善本补止。《□员论》中有一段妙文，足以发人深省，逐录如下：

> 天下之病民者有三：曰乡宦，曰□员，曰吏胥。是三者法皆得复其户而无杂泛之差，于是杂泛之差乃尽归于小民，今之大县至有□员千人以上者比比也。且如一县之地有十万顷，而□员之地五万，则民以五万而当十万之差矣。一县之地有十万顷，而□员之地九万，则民以一万而当十万之差矣。民地愈少，则诡寄愈多，诡寄愈多则民地愈少，而□员愈重。富者行关节以求为□员，而贫者相率而逃且死，故□员之于其邑人，无秋毫之益，而有丘山之累，然而一切□□□□之费，犹皆取派于民。故病民之尤者□员也。

文中有几个地方需要注释。“复户”是享有特权免除公民义务，例如工役军役以至完粮纳赋等义务。“杂泛之差”指人民的额外负担，例如运输买办，迎接以及款待官府，供应军队之类。“诡寄”的现代术语是“转嫁”，地主把自己应输的粮，应服的工役或兵役，用特殊方法派给小民负担，自己则置身事外，叫做诡寄，诡是用不正当的方法，寄是叫别人负担。“关节”是贿赂以及人情的雅称。□□□□之费，似乎可以解释为运动选举之费。

十三、衍圣公和张天师

明王世贞《弇山堂别集》记明宪宗成化二年（公元1466），中国两个最有历史最受朝野尊敬的家族族长的故事。第一个是孔子的嫡系子孙衍圣公孔弘绪：

> 三月癸卯，衍圣公孔弘绪坐奸淫乐妇四十余人，勒杀无辜四人，法当斩。以宣圣故，削爵为民，以弟弘泰代官。

第二个是张道陵的嫡系子孙正一嗣教大真人张元吉：

> 四月戊午，正一嗣教大真人张元吉坐僭用器物，擅易制书，强奸子女，先后杀平人四十余人，至有一家三人者。坐法当凌迟处死。下狱禁锢。寻杖一百，戍铁岭。而子玄庆得袭。元吉

竟以母老放归。

一个在山东，一个在江西，生在同一时代，同一罪名，奸淫杀人，而且判决书上还写着杀的是无辜平民。都因为有好祖宗，不但不受法律处分，连官也不丢，一个给兄弟，一个给儿子。这叫做法治？这叫做中国式的民主？

没有好祖宗，得硬攀一个。再不然，也得结一门好亲戚，此之谓最民主的国家之国情有别。

这两个故事也被记载在《明史》，不重引。

十四、班禄惩贪

《通鉴》一三六：

太和八年（公元484）九月，魏诏班禄，以十月为始，季别受之。旧律枉法十匹，义赃二十匹罪死。至是义赃一匹，枉法无多少皆死。（枉法谓受赇枉法而出入人罪者，义赃谓人私情相馈遗，虽非乞取，亦计所受论赃）仍分命使者按守宰之贪者，秦益二州刺史恒农李洪之以外戚贵显（魏显祖高祖皆李氏出），为治贪暴。班禄之后，洪之首以赃败。魏主命锁赴平城，集百官亲临数之，犹以其大臣，听在家自裁。自余守宰坐赃死者四十余人，受禄者无不跼蹐，赇赂殆绝。……久之淮南王佗奏请依旧断禄，文明太后召群臣议之，中书监高闾以为饥寒切身，慈母不能保其子，今给禄则廉者足以无滥，贪者足以劝慕，不给则贪者得肆其奸，廉者不能自保，淮南之议，不亦谬乎，诏从闾议。

……

十三年六月，……魏怀朔镇将汝阴灵王天赐长安镇都大将雍州刺史南安惠王桢皆坐赃当死。冯太后及魏主临皇信堂引见王公，太后令曰，卿等以为当存亲以毁令耶？当灭亲以明法耶？群臣皆言二王景穆皇帝之子，宜蒙矜恕。太后不应。魏主乃下诏称二王所犯难恕，而太皇太后追惟高宗孔怀之恩，且南安王事母孝谨，闻于中外，并特免死，削夺官爵，禁锢终身。

太和是北魏的盛世，细究上引两条史料，便可明白太和之所以治，是因为有一个法度，在这个法度之下，外戚犯法，处死刑，皇族犯法，则夺官爵，禁锢终身。虽然限于时代，限于议亲议贵的八议，毕竟亲也罢，贵也罢，还得照治亲治贵的法来办！存亲呢？毁法。明法呢？只得灭亲。一般阿谀无耻的小人虽然一味巴结，劝人主毁法，结果还是法度第一。此北魏太和之所以治，也是历代末叶之所以不治的主因。

次之，两件案子的主角都是贪污，而且主角都是皇亲皇族。在枉法无多少皆死的大法之下，主角都受明刑处分。而且，法从上始，先从顶尖顶上的红人大员开刀，风行草偃，自然可以办到赇赂皆绝的地步！

次之，北魏在严刑惩贪之先。先有一个预备步骤，调整公务人员的薪给，使每一等级的官吏都可得到生活的保障。规定以前的旧账不算，以后，一发现贪污，立刻以大法从事，令出法随，毫不姑息。

假如历史也有点用处，一千五百年前的两件旧案子，不妨让人民多多研究。要办贪污，不必挑出科长科员顶缸，而且和一千五百年前有点不同，现在的法律一律平等，八议谈不上。只要能行法从上始，杀一两打高高在上的主角，没收他们的家产作全国公务人员的生活补助费用，我们相信，今人不一定不如古人，也一定可以办到纲纪修饬，赇赂殆绝！

十五、言官与舆论

清同治四年（1865），方宗诚在《光禄大夫吏部右侍郎王公（茂荫）神道碑》中曾指出咸丰朝的政治情形说：

> 时天下承平久，吏治习为粉饰因循，言官习为唯阿缄默，即有言多琐屑，无关事务之要。其非言官，则自以为吾循分尽职，苟可以寡过，进秩而已，视天下事若无与于己而不敢进一

辞，酿为风气，军国大事，日即于颓坏而莫之省。

言官是过去历史上一种特殊制度，代表着士大夫——统治集团的舆论，专门照顾主子和这一集团的共同利益，从旧制度崩溃以后，代替皇帝做主子的是人民，代替言官的任务的是报纸，对象改变了。自然，报纸所发扬的舆论应该是照顾人民的利益。然而，今天的情形依然和咸丰朝一样，方宗诚的记载依然适合，试转为今典：

时天下乱离久，吏治习为粉饰因循，官与民争利，军需民为卫，幅壤日窄，而衙署日多，诛求之术，日精月进，梏桎之法，如环无端，钞币日增，民生日困，而报章习为唯阿缄默，巧为圆融传衍之说，即有言多琐屑，无关事务之要，其甚者则移于赇赂，惕于刑诛，不惜自绝于民，以逢迎弥缝谄媚摇尾应声之态，为妻子儿女稻粱衣食之谋，敷粉弄姿，恬不知廉耻之为何物。其非任言责者，则自以为吾循分安命，明哲保身，俯仰随人，沉浮自适，视国家民族几若无与于己，拔一毛而不为，不愿进一言，不敢进一辞，酿为风气，军国大事，日即颓坏而不之省。呜呼！

十六、家天下

过去国家的主人是皇帝，如今国家的主人是人民。

过去皇帝拥有大量的财富，人民挨饿。而今，人民中的少数特殊分子，拥有大量的财富，最大多数的人民挨饿。

过去是皇帝家天下，而今是少数特殊分子家天下。

家天下的解释是："我的不是你的，你的都是我的。"因为不论皇帝，不论少数特殊分子，所有财富的来源都是取之于民，然而，都不肯用之于民。皇帝的故事，试举一例。

1618年，建州族努尔哈赤起兵，政府无钱增兵，《明史》说：

时内帑充积，帝靳不肯发。

户部只好取之于民，普加全国田赋，亩加三厘五毫，第二年又加三厘五毫，第三年又加二厘，通前后增加九厘，增赋银五百二十万两。

1619年军事局面危急，政府负责人杨嗣昌向皇帝呼吁：

> 今日见钱，户部无有，工部无有，太仆寺无有，各处直省地方无有。自有辽事以来，户部一议挪借，而挪借尽矣，一议加派，而加派尽矣，一议搜括，而搜括尽矣。有法不寻，有路不寻，则是户部之罪也。至于法已尽，路已寻，再无银两，则是户部无可奈何，千辛万苦，臣等只得相率恳请皇上将内帑多年蓄积银两，即日发出亿万，存贮太仓（国库），听户部差官星夜赍赴辽东，急救辽阳，如辽阳已失，急救广宁，广宁已失，急救山海关等处。除此见着急着，再无别法。①

话说得恳切到家，声泪俱尽，可是结果还是“我的不是你的”，辽阳、广宁等军略据点相继失守。

三百三十年后的中华民族的主人，百分之九十以上最穷最苦的人民都已尽了最大的财力的人力的贡献，公务人员的收入，照比例已经贡献给国家百分之九十六了。然而，富人地主，以及资本家呢？三万万美金以及更多的南美洲的存款和产业呢？

取之于民而不肯用之于民的历史教训，1644年的朱明政权倾覆，和当时朝官显宦勋戚富人的被夹棍板子挤出几千万匹驮马的金银，终于不免一死，得罪子孙，贻羞青史，是值得穿针孔的人们多想想的。

十七、主奴之间（一）

奴才有许多等级，有一等奴才，有二等奴才，也有奴才的奴才，甚至有奴才的奴才的奴才。

我们的人民，自来是被看作最纯良的奴才的，“不可使知之”，

---

①《杨文弱集》卷一，《请帑稿》。

是一贯的对付奴才的办法，就是“民为邦本，本固邦宁”，和“民为贵，社稷次之，君为轻”一套话，虽然曾被主张中国式的民主的学者们，解释为民主，民权，以至民本等等，其实拆穿了，正是一等或二等奴才替主人效忠，要吃蛋当心不要饿瘦，或者杀死了母鸡，高抬贵手，留得青山在，不怕没柴烧，图一个长久享用的毒辣主意。证据是“有劳心，有劳力，劳心者食于人，劳力者食人”。老百姓应该养贵族，没有老百姓，贵族哪得饭吃！

老百姓是该贡献一切，喂饱主人的，其他的一切，根本无权过问，要不然，就是大逆不道。六百年前一位爽直的典型的主子，流氓头儿朱元璋曾毫不粉饰地说出这样的话，《明太祖实录》卷一百五十：

> 洪武十五年（公元 1382）十一月丁卯，上命户都榜论两浙江西之民曰：为吾民者当知其分。田赋力役出以供上者，乃其分也。能安其分，则保父母妻子，家昌身裕，为仁义忠孝之民，刑罚何由及哉！近来两浙江西之民多好争讼，不遵法度，有田而不输租，有丁而应役，累其身以及有司，其愚亦甚矣！曷不观中原之民，奉法守分，不妄兴词讼，不代人陈诉，惟知应役输租，无烦官府，是以上下相安，风俗淳美，共享太平之福，以此较彼，善恶昭然。今特谕尔等，宜速改过从善，为吾良民，苟或不悛，则不但国法不容，天道亦不容矣！

“分”译成现代话，就是义务，纳税力役是人民的义务，能尽义务的是忠孝仁义之民。要不，刑罚一大套，你试试看，再不，你不怕国法总得怕天，连天地也不容，可是见义务之不可不尽。至于义务以外的什么，现代人所常提的什么民权，政治上的平等，经济上的平等，等等，不但主子没有提，连想也没有想到。朱元璋这一副嘴脸，被这番话活灵活现地画出来了。

朱元璋为什么单指两浙江西的人民说，明白得很，这是全国的谷仓，人口也最稠密。拿这个比那个，也还是指桑骂槐的老办法。其实，中原之民也不见得比东南更奴化，不过为了对衬，这么说说而已。

十八、主奴之间（二）

在古代，主子和奴才的等级很多，举例说，周王是主子，诸侯是奴才。就诸侯说，诸侯是主子，卿大夫又是他的奴才。就卿大夫说，卿大夫是主子，他的家臣是奴才。就家臣说，家臣是主子，家臣的家臣又是奴才。就整个上层的统治者说，对庶民全是主人，庶民是奴才，庶民之下，也还有大量的连形式上都是奴才的奴隶。

主奴之间的体系是剥削关系，一层吃一层，也就是一层养一层，等到奴才有了自觉，我凭什么要白养他，一层不肯养一层，愈下层的人愈多，正如金字塔一样，下面的础石不肯替上层驮起，哗啦一下，上层组织整个垮下来，历史也就走进一个新阶段了。

这时期主奴关系的特征，除了有该尽义务的庶民和奴隶以外，上层的主子（除王以外，同时又是奴才），全有土地的基础，大小虽不等，却都有世世继承的权利。跟着土地继承下来的是政治，社会上法律上的特殊的固定的地位。因之，所谓主奴只有相对的区分，都是土地领主，主子是大领主，奴才是小领主。也就是世仆。一层层互为君臣，构成一个剥削系统。

维护这个剥削系统的理论，叫做忠。一层服从一层，奴才应该养主子。在这系统将要垮的时候，又提出正名，君君臣臣父父子子，主子永远是主子，奴才永远是奴才。又提出尊王，最上层的主子被尊重了，下几层的主子自然也会同样被尊重，他们的利益就全得到保障。用现代话说，也就是维持阶级制度，维持旧时的剥削系统。

在这系统下，互为主奴的领主，在利害上是一致的，因之，主奴的形式的对立就不十分显明。而且，这金字塔式的系统，愈下层基础就愈宽，人数愈多，力量愈大，因之，在政治上，很容易走上君不君臣不臣，诸侯和王对立，卿大夫和诸侯对立，家臣和卿大夫对立的局面。

假如我们抛开后代所形成的君臣的观念，纯粹从经济基础来看上古时代的剥削系统 ，可以下这样一个结论，就是那时代的主奴关系，是若干小领主和大领主的关系，大小虽然不同，在领主的地位上说是一样的。而且，因为分割的缘故，名义上最大的领主，事实上反而占有土地最少。因之，他所继承的最高地位是一个权力的象征，徒拥武器。实权完全在他的奴才，分取他的土地的卿大夫手上，家臣手上。因之，主奴又易位了，奴才当家，挟天子以令诸侯，陪臣执国政，名义上的奴才是实质上的主人。

出主入奴，亦主亦奴，是主而奴，是奴而主，奴主之间，怕连他们自己也闹不十分清楚。

附录二：旧史新谈

一、糊涂和卑鄙

这个有趣的谈话，谈的人是子思和卫侯，地点在卫国的都城，时间是纪元前377年。

有一天，卫侯出了一个不合式的主意，话犹未了，左右群臣齐声称颂，说了一大堆恭维话。

子思说："看样子，卫国真合着老话：'作主子的不像主子，臣下的不像臣下！'满不是那回事！"

有人听了就反驳："你说得太过火了！"

子思说："你不明白这个道理，大凡一个作主子的自以为了不得，人家就不敢替他出好主意。即使作对了，自吹自擂一阵，也要不得，何况作错了，还受人乱恭维！看不清事情的是非，一味喜欢恭维附和是糊涂，认不明道理的所在，只是阿谀巴结是卑鄙。在上的糊涂，在下的卑鄙，这样的政府是不会得民心的，长此不改，必然亡国。"

子思想了又想，忍不住，直对卫侯说："你的国家有危险了！"卫侯问："为什么？"

子思老实不客气，说出一番话："道理很明白，你说出话自以为是，群臣左右没有人敢说错，文武大臣也自以为是，老百姓没人敢说错，你们都自以为是不错，底下人又恭维你们不错，说好捧场，顺而有福，喝倒彩，逆而有祸，如此这般，怎样能做出好事？做不出好事的政府，怎么不危险！"卫侯听了大不高兴。过了几天，子思只好凄凄惶惶，卷起铺盖，离开了卫国。

二、桓灵和晋武帝

公元二八二年正月，晋武帝亲自举行了祭天大典，好容易把一切礼节都合合式式表演完了，满腔得意，叹一口气，问在左右的大官司隶校尉刘毅说："我可以比汉朝的哪个皇帝？"刘毅答："桓帝和灵帝。"晋武帝脸都白了："何至于此？"刘毅答："桓灵二帝卖官钱入官库，你的呢？填私房。这样比来，你还不如呢。"

晋武帝碰了钉子，只好大笑："桓灵的时候，听不到这话。我有你这样的直臣，还比他二位强一点。"

三、拍卖行

六世纪初年，北魏有两个大官，一个是侍中卢昶，一个是侍中领左卫将军元晖，都得北魏主的宠任，都贪污放纵，人民给这两个人外号，卢昶叫饥鹰侍中，元晖叫饿虎将军，饿虎将军后来升了官，作吏部尚书，定下市价，大地方郡守绢二千匹，中下等依次对折，其余的官也各有定价。人民又给这机关一个外号——拍卖行。

——《资治通鉴》卷一四六

四、墨敕斜封

李唐的制度，人主的命令必须经中书省的审议，门下省的副署，然后交由尚书省执行，"不经凤阁鸾台，何名为敕？"敕令用黄纸书写，经过一定的法律程序，才发生效力。反之，只是用人主的名义发令写敕，直接交当事机关执行的，叫作墨敕斜封，虽然生效，舆论却抗议以为违法，由斜封得官的人称为斜封官，虽然得势，却无人看重，不得与于士大夫之列。

《唐会要》六十七："景龙二年（公元708），长宁宜城定安新都金城等公主及皇后陆氏妹郕国夫人冯氏妹崇国夫人，并昭容上官氏与其母沛国夫人郑氏，尚宫柴氏，贺娄氏女夫第五英儿，陇西夫人赵氏，咸共树朋党，降墨敕斜封以授官。"

《旧唐书》卷五一《韦庶人传》："时上官昭容与其母郑氏及尚宫柴氏贺娄氏，树用亲党，广纳货赂，别降墨敕斜封授官，或出臧获屠贩之类，累居荣秩。"

《新唐书》卷八十三《安乐公主传》："安乐与太平等七公主皆开府，而主府官属尤滥，皆出屠贩，纳赀售官，降墨敕斜封授之，故号斜封官。"

不到五年工夫，开元皇帝即位，刷新政治，这些斜封官依旧回去作酒店掌柜屠肆掌刀，只是死后的铭旌上落得多添一道官衔，历史上留下一点污渍。

五、官商合一

纪元前140年，大儒董仲舒提出一个严重的社会问题，给政府以警告，他指出一般官僚和贵族，平时盘踞政府高位，钱够多了，生活够舒适了，却凭借他们的势位，作买卖，做生意，和小民争利，小民怎能相比，成天成年被剥削，刮得精穷。一边荒淫无耻，一边呢，穷急愁苦。小百姓反正活着无趣，又怎能不闹事！刑罚因之日多，危机也因之日重了。

由此看来，官商合一，由来久矣！

——《资治通鉴》卷十七

六、报功文书

建安十七年（公元212），一个中级军官向他的统帅曹操上报功文书，照规矩纸上数目应该比实数增加十倍，以一报十，为的是夸大武功，吓住老百姓。这军官居然反常，只照实数报告，惹得曹操惊异大大夸奖了一顿。

这是一个秘密，一个尺度，历史上所有记载战功的数字，都可以用这个尺度去衡量。

——《资治通鉴》卷六十六

七、空谈和实践

靖康之变（公元1127），金人长驱深入，开封的大臣们，正在雍容商讨，有的主张抗战，有的主张讲和，有的主张迁都，意见纷纷，莫衷一是。大家抢着说话，谁也不能作事，弄得战的准备没有，和的准备没有，连逃的准备也没有，却又一面在敷衍作战，一面在遮遮掩掩地讲和。议论未定，金人已经渡河，开封已经被包围了。

宋人张端义《贵耳集》里有一段很沉痛的话："一时代有一时代的风度，唐虞尚德，夏尚功，商尚老，周尚亲，秦尚刑罚，汉尚才谋，东汉尚节义，魏尚辞章，晋尚清谈，周隋尚族望，唐尚制度文华，本朝尚法令议论！"

光从文字上形式上讲究，满意于纸面的空谈，靖康之变是最现实的一例。

八、冗兵冗吏

北宋这一个时代，就内政说，算是比较像样子的，有见识的政治家都能有充分的言论自由批评政府，指摘的题目之一是冗兵冗吏。

至道三年（公元997），有一个在政治上失势，被赶到外郡去的地方官，知扬州王禹偁写信给皇帝，指出冗兵冗吏的弊端说："过去三十年间的一切，就我所亲见的说，国初疆域，东未得江浙福建，南未得两湖两广，国家财赋收入不多，可是北伐山西，御契丹，财政不困难，兵威也强。道理在哪里？明白得很，第一，常备兵精而不多，第二，所用的大将专而不疑。其后，尽取东南诸国，山西也收复了，土地增加，收入增加，可是财政反而困难，兵威反而不振，道理在哪里？也明白得很，第一，常备兵多而不精，第二，所用的大将也多而不专。如今的办法，要国富兵强，只有学以前的办法，采用精兵主义，委任好将官，用全国的财力，培养数目不大的精兵，国富兵强自然不成问题。”

接着他举出冗官的实例，他说：“我是山东济上人，记得未中进士时，地方只有刺史一人，司户一人，十年以来，政府不曾添过人，地方上也没有什么事办不了。以后又添了一个团练推官。到我中进士回乡时，除了刺史，又有通判，有副使，有判官，有监库，有司理，管卖酒收税的又有四个官，衙门天天增加，官的数目自然也多，可是算算地方收入，比过去反而减少，逃亡的人民呢，反而比过去增多。一州如此，全国可知，冗吏在上消耗，冗兵在下消耗，两头吃国家，国家如何能不穷！”

五十年后，户部副使包拯也告诉皇帝说：“五十年前文武官的总数九千七百八十五员，现在是一万七千三百余员，这数目不包括未管差遣京官使臣和候补官在内。比五十年前增加了一倍。全国州郡三百二十，县一千二百五十，平均算来，照定额不过五六千个官就够办事，如今的数目恰好多了三倍。而且三年一开贡举，每次考取二千多人，再加上中央机关的小吏，加上大官的儿孙荫序，再加上出钱买官的，总共算来，逐年增加的新官又不止三倍！作官的一天天增多，种田的一天天减少，国家如何能不穷，民力如何能不竭！”

在承平时代，有如此公开的指摘，过了九百年，到了我们的时代，有史以来国难最严重的时代，我们读了这两个文件，有点惘然！

——《资治通鉴长编》，卷四十二，卷一六七

九、书帕

明代后期贿赂之风盛行，官官相送，讲究用新刻书，面子上送

书，底子里送黄的金子，白的银子，落得好看。一时东也刻书，西也刻书，赶刻得快，便顾不得校对，错字脱简，一塌糊涂。大凡那时地方官府所刻书，序文上写着“捐奉绣梓，用广厥传”的，例如弘治时温州知府黄淮重刻练埴木钟集，和州知州黄桓所刻都穆南濠诗话一类杂书，都是为着送大官的人情的点缀品。

明代后期书刻得不好，这是一个原因，我们现在还有许多明版书可读，这也是一个原因。

饮水思源，我们还得谢谢三百年前的那些贪官污吏。

——蒋超伯：《南漘楛语》

十、贪污史例之一

元朝末年，官贪吏污，因为蒙古、色目人浑浑噩噩，根本不懂“廉耻”是什么意思。这一阶级向人讨钱都有名目，到任下属参见要“拜见钱”，无事白要叫“撒花钱”，逢节有“追节钱”，作生日要“生日钱”，管事而要叫“常例钱”，送往迎来有“人情钱”，差役提人要“赍发钱”，上衙门打官司要“公事钱”。作官的赚得钱多叫“得手”，钻叫“好地”，补得要缺叫“好窠”。至于忠于国家，忠于人民，则一概“哓勿得！”

刘继庄说：“这情形，明朝初年我知道不清楚，至于明末，我所耳闻目见的，又有哪一个官不如此！”

——刘献廷：《广阳杂记》卷三

十一、贪污史例之二

明代中期，离现在四百多年前，一个退休的显官何良俊，住在南京，告诉我们一个故事：

南京也照北京的样子，设有六部五府等机关，原来各有职掌，和百姓并不相干。这些官家里需用的货色，随时由家奴到铺子买用，名为和买。我初住南京的头几年，还是如此，不过五六年光景，情形渐渐不妙，各衙门里并无事权的闲官，也用官府的印票，叫皂隶去和买了，只给一半价钱，例如值银两钱的扇子只给一钱，其他可以类推。闹得一些铺户叫苦连天。至于有权有势的御史，气焰熏天，更是可怕。例如某御史叫买一斤糖食，照价和买只要五六分银子，承买的皂吏却乘机敲诈了五六两银子，他在票面上写明本官应用，要铺户到本衙交纳，第一个来交纳的，故意嫌其不好，押下打了十板，再照顾第二家，第二家一算，反正来差要钱，门上大爷又要钱，书办老爷还是要钱，稍有不到，还得挨十下板子，不如干脆拼上两三钱银子，消灾免祸，皂隶顺次到第三、四家一样对付，谁敢不应承，于是心满意足，发了一笔小财，够一年半载花销了。

南京某家买到一段作正梁的木料叫柏桐，很是名贵，巡城御史正想制一个书桌，听说有好材料，动了心，派人去要，这家舍不得，连夜竖了柱，把梁安上，以为没有事了。不料巡城御史更强，一得消息，立刻派皂隶夫役，一句话不说，推翻柱子，抬起大梁，扬长而去。

——何良俊：《四友斋丛说》

十二、贪污史例之三

明末的理学家刘宗周先生指出这时代的吏治情形说：

如今吏治贪污，例如催钱粮要火耗（零星交纳的几分几钱银子，镕铸成锭才解京，镕铸的亏蚀叫火耗，地方不肯担负这损失，照例由纳粮的人民吃亏，额外多交一两成，积少成多，地方官就用这款子来肥家），打官司要罚款，都算本分的常例，不算外水了。新办法是政府行一政策，这政策就成敲诈的借口，地方出一新事，这一新事又成剥削的机会，大体上是官得一成，办事的胥吏得九成，人民出十成，政府实得一成，政府愈穷，人民愈苦，官吏愈富，以此人民恨官吏如强寇，如仇敌，突然有变，能献城就献城，能造反便造反，当机立断，毫不踌躇。

举县官作例吧，上官有知府，有巡道，有布政使，有巡抚，有巡按，还有过客，有乡绅，更有京中的权要，一层层须得应付，敷衍，面面都到。此外钻肥缺，钻升官，更得格外使钱，当然也得养家，也得置产业，他们不吃人民吃什么？又如巡按御史吧，饶是正直自好的，你还未到任，地方大小官员早已凑好一份足够你吃几代的财宝，安安稳稳替你送到家里了。多一官百姓多受一番罪，多派一次巡按，百姓又多受一番罪，层层敲诈，层层剥削，人民怎能不造反？怎能不拼命？

——刘宗周：《刘子文编》卷四，《敬修职掌故》

史事与人物

说明：

《史事与人物》，吴晗著，生活书店 1948 年 10 月初版，收入《吴晗全集》时删去与前面重复的《历史上的国民身份证》一篇。

——编者注

回纥助唐记

一千二百多年前，中国发生内战，长安、洛阳两个都城全陷落了。天宝皇帝抛弃了人民和土地，带着他宠爱的妃子出奔，一直逃到成都。在成都呆了一阵，靠将军郭子仪，尤其是盟邦回纥的福，居然打了几个胜仗，收复了京城，举行了还都大典。一切都复了原，腐化、贪污、作弊，加上卖官鬻爵，连和尚道士的度牒都卖钱，还有恶性通货膨胀。唯一未复员的是马嵬驿的孤坟。还有，年纪过七十了，儿子早当了家，只好当太上皇，吃碗有点蹩扭的闲饭。

回纥的骑兵是有名的，排山倒海而来的骑兵方阵，冲破了安禄山、史思明的曳落河（壮士、外族军），击溃了安庆绪、史朝义的蕃将汉兵。当然，也根据唐回条约，抢光了洛阳、长安和沿途所经的城市，榨干了中国人民的血汗，蹂躏侮辱了中国的子女。还在唐回商约的保证下，每年来笑纳一笔可观的保护费，或者说是援助费吧。

史实是这样的，不妨回忆一番：

天宝十四载（公元755）十一月安禄山反于河北，以讨杨国忠为名，步骑精锐，烟尘千里，鼓噪震地，十二月陷洛阳，第二年六月入潼关，取长安，天宝皇帝南奔。他的儿子北奔，就当时最强的朔方军组织流亡政府。

朔方的统帅是郭子仪，有五万大军，还有许多骁猛的蕃将，本钱还不错。中原方面，有张巡、许远用力阻住安禄山，不许他南下。长江以南的局面是完整的。回纥可汗和吐蕃赞普都派人来说愿意出兵援唐。九月，唐肃宗为了要“借兵于外夷以张军势”，派一个宗室和蕃将仆固怀恩出使回纥，发援汗那兵和西方蕃族兵，条件是大大的经济报酬。

回纥派了贵将葛罗支带两千精骑和郭子仪合军，一到就打了个大胜仗。郭子仪觉得有办法了，劝唐肃宗再请回纥援助。回纥怀仁可汗也真慷慨，至德二年（757年）九月又派他的儿子叶护和将军帝德带四千余骑来助战。皇太子广平王俶作天下兵马元帅，和叶护结拜为兄弟，统帅朔方、回纥、安西、南蛮、大食兵十五万，号称二十万，一个实实在在的国际联军，从凤翔出发，削平“内乱”，收复失地。

回纥军的给养每天羊二百口，牛二十头，米四十斛。替唐朝作战的条件，说明在两都收复后土地人众归唐，玉帛子女归回纥，也就是政治的主权，拿不走的土地算一份，经济的物资和女人之类也算一份，两家平分。一个可以回老家，一个呢，做一票大买卖。

第一次大战是香积寺之战。在长安西，沣水东。

开头唐军被敌人齐头并进的曳落河所突破，阵势乱了。苦战了一阵子，前军用长刀冲锋，稳住战局。突然从斜刺里杀出仆固怀恩的回纥军，两头夹击，十万敌军被歼灭了六万，当晚退出长安。

第二天大军进入西京，叶护立刻下令大抢，履行条约。

广平王没办法，只好拜于叶护马前，说是“今始得西京，若遽俘掠，则东京之人皆为贼固守，不可复取矣。愿至东京乃如约”。叶护想这道理也对，答应到洛阳再动手。

第二役是新店之战，在陕城西面。

安禄山的部队有十五万，郭子仪军一接仗就吃了亏，又是回纥军抄背后。大风黄埃中万马奔腾，箭似连珠，安禄山军着了慌，一下就垮了。又是两头夹击，完成了一个歼灭战。第二天大军进入东京。

这一回双方都忠实实行条约上的权利，回纥军整整放开手抢了三天。政府库藏光，民间积蓄光，大元帅干瞪眼。回纥军到第四天还不肯住手，洛阳的绅士们只好再来一次自动的慰劳，献出中国的名产缯锦万匹，才算收了手。于是大元帅接收了空城，家家像洗过一样的空房子，和丢了老婆不见女儿的丈夫和父母。不过，主权是完整的。

叶护凯旋到长安，皇帝派群臣郊迎，在长乐驿举行慰劳仪式，在宣政殿摆庆功宴，人人赐锦绣缯器。叶护乐极，说要亲自回国，再调一批人马来，直捣范阳，奠定统一。皇帝也乐了，大夸奖说：

“为朕竭义勇，成大事，卿等力也。”拜为司空，爵忠义王，每年赐绢二万匹。

岁币之外，是和亲。和亲照汉朝的老规矩，是拿宗室女子或民间美女来代替的。这次却不然，为了表示亲善，唐肃宗居然舍了自己亲生的小女儿宁国公主，奉送给他所册立的回纥英武威远毗架汗磨延啜。陪送使臣为了这一点，当面和可汗说明，是皇帝亲生公主，“恩礼至重!”于是公主成为回纥可敦，唐天子天可汗成为回纥可汗的老丈人，一门真正的亲戚。

当然，回纥军第三次来华，回纥王子骨啜特勒、宰相帝德又帅领骑兵三千来助战。

乾元二年（759）二月九节度师溃于相州，回纥将军奔还长安。为了安慰，为了下次的援助，这些败军之将还是运回去比过去所得更多的赏赐。

宝应元年（762年）九月洛阳又失陷了，唐使臣刘清潭又到回纥去乞师。回纥先以为唐朝连遭玄宗和肃宗之丧，中国无主，落得趁火打劫。出兵到朔方三受降城，眼见边地已经残破不堪，越发起了轻视的念头，对天可汗的使臣加以困辱。唐朝急得没办法，还是请仆固怀恩去办交涉。这时的回纥可汗是怀恩的女婿，左劝右劝，才答应助唐。可是出师路线，左不行，右不行，最后才挑了一条不会和敌军接触，而又沿途给养充足的陕州线。

天可汗派皇太子雍王适作天下兵马元帅，行营在陕州。过河去见回纥可汗，同去的有两个将军和两个高级幕僚。一到便被逼向回纥可汗行拜舞礼，为了顾全体面，抵死不肯。将军幕僚每人被鞭一百，两个当场打死，剩下两个屈辱地跟元帅回营，什么也没有说，更说不上军事的配合。

东都再度收复，回纥军又随至大掠，杀人抢东西，无所不为，老百姓无处投奔，只好逃避到圣善寺和白马寺，求泥菩萨庇护。把回纥军搞恼了，一把火连烧了十几天，杀了一万多人。唐朝的官军也痒了手，在汝州、郑州照样来一套，整整三个月功夫，弄得这战区，没有一所房子是完整的。老百姓衣服被剥光，只好穿纸衣裳过日子。

为了报答收复东都的大功，天可汗册封回纥可汗为颉咄登里骨啜蜜施合具录英义建功毗伽可汗，可敦为娑墨光亲丽华毗伽可敦，从可汗到宰相，共赐实封二万户，将军都封王和国公。

回纥先把所掠宝货安置在河阳，派兵守护，到回国时，又把沿途民家一扫而光。唐朝地方政府的招待稍不如意，便杀人放火，闹得没有人敢替回纥办差。唐朝政府也知道这情形，广德元年（763年）七月下令：凡回纥行营所经过的地方，免今年田租一年以示体恤。

回纥从此算是唐朝的有功有德的盟邦了。对盟邦是不应该不友好的，对盟邦不友好便是违反政府利益，大逆不道。推而论之，即使是盟邦对我们稍有不友好情形，也应该容忍，原谅，务必在和谐的空气中，保持大国风度。

以下是零碎的一连串的回纥对唐表示友好的事实：

广德元年（763年）闰正月己酉夜，有回纥十五人犯含光门，突入鸿胪寺，守卫不敢拦阻。含光门在朱雀街西，是中央政府机关所在地，鸿胪寺是国宾招待所。

大历七年（772年）正月回纥使臣突出鸿胪寺，在闹市抢女人，殴击干涉他们的官吏。接着又一哄冲出三百多骑兵要冲进金光门、朱雀门，闹得皇城门全关上，长安罢市。政府派出经常出使回纥的太监，多方说好话，赔笑脸，才算了结此案。

同年七月又跑出鸿胪寺，到大街抢劫，连长安县令邵说也给赶跑了，把他的坐马抢走。邵说只好低头，另换一匹马回家。

大历九年（774年）七月壬寅，回纥白天在大街上杀人，地方官把杀人犯拘捕之后，皇帝下令特赦。

次年九月戊午，回纥又是白天在大街杀人，把一个市民肠子刺出，被拘囚在万年县监狱。回纥使臣赤心立刻带人劫狱，把狱吏砍伤，犯人抢走。政府得到报告，为了亲善，没有说话。

以上这几个例子只是在首都的暴行，而且只是当时史官所记下的暴行，至于其他地方的，史官所没有记下的更不知有多少。

可是，就是这几个例子也尽够了，在堂堂天可汗国的首都，在国宾招待所里，在皇城城门口，在政府机关，在大街广巷，攻打皇城城门，攻击官署，抢劫地方长官坐马，杀人劫狱，其他地方可想而知，对平民百姓又可想而知了。

不止如此，大历十三年（778年）正月，回纥大军入寇太原，唐军居然抵抗，死了一万多人，回纥纵兵大抢，过了一个月才被更大的兵力所压迫退出。政府还是容忍，也不问为什么来攻击来抢，回纥使臣来了，还是照旧招待。

而且，从758年以来，根据唐回商约，回纥用马来换唐的缯帛，每马一匹换帛四十匹。回纥每年赶几万匹马来通商，大部分是老的病的。买的不够数，给的缯帛不够数，立刻闹翻，不是动手打就是用军队打。政府苦于无法应付，而又不敢不应付，只好竭尽库藏，实在没办法，有时闹得由公务员捐月薪，将军献家财。每一次回纥使臣回去，所得的赏赐和马价要用一千多辆车子才够装。

这情形一直到843年，回纥接连发生内乱，部落离散，唐军大破回纥之后，才结束了这九十年来的亲善关系。

可惜，史缺有间，要不然，一定会有多少次的敦睦邦交令可以让我们参考。

论奴才
——石敬瑭父子

奴才之种类甚多。就历史上已有的材料而论，大体上可以分作两大类。一类是形逼势紧，国破家亡，身为囚虏，到了这步田地，不肯做也得做，做了满心委屈，涕泪交流，有奴才的形式而未曾具备或者养成奴才的心理的。这一类例子，如南宋亡国，太皇太后谢道清领着小孙子，寡妇孤儿，敌人兵临城下，军队垮台了，大臣跑了，大势已去，没奈何只得向元将伯颜递降表，一家儿被押送到北方，朝见忽必烈大汗。也幸亏是寡妇孤儿，免去了告庙献俘那一套。可是，如词人汪元量《水云词》所说："臣妾签名谢道清"，这滋味也就够了。又如西晋末的怀、愍二帝，北宋末的徽、钦二帝，这两对历史人物，真是无独有偶。都作过皇帝，相同一也；都亡国被俘，相同二也；被俘后都被逼向新主人青衣行酒（穿上奴才的服装，伏侍主子喝酒），相同三也；而且新主子都是被发左衽的外族（即外国人），相同四也；而且，都有看了受不了，跳起来把外国人骂一顿，因而被杀的忠臣，不肯作外国奴才的随从，相同五也。读史的人总是悲天悯人，同情弱者、失败者的，虽然自有其该被诅咒被清算的道理在，不过软心肠的人，读了这些翔实刻划的记载，还免不了一把眼泪一把鼻涕，冲淡了亡国君主的罪恶，替他们想想，倒也上算。

另一种则是很不好听的了。一心想作主子，奴役众多的人民，而又先天不足，后天失调，作事不得人心，夺取或者维持政权的武力又不大够，于是只好撣撣土，打点青衣，硬跪在外国人面前，写下甘结，卖身为奴。偏偏外国人有的是俘虏，愿作奴才可作奴才的甚多，一两打也不在乎。于是，只好更进一步，硬装年轻，拜在脚转弯下，作干儿子，作干孙子，具备了丰富了奴才的全部的一切的心理形态，求得番兵番械，杀向本国，当然还得有番顾问番将军指挥提携，圆满合作，完成了统一大业，坐上金銮宝殿。对内是大皇帝，对外呢，当然是儿皇帝、孙皇帝了。这一类的例子也有的是，著例是晋高祖石敬瑭父子。

当然，那时代的世界不很大，契丹、女真之外，实在也找不出别的列强。要不然，价钱讲不好的时候，多少也还可以撒一下娇，由冯道一流人物，用委婉的口气，诉说假如再不支持我，那么，我只好重新考虑什么什么之类的话。不幸而历史事实确是如上所说，无从考虑起，真也是无可奈何的事。

石敬瑭的脸谱是值得描画一下的，《旧五代史》七十五《晋高祖纪》说：

> 清泰三年（公元936，晋天福元年）五月，（唐末帝）移授（敬瑭）郓州节度使（敬瑭原为太原节度使，驻晋阳）……降诏促赴任……（敬瑭）遂拒末帝之命……寻命桑维翰诣诸道求援，契丹遣人复书约以中秋赴义。九月辛丑，契丹主率众自雁门而南，旌旗不绝五十余里。是夜（敬瑭）出北门与戎王相见。戎王执敬瑭手曰，“恨会面之晚”。因论父子之义。十一月戎王会敬瑭于营，谓敬瑭曰，“我三千里赴义，事须必成，观尔体貌恢廓，识量深远，真国主也。天命有属，事不可失，欲徇蕃汉群议，册尔为天子。”敬瑭饰让久之。既而诸军劝请相继，乃命筑坛于晋阳城南，册敬瑭为大晋皇帝。（《辽史·太宗纪》，十一年冬十月甲子，封敬瑭为晋王，十一月丁酉册敬瑭为大晋皇帝，薛史及《通鉴》、欧阳史俱不载先封晋王事。）文曰：“维天显九年岁次丙申十一月丙戌朔十二日丁酉，大契丹皇帝若曰……咨尔子晋王神钟睿哲，天赞英雄……尔惟近戚，实系本枝，所以余视尔若子，尔待予犹父也……是用命尔当践皇极，仍以尔自兹并土，首建义旗，宜以国号曰晋。朕永与为父子之邦，保山河之誓。”……

石敬瑭生于唐景福元年二月二十八日，景福元年为公元892年，到清泰三年是四十五岁。他的“干爸爸”辽太宗耶律德光呢，生于唐天复二年，公元902年，到清泰三年是三十五岁，整整比他的儿皇帝小十岁。父亲三十五，儿子四十五，无以名之，学现代名词，称之为政治父子吧！

干爸爸支持干儿子作皇帝，君临中国人民的代价："是日，帝言于戎王，愿以雁门以北及幽州之地为戎王寿，仍约岁输帛三十万，戎王许之。"也就是历史上著称的燕云十六州，包括现在以北平和大同为中心东至榆关北迄内蒙的一片广大地区，更主要的是长城原为中国国防险要，这片地一割，契丹军力驻在长城以南，北宋建国，北边就无险可守了。辽亡，这片地归金，金亡归元，一直要到1368年，明太祖北伐，才算重归故国，统计起来，沦陷了差不多四百三十二年！

> 闰十一月甲子戎王举酒言于帝曰："予远来赴义，大事已成，皇帝须赴京都。今令大详衮勒兵相送至河梁，要过河者任意多少，予亦且在此州，俟京洛平定，便当北辕。"执手相泣，久不能别。脱白貂裘以衣帝，赠细马二十匹，战马一千二百匹，仍诫曰，子子孙孙，各无相忘。

由这一史料说明，敬瑭入京都主要的军力是契丹军，也就是援晋军，契丹资助物资最主要的是战马。至于执手相泣，有人说是矫情，其实并不见得。何以知之？因为一个是平白作了中国皇帝的父亲，喜欢得掉眼泪；另一个呢，凭着干爸爸平步登天作皇帝，"庙堂初入"，皇基大奠，又怎能不感激涕零呢！

作了七年儿皇帝，石敬瑭死时年五十一岁。

编历史的人——史臣对石敬瑭是不同情的，旧史不同情他召外援，残中国，说："然而图事之初，召戎为援，契丹自兹而孔炽，黔黎由是以罹殃。迨至嗣君，兵连祸结，卒使都城失守，举族为俘，亦犹决鲸海以救焚，何逃没溺，饥鸩浆而止渴，终取丧亡，谋之不臧，何至于是！"

其实，作人家的干儿子，奴颜婢膝称臣纳贡，到底也不是什么痛快事。表面上石敬瑭恭恭敬敬侍候恩人大契丹皇帝，到清夜扪心，良心发作时，也还是不快活的。《旧五代史》八十九《桑维翰传》说："高祖召使人于内殿，传密旨于维翰曰，朕比以北面事之，烦懑不快。”可是自作自受，无法翻悔，也不敢翻悔。到了下一代，受不了这口气，就不能不变卦了。

敬瑭死，侄子重贵即位，称为少帝。景延广当国执政。《旧五代史》八十八《景延广传》：“朝廷遣使告哀契丹，无表。致书去臣称孙。契丹怒，遣使来让。延广乃奏遣契丹回国使乔荣告戎王曰：先帝则北朝所立，今上则中国自策，为邻为孙则可，无为臣之理。且言晋朝有十万口横磨剑，翁若要战则早来，他日不禁孙子，则取笑天下，当成后悔矣。由是与契丹立敌，干戈日寻。”原来少帝和景延广的看法，称臣和称孙是有区别的，当干孙子是自家人称谓，耻辱只是石氏一家的事。称臣则是整个晋国，包括大臣和人民在内的耻辱，就不免于国体有关了。

晋辽战争的结果，开运三年（公元946）十二月晋军败降，契丹军入大梁。少帝奉降表于戎王道：“孙男臣重贵言：擅继宗祧，既非禀命，轻发文字，辄敢抗尊，自启衅端，果贻赫怒，祸至神惑，运尽天亡……臣负义包羞，贪生忍耻，自贻颠覆，上累祖宗，偷度晨昏，苟存食息。翁皇帝若惠顾畴昔，稍霁雷霆，未赐灵诛，不绝先祀，则百口荷更生大德，一门衔无报之恩，虽所愿焉，非敢望也。”皇太后也上降表，署名是晋室皇太后媳妇李氏妾言，谢罪求生，大意相同。次年正月辛卯，契丹封少帝为负义侯，黄龙府安置，其地在渤海国界。十八年后，宋太祖乾德二年（公元964）少帝死于建州。史臣说他“委托非人，坐受平阳之辱，旅行万里，身老穷荒，自古亡国之丑，无如帝之甚也，千载之后，其如耻何。伤哉！”算算年头看，今年是1947年，刚好是一千年！

细读五代史，原来养干儿子，拜干爸爸是这个时代的风气，尤其是蕃人，当时的外国人。薛居正《旧五代史·晋高祖纪》还替晋高祖说谎，说是什么本太原人，卫大夫碏汉丞相奋之后，一连串鬼话。欧阳修《新五代史》便无需回护了，老实说：“高祖圣文章武明德孝皇帝，其父臬捩鸡，本出于西夷，从朱邪入居阴山，臬捩鸡生敬瑭，其姓石氏，不知其得姓之始也。”朱邪是沙陀族，石家是沙陀世将，那么，石敬瑭自愿作契丹主的干儿子，石重贵愿作干孙子而不愿称臣的道理，也就可以明白了。

隔了一千年，读石敬瑭的记载，似乎还听得见看得见石敬瑭的面貌声音，石敬瑭左右的谈话和声明，援助，救济，军火，物资，哀求声，恫吓声，撒娇声，历历如绘。

公孙器之

（原载《论南北朝》，1947年6月28日）

“社会贤达”考

“社会贤达”这一名词是颇为有趣的，仔细想想，会使人好笑。因为，第一，似乎只有在社会上才有贤达，那么，在政府里的诸公算是什么呢？第二，社会“贤达”如王云五先生之流者居然做了官了，人不在社会而在政府，上面两字安不上，下面“贤达”两字是不是也跟着勾销呢？如虽入政府而仍为“贤达”，何以并没有创立“政府贤达”这一名词呢？第三，“社会”这一词的定义，到底算是和政府的对称呢？还是民间和政府的桥梁呢？如是前者，有几位“贤达”身在江湖，心悬魏阙，和政府本是一家，强冠以“社会”之谥，未免牛头不对马嘴。如是后者，干脆叫半官或次官好了，用不着扭捏作态，害得有几位贤达在若干场合“犹抱琵琶半遮面”，好不难为情也。

不管怎样，这一名词是已经成为历史的了。有历史癖的我，很想作一番历史上“社会贤达”的考据，替许多未来的新贵找一历史的渊源。

想了又想，历史上实在没有“社会贤达”这东西。勉强附会，以“贤达”而得官，或虽为“贤达”而毕生志业仍在做官，甚至闹到喜极而涕，“庙堂初入泪交流”的境界，或则“头在外面”，时蒙召宴垂询之荣，生前可以登报，死后可以刻入墓志铭者，比之于古，其惟“隐士”、“山人”之流乎？

首先想起的是终南捷径的故事。

《旧唐书》卷九十四《卢藏用传》：“卢藏用字子潜，度支尚书承庆之侄孙也。父璥有名于时，官至魏州司马。藏用少以辞学著称，初举进士选不调，乃著《芳草赋》以见意。寻隐居终南山（新书作与兄微明偕隐终南少室二山），学辟谷练气之术。长安中（西元701

至705）征拜左拾遗……景龙中（707至709）为吏部侍郎。藏用性无挺特，多为权要所逼，颇堕公道。又迁黄门侍郎，兼昭文馆学士，转工部侍郎尚书右丞。先天中（712）坐托附太平公主，配流岭表。（新书作附太平公主，主诛，玄宗欲捕斩藏用，顾未执政，意解，乃流新州。）开元初起为黔州都督府长史兼判都督事，未行而卒。（新书作卒于始兴。）藏用工篆隶，好琴棋，当时称为多能之士。（新书作藏用善蓍龟九宫术，工草隶大小篆八分，善琴，弈思精远，士贵其多能。）然初隐居之时，有贞俭之操，往来于少室终南二山，时人称为随驾隐士。及登朝，趑趄诡佞，专事权贵，奢靡淫纵，以此获讥于世。”（新书作：“始隐山中时，有意当世，人目为随驾隐士。晚乃拘权利，务为骄纵，素节尽矣。司马承祯尝召至阙下，将还山，藏用指终南曰，此中大有嘉处，承祯徐曰，以仆视之，仕宦之捷径耳！藏用惭。”）

这故事是非常现实的。叔祖作过大官，父亲也作地方小官，学会了诗词歌赋，又会卜卦算命写字，加上琴呀，棋呀，样样都会，够得上是名士了。偏偏官星不耀，作不了官，于是写一篇赋，自比为芳草，哀哀怨怨，搔首弄姿，怪没有识货的来抬举。不料还是白操心，于是只好当隐士了。隐得太远太深，怕又和朝堂脱了节，拣一个靠近长安的，“独上高山望帝京”。再拣一个靠洛阳的，以便皇帝东幸时跟着走。“随驾隐士”一词实在妙不可言，其妙相当于现在的上海和庐山，两头总有一个着落。隐了几年，跟了几年，名气有了，盛朝圣世是应该征举遗逸的，于是得了“社会贤达”之名而驰马奔命，赶进京师“初入朝堂”了。

苦了几年，望了几年，不料还是小官，于是只好奔走权贵，使出满身解数，巴上了太平公主，从此步步高升，要不是闹政变，眼见指日拜相执政了。

临了，被司马承祯这老头开了一个玩笑，说终南山是仕宦捷径。其实卢藏用也真不会在乎，他不为仕宦，又上终南山去则甚？编《旧唐书》的史官，也太过糊涂了，似乎他以为卢藏用在作“随驾隐士”时颇有贞俭之操，到作了官才变坏，其实并不然。反之，“趑趄诡佞，专事权贵，奢靡淫纵”，才是他的本性。在山中的“贞俭”是无可奈何的，试问在山中他不贞俭，能囤积松木、泉水不成？而且，如不贞俭，又如何能得社会贤达之名，钻得进朝堂去？

从这一历史故事看，“社会贤达”一词和“终南捷径”正是半斤八两，铢两悉称。

卢藏用这一着灵了，到宋朝种放也照样来一套。

《宋史》卷四五七《种放传》：“种放名逸，河南洛阳人也。每往来嵩华间，慨然有山林意。与母俱隐终南豹林谷之东明峰，结草为庐，仅庇风雨。以讲习为业，从学者众，得束脩以养母。母亦乐道，薄滋味……粮糗乏绝，止食芋粟……自豹林抵州郭七十里，徒步与樵人往返。”可见他原来是穷苦人家。可是到了隐居成名，又作大官，又兼隐士的差的时候，便完全不同了。“太宗嘉其节，诏京兆赐以缗钱，使养母不夺其志，有司岁时存问。咸平元年（西元998）母卒，诏赐钱三万，帛三十匹，米三十斛以助其丧。四年……赍装钱（旅费）五万……赐帛百匹，钱十万。又赐昭庆坊第一区，加帷帐什物，银器五百两，钱三十万。还山后仍特给月奉。”钱多了，立刻成大地主，《宋史》说他：“……晚节颇饰舆服，于长安广置良田，岁利甚博。亦有强市者，遂至争讼。门人族属，依倚恣横。徙居嵩山，犹往来终南，按视田亩，每行必给驿乘，在道或亲诟驿吏，规算粮具之直。”简直是个土豪劣绅了。

种放之移居嵩山，是被当地地方官王嗣宗赶走的。《宋史》卷二百八十七《王嗣宗传》：“嗣宗知永兴军府（长安）。时种放得告归山，嗣宗逆于传舍，礼之甚厚。放既醉，稍倨。嗣宗怒，以语讥放。放曰，君以手博得状元耳，何足道也！初嗣宗就试讲武殿，搏赵昌言帽擢首科，故放及之。嗣宗愧恨，因上疏言，所部兼并之家，侵渔众民，凌暴孤寡，凡十余族，而放为之首。放弟侄无赖，据林麓樵采，周回二百余里，夺编氓厚利。愿以臣疏下放。赐放终南田百亩，徙放嵩山。疏辞极于诟辱，至目放为魑魅。真宗方厚待放，令徙居嵩阳避之。”嗣宗极为高兴，把他生平所作的事——掘邠州狐穴，发镇州边肃奸贼，和徙种放为除三害。

种放比卢藏用高明的地方，是又作大官，又保留隐士的身份。他的老朋友陈尧叟在朝执政，陈家是大族，脚力硬，想作官时求陈尧叟向皇帝说一声，来一套征召大典，风风光光去作官。过一阵子又说不愿作官了，还是回山当隐士。于是皇帝又大摆送行宴，送盘缠服装。到山后，地方官还奉命按时请安，威风之至。再过一阵子，官瘾又发了，又回朝，隔一晌又还山。反正照样拿薪水，并不折本。而且，还山一次再回朝，官就高一次，又何乐而不为！凑上宋真宗也是喜欢这一套，弄个把隐士来点缀盛世。一唱一和，大家都当戏作，这中间只害了老实人王嗣宗，白发一顿脾气。

从这一历史故实看，作官和作隐士并不冲突，而且相得益彰。当今的社会贤达，已经上了戏台的和正在打算上戏台彩排的，何妨熟读此传，隔天下台了，还可以死抱住“社会贤达”的本钱不放，哇拉拉大喊，一为社会贤达，生死以之，海可枯，石可烂，此名不可改。

（原载北京地下刊物《社会贤达考》专号，1947年6月12日）

奴隶翻身的史例

有一句旧话："多行不义，必自毙。"

另一句旧话："千夫所指，无疾自死。"

自从各地报纸揭露了现政府准备在六月一日（三十五年）施行警员警管区制以后，反对的呼声何止千夫万夫，除了"多行不义"主张这制度的少数"顽固分子"以外，谁不反对，谁不抗议！又有谁肯丧心病狂，敢于公开赞许，支持这一恶劣到极点，阴险到极点，无耻到极点，也愚蠢到极点，统治者自掘坟墓的恶制度。

这制度是永远不容许实行的，因为人民不许可。

这制度是不可能实行的，因为人民已经觉醒了，这时代不再是法西斯野兽所憧憬的野蛮时代。

然而，居然有人敢于提出这超野蛮的制度，把人民窒杀，把无声的中国压制成无人的中国。

这事实说明了人民的威力已经空前地强大，民主的洪流必然要把这些少数"多行不义"者，或"顽固分子"连根冲刷掉。警管区制度正是这"人类的渣滓"妄想用以自救的最后一手。

这最后一手正如历史上周厉王的监谤。

奴隶主不许受苦难、被剥削损害的奴隶说话，即使是抱怨也不许，更不用说抗议。

有人告诉他，防民之口，甚于防川。人民的嘴堵不住，正如大河的水堵不住一样。

奴隶主不信，叫卫巫（特务头儿）派人监视每一个人，当然包括监视被监视人的经济收入，门窗开关，道路情形，亲朋交往，以及思想什么的，按时送报告，可疑的处以流、杀之刑。

杀的人愈多，不平的人愈多，说话的人也更多。

终于黄河大决口，一股洪流把卫巫和奴隶主，一起冲刷掉。历史告诉我们，奴隶主对付奴隶镇压奴隶，是用过类似今天所谓警管区的办法的。结局呢？明白得很，中国人民都知道这故事的结尾，也明白如何造成这结尾。

这最后一手正如蒙古王朝钳制汉人的“甲主制”。

蒙古族是少数民族，连男女不过几十万成员，却征服了中国，把几千万的汉人当作奴隶看待。

当然，蒙古人是无所爱于汉人的。征粮，征兵，要银子，要票子，要房子，要车子（是马车，牛马，不是汽车），要女子，如今的五子登科这一套，蒙古人全会。

刮民刮得太狠，生怕汉人有一天团结起来把蒙古王朝冲刷掉。

于是，来一手“甲主制”。比周厉王的办法更进步，更毒辣。

办法是这样的。

一、征发汉人所有的马匹和兵器，解除人民的武装，这也许可以叫作“统一”吧？可以叫作“军队国家化”吧？人民没有武力，自然只好听凭外族奴隶主宰割屠杀了。

二、设立里甲主制，编二十家为甲，每一甲以蒙古人为甲主，严密侦察管辖区内的汉人。二十家等于一百人。也就是说每一甲主管二十家或一百人。里甲可以今译为警管区，甲主当然也可以今译为警员。甲主对这二十家的权力据徐大焯《烬余录》说是“衣服饮食惟所欲，童男少女惟所命”。意思明白极了，要衣服给衣服，要饮食给饮食，要女子半夜里随便可以开门入室，“不许深夜扰民，然而如遇必要，亦视情形而定”。

三、颁布戒严令，据《元典章》禁夜条，“一更三点钟声绝，禁人行，五更三点钟声动，听人行”。在戒严时间内，甲主是可以随便到人家访问的。

四、禁止集会结社。《元史·刑法志》记：禁止集众祠祷，禁止祈神结社，禁止集场买卖，理由是“江南初定之时，为恐人心未定，因此防禁”。这是《元典章》的话。至于定了多久以后才解除这禁令呢？《元史》、《元典章》全没有说，大概是一直禁到蒙古王朝的末日吧？

五、划分军区，以军力分区镇压。《经世大典》说："以蒙古军屯河洛山东，据□下腹心，以汉军探马赤军（伪军）戍江淮之南以尽南海，闻亦厮以新附军。蒙古军即营为家，余军岁时践更，皆有成法，江南三行省凡设戍兵六十三处，戍地历百年不改。"这制度大概也可以今译为什么军管区绥靖公署或行营之类吧？

够了，这是蒙古王朝镇压征服地的一整套。

够严密了，够毒辣了。然而从文天祥起到韩林儿、朱元璋，几十年中人民的力量始终不曾被压服，压力愈重，反抗也愈力，前仆后继，百折不回。到1350年左右，整个民族团结起来了，把蒙古帝国拦腰切断，1368年终于赶走蒙古人，推翻了甲主制这一整套！

历史告诉我们，征服者对付征服地人民，镇压征服地人民，是用过类似今天所谓"警管区"这一套的办法的。结局呢？明白得很，中国人民都知道这故事的结尾，"中秋杀鞑子"，也明白如何造成这结尾。

奴隶翻身的史例，告诉了人民奴隶尚且翻了身，被异族统治的准奴隶尚且翻了身，何况今天的人民是中华民国道道地地的主人！

关于魏忠贤

一、生祠

替活人盖祠堂叫作生祠，大概是从那一个时代父母官“自动”请老百姓替他立长生禄位而扩大之的。单有牌位不过瘾，进一步而有画像，后来连画像也不够格了，进而为塑像。有了画像塑像自然得有宫殿，金碧辉煌，初一十五文武官员一齐来朝拜，文东武西，环珮铿锵，口中念念有词，好不风光，好不威武。

历史上生祠盖得最多的是魏忠贤，盖得最漂亮的是魏忠贤的生祠，盖得最起劲的是魏忠贤的干儿子干孙子干曾孙子重孙子灰孙子。

据《明史·魏忠贤传》说，天启六年（公元1625）魏忠贤大杀反对党，周起元、高攀龙、周宗建、缪昌期、周顺昌、黄尊素、李应昇一些东林党人一网打尽之后，修《三朝要典》（《东林罪状录》），立“东林党人碑”之后，浙江巡抚潘汝桢奏请为忠贤建祠。跟着是一大堆官歌颂功德。于是督抚大吏阎鸣泰、刘诏、李精白、姚宗文等抢先建立生祠。风气一成，连军人，作买卖的流氓棍徒都跟着来了，造成一阵建祠热，而且互相比赛，越富丽越好。地皮有的是，随便圈老百姓的，材料也不愁，砍老百姓的。接着道统论也被提起了，监生陆万龄建议以魏忠贤配享孔子，忠贤的父亲配享启圣公。有谁敢说个不字？

当潘汝桢请建生祠的奏本到达朝廷后，御史刘之待签名迟了一天，立刻革职。苏州道胡士容不识相，没有附和请求，遵化道耿如杞入生祠没有致最敬礼——下拜，都下狱判死刑。

据《明史·阎鸣泰传》，建生祠最多的是少师兼太子太师、兵部尚书阎鸣泰，在蓟辽一带建了七所。在颂文里有“民心归依，即天心向顺”的话。

潘汝桢所建忠贤生祠，在杭州西湖，朝廷赐名普德。

这年十月孝陵卫指挥李士才建忠贤生祠于南京。

次年正月宣大总督张朴、宣府巡抚秦士文、宣大巡按张素养建祠于宣府和大同。应天巡抚毛一鹭、巡按王拱建祠于虎丘。

二月阎鸣泰又和顺天巡抚刘诏、巡按倪文焕建祠于景忠山。宣大总督张朴又和大同巡抚王点、巡按张素养在大同建立第二个生祠。

三月阎鸣泰又和刘诏、倪文焕、巡按御史梁梦环建祠于西密云丫髻山，又建于昌平，于通州。太仆寺卿何宗圣建于房山。

四月阎鸣泰和巡抚袁崇焕建祠于宁前。张朴和山西巡抚曹尔祯、巡按刘弘光又建于五台山。庶吉士李若琳建于蕃育署，工部郎中曾国祯建于卢沟桥。

五月通政司经历孙如洌、顺天府尹李春茂建祠于宣武门外，巡抚朱童蒙建于延绥，巡视五城御史黄宪卿、王大年、汪若极、张枢智，建于顺天，户部主事张化愚建于崇文门外，武清侯李诚铭建于药王庙，保定侯梁世勋建于五军营、大教场，登莱巡抚李嵩、山东巡抚李精白建于蓬莱阁宣海院，督饷尚书黄运泰、保定巡抚张凤翼、提督学政李蕃、顺天巡按倪文焕建于河间、于天津，河南巡抚郭增光、巡按鲍奇谟建于开封，上林监丞张永祚建于良牧嘉蔬林衡三署，博平侯郭振明建于都督府、于锦衣卫。

六月总漕尚书郭尚友建祠于淮安。顺天巡按卢承钦、山东巡按黄宪卿、顺天巡按卓迈，也在六月分别在顺天、山东建祠。

七月长芦巡盐龚萃肃、淮扬巡盐许其孝、应天巡按宋祯汉、陕西巡按庄谦建祠于长芦、淮扬、应天、陕西等地。

八月总河李从心、总漕郭尚友、山东巡抚李精白、巡按黄宪卿、巡漕何可及建祠于济宁。湖广巡抚姚宗文、郧阳抚治梁应泽、湖广巡按温皋谟建祠于武昌，于承天，于均州。三边总督史永安、陕西巡按胡建晏、巡按庄谦、袁鲸建于固原大白山，楚王朱华奎建于高观山，山西巡抚牟志夔、巡按李灿然、刘弘光建于河东。

踊跃修建的官员，从朝官到外官，从文官到武官，从大官到小官，到亲王勋爵、治河官、卖盐官，没有一个不争先恐后，统一建生祠。

建立的地点从都城到省城，到名山，甚至都督府、锦衣卫、五军营等军事衙门，蕃育署、上林监等宫廷衙门，甚至建立到皇城东街。只要替魏忠贤建生祠，没有谁可以拦阻。

每一祠的建立费用，多的要数十万两银子，少的也要几万两，合起今天的纸币要以多少亿计。

开封建祠的时候，地方不够大，毁了民房二千多间，用渗金塑像。

都城几十里的地面，到处是生祠。上林苑一地就有四个。

延绥生祠用琉璃瓦，苏州生祠金像用冕旒。南昌建生祠，毁周程三贤祠，出卖澹台灭明祠作经费。

督饷尚书黄运泰迎像，用五拜三稽首礼，立像后又率文武将吏列阶下五拜三稽首。再到像前祝告，某事幸亏九千岁（这些魏忠贤的党羽子孙称皇帝为万岁，忠贤九千岁）扶持，行一套礼，又某事蒙九千岁提拔，又行一套礼。退还本位以后，再行大礼。又特派游击将军一人守祠，以后凡建祠的都依例派专官看守。

国子监生（大学生）陆万龄以孔子作春秋，忠贤作要典，孔子杀少正卯，忠贤杀东林党人，应在国学西建生祠和先圣并尊。这简直是孔子再世，道统重光了。国子司业（大学校长）朱之俊接受了这意见，正预备动工，不凑巧天启皇帝驾崩，政局一变，魏忠贤一下子从云端跌下来了。

崇祯帝即位，魏忠贤自杀。崇祯二年（公元1629）三月定逆案，全国魏忠贤生祠都拆毁，建生祠的官员也列名逆案，依法处刑。

《三朝要典》的原刻本在北平很容易见到，印得非常考究，大有翻印影印流传的必要。

魏忠贤的办公处东厂，原来叫东厂胡同，从沙滩一转弯便是。中央研究院北平办事处在焉，近来改为东昌胡同了，不知是敌伪改的，还是最近改的。其实何必呢？魏忠贤之臭，六君子的血，留着这个名词让北平市民多想想也是好的。

二、义子干孙

魏忠贤不大识字，智力也极平常。他之所以能弄权，第一私通熹宗的奶妈客氏，宫中有内线。熹宗听客氏的话，忠贤就可以为所欲为。第二是熹宗庸騃，十足的阿斗，凡事听凭忠贤作主张。

光是这两点，也不过和前朝的刘瑾、冯保一样，还不至于起党狱，开黑名单，建生祠，称九千岁，闹得民穷财尽，天翻地覆。原因是第一，政府在他手上，首相次相不但和他合作，魏广微还和这位太监攀通家，送情报，居然题为内阁家报。其二是，他有政权，就能养活一批官，反正官爵都出于朝廷，俸禄都出于国库。凡要官者入我门来，于是政权军权合一，内廷处廷合一。魏忠贤的威权不但超过过去任何一个宦官，也超过任何一个权相，甚至皇帝。

《明史》说，内外大权，一归忠贤。内监（宦官）自王体乾等外，又有李朝钦、王朝辅、孙进、王国泰、梁栋等三十余人为“左右拥护”。外廷文臣则崔呈秀、田吉、吴淳夫、李夔龙、倪文焕主谋议，号“五虎”。武臣则田尔耕、许显纯、孙云鹤、杨寰、崔应元主杀戮，号“五彪”。又吏部尚书周应秋、太仆卿曹钦程等号“十狗”。又有“十孩儿”、“四十孙”之号。而为呈秀辈门下者又不可数计。

“虎”、“彪”、“狗”都是魏忠贤的义子。举例说，崔呈秀在天启初年巡按淮扬，贪污狡狯，不修士行，看见东林正红得发紫，想尽方法要挤进去，被拒不纳。四年还朝，都察院都御史高攀龙尽列他在淮扬的贪污条款，提出弹劾。吏部尚书赵南星批定充军处分。朝命革职查办。呈秀急了，半夜里到魏忠贤家叩头乞哀，求为养子。结果呈秀不但复职，而且升官，不但升官，而且成为忠贤的谋主，残杀东林的刽子手了。两年后作到兵部尚书兼都察院左都御史。儿子不会作文也中了举，兄弟作浙江总兵官，女婿呢，吏部主事，连姨太太的兄弟、唱小旦的也作了密云参将。

其他四“虎”，吴淳夫是工部尚书，田吉兵部尚书，倪文焕太常卿，李夔龙副都御史。都是呈秀拉纤拜在忠贤门下当义子的。

“十狗”中如曹钦程，《明史》本传说：“由座主冯铨父事魏忠贤为十狗之一。于群小中尤无耻，日夜走忠贤门，卑谄无所不至，同类颇羞称之。”到后来，连魏忠贤也不喜欢他了，责以败群革职，可是此狗在被赶出门时，还向忠贤叩头说：“君臣之义已绝，父子之恩难忘。”大哭一场而去。忠贤死后，被处死刑，关在牢里等行刑。日子久了，家人也厌烦，不给送饭。他居然有本领抢别人的牢饭，成天醉饱。李自成陷北京，破狱出降。自成失败西走，此狗也跟着，不知所终。

“十孩儿”中有个石三畏，闹了个不大不小的笑话。有一天某贵戚请吃饭，在座的有魏忠贤的侄儿魏良卿。三畏喝醉，点戏点了《刘瑾醉酒》，犯了忌讳。忠贤大怒，立刻革职回籍。忠贤死后，他还借此复官，到头还是被弹劾免职。

这一群虎狗彪儿孙细按本传，有一个共通的特征，几乎没有一个不是贪官污吏。

例外的也有：如造《点将录》的王绍徽，早年“居官强执，颇以清操闻”。还有作《春灯谜》、《燕子笺》、文采风流、和左光斗诸人交游的阮大铖，和叶向高同年友好的刘志选，以及《玉芝堂谈荟》作者的周应秋，都肩着当时“社会贤达”的招牌，颇有名气的，只是利欲熏心，想作官，想作大官，要作官迷得发了疯，一百八十度一个大转弯，拜在魏忠贤膝下，终至身败名裂，在《明史》里列名阉党传。阮大铖在崇祯朝寂寞了十几年，还在南京冒充东林，附庸风雅，千方百计要证明他是东林，千方百计要洗去他当魏珰干儿的污渍，结果被一批年青气盛的东林子弟出了留都防乱揭，“鸣鼓而攻之”，落得一场没趣。孔云亭的《桃花扇》真是妙笔奇文，到今天读了，还觉得这付嘴脸很熟，“如”闻其声，“如”见其人。

三、黑名单

黑名单也是古已有之的，著例还是魏忠贤时代。

《明史·魏忠贤传》说："天启四年（公元1624）忠贤用崔呈秀为御史。呈秀造天监同志诸录，王绍徽亦造点将录，皆以邹元标、顾宪成、叶向高、刘一憬等为魁，尽罗入不附忠贤者，号曰东林党人，献于忠贤。忠贤喜。于是群小益求媚忠贤，攘臂攻东林矣。"

替魏忠贤造名单的，有魏广微、顾秉谦，都是大学士（宰相）。名单有黑红两种，《明史·顾秉谦传》说："广微和秉谦谋，尽逐诸正人，点缙绅便览一册，如叶向高、韩炉、何如宠、成基命、缪昌期、姚希孟、陈子壮、侯恪、赵南星、高攀龙、乔允昇、李邦华、郑三俊、杨涟、左光斗、魏大中、黄尊素、周宗廷、李应昇等百余人目为邪党，而以黄克缵、王永光、徐大化、贾继春、霍维华等六十余人为正人。由阉人王朝用进之，俾据是为黜陟。忠贤得内阁为羽翼，势益张。秉谦、广微亦曲奉忠贤，若奴役然。"

《缙绅便览》是当时坊间出版的朝官人名录。魏广微、顾秉谦根据这名单来点出正人邪人，必定是用两种颜色，以今例古，必定是红黑两种颜色，是可以断言的。

崔呈秀比这两位宰相更进一步，抄了两份。一份是《同志录》，专记东林党人，是该杀该关该革职该充军的。另一份是《天鉴录》，是东林的仇人，也就是反东林的健将，是自己人。据《明史·崔呈秀传》说："忠贤凭以黜陟，善类为一空。"

《明史·曹钦程传附卢承钦传》："承钦又向政府提出，东林自顾宪成、李三才、赵南星而外，如王图、高攀龙等谓之副帅，曹於汴、汤兆京、史记事、魏大中、袁化中谓之先锋，丁元荐、沈正宗、李朴、贺帧谓之敢死军人，孙丕扬、邹元标谓之土木魔神，请以党人姓名榜示海内。忠贤大喜，敕所司刊籍，凡党人已罪未罪者悉编名其中。"这又更进一步了，不但把东林人列在黑名单上，而且还每人都给一个绰号、匪号，其意义正如现在一些刊物上的闻一多夫、罗隆斯基同。

王绍徽，魏忠贤用为吏部尚书，仿民间《水浒传》，编东林一百零八人为《点将录》献上，令按名黜汰，以是越发为忠贤所喜。绍徽也名列《明史·阉党传》。

这几种黑名单十五六年前都曾读过，记得最后一种《点将录》，李三才是托塔天王，黄尊素是智多星，每人都配上《水浒传》里的绰号，而且还分中军左军右军，天罡地煞，很整齐。似乎还是影印本。可惜记忆力差了，再也记不起在什么丛书中见到。可惜！可惜！

哭一多

一

继李公朴先生之后，同学同事同志闻一多先生又惨遭毒手，他的大儿子立鹤，我的学生，才十八岁的青年也被击多枪重伤了。

四天前哭公朴，今天又哭一多，五天内在昆明同一地区，接连发生两桩空前残暴的暗杀案，被杀的都是中国民主同盟的盟员，而且都是同盟的中央执行委员，云南民盟省支部的执行委员，这说明了四项诺言的意义，人权的保障，也说明了现阶段的中国政治！

公朴死了，那样生龙活虎般的人，一个晴天霹雳！

四天之后，一多又倒下了，在今晨看到报上消息的时候，目瞪口呆，欲哭无泪，昏沉了大半天，才能哭出声来。

不能说是悲痛，我的心情已经超过了悲痛，也不能说是愤怒，这两个字实在不够说明我的情绪。我在哭，我在憎恨，在厌恶。

不能说是意外，一两年来经常在传说黑名单的故事，在特种报纸和壁报上经常有谩骂的文字，造谣侮蔑的文字，早知道敌人欲置之死地才甘心的。而且，在公朴被狙以后，昆明市上立刻就有第二号第三号的恫吓，有人劝一多要当心，他说，我已经准备有这一天了。

但是，也不能说是意内，豺狼虎豹的恶毒也有个限度，公朴的尸首还没有冷，万万料不到这样紧接一个之后又一个，发生得这样快，而且是在青天白日！

我不肯哭，但是无法不哭，我哭公朴，哭一多，也在哭我其他能遭受毒手的朋友和同志，我也在哭我自己。

二

我和一多认识，从朋友而同志，不过两三年，虽然过去几年都在联大同事，虽然过去他在清华大学当教授，我在当学生当助教当教员，经常有机会见面。

一多比我迟到云南，他从长沙率领学生步行到昆明。在路上一个多月没有刮胡子，到昆明后，发现胡子长得很体面，索性留起来，成为美髯公，他很得意。去年旅行路南游石林，含着破烟斗，穿一件大棉袍，布鞋，扎脚裤，坐在大石头上歇脚的时候，学生给他拍了一张照，神情极好，喜欢得很，放大了一张，装到玻璃框里，到他家的人，都欣赏照片里的胡子。有一次，第五军军长邱清泉在军部开时事座谈会，吃饭的时候，推他和冯友兰先生上坐，说两位老先生年高德劭。我插了一句，错了，德虽劭而年不高，今年他才四十五岁。

一直到日本投降的那天，在乡下看到了报，立刻叫理发匠把胡子剃了，当天下午进城，满院子的孩子们见了，都竖起大拇指，喊顶好！顶好！

一部好胡子配上炯炯发光的眼睛，在演讲，在谈话紧张的时候，分外觉得话有分量，尤其是眼睛，简直像照妖镜，使有亏心事的人对他不敢正视。

他为胜利牺牲了胡子，为民主献出了生命，献出了儿子。

天生是一个诗人，虽然有十年不写诗了，在气质上，在情感上，即使在政治要求上，还保留了彻头彻尾的诗人情调。

强烈的正义感，无顾忌到畅所欲言，有话便说，畅到使人起舞，使人猛醒，使人捏一把汗。因为这，他抓住几千几万青年的心。每个青年当他是慈父，是兄长，向他诉苦，抱怨，求援，求领导。也因为这，敌人非置之死地不可。

在前年五四的前几个月，为了一桩事，我去看他。那时，他在昆华中学兼任国文教员，每月有一担米，一点钱和两间房子，虽然忙得多，比前些年有一顿没一顿的情况已经好多了。

从此以后，我们成为朋友。

五四这一天，在联大南区十号历史学会所主办的晚会上，他指出古书的毒素，尤其是孔家店，非打倒不可。要里应外合，大家来干。这晚上的盛会建立了近两年来联大民主运动的基础。

之后，几个月，他参加了民主同盟，由于他的热心和努力，立刻成为领导人之一。

热心的情形到这个地步，民盟是没有钱的，请不起人，有文件要印刷时，往往是他自告奋勇写钢版，不管多少张，从头到尾，一笔不苟。

昆明那时还没有公共汽车，私家也无电话，任何文件要找人签名，跑腿的人一多一定是一个。要开会，分头个别口头通知，他担任了一份，挨家挨户跑，跑得一身大汗，从未抱怨过半句。

去年暑假昆中换校长，新校长奉命解一多的聘，不好意思说，只说要加钟点，一多明白了，不说什么，卷起铺盖搬家，恰好联大新盖了几所教职员宿舍，抽签抽中了，搬到了我家的对面。从此成天在一起，无事不谈，也无话不谈，彼此的情形都十分明白。

三

一多的气质是刚性的，肚子里有什么，嘴里说什么，从来藏不住话，而且也受不了气。在乡下住，明白了农民的苦痛，他会气得说不出话。谈到政治上的种种，越谈越多，他会一晚睡不着，辗转反侧到天亮。朋友间一言不合，会得当场吵架，眼睛都红了，口吐白沫。等到误会消释以后，又会握手言欢，自动赔不是。

这两年，经过磨炼太多的忧患，真到了炉火纯青的地步。即使在极不快意的时候，对任何一个来访的朋友，温言悦色，从无倦容。并且，他还有一套说服人的本领，左说右说，连求带劝，一直说到对手同意方甘休。

我和他都有怕开会的毛病，我永远不长进，直到此刻还如此。

可是一多，他一天一天在进步，努力克服自己的小资产阶级劣根性，应到的会无有不出席的，而且，也无不终场。

在宿舍三十三家中，一多夫人说我们两家最穷。有时早晨菜钱无办法，彼此通融，一千两千来回转。

五个孩子带一个老女佣，八口之家，每月薪水只够用十天。

两年前他学会了刻图章。

这故事包含了血和泪。

他研究古文字学，从龟甲文到金石文，都下过工夫。有一天朋友谈起为什么不学这一行手艺。他立刻买了一把刻字刀下乡，先拿石头试刻，居然行，再刻象牙，云南是流行象牙章的。刻第一个牙章的时候，费了一整天，右手食指被磨烂，几次心灰，绝望，还是咬着牙干下去。居然刻成了。他说这话时，隔了两年了，还含着泪。

以后他就是靠这行手艺吃饭，今天有图章保证明天有饭吃。

图章来得少的时候，他着急，为了要挨饿。

图章来得多的时候，更着急，为的是耽误他的工作。

联大分校了，清华复员了，可是他不能走。第一，为了昆明的民主工作需要他主持。第二，为了吃饭，在道路上的几个月中没有图章生意活不了。虽然迟早不免一走，多挨一天到底好一天。第三，一家八口有钱尚且困难，一个穷教授，也根本走不了。

这样，他继续留在昆明，被暗杀在昆明。

一多，我也学你的话："你是不会死的！你是永远不会死的。"

附录：闻一多先生死难详记

赵　铭

"我不出去，何以慰死者！"

当七月十一日晚上十时，李公朴先生被刺殒命的消息证实以后，民盟滇支部的主要负责人，即处在风声鹤唳、生命危殆当中，不能公开露面。闻一多先生是这次暴徒暗杀计划当中的第二个对象，远在昆明“一二·一”惨案时，反动派就传言要用四十万现钞来购买他的头颅；现在他是民盟中央执委，兼掌滇支部要职，他明知面临空前险恶的生命危机，但诗人的澎湃的热情，使他拒绝了家属和友好的忠劝，他为了战友的惨死，为了民主的前途，毅然决然，挺身而出，来处理李先生的善后，向社会人士振臂高呼，提出控诉，并且继续主持滇省民盟支部的工作。当局势极度危险的时候，闻夫人的心脏病复发了，她忧心如焚，再三阻止闻先生外出，有一次她拉住了闻先生的衣角说：“我的病已经不能治了，万一你再遭反动派毒手，丢下孤儿弱女，谁来安排？怎样得了？……”闻先生长叹良久，对她说：“事已至此，我不出去，诸事不能进行，何以慰死者？何以言民主？万一身遭不测，后事我也顾不得了……”闻先生说话的时候，握拳顿足，非常坚决。他头也不回地出去了。

“因为真理是永远存在的！”

十五日下午一时，李先生治丧委员会请李夫人张曼筠女士在云大至公堂报告李先生死难经过，闻先生是亲临主持的，当李太太哭不成声，报告不下去的时候，愤怒地跳上台去的也正是闻一多先生；他用强大的声音，震荡着三千个听众的心灵。他挺起胸膛爆炸出更大的悲愤，他无畏地喊着：“在这里有没有特务？你们站出来，你是个好汉，有理由，站起来讲！”当时台下散布着不少便衣特务，但是没有一个敢站起来的。闻先生说：“正义是杀不完的，因为真理永远存在！”

散会后，闻先生即往府甬道民主周刊社出席民盟滇支部为李公朴先生被害招待记者会。会上闻先生详细证述国民党反动派破坏政协决议，发动内战的经过。这时，记者当中有好几个是某报派出来的伪装特务；闻先生是正直的人，他毫无介意。最后，他回忆起一件往事来，感慨地说：“我们对国民党决不是毫无原则的一贯地反对的，当孙中山先生在世时，我们都对国民党怀抱着极大的希望，孙中山先生逝世后的遗像，就是我学习试画的……”

“跨出了门，就不再跨回来！”

四点多钟，招待会刚要结束，闻夫人差她的大儿子闻立鹤来接他的父亲回去。当时在府甬道西仓坡一带已经满布特务了，闻先生父子出来时，正五点十分，街上行人攘攘，阳光斜射，不料走到距西仓坡联大宿舍仅十步远的地方，后面追上来两个穿青便装的暴徒，“命令”闻先生“站住”；当即连续开枪，其中一弹正中闻先生的头部，支撑不住，倒下来了。立鹤就马上伏在他父亲的身上，连说：“你们不要打他，打我吧！”那两个暴徒又发了两枪。立鹤本来想回去喊人的，刚翻起身，但一看两条腿上已经有血流出来，才知道自己腿上已中枪了。凶手接连又向他放了三枪，这三枪都打穿了。他只好装死，这时他们父子都横着成一个丁字形，凶手怕闻先生没有死，又开了五、六枪，看看不会活了，才心满意足地走掉。

家里人跑出来时凶手已经逃掉，于是借了一个行军床把闻先生送到云大医院，立鹤没有床可拆，只好放在洋车上送了去。这时地上流的血弄起来足有两大碗，闻先生的脑浆也几乎流光了。

闻先生到医院时早就不救了，他脸色惨白，身上全是血渍，两眼闭着，从他的胸部取出来的子弹，都是头上开花的，和普通的枪弹不同。

闻先生曾经对至公堂的三千个群众说过：“每个人都要像李先生一样的，跨出了门，就不准备再跨回来！”现在闻先生也不再跨回联大宿舍了，他和李先生一同走了，永远的不回来了……

“安眠吧！我们会替你复仇的！”

闻先生的尸体寂寞地停在云大医院里。

闻夫人的心脏病严重到昏迷状态了。

闻立鹤的一只腿断了，胸部弹孔累累，生命危殆。

闻先生的两个小女孩子——闻名和闻翙倚在医院的门上，孤苦伶仃地流着眼泪……

这是有太阳的大白天，这是人间……

昆明在群魔乱舞当中。民盟滇支部的负责人，和美使馆接洽以后，都集中馆内，暂请他们保护。闻先生的尸体，就这样摆在云大医院有三天之久，无人照料。到十八日才由梅贻琦、雷海宗、查良钊等数人草草地给火葬了。联大当局关于治丧的事，只让他们自己办，而不邀别的朋友参与或帮忙，总之尽力避免政治关系。

本来发出的葬启上，是正午十二时举行火礼的，而其实却在早晨九时便匆匆地举行了。当参加送葬的群众，到达云大医院时，火殓将要完毕了。闻先生生前的好友，也没有一个能够在场。当天微风丝丝，阳光黯淡，四边寂然无声。闻先生在凄凉里面就这样地焚化了。

闻太太曾经坚决主张将闻先生葬在联大图书馆前面，和“一二·一”惨案的四烈士同在；因为他们都是为反内战争民主而殉道的；然而校方却毅然拒绝。更使人痛心的是闻先生的骨灰，现在也没有什么地方好放，东也拒绝，西也拒绝，目前只好放在和尚那里。……

闻先生死后，特务发出警告，一切追悼、纪念都要遭受残酷的处置，但是，在昆明，无数受过闻先生教养的青年，无数听过闻先生演讲的老百姓，全昆明有良心的人民，怒火升起了，他们眼里雪亮，肚里悲愤，人们都咬紧了嘴巴：

“安眠吧！闻先生，我们会替你复仇的！”

七月廿日寄自昆明

（选自《人民英烈——李公朴闻一多先生遇刺纪实》一书，这本书由郭沫若题写书名并作序，李闻二烈士纪念委员会编印，1946年出版）

闻一多的“手工业”

一多时常苦笑着说：“我是手工业者！”

因为云南出象牙，昆明文庙街一条小巷里，面对面不过二三十家店铺，倒有十几家象牙铺。送来刻的全是象牙章，（石头不大有好的，他床边小桌上放着一排排的待刻图章，极少有石章。）刻牙章，尤其是老牙，要使很大劲，出一身大汗。他的右手食指久而久之就长着老大一个疙瘩。

一多在美国原来是学美术的，会描字，也学着刻图章。潘光旦先生有一颗石章就是他二十多年前的作品。那时还是刻着玩，不太高明，有一次在潘家聊天，他还拿起这颗旧章，笑着说，到底进步一点了。

他会写篆字，写甲骨文，写金文，书桌上经常放着一堆古文字学的书，也写过不少篇关于古文字训释的专门文章。有一次谈起他的一个诗人学生，很多人说此公闲话。一多慨然长叹一声，说他也上过当。这人起先跟他谈新诗，后来谈的更多的是古文字学，一多每有新见，一谈得透彻，不久，此公便著为文章发表了。从来不提谁曾说过这个话。也有几次，还没有十分肯定的见解，随便说了；不久，此公又有文章了。说闻一多曾有此说，其实是错的。应作如何读，如何解云云。如今，此公已经自成一家了，来往也就不十分勤了。当时，有人插嘴，为什么不把这些怪事揭穿呢？他笑了，不往下说了。

图章刻多了，晚年手有些发抖，写小字有点感觉困难。

在昆明正式刻图章，靠这行手艺吃饭，时间大约是1942年的夏天。

开头似乎是联大一些朋友闲谈引起的，大家都为吃饭问题所苦恼，一月的薪水，尽管省吃俭用，只能管十天半个月。有的教授太太学绣花，绣些手绢围巾卖给美国兵。有的先生们兼业，挂牌当律师。有些人索性学而优则仕。也有插一脚到工商界去的，有一个教化学的就开厂造酒精发了财。剩下这些文学院的人，学术文章是不值钱的，也没有地方可发表，一无看家吃饭本领。谈而又谈，忽然想起，写字也可以卖钱呢，跟写字连得起来的还有画画刻图章。于是，在昆明城北北门街联大教员宿舍附近，北门书屋（李公朴先生经营的）对面的一间房子，有一天挂上三友金石书画社的长匾卖字卖画刻图章。我记得挂的字以云大教授胡小石先生为最多，画则几乎全是公朴的岳父张小楼先生和公朴夫人张曼筠女士的，图章要人送象牙来才刻，当然看不见。

记得还有过一个小启，是浦江清先生起的稿，骈丽四六，很是典雅，里面“程瑶田之长髯飘拂”，指的便是一多。

以后，在青云街逼死坡上和华山南路正义路的几家文具店都有一多治印的广告，白纸上贴了二十几个各式字体的图章样子，右面附上长条的印就的润例，外装玻璃框。润例开头似乎是石章每字二百，牙章四百，过大过小不刻。后来物价涨了，渐渐改到石章每字一千二百，牙章二千。照规矩收件的铺子要收十分之二的经手费，直到《民主周刊》创办，在西城府甬道有了社址，《周刊》和《时代评论》上替一多登义务广告之后，收件以周刊社为最多，才稍稍免去了这层剥削。

刻图章不费什么本钱，只要一把刻字刀，和对古文字的了解，字的结构排列要有艺术意味，古雅而不俗。一多恰好具备了这些条件，就靠这一行来养家。

他告诉我，最重要的是构思，人的姓名，每一个字的笔划，有繁简，如何安排繁简不同的字，在一个小方块子里，得要好好想。其次是写，用铅笔画底子，刻一个惬意的图章，往往要画多少次才挑一个用墨上石。再后便是动刀了。这段最费力，老象牙尤其费事。刻好粗坯子以后剩下便是润饰的工夫。最后，用印泥试样，不惬意再加雕琢。一切都合式了，在印谱上留下几个底子，剪下一个和原章用纸包好，标上名姓和收件处，这件工作才算结束。

一间房子是卧房，是书房，也是会客室，客人坐在床上，板凳上，他在窗前迎着光，一面刻图章，一面和朋友谈话。

这样，他这一家在战争的最后几年，幸免于饥饿。

然而，他是痛苦的。因为占去上课以外的大部时间。为了刻图章，不能有计划地有系统地读所要读的书，不能有计划地有系统地写所要写的文章。更痛苦的是为了这个，剥夺了他的自由，剥夺了他所最宝贵的时间，当他在出席一个演讲会或座谈会、讨论会之后，不能不在深更半夜，还低着头在灯下做他的苦工。

图章来得多时候，他叹气，因为这会妨害了他所献身的工作。图章来得少的时候，他着急，因为这些天的菜钱米钱又无着落了。

余冠英印

评论社成立之夕吴晗捐石
闻一多治印
卅四年十月二日昆明

卅五年四月制时与
春晗同寓于昆明海
子边之西仓坡
一多

来之

剩残补阙斋藏

佩弦藏书之玺

刻牙章，过去没有经验。当学刻的第一天，使尽了力气，花一整天的时间，刻不好一个。他难受极了，几乎哭出声来。第二天再试，改变用刀的方法，行了。他在几年后和我说这一段故事时，眼泡中还含着眼泪。

于此，我泄漏了一个小秘密。他的手工业还是家庭手工业。当刻图章已正式成为职业之后，大儿子立鹤、二儿子立鹏也学会这手艺。孩子们手劲大，使得力气，四段工作中就代劳了第三段，刻粗坯。

他的印谱本子是孙毓棠送的。毓棠出国前从重庆带来。另外还有一张旧藤椅，书桌是两条木凳架起来的长木板，几把小刻刀，一支铅笔，还有一块小青石，是磨刀用的，这是他的全部生产工具。

他替我刻过两个私章，象牙的一个是离昆前刻的。另一个是石章，现在还寄放在昆明。

时代评论社章具有历史的意义。在刻这图章前两星期，我在逼死坡文具店用一千元买到一块旧石头，长方形。一边刻有双鱼，他也很喜欢，夸我眼力不错。问愿意刻什么字，是一句诗，还是连名带字刻在一起？我说，随便，你喜欢怎么刻就怎么刻吧！不久，时代评论社成立了。要一个公章，他就自告奋勇，连带也替我捐献出这块石头。十月三日的早晨，在枪声炮声中完成这件艺术品。刻完，兴匆匆地走来说："今天我做成一件事，很得意，你来瞧瞧。"我看见也很高兴，连说好极了。又问："你没有听见枪声吗？这样密，这样响，亏你静得下心！"他说："昨夜晚就有一些声音了，管他呢！我今天高兴做我自己的事情！"

炮火声愈来愈密了，大街小巷满是国军。断绝交通，连大门也出不去，到中午我们才弄明白是内战，国军炮轰五华山，解决主滇十八年的龙云。这样，我们这些流亡者，过了八九年战争生活，第一次看见了战争，被置身于炮火中，闻得火药味。

四月二十五日夜于清华园

陶行知先生在上海的回忆

我和陶行知先生一共见过三次面。

第一次看见陶先生是去年六月二十一日。

我从昆明到重庆，为了等飞机，在重庆呆了一个多月，曾经有两次机会到陶先生所主持的社会大学演讲，这时陶先生已经东下了，没有见面。

六月二十一日早晨八点钟，大同大学学生请我去演讲，到场时看见布告，知道这天演讲的人还有王造时先生，讲演在露天广场举行，学生们正在接洽播音器，装置电线。我坐在第四排长条凳上，太阳晒着。正感觉到有点无聊时，忽然看见进来一个中年人，方方的脸，穿一身黑色破烂的中山服。招待的学生请他坐在第一排，不一会学生们又陪他走进大楼去了。我在想，这人一定是王造时先生，不会错。

到九点多钟，播音器安好，广场上坐满站满了人。主席宣布开会后，我正要上去说话，突然发生纷扰。大约有这么五六个学生挤上主席台，大声嚷着说他们要说话。主席解释说已经请了两位先生来演讲了。这些人不依，说，为什么校外的人可以说，本校的反而不能说。闹得不可开交，主席只好请听众表决。结果全场举手愿意听我讲。在学生保护下我走上了讲台。不料刚开口，电线被切断了，停了几分钟，再说时，又被切断了。我决定不用播音器，大声嚷，嚷了十几分钟，把话结束了。因为有一点要紧的事先走，没有听到"王先生"的话。

下午看到晚报，大同大学另一位演讲的人是陶行知先生！原来王先生不知道有什么事不能来，临时陶先生却被拉来了。

我第一次看见陶先生，可是没有同他讲话，也没有听到他讲话。

当天下午，上海市长吴国桢先生到大同大学训话，第二天清早吴市长又到大同，劝阻学生反内战，据说还赌了咒。

两天以后（六月二十三日）上海市民十万人欢送代表进京请愿，举行反内战大游行。

第二次看见陶先生在一个月后，七月二十三日下午三时，地点是愚园路民社党党部。

这一天我们在开会商讨李公朴闻一多先生的纪念集如何编集印行，到会的有十几个人。开会前有人谈起陶先生不能来，因为他是黑名单上的第二名，好几天来在昼夜工作，亲自编集所著诗文，和还债——把答应友人的文字债全部清理，忙得寝食俱废。

不料正说话时，陶先生来了，还是穿那一身衣服，坐在我旁边。

他说起为什么会荣膺黑名单上的榜眼，原因当然很多，近因之一是大同大学的演讲。

我问他那天演讲的情形，他说，他也不用播音器，直着嗓子喊。那一批捣乱的人也换了办法，喊口号，和演讲的声音抵消。他一想，也改变方法，有人喊口号的时候，就休息，等他们喊累了，插进去说一段。又喊起来时，再停，等不喊了，再说。如此一停一讲，原来准备讲十分钟的，拖了三十分钟，到底还是说完了要说的话。

接着他提出两件该办的事：

第一件他认为应该组织一个国际性的人权保障会，他举出一些在上海居留的国际知名民主人士，大家都同意，并推定他负责筹备。

第二件他提议洪门领袖司徒美堂先生已经到上海，过去曾和司徒先生见过面，谈得极好，我们应该招待一次，说明我们的主张和看法。当场推定十五个人作主人，陶先生是主人中的主人。客人也是十五位。时间是七月二十五日下午四时，由他负责去请，地点借民社党党部。

前一件事后来由刘王立明、沈体兰、马夷初诸先生继承陶先生遗志组织起来了，半年多来做了不少事。

后一件事，到今天在我还是一桩最伤心的回忆。

七月二十五日下午一时，我因为李闻纪念集（后来出版时，题名《人民英烈》，总其成的是郭沫若先生）的事情，要和沈钧儒先生谈一谈。沈老先生的住所就在民社党党部正对面，特地提早时间，打算谈好了再赴约会。到了沈老先生住所，正叫门时，三楼上窗口沈谦先生（衡老的长公子）伸出头来和我招呼，说是衡老出去了？问到什么地方去了？回答是行知先生死了！这真是一个晴天霹雳，出乎意外的恶消息，我被打击得糊涂了！问怎么死的？是自己死的还是被害死的？说是中风。又问是真中风还是中毒？说确是中风，刚才得到消息，衡老就带他去诊断，没有希望了，才回来。

带着无比的悲痛，不可言说的感情，拖着脚步走到对面。

一算，三个了！十一号李公朴先生，十五号闻一多先生，今天呢，又是陶行知先生！

如此人才，才都不过五十左右。以他们的学力，志趣，人格，领导群伦，倡争民主的努力，对民族，尤其对青年所起的作用，一百年两百年也培养不出这样的人来，然而，不过半个月，一个接着一个倒下去了！

在脑海中，我回忆到过去两次看到陶先生，他忧愤，悲怆，焦黄的脸色，悲天悯人的胸襟，百折不挠的气概。如今，再也看不到了，民主阵线的将星陨落了！

走进门，孙宝毅先生也得到消息了。接着张云川先生也来了，一进门就嚷，行知先生遇难了，说是有人打电话告诉他。接着许多朋友都来了，我向他们报告刚才沈谦先生所告诉的消息。

在沉默中，大家黯然追述行知先生的生平。

在重庆，为了育才学校，为了社会大学，他四处奔走，捐款维持，无论多远的路，无论是炎暑还是在风雪中、霖雨中，他从不坐人力车，拖着两只疲乏的脚，深更半夜回到学校。

他刻苦自己，自奉最薄，过度低劣的饮膳，竟致缩短了他的生命。可是他的汗，他的奶，他的工作，孕育了，滋养了，建立了数不清的民主事业，数不清的民主青年。

他一向血压高，可是从不告诉人，默默地工作，加紧地工作，为了自己这一代，更为了下一代。

大家在流泪，在啜泣。

不一会儿，客人先先后后来到了，有的来自旧金山，有的来自纽约、华盛顿，有的来自阿根廷、巴西、秘鲁、墨西哥，有的来自英伦，来自欧洲，来自南洋，说着生硬的国语，向大家问好，眼光都在寻找一个他们所熟悉所爱慕的人，主人中的主人。当我们流着眼泪，告诉出这个噩耗时，他们一个个都哭了。

最后，司徒老先生进来了，高大的身躯，满头白发，一听见这消息，笑容立刻从他的脸上消失，失声地叫出哎呀！哎呀！接着，我看见他脸上有两条泪痕，这可敬的老人颓然坐下，有好半天没有说话。

到六点多钟，衡老才带着过度的疲乏赶来，这天，他从上午十点钟一直忙到这时候，没有离开行知先生一步。

在焦急、悲痛的错杂情绪中，衡老报告了行知先生逝世的经过。

第三次看到行知先生是在殡仪馆。

门口挤满了人，里面也挤满了人，青年人，中年人，老年人，学生，教员，工人，文化人，国民党，共产党，民主同盟和其他党派的人。在这地方我看到了所有在上海的熟人，也看到所有代表上海各阶层的最优秀的人，每一个人都怀着最悲痛的心情，来告别这一位最被敬仰最被信任的民主战士，一代哲人。

我被挤在人群中，挤得喘不过气来，我在听郭沫若先生朗诵祭文，他念一句，像一颗炮弹，打进人群的心坎，愈念愈高亢，悲壮，激昂，又像一首用机关枪子弹所组成的长诗，扫射了丑恶、龌龊和无知，消灭了阴险、狠毒、腐烂的现实，不由得又想起圣经上的话“种子撒下去了！”

是的，种子撒下去了。

行知先生是种子，是盐，是黑暗中的灯塔。

一个星期以前，我又看到一次陶先生，是陶先生的相片。

在一个集会中，一位年青的国际友人，散会时，他带了一本小册子，翻出一张行知先生的半身六寸像，还是那一副眼镜，那一身黑色中山服，那一种悲天悯人的面容。他问我认得这个人吗？接着他以极矜持而喜悦，几乎是爱慕的声调说：“行知先生，我的先生和朋友，我一生的骄傲。”

五月二十四日于清华园

读《二千年间》

在溽暑中读《二千年间》（蒲韧著），对于我是一帖清凉散。

恰恰在战争爆发前一年和亡友张荫麟先生计划写三本书，讨论了多少次，也征求了许多朋友的意见。拟好了每本书的内容和目录，并且也写好了大部分的草稿。战事一起，荫麟仓卒南下，稍后几天，我也由安南入滇，全部稿件都随北平沦陷了。

到昆明后，搜辑已发表在报章杂志上的论文十多篇，雇人抄录。次年春荫麟从广东来，把这部分稿子整理出版，标为《中国史纲》。打算有一天能重回北平清华园，再发愤共同完成过去的计划，不料荫麟又病殁遵义！接着几年来的不安定和意外的变化，这类太高太美的理想，连做梦都不敢想到。其实，就是大胆梦想一下，即使写成了，还不是替禁毁书添一新名目，多替出版人找麻烦！何况，压根儿也不会有这样不识时务的出版家胆敢接受！在一个什么都是国定的国家。

一个美丽的梦，十年战争把它毁灭了。

梦中的第二本书就是蒲韧先生这本《二千年间》。

十年前，我们在想，为什么这个历史古国，有过司马迁、班固，有过司马光、李焘、李心传，有过刘子玄、郑渔仲、章实斋的国度，有过几百千种史学名著，使后人享用不尽的国度，今天的青年人，会对过去的历史如此无知、淡漠？

理由是很多的，其中之一是学校所用的历史教科书应负大部分责任。

我和荫麟都是吃过教科书的苦头的。

先进小学，小学历史教本从神农黄帝三代一直下来到宋元明清，一笔流水账，满纸人名地名年代和战争。五千年的史实缩在一册或两册小书里。一面凹凸不平的小镜子里。

一个七八岁到十一二岁的孩子，即使他禀赋特强，胃口好，也无论如何消化不了这一套无血无肉无灵魂的骷髅。

中学了，十三四岁到二十岁左右的青年，能力大一点了，给他一面中号的镜子，依然是坏镜子，全走脱了相貌。还是那一套、还是从五千年前说起，一朝代以后又一朝代，还是更多的人名地名年代和战争。分量多一些，武则天杨贵妃及五胡十六国五代十国之类全上了舞台，当然也会有杨国忠、严嵩、和珅一类人物。

更细的流水账，更坏的镜子。

到大学了，二十多岁越发吃得消，厚厚的几大本，依然是这一套，更大的一个分光镜。除了历史大事以外，还加进了这时代的文化思想咧，更新的还有社会经济咧，疆域表、职官表咧，之类之类。只是，一代一代都是横切面，都是一橛一橛，正如一棵树被硬截断了，再也接不上气，通史其名，不通史其实。

血多了，肉也有，可惜是行尸走肉，没有灵魂。

当然，也不能一笔抹煞，有本把是有一个所谓灵魂在的，一个戈培尔式的阴灵！

小镜子之后是中号，再是大号，简笔流水账之后是细笔，是工笔。

青年人的脑子被挤疲了，背脊也倒了，本能的反对感对所谓本国历史由畏惧到厌恶而麻痹，完全不感兴趣。

硬要使孩子使青年读一本不可读的书，记忆一大串甚至成仓成库的名词，这是虐待，这是苦刑。

如此，又何怪乎青年人对本国历史无知、淡漠？

对症的办法是适合读者的年龄和兴趣，写三套内容不同，而又可以互相配合的、可读的补充历史读物。

如此，则第一免得浪费读者的精力，读十几年历史还是那一套老调。第二方面多一些，不必在某一套中说尽了一切，而又说不到家。第三有一个中心的看法，像一根绳子可以串拢散钱，使读者可以充分明白历史内容，同时也了解历史的发展法则。

开头的一套以人为主，故事式的写法，选择每一时代的代表性的人物，例如孔子、秦始皇、唐玄奘、孙中山等人物，附带的烘托这时代的大事。

第二套是纵剖面的，以事为主，大者如政权，如军队，如教育，如人民生活，小者如衣食住行，要原原本本具体说出了每一所涉及的事物的衍变、发展，是人的生活的历史，进步的历史。

第三套是横剖面的，以时为主。从横的方面去看这一时代，去看这一时代的各方面。该注意的这横剖面并不依据旧的王朝起讫来划分，而是依据历史发展的具体阶段。例如鸦片战争是一个历史计程碑，秦始皇推翻世卿政权，建立封建专制政权又是一个明显的界石。计程碑不是孤立的，后面有路，前面还有更长的路。

第三套只印出了第一册。一二两套原稿沦陷了。

十年前的理想，十年后在昆明读到了翦伯赞先生的《中国史纲》第一册，不但完全符合我们第三套的要求，而且更向前进了一步。也读到了许立群先生的《中国史话》，近似我们的第一套。最近读到了《二千年间》，完完全全是我们所设想的第二套，而且，这十年战争的一方面，摧毁了我们的计划，另一方面却使蒲韧先生总结了经验，向前迈进了一大段，比我们十年前的梦想更成熟，更精练，更有积极的意义。

这本书分为九章，每章分四至五节。

第一章《二千年的鸟瞰》，是总论。第二章《在万人之上的人》，说政权，从皇帝皇室到外戚宦官。第三章《一种特殊职业——做官》，畅论两千年来官僚政治、封建专制政权的两个轮子之一。第四章是另一个轮子，武力，标题为《又一种特殊职业——当兵》。第五章《一切寄托在土地上》，谁养皇室，养官僚，养军队呢？是农民，又出谷，又出钱，又出力，可是报答呢？是千灾万难。忍受是有限度的，到了饱和点，便爆发了农民战争。第六章的标题是《大地的撼动》。第七章《不安静的北方边塞》，指出了历史上的对外战争。有的是侵略的，更多的是被侵略，不论前者后者，受苦难的总是人民。当被侵略的时代，《当胡骑踏进中原的时候》，第八章的内容是儿皇帝和贰臣，是南渡君臣轻社稷，是不死的人民力量。儿皇帝出卖了民族，人民解放了自己。

最后一章是《逃不了的灭亡命运》，封建专制主义统治内部所包含和外面所遭遇的各方面的困难和危机，内在的矛盾发展，决定了灭亡的命运，“历史又一度证明了统治者无论用怎样顽强的努力来守旧不变，但客观的形势，人民的力量终究会变掉了它”。

最后的一节是《历史不会回头》：“历史的车头轰轰隆隆地前进，把旧的时代撇在后面，产生了新的事物，出现了新的情势，提出了新的问题，向着民主化，现代化的前途猛进，这是谁也违拗不了的前进的主潮，一切眼光向后看，留恋旧的时代，走着倒退的路的力量，都不能不被碾碎在历史的车轮下面。”

这是一本有血有肉有灵魂，活生生的书。

这本书在开宗明义第一章就指出了关于中国封建专制主义时代的历史的一本书。作者集中全力阐明这主题，分析封建专制主义的统治权力及机构，这种权力所凭藉的经济基础，农村，和农村中常常发生的叛乱和骚动，以及异族入犯和侵占的现象。

时代是从秦到清末的两千一百年。历史上封建专制主义的时代。

这本书没有足够的篇幅可以谈关于文化思想上的问题，关于工业的发展也没有专门谈到。

没有求全，因为像过去那种包罗万象的书本只是一间杂货铺。

没有往上滚雪球，虽然愈往上可写的就愈多。也没有往下拉，因为下一时代，我们这一时代是半封建半殖民的时代。过去的统治者是单纯的道地的地主，而今天，不止是地主，还有地主镀金的买办和纯粹来路货的外国大亨。地主，买办，同时又是官僚，加上外来的统治力，造成今日中国的新灾难，这和过去两千年间是有其截然不同的意义的。

也没有琐碎的考证，因为这本书是叙述的书，是采取已定的论证而综合叙述的书。正如蜜蜂酿蜜，是经过消化的，融会贯通，所以可读，也所以不可不读。

从“无”的方面说，除偶一引用例证以外，这本书几乎做到了和旧式的教本恰好相反的一个地步，第一人名极少，第二地名极少，第三年号等专名更少。因为本书的主体是二千年来的人民，二千年来统治人民的政权，二千年来人民所受的苦难，是从人民的立场来了解历史，而不是从少数统治者的事迹来曲解历史的。

从“有”的方面来说，作者的叙述是主体的，不是平面的。例如他着重指出二千多年中，虽然一直维持着专制政体，不过在各个朝代、君主专制的程度是有强弱的。由弱趋强的过程，是官僚和军队两个系统的形成和加强。其次作者引用宋神宗和文彦博的问答，文彦博提醒他的主子，是和士大夫共治天下，而不是和老百姓一起治天下。士大夫是靠剥削老百姓生活的，两个敌对的阶层，而皇帝本身又是大地主，是士大夫集团利益的代表人，由此可以明白封建专制主义的经济基础，可以明白两千年间多少次和人民有点点利益的新政，为什么不能推行的原因，可以明白为什么农民变乱无代无之的原由，也可以明白贪污政治的根源。

地主势力统治全国，其具体的表现，就是皇帝个人的专制独裁。那么，今天呢？

作者也指出了没有一个朝代不劝忠教孝，愈是满嘴仁义的大地主代表，如隋炀帝是杀父的凶手，却建立了“孝为天经”的天经宫；有名的仁君唐太宗，不但逼父，而且杀兄杀弟乱伦；除开这些伪君子以外，两千年来的皇帝大半是在精神上不健全，在智力上低能的人。两千年来的人民，就被这样的人——伦理道德堕落到极点的模范——所统治！

在论官僚政治的时候，作者也清楚地指出秦之统一，是官僚政治的始露头角，代替了分权的世卿政治。不过要一直到唐代，官僚政治才达到成熟的阶段。可是官僚虽然大部分出身于布衣，却并不代表最下层的劳动人民，而且，平民一入仕途，就立刻变质，成为地主，成为官僚了。和“平民政治”、“民主政治”完完全全不相干，勉强地说也只能说是“官主政治”！

军队和官僚，两支封建专制主义的支柱，君权由上面扩张加强，皇朝凭之而建立，持续。同样，军队和官僚的膨胀也招致了君权的衰弱，皇朝的崩溃，矛盾的发展，构成了过去的历史。

这样一种看法，是别的先出的书本所无的。而在这本书中却以一贯的看法来剥肤理肌，清洗出被涂抹被歪曲的历史真相。

读了这本书，虽然它尽情暴露了历史上的黑暗面，却不会使人悲观。固然它并没鼓励人盲目乐观。它指出从世卿政治到官僚政治，从历史的观点说是前进了一步。从职业军队到人民的军队又大大迈进了一步。这种种进步显示了我们的历史并非春水，在新的经济基础的社会变革中，大地的撼动是会改变历史，会得创造历史的。

作者从历史的研究对民族前途具有信心。

读者从这本书的体会，也加强了前进的信心。

这本书把现实和历史联系，从历史来说明现实，也从现实去明白历史。

一本活的史书，经过精密的消毒手续，健全而进步的史书。

在溽暑中，我愿意挥汗向读者介绍、推荐这一本可读的书。

八月十二日

《明太祖》和《从僧钵到皇权》

一

《明太祖》和《从僧钵到皇权》是一本书，内容完全相同。所不同的第一是出版家，《明太祖》被掠夺成为“中国历代名贤故事集”的一种，主编人是潘公展和印维廉，出版者是胜利出版社。《从僧钵到皇权》是“战国丛书”的一种，后来改为在创书林，主编人是林同济。书名也是林先生改的。出版者我忘记了。第二是年表，《明太祖》附有年表，从公元1328到1433，朱元璋生年到郑和第七次出使西洋回国，也就是明太祖死后的第三十六年。《从僧钵到皇权》没有这个年表。第三是序文，《明太祖》有潘公展先生的《中国历代名贤故事集编纂旨趣》，《从僧钵到皇权》则有林同济先生的序文。第四是作者小传，《明太祖》有，《从僧钵到皇权》无。

最近在重庆的街头上碰见陈铨先生，承他的好意，使我更明白一件事情，原来这两本书是一个版，一起印五千册，两千册装成《从僧钵到皇权》，三千册装成《明太祖》。

这一本小书的写作和出版，有不少小故事，从这些小故事中也可以看出所谓政党，所谓出版家的道德，看出中国社会的一面。

我诅咒这本小书，也诅咒我自己。

二

这本小书的写作时间费了整整两个月，从民国三十二年七月七日到九月七日。

写这本书所能用的资料是少得可怜的。过去所曾读过的有关史籍，如《明太祖实录》，《高皇帝文集》，《皇明祖训》，《大诰》，《大诰续编》，《大诰三编》，《大诰武臣》，《御制皇陵碑》，《世德碑》，《纪梦》，《西征记》，《平西蜀文》，《周颠仙人传》，《皇朝本纪》，《天潢玉牒》，《国初礼贤录》，和陆深的《平胡录》，《北平录》，《平汉录》，《平吴录》，《平蜀记》，黄标的《平夏记》，张紞的云南机务的钞本，高岱的《鸿猷录》，唐枢的《国琛集》，王世贞的《名卿绩记》，顾璘的《国宝新编》，徐祯卿的《翦胜野闻》，王文禄的《龙兴慈记》(从《皇陵碑》以下都收入沈节甫的《纪录汇编》)，叶子奇的《草木子》，孔齐的《至正直记》，何乔远的《名山藏》，谈迁的《国榷》，刘振的《识大录》，钱谦益的《国初群雄事略》和夏燮的《明通鉴》诸书，都因无法找到，不能利用。甚至像郎瑛《七修类稿》之类的普通书，也百计觅访而不得。手头所有的书只有《元史》，《明史》，谷应泰《明史纪事本末》，权衡《庚申外史》，陶宗仪《辍耕录》，陆容《菽园杂记》，钱谦益《太祖实录辨证》，潘柽章《国史考异》，以及从北平带来的几千张笔记卡片，和过去所发表的几篇论文而已。

参考资料既然如此贫乏，那么，当时为什么要写这本小书呢？说来也可怜，为的是吃饭。

我在西南联合大学教书，民国三十年联大在四川叙永设立分校，我教的是一年级课程，非去不可。校方所发两人的旅费去四百回九百元。这笔钱坐长途汽车是勉强够的，不幸内人身体不好，不能坐汽车，只好趁飞机，卖光所有的家具，在昆明住了半个月旅馆，天天到航空公司催问，天天跑警报。回来时在重庆等。到了叙永，内人病倒了，一直病到离开四川，前后七个月，闹得倾家荡产。回昆明后，无法还债，只好把在云南几年来所收集的几千册书和拓片，扫数卖给清华大学，伤心之至，第二年打破惯例，写了一副春联，“书归天禄阁，人在首阳山！”

接着，内人又是病，家乡沦陷了，老母弱妹衣物荡然，无以为生。物价天天在涨，实在没有办法支持下去了。

刚好，这时候林同济先生从重庆到昆明来，他提出一个救济计划，说是在重庆筹了十万元，打算请十个朋友，每人写一本小书，从八万字到十万字，稿酬是一万元。分三期付款，第一期预支三千元，交稿一半再支四千，余数交清稿时付清。

他提议我应该写一本《明太祖》。

一万元在那时候是一个大数目，抵得上半年多薪水。

于是不能不欣然同意了，先拿了三千元，寄回家两千元，一千元作病人的医药费。

于是，不能不硬着头皮写了。用上课买菜打杂的余闲，挤出了这本小书。

在付印前曾写了一篇自序，老实供出：（一）书中讲明太祖的地方实在不够多，（二）文字也有点演讲派头，（三）而且很拙劣，（四）材料不够。

为什么还敢于付印呢？第一是用了稿酬，不付印，就是还出，可是实在还不出。虽然第三次稿酬到手时，已经没有什么经济上的意义了。第二，虽然清本校读以后的心境颇为惆怅，再三想想，在缺乏一般读物，今天这本小书所代表的是作者个人对于六百年前一个大人物的看法，也许可以帮助读者对于这个人和这个时代以至另一个时代的了解和比较。

还有一个小秘密，在动笔以前，仔细读过《维多利亚女王传》和莫洛亚的著作。存心想学，结果，画虎不成反类犬。

三

假使就此为止，这本书的小故事也许不会发展下去。

可诅咒的事情终于来了。

也许重庆出版界的消息特别灵通（到后来我才明白，原是一家人），印维廉先生主编“中国历代名贤故事集”，也要一本《明太祖》。照规定第一册字数四万到五万字，而且，这本《明太祖》要往下拉，拉到郑和七下西洋为止。还要一个内容相应的年表。稿酬是六千元！

征稿的信来了。我没有勇气也没有这兴趣接受。没有复信。原因是很明白，我有这兴趣，不如另写一个人物。而且，六千元这数目也实在无补于那时的生活。

于是包围开始了，许多朋友写信来劝我接受。最后说不妨以第一本为蓝本，缩一下，添一点就行。

内人希望这点钱可以帮助点医药费。决定由她自己写，赶了一个多月，等于大半重新写过，还特别附了一个年表。

稿子寄出去了，说明作者不是吴晗，出版者不肯改，说是已经登了广告。隔了两个多月，才寄来五千元，被扣了一千元，没有说明什么理由。

而且，还有一种花样，说是要作者写自传，可以推广销路。我的答复是向来不喜欢这一套，而且，除了教过几年书以外，也没有可以传的，更没有可吹可擂的。

于是，胜利出版社编审组就替我代劳了，在扉页弄上那样一则不伦不类看了要吐的玩意。

隔不多天，林同济先生来信说，他们已经和胜利出版社商量好，同用第一个八万字的稿子。第二个四万字的稿子呢？没有提起。书印出来了，林先生履行诺言寄了十本来。可是书名被改作《从僧钵到皇权》。唬了我一跳，因为我原来的稿子叫作《明太祖传》的。

另外，我自己到中华书局买到一本《明太祖》。原来答应送给作者五本的，直到今天还未收到。

更糟的是，更可诅咒的是，这第二本《明太祖》，四万多字带年表的《明太祖》被窒杀了，连原稿也从此无下落。

木已成舟，事先从来没有得过我的同意，事后也没有通知。

这是中国出版家的道德。

后来，也明白了，还是政党的道德呢！

四

写信向林先生抗议，无回信。

写信给林先生的代理人陈铨先生抗议，要求收回版权，假如出版家方面认为有损失的话，我愿意依法赔偿。还是没有回信。

今年五月七日我到重庆，几天后，无意中在大街上遇见陈铨先生。他说，这事情已经没有办法了，他们早已把一套书连《从僧钵到皇权》在内的版权卖掉了，卖给大中书局。他接到我的信以后，曾经和大中的老板商量。抽出这一本拿另一本代替。大中不肯，说这一套书只有这一本能销，第一版两个书名的已经卖完五千本，要立刻再版了。

末了，陈先生还告诉我一个秘密，把《明太祖》改为《从僧钵到皇权》的代价是书由胜利出版社印，他们改封面分得两千本。

在重庆，我没有找到大中，也无法找大中，因为我和这个书店根本没有契约关系。

和胜利出版社也无法交涉，除了起诉，因为第一他们不得作者同意，把依约写的四万字原稿毁弃了，第二未得作者同意，盗印作者替另一出版家写的八万字的《明太祖传》。

可是，我请不起律师。

对在创书林交涉呢？说是版权卖给了别人了，他们无法过问。

五

从这两本内容相同书名不同的书出版以后，这几年中发生了一些小故事。

第一，有朋友替被盗印的《明太祖》写书评，说他不懂，为什么这书附有一个不相称的尾巴，传主明太祖死于公元1398年，年表却终结于公元1433年。而且，传主死后三十六年的事，郑和往返西洋七次的事，和传主全不相干。

是的，今天我愿意告诉这位细心的朋友，在我自己初买到这本书的时候，我也不懂。

第二，几年来西南联大某些人主持的壁报上，和校外若干有颜色的刊物上，经常替我作义务宣传，说是文人无耻，一书两印。

是的，今天我也愿意告诉这些先生，明白了吧？到底是谁把我的书两印？到底是谁毁弃我的原稿？到底是谁盗印我的书？到底是谁无耻！

第三，有很多好心的朋友劝告我，不该胡乱把书交给这种出版家。他们说，这种出版家的唯一出路，是多租些房子，来囤积他们的出版品。

他们永远不会赔钱，因为他们的工作目标恰好和其他出版家相反。

是的，我感谢这些朋友的劝告。今后我永不会再受这种出版家的欺骗和剥削了。

我诅咒这本小书，也诅咒我自己。

七月二十五日

苏渥洛夫传

几年来我的兴趣集中在传记文学方面，尝试着写传记，也喜欢读传记。

帝俄最伟大的军事艺术家苏渥洛夫大元帅，是我所喜爱的一个人物，不只是因为他是一个伟大的士兵，而且因为这个兵士所代表的卓越的军事思想和今天这个时代的关联。

几年前，在昆明看了苏联亚洲影片公司出品的《苏渥洛夫》影片以后，引起研究这个人物的兴趣。不几天从商务印书馆买到一本小册子，《苏渥洛夫》剧本的译本（L. Bakhterev and A. Bazumovsky著，陈国华译），记的是1790年土耳其战役苏渥洛夫攻克伊斯迈尔的故事。这一个著名的要塞战场面太紧张了，剧作者写得十分生动。配合着从电影中得来的1799年俄英奥同盟的对拿破仑战争，苏渥洛夫在意大利战场击败法军以后，率领大军越过阿尔卑斯山岭进军瑞士的历史，更增加了对这个巨人的认识。

最近又读了三本关于苏渥洛夫的书：

1. SUVOROV（K. Ossipov著，Foreign Languages Publishing House出版，莫斯科，1945年，96页）

2. 兵士兼统帅——苏渥洛夫生平事业概论（皮加列夫著，外国文书籍出版局出版，莫斯科，1945年，120页）

3. 俄罗斯历代名将概论（波契卡列夫教授等著，外国文书籍出版局出版，莫斯科，1944年，124页）

第一本是英文译本的传记，第二本是中文译本的评传，第三本里面有一篇是论苏渥洛夫的。三本书合起来，虽然不能说很够（从《兵士兼统帅》这本书的附注引用有关之书之多看来，研究苏渥洛夫在帝俄时代已经成为一种专家之学了），至少，已经可以明白这个人的一生和他所处的时代了。

奥西波夫的《苏渥洛夫传》，分十一章。一、青年时代；二、普鲁士战争；三、练兵；四、在波兰；五、第一次土耳其战争；六、第二次土耳其战争；七、再到波兰；八、放逐；九、意大利战役；十、瑞士战役；十一、结局。卷首尾有攻占伊斯迈尔要塞详实，扉页的苏渥洛夫画像，骑马冲锋的英姿和电影上所见完全一模一样。

《兵士兼统帅》，分四章。一、导言；二、俄罗斯武器的荣誉；三、苏渥洛夫理想中的英雄；四、词锋和笔锋。

《名将概论》，包含五篇专文。一、波契卡列夫教授作《亚历山大涅夫斯基》，一个十三世纪英勇捍卫俄罗斯国土而击溃瑞德寇军的英雄。二、同一作者的《季米特里顿斯可义》，十四世纪后期击破鞑靼金可汗国马麦军队的莫斯科侯和全俄诸侯盟主，这一胜利，奠定了俄罗斯国土坚强统一的基础。三、巴兹列维奇教授作《明宁与帕尔沙斯基》，十七世纪初期一个市民和一个侯爵衷心合作领导人民逐出波兰和德意志军，解放全俄的历史。四、奥西波夫的《苏渥洛夫》。五、聂契金娜教授的《库图左夫》，苏渥洛夫的学生，1812 年消灭拿破仑侵俄军的主将。这六个帝俄名将，被俄罗斯人崇奉为卫国保民的民族英雄，1941 年 11 月 7 日，苏联全军最高总司令斯大林元帅在莫京红场训话时，号召苏联全体军人都效法苏联人民伟大祖先这六个巨人的英勇仪范。

在这本六个人的概论中，苏渥洛夫是承先启后的最伟大的军人。战无不胜的统帅，建立军事科学的学者。他是彼得大帝和鲁缅泽夫（Rumyantsev）的学生，库图左夫（Kutuzov）和巴格拉昂（Bagrattion）的先生。他的遗教，被俄罗斯军人所继续奉行，一直到这一次苏德大战，还在发生作用。中国的一部分军队和军事领袖，也在受他的影响，建立了新的战争科学和技术。

亚历山大·瓦西里也维奇·苏渥洛夫（Alexander Vassilyevich Suvorov，1730—1800A. D.）虽然出身于贵族，他却没有像同时代的贵族子弟那样，在孩提时就报名进禁卫军，在学校受教育提高年资，一成年正式服役便是中级军官。反之，他是到成年才进谢米诺夫近卫团当什长，和兵士一起生活，在五十三年的军队履历里，经历了所有的阶级，最后才作到大元帅。

他一生自称为兵士。兵士们不但以他为自己人，衷心喜欢，崇拜他，而且以之为光荣，为骄傲。

因为他自己是兵士，才能了解兵士，尊重兵士，熟悉并使用兵士自己的语言。他的著名杰作《致胜科学》，初订于1768年，在新剌多牙镇当苏士达尔团长的时候；最后定稿于1796年，在土尔清纳军营，以元帅身份训练兵士，颁布这书作为兵士们的法典，是完全用兵士的语言写出来的。

他的练兵原则，是研究战斗中所必需的东西，领会作战技术，培养坚忍耐劳的精神。他所奠定的练兵基础，到现在有许多方面都是红军所遵从的。可是在当时，真正是军事方面一个革命。

他不事外表上的美观，而注重战斗力的养成，他不把兵士当成战争的机械，而要求兵士的机动。质言之，他认定兵士是人，不是工具。因之，他尽力培养军人道德，和确信本身力量的意识。在平时他颁布军人健康令，减少军中死亡率到最低限度，在战时命令饶恕缴械投降的敌人，用人道态度优待俘虏，而且严格禁止扰害平民。他说："兵士应在战场上攻打敌人，而不应骚扰民间妇女，不应偷窃财物。"而且，"盗贼不是军人，坏兵才做盗贼！"

正因为如此，苏渥洛夫自居为兵士，看不起那些在办公室拟冗长细微计划的大员。在女皇加特林娜第二时代，被波将金总司令所排挤，在帕维尔第一时代，又和沙皇发生直接冲突。帕维尔第一把兵士看成能够走动的机器，和苏渥洛夫的完全尊重人格的服从，是冰炭不相容的。可是苏渥洛夫从来也不肯屈服，女皇时代几次被调开去建筑和视察军事工程，那是他最不喜欢的工作。帕维尔时代被流放，被贬逐，终于被革职，被隔离，被侮辱，在最辉煌的强越阿尔卑斯山战役凯旋之后，愤郁而死。

他善于以小数兵力致胜，原则是集中兵力，是准确计算时间，"迅速动作和冲击，是战争的灵魂"。土尔清纳之役，他以三千人击溃土耳其的大军，雷姆尼克之役，以七千人击溃敌军十万零二千人。

伊斯迈尔要塞占领战，守城的土耳其军三万五千人，而且有强大的炮队，俄军只二万八千，没有任何攻城的工具和经验。1799 年特勒伊河之战，俄军两万打败法军莫洛和马克多那尔两路反攻的五万多人。最末一次的瑞士远征，只以疲乏不堪的一万五千人，无粮食，无过山配备，甚至没有子弹，还有严寒的气候，和陡峭悬崖，鸟道，加上法军马塞那供给齐备的八万大军。但是，他过去了，不但全军过去，而且击退敌人，给敌人以严重损失，造成苏渥洛夫军事荣誉的极峰。

他是从不退却的，他说："我一生根本不知道什么是退却，什么是防守。"在他的军事法典中，根本没有退却这一概念。拿破仑麾下骁将，卡萨诺战役被苏渥洛夫打败的莫洛，评论他的敌人说："此人具有非凡的坚忍精神，他宁愿亲自牺牲，并使自己的军队战到最后一卒为止，但不肯退却一步。"但是，他是退却过的，巧妙的退却，意大利战役就是光辉的典型。他所反对的是机械的退却动作，可是并不主张单为了保持一个地方就宁可使全军覆没，直至最后一人为止。苏渥洛夫非常重视部下的生命，他坚守彼得大帝"兵士是很宝贵的"的名言。在他看来，整个世界都值不得去"白流一滴血"。他的退却的观点，是"任何一个岗位，都不可视若要塞，把岗位让给实力优厚的敌军，是一点也不可耻的。反之，军事艺术正在于不受损失而及时退却。为死守某一岗位来顽强抵抗人数优越的敌人，结果还是要把这岗位让给敌人。让出的岗位可以重新占领，而人员上的损失，却是不可挽回的。一个兵卒，往往比岗位本身还重要些"。在这样场合，退却是保全有生力量，是积极抵抗、预备进攻的手段。

苏渥洛夫，是彼得大帝最好的学生。彼得大帝的战略基本原则，就是彻底歼灭敌军，消灭敌人有生力量。彼得总是集中自己的兵力——而决不将其分散——实行对敌人的打击，而他所选定的主要打击目标，并不是要攻陷敌方要塞，如当时西欧一般通行的战略那样，而要消灭敌人的有生力量。他不愿探取当时西欧通行的消极防御战术，而运用积极的防御战术。认为防御只是进攻的准备而已。他并不以战场上的胜利为满足，而是要乘胜追击敌人。苏渥洛夫把这理论完全实践了，巧妙地运用了，他一生所经历的战役，都以此致胜。他在自传中说过："坐在办公室里是决不能打一次胜仗的，理论没有实践，便是死的东西。"他训诫义子卡拉察说："要及时利用机会，在善于包抄敌人，善于在有利自己的地点和时间袭击敌人。"他经常都是忙于极力利用每一稍纵即逝的机会，他以为"一分钟能解决战斗结局"，他说："我行动时，不是按每一小时，而是按每一分钟计算的。"

这一伟大卓绝的军事思想，库图左夫继承下来，1812年博罗结诺战役后放弃了莫斯科，因为拿破仑的军队有五十七万七千人，而俄军只有十八万，而且还在博罗结诺的胜仗中丧失了四万二千人。在"丧失莫斯科，还没有丧失俄国，军队丧失，俄国也就丧失了"的比较下，俄军执行巧妙的退却。这一退却，保全了有生力量，相对的又发动人民战争，歼灭侵略者的有生力量，法军只好逃命了。拿破仑逃到华沙时，告诉他的外交官，"军队已经没有了"。

再后又由这次的苏联卫国战争继承了下来。希特勒走的还是拿破仑的老路，苏联人民所用的也还是他们祖先的老办法，所不同的是没有放弃列宁格勒、斯大林格勒，更没有放弃莫斯科。可是希特勒的结局，还是拿破仑的结局。

最近，在中国的报纸上，也发见有生力量这个历史而又现实的名词了，读读这几本书吧，会帮助你对今天战局的分析和了解。

读《对马》

一

瓦西里耶夫和他的伙伴分析日俄之战，沙俄海军在对马海峡全军覆没，指出种种原因之后，接着说：“我们的败北是谁的责任呢？不是个人，而是整个的政治组织。我们除开朝鲜海峡之外，在别的许多地方，也有我们的‘对马’。日本也一样精锐地战胜了我们的陆军。在我们的铁道，在我们的工厂，在我们的造船厂，在我们的教育界——我国整个无智而混乱的生活，全都遭受了一场‘对马’的败仗。这虽然不很明显，但毫无可疑。然而日本已征服的不是劳动阶级的俄罗斯，而是可恨而腐朽的我国的政府。要是俄罗斯的政权操在另一阶级的手中，它永远不会再获得这样的胜利。同时，它已给我们一个好机会，它启开了我们中那些最卑贱的最无教育的人们的眼睛。幸而我们的陆军战士们已掉转枪头，反抗那些叫他们白白送死的人们。战争已诱起了革命。我们，对马海战的幸存者，已再也没有恐惧的理由了。”

瓦西里耶夫是沙俄战舰奥里约号的机师，真名是V.P.珂斯塔珂，对马海战幸存者之一，大革命后在苏联海军造船厂里充任重要的职位。在战争中他以智慧和经验教育了指示了同伴。

读了这一段精辟的结论之后，我觉得瓦西里耶夫也替我们下了结论，他的每一句话似乎都是指着四十年后的中国人民说，指着四十年后的中国现状说。

“对马”在中国！

二

《对马》是一本记述1905年5月14日（俄国旧历）或5月27日（新历）在远东朝鲜海峡对马岛附近日俄海战，沙俄第二太平洋舰队全军覆没的故事。

这次海战是历史上顶出名的第四次大海战。不止以规模之大，损失之重出名，而且也因为这战争造成了沙俄的崩溃，因为“沙皇想以战争来窒死革命，他所得的结果相反，日俄战争加速了革命”。

作者普里波衣1877年生，二十二岁参加了波罗的海舰队，狂热地从事于自学工作，阅读了被禁的革命文学，开始对于政治的社会的觉醒。日俄海战发生时，他是战舰奥里约号上的主计员，参加这次富于演剧性的战斗。被俘以后，拘禁在日本熊本俘虏营，立刻把个人在战争时候的观察记录下来，（根据他每天的日记），跟着收集关于整个舰队的材料。从每一兵舰幸存者的口中，盘问在同一时间每只船上所发生的事情，包括舰上职务的分配，长官和士兵的关系，各舰船在这次战争里的任务。5月14日这一天，每条舰船上，在司令塔里，各个炮塔里，炮甲板上，水电室里，引擎室里，汽锅房里，病房里……各各发生什么事情。每个地方接到什么命令，这些命令是怎样被执行的，每个参加战斗的人的神态是怎样的，性格是怎样的，从这只船或那只船上目睹这次战争的人对于总的一般印象是怎样的，一直问到极细微的事情。经过从同一角度观察事物的别的人们的校正，再加上同伴们关于各种各样事态描写的记事簿的补充，经过了几个月，他收集了一满箱记述“对马海战”的抄本。他相信这记录决不会跟官方关于这次著名的战争的报告相符合。

不幸，这一箱珍贵的第一手材料在一个意外事变中被烧毁了。

作者第二次又着手搜集材料，靠着战舰上弟兄们的帮助，又很起劲地干了起来。这步工作还未完成，战俘被释回国。作者很幸运带了“叛逆的文件”回到家乡，经过长期的避难生活，他的哥哥把这引起官方注意的稿件秘密埋在地下，不料到 1913 年作者从外国偷偷回家时，他哥哥竟然忘记了埋藏的地方，到处寻找，竭力思索，终于找不到。作者失望懊恨，无话可说。

过了许多年，作者的侄儿从红军退伍回家，无意中发见了这文件，在 1928 年交还给他叔叔。这时候作者已经多年委身于文学事业，用颤抖的手指翻开原稿，虽然墨水退色了，消逝了的记忆又被刺激起来，很清楚地回想到二十二年前许多已被忘却的关于“对马海战”的细微事件。

回到莫斯科后，用谈话和通讯二种方式，跟残留着的战侣们接触，重新获得并补充了材料。靠着本书中几个重要人物，V. P. 珂斯塔珂和奥里约号高级长官 K. L. 秀汶第、波支华、M. I. 伏埃伏丁、信号长齐费洛夫的帮助，写成了这本历史记录——《对马》。每一章都由这些亲身参战的人精密考究过。

作者是一个自学作家。在《对马》出版之前，1906 年和 1907 年曾写了两本以对马为题材的小书，随即被没收。由 1907 到 1913 年作为一个政治逃亡者流落在国外，漫游法国、英国、西班牙、意大利和北非洲。1914 年写《海的故事》被检查官禁止，直到 1917 年大革命才能出版。这期间，在沙皇的统治下，检查官使作者难于从事任何文学事业。因此，虽然他觉得自己有许多话要说，但他写得很少，发表得更少，直到革命后才继续写作。作品发表在俄国各杂志如《现代语文》、《大众生活》、《北调》、《现代》、《现世界》和别的刊物上。

这本书的发表，在对马战役后三十年。

三

十九世纪末期，沙俄和新兴的日本开始了瓜分中国的斗争。日本首先向中国进攻。甲午战争（1894—1895）日本消灭了大清帝国的北洋舰队，割占台湾和辽东半岛，破坏了沙俄独占中国东北的计划。沙俄约同法国、德国强迫日本把辽东半岛还给中国，跟着又强迫大清帝国把辽东半岛和旅顺要塞让给俄国。两个帝国主义在中国东北的侵略发生冲突，一个要南下，从东北伸延势力到朝鲜，一个要北上，从朝鲜往北到东北，到库页岛。在这斗争中，英国畏惧沙俄的独霸，施展拿手好戏均衡政策，扶植日本，订结了英日同盟，日俄战争的因素成熟了。

日本是擅长于不宣而战的军国，预计到沙俄并没有准备好战争，先来一个突击，1904 年 1 月突然袭击俄国在旅顺的要塞，消灭了沙俄第一太平洋舰队。

这样开始了日俄战争。

沙皇政府下的找寻新市场的大资产阶级和地主中最反动的阶层推动和进行了这个战争。沙皇政府也以为战争能帮助他巩固自己的政治地位和停止革命，但是，他失算了，战争更加动摇了沙皇制度。

俄国的军队，武装和训练都坏，其领导者又是无能的卖国的将军们，屡战屡改，成天在“转进”，在“完成任务，转入有利阵地”的。

资本家、官僚、将军借战争而发财，到处是贪污，到处是舞弊，一切机构腐烂到发臭。军队的供给到了不能再坏的程度。运输工具不用以运兵运军火，用来运商品贩卖，溃败时则用以疏散将军们劫夺来的财富。

在陆地，两国拿中国土地作战场，大清帝国政府想出了好法子，谁也不帮，守中立。沙俄的腐烂又遭遇到考验，在奉天附近，三十万大军溃败了，死伤俘虏达十二万人。

沙皇还是不服气，匆匆忙忙、草草率率组织了第二太平洋舰队。勉勉强强绕一个大湾到远东，被解决得一干二净，这就是“对马”。

战争的胜负不是决定在战场上，而是决定在后方的社会经济基础，在交通系统，在工厂，在教育，……尤其重要的是在政治。借用本书中瓦西里耶夫的话“封建制度根深蒂固，又中了专制政治病毒的俄罗斯，已招架不了战争所给予的试验，她是老迈的。而因明治的维新复兴了的资本主义的日本，却反而返老还童，征服了我们的提督们和将军们好战的自慢”。

资本主义击溃了封建国家，无意义的侵略战争替革命铺平了道路，历史本身证明了它的发展规律。

四

首先，最主要的一件事，当第一太平洋舰队覆没的消息传到俄国，第二太平洋舰队正在编组的时候，海军士兵们就已明白“简直去送死”，将军们将“领着他们上天国”。

官长和士兵们有许多都是生手，害怕着海和它的不可知的命运，一部分是上了岁数的杂凑的人群，战争对于他们，就像地狱一样可憎。一些受过海军训练的青年们，也都是阴郁的家伙，被逼参加。再剩下一部分就是像普里波衣和 V.P. 珂斯塔珂一类人，被看作不良分子，送进舰队去送死，作为肃清革命的手段。

远在海战发生前，克拉多少校在《新时代》上发表的论文，就指出日俄双方的实在力量。沙俄方面的全舰队，分作三个战舰队，两个巡洋舰队，两个水雷战队。有“庶华洛夫”、“亚历山大三世”、“鲍罗丁诺”和“奥里约”、“奥斯里亚比亚”、“西梭·维里基”、“那瓦林”、“尼古拉一世”和装甲巡洋舰“那齐莫夫提督”等主力舰，和十四只运输舰，二只病院船。拥有五十只舰船，内中军舰三十七，商船十三，看起来倒是一个惊人的战斗力。但其中却充满着运输船，因为沙俄舰队在整个海程中没有根据地，虽然是赘疣，延缓速率和必需分出力量来保护，但是不能不需要。

相对的，日本方面有十一只很强有力的军舰，还拥有十二至十五只一级和二级的巡洋舰，全都是快速的，而且各装最新型的大炮。除此之外，又有十五只炮舰，最少包含有五十只的水雷战队。沙俄方面可以对抗的，有五只最新的和两只窳旧的战舰，装甲巡洋舰有旧式的一只，另一只则装甲不够。另外还有五只装甲的一级和二级的巡洋舰，其中有一只是旧式的。驱逐舰只有十只左右。

在比较了双方舰队的战斗力之后，克拉多得到这样的结论，日本舰队以1.8∶1，即将近2∶1的优势凌驾俄国舰队。

而且，日本在他们自己的海上作战，有许多船坞、仓库、船渠和一等海港等等。俄国却只有海参崴。而且，要是打不过日本，便不能驶到那儿。此外，一方面有战争的热情，优秀的军纪和团结；一方面则是厌战，沮丧，和叛乱。

而且，沙俄的舰队本身就是官僚的产品。舰队中窳旧的军舰，在离开海军船坞之前，都曾加以修理。最优秀的军舰则全是最新式的。所有这些都是花了实际建造费两倍以上的费用才造成。但是，这些舰船还是不稳定的，因为它的舵轮欠灵活，此外还有各种别的缺点。

为什么会这样的呢？那是官样文章太多的缘故！神气俨然，刚愎自用的提督们。发出与他们职位相当的命令，幕僚们就书写各种适当的标笺。收到公文架上去的文书、报告书和说明书在办公室里如山一样地堆积着，检阅的回数不知有多少。负这些检阅之责的高官们，向小官们询问检阅的成绩，小官们便再三向他们保证，一切都是所有最优良的海军中的最优良者，于是高官和小官互相满意地告别。

海军领袖们差不多全是笨蠢的官僚和顽固的因循家，把下级士兵当做一群羔羊，一群未来的牺牲，一群没有权利且又缺乏独立思考能力的蠢才。

旧式的帆船一旦使用到日俄战争时代，虽然俄国海军已经采用蒸汽机了，帆船仍然是他海军的训练所。俄国舰队的每个提督，都在这一类船上获得他的海上经验，被古旧的习惯和传统弄得十分顽固。当这具有能发出三倍能力的电力和水力的机械，和无数的专门技术的新锐舰队行动时，这些提督们却依然保持着完全像农奴时代那样的社会形态。

海军最高领袖阿力克赛·亚历山大洛维齐大公时常视察舰队，他从未认清作战的组织在实际上是没有的，他的绰号叫“贵重的肉二百八十磅”。

第二太平洋舰队提督济那维·彼得洛维齐·卢杰斯特温斯基，专权，暴戾，刚愎自用，而又无能力，完全缺乏海军或陆军的才能。

他从来不和其他的提督舰长以及自己的幕僚讨论作战的计划。对于这次海战，奇妙到使人不能思议的，竟根本没有作战计划。他也不给部属以训令，以通知，独断独行。在他就任全舰队司令率舰队从波罗的海出航三十六小时之后，就闹了轰动世界的霍尔事件。舰队经过北海独兹浅滩，一个叫霍尔的渔船登记海口，看见有渔船的灯光，以为是日本舰队，大放其炮。幸而俄国舰队的射击太不高明，只打沉了一些渔船，和打伤了自己一条军舰，然而，全舰队已经受够了警吓了。

当舰队靠近日本海的时候，他发出指令，要舰队尽量装煤和清水。装甲大半淹入水中，把战舰弄成运煤船，失去速率和战斗力。命令假定旗舰沉没或离开战列时，挨近的主力舰依次指挥全舰队。事实上，从旗舰“庶华洛夫”号离开战列以后，这个舰队在五时半的决定战斗中，没有一个提督在指挥。实际在指挥的，是不知名的官长，甚或是个下士。他命令把三十八只舰船的舰队以密集的阵形开过朝鲜海峡——日本海军的根据地。而且，他故意拖延通过海峡的时间，为的是可以使海战在 5 月 14 日，沙皇即位的纪念日遭遇，博取沙皇的高兴。

五

没有哨戒，没有侦察，到 5 月 13 日了，轻快巡洋舰没有任务。

舰队驶近日本的警戒区，奉令灭灯，可是旗舰高墙上发光信号却在闪亮着，显示舰队的地位给敌舰。病院船灯火尤其辉煌。

舰队的组织是反常的，快速的新舰和老朽的旧舰编在一起，大大降低了全舰队的速率。

5 月 14 日上午五时，全舰队在远航了八个月之后，第一次遭遇到敌舰。在作感恩祈祷，喊了沙皇万岁的仪式时，战斗开始了。完全不知道敌人的主力和意向，旗舰发出信号改变战争序列。各舰正在改变时，又奉令恢复原来陈列。于是发生混乱了。日本舰队以优势的速率拦住去路，东乡提督的旗舰“三笠”号驶在日本舰队的前头。战舰“富士”、“敷岛”、“朝日”、“出云”、“八云”、“浅间”、“吾妻”和“磐手”等紧跟在后面，速率每小时十五里到十六里。沙俄的呢，队形混乱，速率减到九里，正给日本舰队造成良好的炮标。

“奥里约”号中弹了，受到严重的损害。“庶华洛夫”，“亚历山大三世”两条主力舰都起火了。“奥斯比里亚”沉没了。日本舰队集中全火力依次轰击沙俄的导舰，由于速率和炮型的一致，射击的准确，两方的命运，两个敌对帝国的命运于此决定了。

日本烈性的炮弹毁坏力极大，粉碎沙俄舰队舰面的建筑物，毁坏炮具，破坏交通，引起火灾，散布伤害和死亡。而沙俄的呢，是穿甲弹，要在相当短的射程内才能奏效，到战斗结束时，日本舰队依然完整，简直没有受到损害。

“庶华洛夫”受伤，离开战斗序列，整个舰队迷乱了，各舰在单独作战。巡洋舰留在后方掩护运输船，驱逐舰退到敌人炮火射程之外，降为救生船。

到第二天黎明，提督尼波加托夫发见舰队只剩下五条军舰，而且都失去战斗力，已经被包围了，竖起白旗投降。

俘虏们被带上日本战舰“朝日”号的时候，使他们吃惊的是丝毫没有被沙俄的炮弹伤害的痕迹！

5月17日早上，“朝日”野本舰长请“奥里约”号伏埃伏丁队长谈话。野本问：

“食物有什么不合式的地方吗？”

“食物非常好，舰长阁下。我们只有一个麻烦，——没有汤匙，我们不晓得怎样用你们用的筷子，所以只得用手指把饭塞进嘴里去。”

野本不禁笑了起来，“我恐怕你们现在还得忍受它。我们没有想到俄国人会投降的，不然，我们一定要带许多匙子来。可是你们一上岸，马上就有了。”

第二太平洋舰队的舰船能够到达海参崴的只有两只驱逐舰以及一只毫无用处的二级巡洋舰。

在整个战争中，日本失掉两只战舰和两三只中级军舰，却消灭了整个沙俄海军。由于打捞俘获和投降的沙俄舰船，日本舰队反而增加了五九五五吨，商船一三八四三八吨。对马海峡海底埋着五千多苏俄的农民，在同一战役中，日本只损失了一百十五人。

瓦西里耶夫举出一个双方炮火比较表：每分钟发出炮弹的总量：俄国一三四发，日本三六〇发。每分钟射出金属的重量：俄国二〇〇〇〇磅。日本五三〇〇〇磅；炮弹爆药含量：俄国十二吋炮弹装爆药十五磅，日本的装“下濑爆药”一〇五磅；沙俄舰队每分钟射出五〇〇磅高度爆药，日本则为七五〇〇磅。

卢杰斯特温斯基提督在1906年回国后，受军事法庭审判，承认他应负一切责任，包括下令投降。但是，他被释放了，因为要惩戒他是不可能的。他知道各种在幕后发生的海军事项，他知道宫廷内许多人员与有关系的财政上的狡诈。

六

这本书是我所见到的第一流的历史记录：它指出对马海战不单是军事失败，而且是专制政治、封建制度的整个破产。

就文学的园地而说，作者也是非常成功的。它描画出将军和士兵，两个敌对的阶层的敌气，刻塑出从提督到士兵每一个人的性格，几十只舰船的行动，一万多人的战斗行为。在同一时间，在炮弹纷飞中，在熊熊大火中，舰船在沉没，在挣扎。每一个细微的场合，都叙述得尽致，生动，翔实，有力。

五百页的大书，我们要谢谢译者梅雨先生，他介绍了这么值得读，尤其是这个时候应该读的书。也谢谢出版者新知书店，有这魄力出版这样一本大书，在这个贫乏的无声的日子。

四月四日

记张荫麟

（公元1905—1942年）

在九年苦战中，倒下去无数千万的战士，是他们的血和生命，换取了民族的解放。这些战士，他们的名字不为人所知，他们的功绩被少数人所篡窃了。

在九年苦战中，倒下去另一些值得后人永远纪念的人物，他们坚守岗位，忍饥受寒，吃下去的是草，却用奶来养育下一代的成员。他们被贫穷，被疾病所侵蚀，放下笔杆，永远不再说话了。如今，这些人的名字也渐渐在湮没中。

在后一类人物中，我的朋友张荫麟是其中的一个。

荫麟死去已经四周年，十月二十四日是他的四周年祭。

在他死后的两星期，在昆明的朋友曾经有过一个追悼会，此后几年似乎大家都不大想得起这个人了。

在他死后的一个月，我曾经写信给浙大张其昀先生，表示愿意替荫麟整理并出版遗作。张先生回信说，这些事浙大都在做，无需重复了。不久之后，张先生去美讲学；隔了两年，张先生回国，荫麟的著作似乎毫无消息，到今天还是如此。

荫麟生前已刊的书，为青年所爱读的《中国史纲》，被某书店所盗印。这书店的主持人似乎还是荫麟生前的同学。为了这问题，我和贺麟先生曾几次去信质问，得不到肯定的答复。到如今还是悬案。

最痛心的一件事，为了给荫麟留个永远纪念，我和贺麟先生、冯友兰先生一些朋友，在那生活极端困难，教书人无法撑下去的年代，一百元二百元地募集了一万元基金，决定在清华大学历史系和哲学系合设一个荫麟纪念奖学金，以利息所得大约每年二千元来补助两系的高材生。因为金额少，而荫麟的工作又是两系兼任，因之，决定两系轮流，隔年补助。这笔钱交由冯友兰先生保管。可是，如今，不但每年两千元的补助无济于事，即连基金总数也不够一个学生一星期的伙食！想想当年，从一个穷教授口中挖出的一百元，却够他一家一星期的生活费！

去年我得到消息，荫麟离婚的夫人又结婚了，两个孩子也带过去抚养。浙大复员回杭州了，荫麟的孤坟被遗忘在遵义的郊外，冷落于荒烟蔓草中。联大复员回平津了，荫麟生前所笃爱的藏书，仍然堆积在北平东莞会馆。

这个人似乎是被遗忘了。

为了他生前的工作和成就，为了他的书仍然被青年所喜爱，我想，这个人是不应该被遗忘的；虽然，就我个人说，恐怕终我这一生，也很难对这样一个人失去记忆。

我愿意向社会，特别是学术文化界，尤其是历史学部门的朋友，提起张荫麟这个人，他的一生。

※　※　※

荫麟于民国三十一年十月二十四日，病殁于贵州遵义浙江大学。致死的病症是慢性肾脏炎，距生于清光绪三十一年十一月，享年仅三十七岁。

荫麟是广东东莞人，由于早年求学和中年作事都在北方，说一口普通话，相貌和眼神也看不出来是广东人。晚年脸色老是苍白，到死后，我们才明白那是患肾脏炎者所特有的一种病态。

荫麟自号素痴，投稿多用为笔名。这个号是相当恰当的，在这样一个社会里，他那种专心一志、心不外骛的神情，是合于“痴”这个字的意思的。

他天分特别高，聪明、早熟，在清华学堂当一年级生时，就被同乡学者梁任公先生所赏识，以为将来必有成就。他在报纸和国内第一流专门学术刊物上所发表的文章，不知道的人还以为作者是位教授呢！

1929年毕业后到美国斯丹福大学学哲学。1933年回国任清华大学历史学系教授。1935年受教育部委托，主编高初中及小学历史教科书。卢沟桥变起，只身南下，任教于浙江天目山的浙江大学。不久，返东莞原籍。由北大、南开、清华三大学所合组的国立西南联合大学在昆明开学，又来昆明执教。1940年应遵义浙江大学之聘，到贵州讲学，一直到死在他的讲座上。这是荫麟一生的学历和履历。

荫麟早年在清华就学时代，对中西文学、历史、哲学都曾下过功夫，经常在《大公报·文学副刊》、《时代思潮》、《学术》、《燕京学报》、《清华学报》发表著作，文笔流利生动，才名震一时。从美国回来后，治学重心一变，专门研究历史。他尝说只有国史才是一生志业所在；过去弄哲学、社会学，无非是为历史研究打下根基，学哲学是为了有一个超然的客观的广大的看法，和方法的自觉。学社会学是为了明白人事的理法。他的治史方法是从作长编下手，以为宋李焘所著《续资治通鉴长编》，搜罗史料多，辨别标准严，不苟且，不偏徇，是历史上最科学最有意义的大工作。

他创编高中本国史的计划，第一步是拟目，先把四千年的史事分为数十专题。较量轻重，广征意见，修改了多少次才定局。第二步是分工，汉以前由他自己执笔，唐以后归我负责。其他专题分别邀请专家撰述，例如千家驹先生写鸦片战争后的社会变化，王芸生先生写中日战争等等。第三步是综合，稿子都齐了，编为长编，再就长编贯通融会，去其重复牴牾，加以精神生命。不重考证，不引原文，尽量减少人名地名，以通俗明白之文笔，画出四千年来动的历史，目的在使此书可读，使人人能读此书，不但熟习国史，而且能有一个客观的看法。这工作前后搞了两年，长编完成了大半。卢沟桥战起，荫麟先走，没有带出一个字。四十天后我也到了昆明，设法誊录长编成稿已经发表的一部分。不久荫麟也到昆明来了，住在我家，见了这录稿，高兴之至，立刻补撰第十章改制与易代和自序，作为《国史大纲》第一辑，也就是现今坊间刊行的本子。不知怎么弄的，也许是荫麟的不小心，作者署名是杨荫麟，我见到这书时，荫麟已去遵义，没有去信问，荫麟也就听之，不去更正了。

自序指出这本书的标准有四：一、新异性的标准（Standard of Noveth），史事上有“内容的特殊性”，可显出全社会的变化所经诸阶段，在每一阶段之新异的面貌和新异的精神者。二、实效的标准（Standard of Practical Ellect)，史事上直接牵涉和间接影响于人群之苦乐者。三、文化价值的标准（Standard of Culture Valuea)，即真与美的价值，文化价值愈高者愈重要。四、现状渊源的标准（Standard of Genetic Relation with Present Situation)，追溯史事和现状之“发生学的关系”（Genetic Relation)，而不取过去史家所津津乐道的“训诲功用的标准”（Standard of Didactic Utility)。以为近代学术分工，通史的任务不在着重鉴戒或模范，和别的学门重床叠屋。经过这四个标准的取材，还得贯通以四个范畴来驾驭“动的历史的繁杂”（Changing Historical Manifold)：第一是因果的范畴，第二是发展的范畴，这两范畴是并行不悖的。发展的范畴又包括三个小范畴：一、空间的发展（Felcological Development)，二、演化的发展（Evolutional Development)，三、矛盾的发展（Dialetical Development)，兼用此四范畴，期于将历史中认识上的“偶然”尽量减少，才能圆满完成历史家的任务。

他又以为过去我们所受的历史教育，小学有一套国史，从三皇五帝到宋元明清；初中又有一套，亦是从三皇五帝起到宋元明清；高中再有一套；到大学还是这一套。譬如四枚镜子，大小虽然不同，可是所显出的还是一模一样，原人、原地、原事，这实在是浪费青年的精力和时间，被强迫重温再温可厌倦的一套相同的杂凑的机械的史实。而且，人名地名数量之多，也使人疲于记忆，懒于翻读。要矫正这缺点，必需从根本来改变各阶段课本的内容，第一，小学国史应该以人物为中心，选出国史上可以代表每一时代精神的人物，譬如说吧，由孔子到孙中山，或者是曹操、武训，用写故事的体裁，烘托以每一时代，应该知道的大事。第二，初中国史以大事为中心，分两册，一、民族篇，述中华民族之形成和先民的业绩（摒弃大汉族主义一套的理论）。二、社会篇，述社会、政治、经济、一切典章制度的演进，生活的进步，事为首尾，互相沟通。第三，高中国史，以时代为次，综述人、地、事，融会而贯通之。这三套有一个共通原则，就是要求其可读，文字和内容都要通俗生动，能够吸引读者，使之愈读愈有味，才算合于标准。

荫麟的治史方法论和历史哲学大体上就是如此。

荫麟不是一个世俗的收藏家，不大讲究版本，可是生性喜欢收书。限于财力，收藏的书其实不够多。留美时省吃省穿，剩下的钱全给弟妹作教育费。到在清华服务的时候，才能有一点点剩余的钱收买旧书。开头装不满一个书架，慢慢地有好几排书架了。到离开北平前，他的小书房架上、桌上、椅上、地板上全是书，进出都得当心，不是碰着头，就是踩着书。所收的以宋人文集为最多，大概有好几百种。又在厂甸、隆福寺各冷摊搜集辛亥革命史料，得一百几十种，打算继续访求，期以十年，辑为长编，来写民国开国史。1937年春天，我们一同跟着清华历史系西北旅行团，到长安、开封、洛阳游历，我在开封相国寺地摊上，偶然得到排印本的《中兴小纪》，记清同治史事的，传本颇不多见。荫麟一见便据为已有，闹了半天，提出用《四部丛刊》本明清人文集十种对换。看着他那贪心样子，只好勉强答应。荫麟高兴极了，立刻塞进他的行李袋，再也不肯拿出来。回校后我去讨账，他在书架上东翻翻西翻翻，翻了大半天，都不大舍得，只拿出《牧斋初学集》、《有学集》两种塞责。几个月后，清华园成天成夜听见炮声，荫麟也在日夜蹀蹀书房中，东摸摸，西靠靠，看着书叹气，最后才一狠心，告诉我尽量搬吧，尽量寄出去吧，只要你搬得动，寄得出去。到他离平后，他夫人一股脑儿给搬进城，到今天，他的书还寂寞地堆在原来的地点，无人过问。

收书之外，清谈也是他的癖好。凑巧我们在图书馆的研究室只隔一层墙，他懒散惯了，书桌永远乱糟糟一大堆，便成天到我房里，又不肯规规矩矩，一屁股坐在桌上，或者斜靠着圈椅，两只脚平放在桌上，一面大抽其纸烟，随吸随吐烟圈，喷得满屋子乌烟瘴气，一面敞开谈锋，从大事到小事，从死人到活人，从生人到朋友，从哲学到历史，无所不谈，谈必谈到兴尽，有时甚至忘了吃饭。偶尔我厌倦了，他觉得无聊，拿起笔就替我改文章，一把小剪子，一瓶浆糊，贴来贴去不厌烦，搞完就拿去给《大公报·史地周刊》，凭你愿意也罢，不愿意也罢，他全不管。有时被改窜得生气，吵开了，还是不管。我常笑他好为人师，他笑着说去年你假如选我的课，我还不是夫子大人，由得你吵嘴？

也许是哲学书念得太多吧，喜欢深思，在大庭广众中，一有意会，就像和尚入定似的，和他谈话，往往所答非所问，不得要领。生性又孤僻，极怕人世应酬，旧同学老朋友碰头也会不招呼。肚子里不愿意，嘴上就说出来，有时还写出来，得罪人不管，挨骂还是不管。读书入了迷，半夜天亮全不在乎。有几次我去看他，在沙发上把他摇醒，原来上一夜全没睡，不知读到什么时候，一迷糊就睡在沙发上了。

晚年研究重心又一变，专意宋史了，已写成的论文有六七篇，都很精警，有独到之处。

荫麟的性情、兴趣就是如此。

荫麟生活的俭朴，在朋友中也是知名的。从美国回来，有春冬两套衣服，结婚时也没有添置新的。不能喝酒，可是偏爱吹烟，烟不论好坏，只讲究越便宜越好，因为横直是吹，不吸的。在昆明住在我家里的时候，在护国路桥头买百寿纸烟数百包，一包值洋三分。房间里满地板全是纸烟头。有好几次吧，忽然看见有好烟，居然吸了半支，一会儿便撑不住了，说是醉了，一而再，再而三，也满不在乎。胃量极大，一顿能吃半斤肉，常时吹牛，在留美时学会了烹调，在我的北平寓所，自己买了两只子鸡，亲自下厨，弄得满头大汗、半身油腻，到吃饭时，却咬不动，嚼不烂，毫无滋味，大家笑了半天。买了一顶新呢帽，出去作客丢了，下次再买一顶鸭舌帽还是丢了，从此只好不戴帽子。结婚后第二天出去拜客，回来走到隔壁人家，看见主人，连忙说对不起，累你久候了，主人莫明其妙，过了好一会，才明白他自己是客人。下午我去看他，正满手是泥，蹲在地上抟土做假山，说是把朋友所送的花圈的花来布置花园，好极妙极。我更正说是花篮，他也觉得不对，可是口头还是倔强，掉口文说：“圈与篮虽不同，而其为花则一也。”朋友闹他给起一外号，叫张文昏公，他无法赖，也一一给朋友起外号，迂公、迷公之类，把人家书桌上窗纸上全写满了。他还挖苦我，如你不幸早逝的话，我一定会编印遗文，墓志、行状、传记之类，一概负责到底；当然，我也照样还他一嘴。到今天想来，真不禁热泪盈眶，谁又能料到十几年前的恶谑竟然会成为语谶，这四年来我几次为他写哀悼追忆文字呢？

荫麟死后的一个月，《大公报》替他发表一篇遗文，大意是对现实政治的控诉，天下为公恰恰是反面，选贤与能呢，选的是不贤和无能，举出实证，文笔很犀利。王芸生先生似乎还加了一点按语，大意说是因为是死者的文字才能发表吧。

荫麟早年即患心脏病，一登高就心悸，同游华山时，攀登铁索，那闭目摇头的情形，惹得游侣齐声哄笑。死，不料偏死于肾脏病。平时营养坏，离婚后心境坏，穷乡僻壤医药设备坏，病一发就非倒下不可，非死不可。假使没有这战争，假使这战争不能避免，而有一个好政府，或者是不太坏的政府，能稍稍尊重学者的地位和生活的时候，荫麟那样胖胖茁壮的身体，是可以再工作二十年以至三十年的。

中国的学者如此的希罕，已有成就的学者如此的被糟蹋，被淘汰，连草都不够吃的荫麟就如此寂寞地死去，寂寞地被人遗忘了。

但是，我仔细想想，从荫麟身后发表的文字来看，假如这一年他不死于穷病，再多活三四年，再多受些磨折、考验、洗炼，恐怕他还是得死，不过死法不同，不是死于穷病而已。

呜呼！我又能再说什么话呢！

作者附记：

这篇文章是荫麟死后一个月写的，原作是文言文。当时为什么要用文言写，现在已经想不起来了。发表在《人文科学学报》上。这刊物似乎除西南的朋友而外，别的地方很不容易看到。

过了四年，回到北平之后，又是荫麟的四周年忌了。心想总该有人有什么文章提到他吧，出乎意外地似乎都忘记了。真不禁感到寂寞、凄凉。费一个晚上工夫，用白话改写，因为原来有底子，这工作等于翻译，吃力而不讨好。荫麟如健在，一定要大改一阵。可惜，他永远不会了。

谢谢《大公报》，肯匀出地位来纪念这个人——《大公报》的老朋友和作者。

三十五年十二月三十日晚补记

（原载天津《大公报》，1947年12月31日）

毛鸿上校

一

毛鸿上校，中等身材，黄黄的脸色，虽然才三十多岁，头发已经稀疏了，一年到头穿着破旧而笔挺的军服，普通话夹着湖南话，文绉绉的，老是带着笑，我们都叫他毛教官。

我们同住在一个院子里。他住在对面楼下两间像鸽子笼样的房子，外间是客堂，兼饭厅，兼书房，内间是卧室。床以外，堆着许多书，一顶旧珠罗纱帐子，任何时候，总是很整齐地束成中字形，床单也叠成一定的形式，想来是军中勤务的多年训练吧，我怎么也学不会。小小的房子，配着他纤小的温柔的太太，和娇养的孩子，构成温暖的整洁的家庭。

居高临下，我住在他对面的楼房，成天见面。在昆明经常被敌机轰炸那一两年，我们一块儿逃警报，在野地里，无聊得慌，就谈开了。傍晚回家，累了一天做不了事，还是接着谈。到后来熟极了，到了无话不谈的地步。

昆明是个暴发的小商业都市，我们的娱乐，看不起电影，逛街怕花钱，只好钓鱼。我整了几根钓竿，到需要休息的时候，就到翠湖旁的洗马河垂钓。毛教官看了有趣，也跟着钓。他极细心，有耐性，不几天就会了。有一天清早，他钓得尺把长的大鲫鱼，险些把竿子弄折，喜欢得双脚跳，大得太太的夸奖。从此更起劲了，清早傍晚都在钓。

有一天，他提议换一个地方，到昆明湖去。走了大半天，钓了大半天，水情不熟，到傍晚回家时，连一头小虾都无，大家心里都着急，怕被人笑。恰好经过的地方有人卖黄鲕，一种无鳞而有长须的鱼，只好买了一些回家充数。我不喜欢吃这种鱼，就全部算是他的成绩了。果然，他一家大小都喜欢，他也满脸堆着笑。隔了几天，忍不住还是说出来，挖苦他太太，钓的怎么会全是一种鱼呢？毛太太也笑说，我也早明白了，但又何必煞风景呢！

另一次，听人说，西郊离城十里地有许多大塘子，鱼很多。两人兴兴头头起了个大早，跑了一身汗，走到了，果然有一个大塘子，水很清，可是奇怪，钓了大半天，钓丝一动也不动，换地方，撒鱼食，想了一切方法，还是无动静。时候已过午了，肚子饿得怪叫，还是不行。末了，只好问过路的看牛人，说是这塘子干了有几个月了，昨天才放水，从前是有鱼的。只好索然兴尽地回来。

此后，大家都忙着别的事，不大钓鱼了。到前年冬天，他搬了家，不常见面了。有一天他一拐一拐来看我，谈不上十分钟，就到隔壁附中去上课了。不料过了两天，得到他的死讯。

附中许多学生哭了，联大更多的学生也哭了。

他的一生是属于西南联大的，没有联大时就有他，可是到联大快结束时，他无声地死去了。

毛教官死时才三十七岁，除去就学的时间，大部服务时间都在联大。

二

毛教官是为学生所喜爱的，一个大学的军训主任教官而能得学生的喜爱，恐怕他是仅有的一个。

主要的原因，大概是他在主持学生军训，而又理智上反对学生军训。

他对我说，我真不懂，搞了这许多年的军训，有什么意义呢？说是为纪律，学生到底不是军人，用不上这种纪律。说是为健康，已经有种种体育活动了，操一二三四无补于事。说是实施战争技术训练，没有一杆枪，连它的构造都搞不清，有啥用？说是为了生活的秩序，不是已经有了训导处吗？再来军训，岂非架床叠屋。若是为了镇压异端，监视反动分子，那可不是人干的事！

不是人干的事！真的，毛教官不但温和、宽容，富于同情心、责任心，更重要的他还是一个正直的人。他决不肯作不是人干的事。

举一个例子吧。昆明学生轰轰烈烈的讨孔运动后，联大军训处奉到上级密令，要教官负责举发这次运动的首要分子。

有几个尉级教官兴匆匆地动起手来，这一行为当然关系着几十个青年学生的命运，集中营在等待着他们。

毛教官把文件都撕了，大声说："谁让你们干的？这不是人干的事！而且，为什么？想记上功劳簿吗？我是你们的长官，就算有功劳也该是我的，轮不到你们！"

这件可能发生的恐怖案，就此结束了。

他没有告诉学生，也没有告诉别的人，在有一次偶然的谈话中，他说出这件事。

他作军训教官，干什么事呢？清早天不亮起来，领学生早操，之后是替学生解决生活问题。电灯泡坏了要修，房子漏了要修，帮学生搬家，诸如此类的琐事。学生有请求，他无不帮忙，学生的困难，他尽力解决。他的上司是训导长查勉仲先生，勉仲先生是有名的查二哥，查菩萨，很契重毛教官，毛教官也确能够帮助查二哥。

西南联大有民主堡垒的称号，这堡垒里面的一个无名的英雄，沉默地本分地照顾学生的生活，决不干"不是人干的事"的人，就是毛教官。

毛教官了解学生，同情学生，不只因为他过去曾经是学生，而且一出校门就到长沙临时大学，他没有沾染上一切作官，尤其是作军官的习气，始终保有一颗纯洁的心，理智的头脑，温和的感情。

战局更险恶了，长沙临大决定迁移到昆明，组织步行团，横贯贵州。毛教官是步行团的队长，教师同行的有闻一多先生。

在几十天的徒步旅行中，毛教官和学生一样生活，生活在一起，在感情上他成为学生的一分子了。

到了昆明，长沙临大改组为西南联合大学。

之后，敌人占领安南缅甸，滇边震动。西南联大在四川叙永设分校，毛教官又跟着学生到四川。

叙永驻军是陆军预备第二师，有一天，学生和士兵不知为什么冲突起来，有一个学生挨了一刺刀。这一天正好下大雨，毛教官戴着箬帽，穿着草鞋，跑了一天，和军队办交涉。

这一天我在街上看见他，是第一次见面，印象极好。

另一次驻军长官陈明仁将军请吃饭，他也在座，从开头到散席，不发一言。半夜回来忽然放警报，城门关了，是他去叫开城门。

在昆明同住一年多以后，他预备功课考陆大，成天成晚地赶，半夜里起来读英文，还请人补习数学，和我谈历史。昆明区考试居然考个第一，正拟到重庆复试，晴天里霹雳，没有带过兵的军官不收，三四个月的辛苦完全白费了！

此后，他突然消瘦了，颓丧了。经常的笑容也似乎有点勉强了。

有一天晚上，他谈起他的经历：

是军校毕业的，同期的若干学生早已当了师长、军长了。他因为成绩特别好，留校作助教，从此永远作军人中的文官，官阶是按年资升了，作了陆军上校；可是，他痛苦，就军人说他是文官，就学校里同事说呢，他又是道地军人。文不成，武不就，而且，一家三口，还有老母要供养，弟妹要教育。

他过极端刻苦的生活，经常不大吃肉，有时在军训处吃包饭，霉黑米和清水白菜。

他发愤要改造这命运，咬着牙吃苦，咬着牙啃住书本，一有空就自己学习，买了许多书，请同乡的学生帮助进修。

他一定要考进陆军大学，学一点专门学术，将来替国家真正做一点事。

但是，他一辈子没有带过兵，他们叫作“队质”吧？没有队质，不能考陆大，这个门紧紧地关住，他没有希望了，他支持不住了。

虽然如此，他还是有一个无可奈何的希望，希望他能在他所共甘苦的学校永远安心工作下去。

有一次重庆的一个国立大学找他去作军训副主任，升了一级作少将。他拒绝了。第一他舍不得这个挚爱的学校。第二他也受不了那个学校里他所不习惯的空气。

他预备等战争结束，跟学校回北平，继续他的学习工作。将来或者有机会参加留学考试。

然而，问题又来了，政府取消大学军训，这是一个致命的打击。毛教官不但失业，而且，事实摆在那里，他非离开西南联大不可了。

当然，联大当局尤其是查二哥是明白这个非军人又非文人的人的功绩的，就请他作联大附中教官，照支原薪，还是在联大作事。

然而，附中隶属于师范学院，师院是决定留在昆明的。

从此，毛教官悒悒寡欢，加上骨节炎旧病也发了，一天天消瘦，终于倒下。在死前的两天，还在附中上课，当晚吐了血，送进医院，已经不省人事了，就此含恨以殁。

三

联大分校，三校都迁回平津了。毛教官一人独自长眠在昆明的东郊，他的太太和小孩流落在昆明。

学生和他的朋友募集了一点钱，虽然有百多万，大概只够安葬的费用吧！

最近，在北平国会街举行联大校庆的时候，联大学生出版的联大校庆特刊，特别提到毛教官，提起这个善良的正直的人。

我自己，毛教官还曾替我留一个永远的纪念，三年前我写《明太祖传》完槁，要寄到重庆付印，他自动建议替我誊录副本，在这本书的小序上，我特别把这事情提出感谢。

这个善良的人，不为世人所知的人，沉默地工作，沉默地死去了。

在我的一生中，我永远忘记不了这个人。我想，在联大这个名词还能给人以一种亲切印象的时候，联大学生也永远不会忘记这个人。

十一月十八日于北平清华园

记第八大队

——还乡散记之一

一

第八大队的全名是□□军区三五支队第八大队。

第八大队的根据地是我的家乡，义乌西乡；活动区域包括义乌、浦江、东阳、金华一带，开创的两个领导人物是我青年时代的朋友。在队里工作的多少文职人员，不是我的父执兄弟侄辈，也是同族乡党，更多的战斗人员说起来很少不是熟人。

在国军西撤，把列祖列宗所付遗的神圣土地，听凭敌人蹂躏以后，这一支人民自己武装起来的力量，几年来不屈不挠和敌人作殊死斗，保卫了家乡，发扬了义乌人民的传统精神——明代戚继光所组织指挥的歼倭军，正是由义乌子弟三千人所组成——光大了中华民族的正气。然而，等到我们惨胜，敌人惨败之后，国军回来了，乘机收复。三五支队退到苏北，第八大队主要人员也随之撤移，局面就整个变了。这十个月以来，这一支人民的武力被加上另一种徽号——“奸匪”。甚至过去他们所养的鱼也叫作“奸匪鱼”，狗也是“奸匪狗”了。没有撤退，来不及撤退的被强迫自首。不肯自首的被逮捕，拘囚。撤退者的家属，本人跑了，就向他的家属算账；经常过着被胁迫，被勒索，被恫吓，不能忍受的生活。

匹夫无罪，抗日其罪。照某种人的逻辑，中国人只有共产党才抗日，也只有共产党才真正抗日。共产党被钦定为“奸党”，参加共产党的自然是“奸匪”了。第八大队不幸，它的任务和光荣的历史性的成就，恰恰只有一项——抗日，于是成为“奸匪”了。

在明白了第八大队之所以为“奸匪”的由来以后，不禁恍然大悟，原来若干月以前报纸上连篇累牍发表一长串胜利勋章和什么什么章的获得者，连太太们也有一大批的道理来。也明白了为什么那么多的伪军将领加官进爵的道理来。也明白了为什么硬向饥民灾民搜括出最后一粒米，来供养那些万脑满肠肥的日俘的道理来！

到底是孔夫子说得不错：“吾道一以贯之。”又道：“举一可以反三矣。”

二

十三年了，一生能有几个十三年！

在我离别家乡的十三年中，多少儿童成了人，多少青年走入中年，也有多少中年人成为鬓发皤然的老者。

时代的磨炼使这些人坚贞，使这些人成熟，也驱使这些人走上战斗的道路。因为他们全明白，只有战斗，用自己的力量，用自己的血来保卫自己，才是唯一的一条生路。

义乌于民国三十一年四月初八日沦陷。

地方政府不见了，照例国民党作官的人的脚是特别快的，有好处他先来接收，发胜利财、接收财。有危险呢？他先溜，国军自然不会例外，也撤退了。剩下三十二师一团也在准备开拔中。

敌人在到处建筑碉堡，征集民夫。

义乌人民不甘于被奴役，用种种方法挽留国军这一团，而且自动供给粮食，自动引路。在四月二十日这一天，毁了敌人几个碉堡，杀敌十数人，这是义乌人民抗敌的第一个信号。

跟着壮烈的一幕展开了。

五月初二日敌人来扫荡了，浩浩荡荡，全副近代化配备的精锐队伍数百人，道经西乡一个市镇，吴店。

奇迹出现了。吴店（南平镇）和附近各村庄人民不约而同，肩着锄头、草钯、扁担、大刀、鸟枪，搭配着少数地主的自卫武器，一下集合了两三千人，拦在路上就打。虽然敌我武器的时代差别有几百年，可是一来出敌人意外，二来敌人地理不熟，三来人民的人数超过敌人十倍，敌人被挨了迎头一棒，只好退却了。被缴下七支枪，这是义乌人民第一次抗日的胜利品。

第二天，敌人明白过来了，老羞成怒，集合队伍来报复，烧了九个村子。村名是横大路、破溪头、上柳家、上姜、畈田蒋、西周、石狮塘、傅村、下溪。

敌人的拿手好戏，三光政策，抢光、杀光、烧光。这一把火烧得多少人无家可归；可是，这一把火也把这区里区外人民的抗敌意志烧得更坚强，更镇定了。谁都明白，有敌无我，有我无敌，敌我不两立的道理。也更明白，光凭勇气，光凭斗志是不能给敌人以无情的打击的。要坚持下去，要做得更好，还得有组织，有计划，要有指挥人员，也要有更多部门的工作人员。

于是不久以后，第八大队成立了。

第八大队成立于民国三十一年八月，南平镇之战以后。

义乌民间是有不少枪械的，由于过去若干年来的政局不安定，大约是民国二十年左右吧，西乡闹土匪闹得很凶，杀人放火，真做到无法无天的地步。少数几个不逞之徒，搞上一两支枪便可以横行无忌。地方政府不大敢惹，人民只好自己想办法。有钱的地主们便都想法自办枪械，弄一些左轮、木壳枪，来防身防家。中农贫农买不起枪，便出力气。地主和农民通力合作，个个村庄都建造栅门（阡门），封锁村子要口。一有事，一打锣，便全村出动，而且邻村也闻声援助。这样一来，算是把那时期的匪患度过了。地主们也由此建立起威信。另一面，地方上也出来一些“勇士”，成立了保卫团，专门搜捕土匪，逮的逮，杀的杀，算是把匪患肃清了。这些人的领袖是一个裁缝工人，勇敢，机警，由于剿匪有功，也由裁缝一跃而为保卫团长，而为绅士，而为警察局长了。

西乡、义乌和金华交界的地方，有几个较大的村子，中间隔着一条水。水西有傅村、畈田蒋、杨家，水东有吴店（南平镇），相隔都只有三五里路。这几个村子的地主们都有好好歹歹几杆枪。

南平镇之战后，畈田蒋和杨家两个村子起了冲突。畈田蒋人来缴杨家的枪，吴店人和杨家人有交情，出来救援，这纠纷算避免了。

可是怕下次再寻仇，觉得非有经常的联系和组织不可，于是就产生了第八大队。

如上所说，第八大队一开头是地主们的自卫组织，毫无政治气息。

队长选出杨家人杨德鉴。

德鉴的父亲是杨家村的首富，也是西区数一数二的大地主。一生勤勤俭俭，穿的比普通农民还破烂，吃也吃得不好，放账收二分利，每年增加的息金都投资到土地上。这老人爱惜他的钱财甚于他的生命，陌生的人看见他决梦想不到这人会有钱，而且有很多钱。他俭省到不让儿子读大学，每个儿子读完中学，就叫回来替他养孙子，收田租，管家务。

德鉴受的当然是中学教育，为人精明而又忠厚，比父亲慷慨些，喜欢朋友。在乡下，读过书而又有钱，自然成为绅士，大事小事都得有份，跑腿说废话看作是有面子。

他喜欢看报，可是不大读书，也许是没有工夫吧。对于列宁、孙中山，他当然知道名字，可是我相信他决不曾读马列主义的任何著作，也许也没有读过三民主义。因为有饭吃，不想作官。在中国，除了吃官饭党饭以外的人，是用不着考党义，因之也用不着读三民主义的。

成立不久以后，钱南军派了一位高级参议吴山民来，帮德鉴指挥。

吴山民是西乡里便山人，受过大学教育。就他的经历说，曾经当过二陈的秘书，当过义乌县县长，必定是国民党员。他在外面作过事，而且在前几年作过本地父母官，有学问，有政治经验，抗战起后又参加过军队，地方声望极高。

据说，他当县长当得不错，结果是撤职。撤职的原因，据说在受训时和教官顶了起来，用思想问题的帽子撤了差。

这样，第八大队就在一个开明地主和一个国民党员之下展开活动了。

而且，在同年十一月经流亡在邻县的县政府核准，成立义西联防队，第八大队属之。民间的自卫组织一变而为政府承认的合法的武装团体了。

到三十二年十一月，义西联防处解散，第八大队改称为第三自卫大队，杨德鉴辞职，大队长职务由季洪业继任。

季洪业不久也辞职，队长由李一群继任。一直到民国三十四年八月二十二日撤退为止。

第八大队的历史生命前后恰好是三年。

人数最多时连公职人员在内，大概有一千人左右。

组织分中队四，特务队一。

第八大队退出以后，由国军组宣抚团，办理自首工作，进驻的国军是二十一师和三十二师。

代替第八大队的是从未参加抗战工作的义南联防办事处。南区自卫大队，推进到西区来，任务是肃清奸匪。

这小小一角落三年零十个月的变化，也就象征着整个中国十年来的变化。

三

第八大队成立以后，对敌的经济封锁，武装战斗，一步步有计划地展开，立刻得到全体人民衷诚的合作。

形势是非常险恶的，敌人驻兵在义亭（浙赣铁路的一个小站，离南平镇十里路），在佛堂（离南平镇二十里），在县城（离南平镇四十里）。义亭被叫作阴阳界，过去是敌区，过来则是游击区。

第八大队成立了很多小组，专门的任务是阻止任何人以物资资敌。经常在界头巡逻，阻止商贩走私，在不得已时，劝导不生效时，当然只能用武力强制执行。这对敌人不能不说是一个大打击。可是这十个月来，也为此引起无穷尽的纠纷。过去被阻止的商贩，纷纷出来告密，报复当年的仇恨。

武装战斗的次数和成果是无法统计的，只能举出典型的几次作个例子。

（一）长背之役　时间是三十一年十一月，地点在长背，离南平镇八里的一个小村。这一天敌人派宣抚班到长背来宣传皇军恩意，圣战目的，有一队日兵保护，还附有迫击炮。正在村祠中说得天花乱坠，人民睡意蒙眬的时候，第八大队来包围了。伤敌队长，杀敌数人。宣抚班就此落荒而走。

（二）西皇塘之役　三十二年八九月间，敌人到西皇塘来抢粮食家畜，第八大队得了情报，埋伏在西皇塘附近的田儿头地方，来一个突击。敌人十五人全军歼灭，里面有一个分队长。

（三）黄宅市之役　黄宅市是邻县浦江的一个大市集。这次是出击了，毁了敌人的碉堡，俘敌八十余人，内中除伪军外，有一部分是日本人。

（四）苦山之役　三十二年十月十五日，敌人为了消灭游击区，展筑公路，把上溪到义亭的路筑通以后，就把游击区和外面隔绝了。而且这条路一头通金华，一头通义乌县城，是一条军运动脉，也是经济动脉。这一天第八大队出动了，用武力阻止敌人修筑，在苦山发生了遭遇战（苦山离南平镇三里）。此后敌人日夜兴修，第八大队也日夜破坏，这条路终于不能修成。

（五）南平镇之役　时间在三十三年四月十七日，地点又是南平镇。这一天敌人三十四人由一队长率领到南平镇巡逻，平时敌人是有点害怕这地方的，这一天忽然胆子大了一点，早上来，到下午还不走。恰巧第八大队在附近乡村开会，得报立刻整队包围，发生激战，战果是敌队长阵亡了。余下的人只逃出九个，其他全部被歼灭。据参加这战役的战士说，要不是靠晚时忽然下大雨，要不是天黑了，这九个也漏不了网。

第二天敌人来报复了，报复的方法是放火。十八、十九、二十连烧了三天，市廛精华，化为焦土。事后估计，被烧的房子约一千间左右。

经过这一仗，虽然南平镇人民物质上的损失是难于估计的，可是在另一面，一直到敌人投降为止，敌人不敢再到南平镇一步。

（六）曹宅之役　曹宅是邻县金华的一个大市集，三十四年四月间第八大队得报出击，歼敌四十余人。

四

虽然我在家只住了四天，可是我和所有各阶层的人们谈过话，包括身亲各战役的战斗员，自首的公职人员，第八大队以外的地主，中农贫农和保甲长等等。教育程度一部分是中学生，一部分是受过小学教育的，更多的是不识字的农人。内中当然包括我的母亲，她是吃过和第八大队并行的农会的苦头的，她被他们叫做“顽固分子”。

然而，不管他们的教育程度，文化水准，职业区分，家产高下，和社会地位，我得到一个一致的答案，第八大队好到他们从未见到过听到过的程度。

就纪律说，我在上文说过，第八大队人数最多时有一千人左右，这样大的一个武装队伍，就西区人民说，似乎不觉得它的存在。平时分散在各村各家，谁也不觉得。一作战一行动立刻以整齐的行列出现。

我家的房子在村子中是最大最好的一所，有一个时期曾经驻过第八大队百多人。母亲告诉我，他们很客气，从不乱动用我们的东西。

附近一带，在第八大队存在的时候，没有土匪，更没有强盗，不用说小偷了。田里的农作物，园里的果树从不曾短少过一把一颗。

在第八大队活动的三年中，也从不曾和伪组织发生过一丝一毫关系，假如有，那是在作战的时期，用刺刀和步枪见面。

就战斗精神说，我愿意引用一个壮年的贫农的话。他不识字，可是有胆子，有力气。他上过阵，也杀过日本人，会放步枪和木壳枪，这是他们最好的武器了。他也见过另一个军队的战斗情况。

他比较了两种战争，一种武器不好而士气旺盛，战斗力强；一种武器精良而士气不振，战斗力弱。最后下一个结论说，就他的经验，后一种军队和他的政府，光就这点说来，是绝对不会有前途的。

我问他为什么能有勇气上阵、放枪，而且敢于杀敌人。他说：一点也不奇怪，这仗是为我们自己打的，而且，更重要的是我们自己要打。我不去打，敌人就打来，杀我的父母妻子，抢我仅有的米麦，而且还要烧我的破房子。试问，谁愿意自己或自己的父母妻子被屠杀、被污辱呢？谁肯甘心情愿让敌人把粮食抢走，房子烧光，挨饿挨冻，流离失所呢？一上阵，想起了这些，不由得不勇气百倍，和敌人拼个你死我活。

一句话，为什么士气旺盛，因为每一个战斗员明白他为何而战。这样也就明白上边的另一个问题了，为什么第八大队能有这样好的纪律？因为第八大队是由人民产生，属于人民自己，为人民服务，生活在人民之中，而并不像另一种“军人第一”的军队，高高在人民之上的。

最后一个问题是这军队的给养从何而来？

第八大队的给养由自卫谷供给，办法是照各家负担能力每月负担多少谷子，此外别无所取。因为他们没有饷金制度，也没有服装费，除了吃饭以外，是用不着其他开销的。下面附着一张我家里保存的收据：

南字第　　　　　　　　号

今收到

南平镇（乡）一保吴瑸珏户卅三年八月至卅四年七月区及乡镇经费在内合计谷伍拾市斤。此据

义西经委会办事处主任　　吴山民

副主任　　杨广平

经收人　　吴璧祥 签字 盖章

中华民国卅三年十一月五日

吴瑸珏是先父户名，吴璧祥是我的堂兄，这时在当保长。

一年五十市斤的自卫谷经费，较之这十个月来乡公所每月三十市斤的什么经费来说，是轻微到万分的。而且，据我母亲说，的确很轻，别家比我家还要少。

不止如此，第八大队还协助流亡的县府，替他收粮，作流亡经费呢！

五

艰苦抗战了三年，生活在血泊中，在敌人扫荡的威胁中，得不到地方政府的支持，得不到中央政府的指示或援助，更谈不上什么国际援助之类了。

然而，这些可敬的人们，在大风雨飘摇中，屹立不动，以坚贞肯定、毫不犹豫的决心，不但在消极的抗拒敌人，而且还积极的主动的去打击敌人。

是他们继承了戚继光将军麾下义乌勇士的荣光。

是他们为国家为民族保存了这小块干净地。

是他们起来保卫了自己，保卫了人民，保卫了主权。

是他们发扬了中华民族的正气，替可歌可泣的抗战史插入光辉的一段。

然而，从去年八月二十二日以后，这支人民的武力被视为奸军了，这些可敬的人们被叫作奸匪了。

多少人在逃亡，在流离。

多少人在魂梦不安，在等待别人告密。

多少人在拘囚中，在酷刑虐待中。

十天前，正当我回到这第八大队出生地的时候，县长警察局长正在率领军警清乡，肃清奸匪，强化治安，并且还有密告箱的设置。

德鉴避居金华。有人告他是奸匪，在被勒索四十万元以后，案子仍未了结。

山民逃亡在外，他家原也素封，仅够吃用。家里住宅几次被敌人放火烧光。但是，如今已经是三餐为难了。留在家的太太妹妹和儿女经常被警察和自卫团访问，并恫吓要逮捕她们，正在走投无路，出不来，也活不下去。

这是抗日战士的下场，第八大队撤退后的尾声。

然而，人民的眼睛是雪亮的。

抗日有罪，呜呼！

三十五年七月七日为纪念卢沟桥而写

（原载上海《周报》，1946年）

浙道难

——还乡散记之二

一、蜀道难于上青天

复员了，离别家乡十三年，非得回家看看家人不可。

说是公教人员，不如说是义民还乡，虽然义字有点不大敢当，还是说难民吧。除了向学校领得一人二十五万元的路费以外，交通工具学校不能管，政府不愿意管。走滇越路，此路虽无共产党，还是不通。走公路，虽然有的是逾龄的四肢不全心脏麻木的烂汽车，可是一来怕抢（虽然此路也无共产党），二来怕翻车，三来沿途食宿也开销不起。而且，还有最严重的问题，受了战争之赐，病了八年，拖得快死的老婆实在也经不起十几天的公路颠簸。条条路都不通，只有乘飞机。

飞机！难！难！难！凑巧在我结束了功课的时候，碰上好运道，难上加难！据说昆沪班因赶运军用物资停航。昆渝线呢，原先一星期四五班的也因军事关系减为两班。而这两班又是将军们有优先权。当然啰，军事第一，军人第一，虽然对日战争已经结束了。

从四月十七日起，到处托人，天天跑中航公司。一跑跑了二十天。

说是军人第一也不尽然。每天上下午在航空公司所见的，有老太太，摩登少妇、少女，一堆一堆的小孩子，还有神气飞扬的大腹贾。个个有办法，尤其是大肚子一类人，只要附耳嘁喳一下，飞机票就到手了。还有，我所服务的学校，每天每班总有几个男女学生，有搭当班飞机的福气。每天每次欢送若干人飞行，每天每次在航空公司的一角落坐冷板凳。尽管跑断了朋友们的腿，说烂了朋友们的嘴，还是得等待、等待，等待到昆明不再有人到重庆的一天。

终于，由于一个朋友的到达，这朋友几年来听够了谎话，也学会了无伤大雅的一套。他替我写了一封信，编了一套让人笑断了气的幽默故事，当天见了什么处长，第二天，五月七日中午，终于挨进一架运输机了。

说是每人只许带十八公斤行李，多一丝一毫也不许可的。奉公守法的小百姓，只好把被盖冬衣书籍一概割爱，决心到北平去挨冻了。可是，在上飞机以前发现了一个奇迹：有一个认得的商人，带了一大堆杂物，大包小包总有五六十公斤吧，不过磅，当然也不需要纳费，一样样有人替他从另一个门路送上飞机。

航空公司的职员口口声声这是重量飞机，过重了会出毛病，对乘客安全是会出问题的。

在重庆，当然也不会和昆明两样，而且，还加上一样，恭逢中国航空公司罢工之盛。同样工作，两样报酬，为的不是高鼻子，蓝眼睛。政府学会了美国的一套，派空军接收，罢工人员一律免职。中国航空人员除了在国营公司服务之外，是没有其他出路的，只好屈服了。还是同样工作，两样报酬。

等了三十三天，终于挤上飞机了，六月九日到了上海。

滇道难，蜀道更难。

以为从此再无难路了，不料难的还在后面，浙道难而又难！

二、浙道难于入地狱

六月二十五日由上海到诸暨，第二天中午到家，躺下了两天。

七月一日从家到杭州，第二天下午到上海，病了三天。

浙道难于入地狱。先要声明一句，至少我一天半的旅程中，都是中央政府的直辖地区，并非解放区，更无共军。这笔账算不到共产党头上。

沪杭车是畅通的，一生没有坐过二等车，这回颇想开荤。第一天买了票，兴兴头头一清早，离开车还有半个钟头到了北站。

挤上二等车，满坑满谷，早已满座了。无法，昏头昏脑从每辆三等车窗望进去，连站的地方都难得找到。出了一身大汗，溜进头等车，也满了。只好在一个窄窄的走廊上，凭窗远眺，在思索、研究这“繁荣”的所以。

想了又想，道理出来了。

原来经过这九年，整个社会阶层起了质变了。在我，初次买二等票是开荤，想勉强挨进二等人物（以财富计算的）之林，谁知在我以外的林林总总之俦，却早已升班了。十年前的小店主今天已是大老板，十年前的小瘪三，今天已是大亨。还有，胜利财、接收财的获得者；还有，乡长保长之类；还有，伪官伪将军之类。金条尚且成箱成库，头二等票何足道哉！何足道哉！

正在思索中，车上的服务员发现了我的窘况，问我有没有票，把对面的小房门一开，很舒服的一间小屋子，蓝丝绒的沙发，空得很，迟疑了一下，也就进去坐下来了。

因祸得福，居然坐了头等车，而且还是一间精致的小房子。到杭州，小妹妹在车站外等着，吃了一顿饭，就搭上到诸暨的火车。

这条路原来叫杭江路，后来拉长了，叫浙赣路。十三年前回家曾搭过一次，那时钱江大桥正动工，从杭州搭车先得坐渡船过江。在我的记忆中，这条路是中国的资本，中国的技术人员，从测量到通车，完全不假手外人所造的唯一的最成功的铁路。车厢整洁，有秩序，给我的印象极好。

可是，十三年后，在敌人投降十一个月以后，我很惊诧。这是我生平所看到最坏的铁路，最坏的车厢，最龌龊，不干净，最无秩序。时代在进步，这条路却退步到令人难以想象的地步了。

只卖三等票，卖票时摆成一字长蛇阵，而且一人只许买两张。我同行的有三个人，两个人回学校拿什物去了，只好临时拉一个初次见面的学生帮着买票。

拿了票进月台，一看四节三等车全挤满了，塞不进一条腿；退而求其次，并无四五等车，只有一种铁篷车，也挤满了人。挑了一节空一点的挤进去，把箱子放下当座位。仔细一端详，这车有许多特点：第一无窗户，只有两边两个大铁门。第二无座位。第三车顶和车壁一层层有许多大铁圈。第四满地牛马矢，臭气熏天。综合这些特征，恍然大悟，原来这车不是预备给人用的，原来的用处是运牛、运马、运猪羊鸡鸭之类的，简言之是畜生车。君不见那些圈子乎？正是用来拴牛、拴马的。改而运人，人没有绳子拴着，因之，也就一路丁丁当当，显得英雄无用武之地了。

这条路我搞不清是国营、商营的。不过，无论如何，拿畜生车运旅客，把人当畜生，不能不算是国家或商家优遇人民的恩意了。

一来一去，我被派当了两次牛马，呜呼！

路基是不平的，颠颠倒倒，加上司机先生的手法，停车轰轰然，开车訇訇然，把人左摇右摆，倒得满地。加上臭气袭人，铁皮子加上火热的太阳炙人，连熏带烤，终于到了诸暨。因为没有表，估计走了四个钟头。

在诸暨住了一晚。第二天一清早搭上一辆大卡车。

朋友说，来的是时候。早两天，闹大水，火车只通直埠，离诸暨还有好几十里。而且，搭卡车，够危险，有一辆出了事，翻在一个小塘子里，车中人全遭灭顶，行李全部损失。原因是路旁的木桩早已不见了，土松，车子一歪就下水了。另一辆也翻了一个大跟斗，死伤人数不详。

想了想，性命要紧。可是，十三年了，拼着命也得回去看看年老的母亲。

挤上卡车了，被挤在车尾巴。

车子当然是美制的，两旁有两溜高一点的算座位，中间堆行李，行李上还坐满了人，挤得不通风。同车的老旅客说，这还算是空的。天啊，我的脑子中简直无从想象不空时的情形。

车子呜呜开了，走一步跳一步，身子也跟着跳一下。走到坎坷的地方，一跳把人跳有几尺高，一直跳到目的地。我替这条路这个车发明了新名词，路叫跳舞路，车叫跳舞车。

一手攀住车旁的铁栏杆，一手抱住小箱子，坐在挺硬的钢皮上。一会儿手麻、眼花、头晕、脚酸，一会儿全身疼痛，四肢百骸好像都给跳碎了。眼睛还得看住同行的两个小女孩子，不懂事的中学生。

一个中年人，估量是个经过世面的，索性站在行李堆上，两手攀住车顶钢条，像翻杠子似的。一路上只见他在跳，一会儿脑袋跳到齐帐篷，一会儿又一顿顿在行李上。

女孩子男孩子们索性爬坐在车子边边，两手左右开弓，攀住栏杆，身子跟着车子跳，倒可以省得屁股颠痛。

颠、跳、摇、摆了四五个钟头，终于有这一时刻，下车了。沿途目送下车的旅客，肚子里在替他祝福。好了，在下车的时候，情不自禁地对尚在受苦难的难友说，到了西天了，苦难受够了。再见。

下车时深深吁了一口气。

和同车难友研究，沿途观察，明白了这条路的情形。

原来并没有公路，汽车而走非公路的路，奇迹一。

没有路面，只是沿着原来的铁路线，没有铁轨的铁路面。没有碎石子，有的只是宽一丈五六左右一条黄泥带子。有的地方连路旁的木桩也没有，左缺一口子，右缺一口子，不管路边是水沣子，是池塘。有的地方路面只剩六七尺，两个车子对面来了无法通过。有的地方根本路面陷下一大段，临时来一条支路。有的地方尽是大窟窿，小窟窿。总之，是没有一段，甚至一小段的平地。然而，车还是开过来了，奇迹二。

翻了多少次车，死了多少人，损失了多少财物。车子照常开，旅客照常搭。生命和财物的安全车主不管，旅客无法管，政府不愿意，懒得管。除了人人抱怨太苦以外，从未有人提抗议，奇迹三。

这条路为什么弄到这步田地呢？

已经说过了，并非公路而是铁路。而且是没有铁轨，没有路面的铁路线。

中国人的天才，对这废物加以利用。

路轨似乎是中国政府自己拆的。恕我不知其详。可是在日本人投降十一个月以后，还是没有铁轨，没有路面。交通是破坏了，的确是不通了。然而，这区域并无共产党，我不好意思算在他们账上，虽然我受了太多的罪。

不通的路而居然通，这是商车主通的。跟着公路总局也来通了。

然而谁也不愿来修公路，甚至培养它一下，例如补打木桩，修平路面之类。

理由：第一，这条铁路迟早是要通车的，尽管是多少年月后。既然如此，修公路不合算。

第二，公路局每天只开几辆车，犯不着来铺路，养路。商车吧，一个车行开一二辆车，当然，谁也不愿管，而且，也无力管。

第三，政府当局呢？忙着修和军运有关的什么津浦、陇海、平汉之类的铁路。这边没有共产党，无从进攻，用不着替老百姓修铁路或公路。

谁都不管，于是这条孤儿式的路，在日本人投降十一个月以后的今天，依然没有路面，没有铁轨。依然左一个口子，右一个口子。依然大窟窿，小窟窿。依然是交通不通，不通火车通卡车。让它翻车吧，让它死人伤人吧。不死不伤有福度过八十一难的，练习了一次长途跳舞，收强筋健骨之效。

这是中国的交通，是中国人民所享受的民生主义中“以利民行”的实迹。

我在这次跳舞旅行以后，不能不感谢前交通部长俞飞鹏先生，现交通部长俞大维先生，前浙省主席黄绍雄先生，现浙省主席沈鸿烈先生，和其他负责交通和民生责任的领袖人物。因为他们的政绩，让我更明白更了解许许多多的事情。

我也准备在未来的历史上写上一笔，每一个在这条路开车的司机都应该得英雄奖章。是他们的杰出技术，救活了每一个平安到达的旅客。

三、人民的战斗和苦难

杭诸车经过南星桥，经过闸口。这一条长街，过去相当繁盛的长街，在车中所见，两边厢都是断壁残垣，和向荣的青草。我在思索、在怀念，这一带的居民，过去列肆的主人，善良的住户，今天流落在何方？生活在何处？他们曾否得到日寇的赔偿，曾否得到不遭误用的救济物资？

进了萧山、诸暨、义乌境内，两旁边所见也还是断壁残垣，也还是一片青草。

经过一个残毁的村庄，经过一个东倒西歪的村落。每一村、一庄、一房、一舍的被焚毁，都包含有一段壮烈惨绝的故事。

我记不起这村庄的名字了。有一队日军来驻扎了，事先他们还以为是国军，直到看见他们的帽章，军官和当地人民要用笔谈话以后，才知道是敌人。

开头两三天还好，大家战战兢兢躲在家里。突然要给养了，要伕子了，要“花姑娘”了，要这个那个了。

一天，一个骑马的军官被锄头打死了。日军点名时发见缺了人，而且发现了血迹。

于是举行膺惩了。村四周架了机关枪，每座房子堆了草，浇上汽油。一个命令，全村起火，逃出来的全被机枪射死。

离我的家有五里路的一个小村，叫吴村。大概有二三十家住户吧。有三个日军来搜索物资，牵走牛羊，连鸡鸭也要。村民忍受不住了，在塘埂地里埋伏起来。日军牵着战利品悠然归去，村民突出，一锄头一个，锄死了两个。第三个受了伤，跑掉了。第二天日军又来膺惩，照样在村四周架了机关枪，放射了烧夷弹。立刻全村起火，老人、小孩、壮丁、女人纷纷冲出，一概射杀，直烧得片瓦不留，人烟尽绝。

故事的发展和结果是千篇一律的，杀敌人，被抢光、杀光、烧光。

这地区每一个被烧毁、被摧残的村子的居民，会告诉你和上面类似的几百个几千个故事，每一个故事都是眼泪和血所组成的。

在三光政策之下，人民武装了自己，建立了游击区。

有的游击区有好领导人，有坚强的组织，不但打击了敌人，也保卫了自己。

有的游击队是游而不击的，更有不游不击的，也有和伪政府伪军合作的。

有好的游击队的区域，人民负担轻，除了出自卫谷和给流亡政府一点谷米以外，没有别的负担。

游击区和沦陷区交界的地方叫阴阳界。这地带的人民要出四份：一份日军，一份伪政府，一份游击队，一份流亡政府。

纯沦陷区的出三份：一份日军，一份伪政府，还有一份，伪游击队。

这一带的人民就生活在这样的几重负担之下。

游击区的人民，过去三年，生活得还不太坏。不只不太坏，有些村子还有若干家暴富的。其他的即使不发财，也还过得去，甚至比前还好一点。

情形是这样的：

第一，没有了苛捐杂税。伪政府不敢来，流亡政府不能来，日寇要来，被打出去，消极的负担减轻了。

第二，战争时间，过去一些浪费的现象也跟着政府走了。例如唱草台戏，公开的赌博（过去政府是要收戏捐和赌捐的），斗牛，庙会，以及宗祠祭谱盛会，同时，鸦片、红丸、白面（是一种和鸦片类似的麻醉品，红的叫红丸，白的叫白面）也不能入境了。

第三，最重要的是洋货不能入境了。没有了煤油，菜油和土蜡烛的销路控制了全区，没有洋白糖，红糖就涨价了。没有洋布，土布畅销。没有纸烟，土制卷烟业也起来了。一切的洋货都用土货代替，而且不但自给自足，还有销到旁的游击区去的。经营这些事业的人都起了家。我同村的一个小自耕农兼小店主不但买了许多田，还盖了新房子。

第四，没有抽壮丁，也没有征购、征实。

当然，也有许多破了家的。被抢被烧的不必说，有的商人因战争突起，地方突然沦陷，货物全部损失而变为赤贫的例子，也有好一些。

不过，大体上说，都还过得去。过去家里很难有一元两元银洋的，在这段时间，三万五万不算什么一回事。

举一个最具体的例子。我的村子有一百家左右，过去读中学的只有一两家，但是在今天，有一二十家的孩子进了中学了。

战争，游击区的建立，使这地方的人民起了质变，社会阶层彻底改变了。

然而，在日寇投降以后，又来一个更大的变化，扼要地说，不是复员而是复原，一切都复原了。

第一，复的是政治的原，苛捐杂税又来了，而且比以前更多，更苛细。例如义乌县的监狱容不下新来的客人，就有监狱捐。要多盖监狱，美其名曰改良监狱捐。至于蠲免田赋，根本没有那回事。

第二，浪费现象又普遍化了，举例说，这一些日子，义乌南乡正在举行斗牛大会，人没有饭吃，养的斗牛却每天吃八九个人的饭，还喝酒，吃人参汤。一头斗牛的市值要二百担以至更多的谷子，参加的斗牛有几百条。每一举行，附近几十里内差不多空村空巷，万头攒动，欣赏牛的战斗。

第三，洋货大批涌入了，煤油又代替了菜油和土蜡烛；洋白糖又代替了红糖；洋布又驱逐了土布；外来纸烟使土卷烟绝迹。小手工业者关门，土布机劈了当柴烧。

第四，征购、征实又开始了。诸暨的一个朋友告诉我，征购军米每一担的代价只够这担米挑进城的挑费的四分之一。

普遍的穷困，彻底的穷困！

粮食大量地出去，洋货大量地进来。

穷困的实例有的是。这次我在家住了四天，要借回来的路费，全村子凑不出五万元法币。

再举一个实例吧，我的村子大小男女有九百多人，可是全村所有的土地只有七百多亩，平均每人分配不到一亩。

还有，法币使人民吃够苦头。一直到今天，还有不少爱国爱得着迷的天真农民，一沦陷就把法币紧紧藏好，一捆一扎埋在妥当的处所，始终不肯动用。即使敌人用重刑威吓，也还是紧紧收起，这些人报效政府算是报效够了吧。而在今天，若干年前所拼着性命保存的法币，一捆一扎可以买一个烧饼或者一个鸡蛋。

而且，谷子一百斤的市价从几百元涨到两万，而且，天天在涨。

于是，在去年年底吧，一切工资，借贷，甚至买卖，都以谷物来计算了。木工一天五斤米，佣工一天三斤米。

还有，这地面管过去的银洋叫白洋，假如估计一件货物的价值不以谷物计算的话，那就说是合白洋若干元。

没有人再保存法币。

这和几年前人民冒着生命的危险保存法币的艰苦情况，恰是一个对照。

这个强烈的对照说明了人民是懂政治的，他们会受骗，可是只能受骗一次。

三十五年七月十六日

（原载上海《周报》，1946年7月16日）

真空的乡村
——还乡散记之三

一、不　　变

隔了十三年了，村里的小学，还是老样子。

其实，再说远一点，从三十年前到今天，这个小学也从来不曾有过改变。

小学还是设在村中唯一的公共场所，大厅。这座建筑有相当年代了，据说在我曾祖父的时代就有它。长方的院子，正厅三大间，楼上是空着不用的，让它作老鼠王国。下边正中一溜是神龛，摆着列祖列宗的神主。隔着一个极大的院子，对面是戏台，戏台后面又是三间平房，当中一间是大门。正厅两边有两个腰门，村中人都从此进出。

平时，为了祈神、报赛、谢痘、消灾，要唱戏在这里。

穷人家房子不够用，办丧事也在这里。

冬夏两季，有钱人家作一点竹活，打晒谷席子，打装谷子箩，在这里。

过旧历年，年轻人中年人闹赌，押宝、掷骰子也在这里。

当然，有宣抚大员来，也在这里训话。当中的大院子，无论什么时候，都堆满一堆堆木料，一堆堆肥料，苍蝇满天飞。

假如有改变，那只是小学校长换了人。新校长要举行新政，举出种种理由，说大厅不好办学，不如戏台这边小三间好，于是搬了过去。再隔一阵子，又换新校长了，又举出种种理由，说还是大厅好，又搬回来。三十年来大概搬来搬去总有二十多次，反正有的是人力，谁也不在乎，谁都说搬得好。

附带在这里说一句，我们的小学校长是义务职，并不经由选举。谁的家道稍为过得去，而又有小孩得上学的，便被认为当然校长。在任期中得负责招呼教员，代收学费，招待视学官员，种种麻烦差使。唯一的荣誉是一年一度的请教员的酒席中，他坐主席。

教员，三十年来永远保持一个的纪录。因之，每个教员就都非全能不可，国文、算学、常识、唱歌、体操什么什么全得会。每班每级全得教。

一年的薪水过去是几十元白洋，如今改成谷子了。吃不饱，也饿不死。大体上来应聘的人，多半拿这饭碗当跳板，没办法在这地方呆一下，一有较好的事情，立刻掉头就走，决不留恋；也说不上一学年，甚至一学期一个月。因之，经常闹没有先生的恐慌，经常几个村子的孩子在失学。

而且，来屈就的多半是本县县立初中的毕业生。这个初中办得其糟无比，肯来这小学校的，大概还是糟中之最糟的。我在外得到的家信，都是这一些先生代笔的，端详文意，往往要好一半天才能明白讲的是什么事。

设备呢？三十年来除了一点破烂的桌椅黑板以外，没有一本图书，没有一张报纸，没有一份杂志，更谈不上体育用具、音乐用具和其他的仪器设备了。

孩子们在学校读了几年，出校后依然是文盲，认不得几个大字。

村子里人送孩子上学，过去每年花一元白洋，现在大概是几十斤谷子吧？能认得字固然好，可以记记账目，再好是能写文契。不然，认不得也不要紧，放在学校里总比让孩子们成天在野外鬼混，成天和别的孩子打架要省事，好一点。

一到农忙，孩子们全上田里帮忙去了，先生也落得休息。

这样的一个学校，就是当今政府提倡教育，扫除文盲的成绩。

说是三十年来全无改变吧，也有两点。

第一，这几年来入学的孩子增加了，今年的学生总数有七十二人。可是别误会，以为是办学办得好。其实是经过四年来的社会阶层转变，村人的一般生活水准提高了一点，比过去容易生活一点，因之大家都送孩子入学。不过，好景不常，一年半年后怕又得复原了。

第二，是村中游手好闲的人增加了，闲着没事做，大厅对面的三间被建设成茶馆。成天有一批人在说白道黑，谈论是非；当然不会谈到国家大事。

看了看，想了想，假如中国的政治还是今天这个样子，怕再过三十年，这小学校还是今天这个样子，还是六十年前的样子！

二、火热的心

为孩子们悲哀，在和多少中年人老年人接触后，又不禁为孩子们的上一代和更上一代悲哀。

中年人大体上都和我是小学或中学同学，老年人则是父辈了。

一个普遍的现象是消沉。

然而，更往深处看，在忧郁的面容后面，心的底层，有烈火一般的愤怒。

这一股火，迟早是会爆发的，会燃烧起来的。

从杭江铁路自动切断之后，这一角落成为孤岛了，和外面完全隔绝了。要经过多少麻烦，多少艰苦，才能偶尔得到外地一份两份报纸，知道一点点几星期几个月以前的历史。他们在苦闷，在彷徨；不过有一点却是肯定的，由于人民武装力量的成长，不许敌人过来，敌人也就过不来了。他们信任自己的力量，因之，也就坚信胜利的一定到来。

在这信念之下，他们牢牢地窑藏着法币。

在这信念之下，坚决拒绝敌伪的威胁利诱。

在这信念之下，敌人的无数次扫荡都得到失败的结果。

胜利了，敌人撤退，接着新四军也撤退，三五支队走了，第八大队干部也走了。

代替的是豪绅组织的自卫团，是军警联合的清乡队，是强迫自首，是集体进监牢，是密告箱，是征购、征实。

一切都复原了！

抗战八年间从来没有见过面，不知道藏在哪一角落里的特殊人物，都浩浩荡荡地凯旋了。

替敌人服务的伪县长、伪警察局长之类的人物，都腰缠千万两黄金，坐车到上海去了。

这些人地方上人管他们叫汉奸。汉奸中最为人民痛恨的是一位警察局长，在卖烧饼时代的名字叫小讨饭，作官以后，尊讳似乎叫傅正喜吧！他的德政之一是出卖良民证，一张良民证要几百斤谷子。这笔钱拿金子来算该有多少？拿法币来算又该有多少？

此外，还有太多的例子。

老百姓实在搞不清楚，到底是谁胜利了！

报纸大量地进来了，来的是《申报》和《新闻报》。此外，绝对不能看到任何的报纸和杂志，新书更说不上了。

他们不能明确地指出这现象是被桎梏，被封锁，造成文化思想上的真空。

但是，他们根据过去四年的现实经验，血的洗炼，他们已经有了一种最真确的尺度。根据这尺度，明白了他们所能看到的报纸上的话全是谎话。

对谎话，一千个不相信，一万个不相信。然而，没有地方，也没有方法，能够听到真话。

然而，他们还是在坚信，无论如何，总有一天，能够活着听见真话。

举一个例子吧。我到家的第三天，义乌县县长朱文达正带了军警来清乡。在离我家不到三里路的南平镇的村民代表大会席上，说了两句名言，他说：“思想自由是可以的，在脑子里肚子里，看不见；言论自由却绝对不可，绝对不可！”

朱县长是中央政治学校毕业的高材生！

有一位中年人把这话转告给我，我问他有什么感想，他凄然一笑。

他还说，这几天来看我的朋友，所谈的话，都已经有人在作报告了。我今天在这篇文章上特别指出，谢谢这些先生们的关切。

当天下午，有十几个中年人老年人和我谈话，使我惊奇的是他们的理解力和想象力的丰富、正确，超过了我这几年来所教的大部分大学生。

他们有营养不良的躯壳，有可惊奇的脑子，火热的心。但生活在文化的饥饿线下，白色政治的恐怖性中。

他们不会说话，也不敢说话。

我能够明白他们，理解他们。

这是一群该被祝福的人们。

三、翻　　身

短短四年，这个小小的乡村翻了两次身。第一次翻身的是贫农。

不认得一个字，不曾出过一步门，没有一小块田地，一生靠劳力来换取苦到不能再苦的生活的人们，一下子翻身了。他们参加第八大队的小组，和敌人作战，封锁物资出口，挡住敌伪军，不许过来。

他们当了甲长、保长以至乡长之类的公职，和第八大队合作，在经济上、组织上支持这一支人民武装力量。

他们也参加农会，执行二五减租，解决田主和佃家之间的纠纷。

他们出席村民大会，村保代表大会。他们在发言，在表决，在执行。比较干练一点的，还被选作审判员问案呢！

整整有两年多吧，这一小角落的政权是贫农政权。

社会阶级倒过来了，劳力出卖者作了主人，绅士们成为幕僚。

三年后的今天又来一次翻身。

这一次是中农和绅士们翻身了。作甲长、保长、乡长的是他们，应接官府的是他们，出席村民代表大会的也是他们。

举个例，朱县长来清乡的那一天，我的村子里出席的代表，一个是三十年前的中学生，两个是廿年前的初小毕业生。在极端贫苦的乡村中，他们是被算作为地主阶层的人物的，是村子里顶儿尖儿的人物。

还有一位二十几年前的中学生，更来一个大翻身。除了是一个学校的主要教员以外，还是一个中心小学的校长，县参议员，此外还有五六个名目，我也记不清了。

贫农呢？依然是贫农，再过那三年以前的老日子，替人家作雇工，作零工，挑扁担之类。

恢复旧秩序这一点，在这一小角落，是完全无憾地做到了！

三十五年七月三十日

（原载上海《周报》，1946年7月30日）

投枪集

说明：

《投枪集》是吴晗编辑的他的第三本杂文集，收杂文60篇，前言1篇，1959年9月作家出版社出版。收入《吴晗全集》时删去了与《历史的镜子》、《史事与人物》二书重复的篇目。

——编者注

前　言

最近一个月，把从 1943 年到 1948 年这六年间所写的一部分杂文，编在一起。编排是按时间顺序的，只有两个例外，一个是关于闻一多的文章，另一个是还乡散记，虽然时间顺序不尽相同，也编在一起了，为的是性质相同，看起来方便一些，这叫做正中有奇吧。书名呢，实在想不出，叫杂文集，不大好，叫别的，想不出来，想了个把月，还是想不出合适的书名，真是文章好做，题目难出。但是，总得有个名目，重温这些文章，大体上都是骂国民党的。那时候，人民解放军用真枪真刀打敌人，我呢，躲在大后方，既无枪，又无刀，有了也不会使，只有一杆笔，真刀真枪比不上，比它一杆木头枪吧。木头枪伤不了人，不能说放，但是，有枪总得使，怎么办？放不得，投它一下如何，管它三七二十一，要是投中了，也会有点痛的，要不痛，怎么会连李公朴、闻一多这样的人也乱杀？无已，姑名之曰《投枪集》。

这几十篇文章，都是发表过的，大部分是十年前从报纸杂志上剪下来，装了一口袋，保存到现在的。也有少数的几篇，当时没有保存，最近才想法子补抄的。当然，这十几年中，所写的杂文不止这些，有些手头还保存着，看来看去没什么意思，只好仍旧装袋；也有一些文章，还记得内容，想想也还有点意思，但是，连发表的地方也记不起来了，找不到，托人打听，也打听不到，只好算了。

收在这个集子里的文章，除个别地方文字上稍加改动以外，如满清一律改作清朝之类——基本上没有什么修改。这是因为改不胜改，例如有些看法，十几年前确是那样，模糊、落后，许多问题不但看不清楚，也说不清楚。如今，看法改变了，算是有了些进步。但是，要动笔改，可难了，几个字，一两句还可以，要改全篇中心论点，可不成。因为要改就得全改，也就是重新写；与其重新写，以今天的看法来代替十多年前的看法，冒充先知先觉，作伪舞弊，何苦呢，又何必呢！再说，要是真有什么想写的，何如新写。何况，人总是从模糊到清楚，从落后到进步的，把过去这十多年有些模糊、落后的表现保留下来，我想，不但对自己是面镜子，就是对年轻一代来说，也还是有些用处的。当然，意思不是叫人们欣赏我在某一时期的模糊、落后，而是说，不要怕模糊，怕落后，在党的教育下，只要肯努力，是一定可以取得进步的。

此外，在这些有些模糊落后的文字中，也还有点火气，有点辣气，反动派很不喜欢的味道在。也还有些历史事实，例如国民党的贪污，对日作战的"转进"，买办资本，通货膨胀，法币，物价，公教人员的生活，中苏关系，反苏运动，汉奸，特务，国民党士兵的生活，国民党发动内战，美国调处，暗杀，打风，政治协商会议，"一二·一"惨案，国民党破坏政协，伪国大，反内战运动，等等，当时写的时候，都是有的放矢的，到今天看来，也还多少可以帮助人们回忆过去的情况。

当然，也该讲清楚，这些文章都是在国民党统治时期发表的，有些文章经过国民党检查官的删改，甚至整段地删去。更可恶的是有些地方的乱改，改得上句不接下句，牛头不对马嘴。因为没有原稿可以核对，删去的地方固然补不上，乱改的地方，除了照文义改回来一些以外，有些地方可能疏忽了，没有能改回来。其次，在当时情况下，行文时只能国民党和共产党并提，虽然语气有不同，中心论点有不同，但在提法上，只能这样说，不这样是发表不了的。也有个别地方，如《浙道难》，因为那时候国民党造谣说共产党破坏交通，这篇文章便通过浙赣路的破烂情况，说此地并无共产党，从侧面骂了国民党之类。第三，这些文章绝大部分用原名发表，也有若干篇是用笔名发表的，用的笔名有吴子直、高光、何无忌、刘勉、刘恢之、吕庆、公孙器之等等，现在都附注在原来发表的文章后面。

发表的刊物的名称，列举一下也很有意思，因为从这个单子中也可以看出这六年间的文化界的政治立场。就云南说，有《云南日报》，《正义日报》，《扫荡报》，《民主周刊》，《生活导报》，《评论报》，《自由论坛》，《工商青年》，《真报》，《观察报》，《新报》，《周报》，《妇女旬刊》，《时代评论》，等等。应该说明的是除《民主周刊》是中国民主同盟的机关刊以外，《云南日报》、《正义报》和《扫荡报》都是国民党官方的刊物，其中《扫荡报》还是军统的刊物，我怎么可能在这些刊物上发表文章呢？道理是国民党内部的矛盾，政、党、军的矛盾，云南地方当局和重庆政府的矛盾，利用他们内部间彼此的矛盾，偶尔也可以发表一些文字。第二，更重要的是这些国民党官方刊物都有党的地下工作者在作秘密工作，这些文章绝大部分都是通过共产党员在他们的刊物上发表的。此外，从《生活导报》以下这些刊物，都是昆明各大学的学生和文化界人士凑钱办的，一无社址，二无固定印刷场所，三无稿费，四呢，出不了几期就被查封，封了再换名字又办一个，又封了又办。其中个别的甚至是油印的。

就重庆说，有《新华日报》，《民主报》，《新生代》，等等；上海有《文汇报》，《民主周刊》，《群众》，《文萃》，《周报》，《新文化月刊》，《中华论坛》，《中国建设》；北平有《民主周刊》，《清华周刊》，《燕京新闻》，《中建》半月刊，等等。到 1947 年，许多刊物都被查封了，我们只好出地下刊物，一期换一个名目，一共出过三本，记得一期叫《社会贤达考》，一期叫《论南北朝》，还有一期连名字也想不起来了。我们好容易弄到一点钱，凑着出一期，谁知发到东安市场、西单商场书摊以后，尽管卖光了，但是钱却收不回来，我们也不敢要，只好另外想法再出一期，这样搞了一个时候，才偷天换日，出了上海《中国建设》的北平版，叫作《中建》半月刊，搞了一阵子，又被查封了，接着北平也解放了。

这几十篇文章，绝大部分都在篇末注有原来发表的时间和报纸、刊物名称期数，但是，也还有一小部分，因为辗转剪、抄，有的把时间漏掉了，有的连报纸、刊物的名称都找不到了，无法查对，只好空着了。

过去有这么一句话，文章是自己的好。我倒不这么看，自己的文章并不怎么好。那么，有人会问，既然不怎么好，为什么又要编集子出版呢？我说，我的道理是我的文章是说话，那几年有话要说，所以写文章。这些话在今天看来，很稀松很平淡。因为当年我们要争取的，所追求的，不但全都实现，而且远远地大大地超过了。今天我们国家的伟大成就，在那时候，我们连做梦也没有想到过。当年我们所反对的，所抨击的，都已经彻底摧毁，成为历史陈迹了。但是，我们当年的确这样想过，这样说过，这样骂过，这样斗争过，这一段历史，是值得回忆的，也还是值得年轻的一代参考的。文章虽不一定好，文章的内容却还可以提供一些现代史的史料，不是吗？

杂文到底该怎么写，怎样写才叫杂文，我也闹不清。我所能弄清楚的是：第一，我的文章内容很杂，几乎无所不谈。第二，写的时候没有一定章程，想到就写。第三，希望文章能使多数人看懂，把要说的话写下来，有时候半文半白，文体也很杂。第四，大部分文章是有点意思就写，写完了才想安题目，弄得很苦。第五，发表了以后，人家说我写的是杂文，于是我也认为是杂文了。但是，说老实话，到写这篇东西的时候为止，到底杂文该怎样写，我还是不懂。是为前言。

1959年7月6日清晨

给士兵以“人”的待遇

远的地方，偏僻的场所且不说，只就昆明市区而说，在大街上，在小巷里，到处都可以看见骨瘦如柴、行走艰难的兵士。有的巴着一根竹棍支持他的体重，有的实在走不动了，躺在林荫下，土堆上，休息过度的疲劳。有时你也可以看见一连串的担架兵，两个抬着一个竹箩，箩中端端正正坐着一个病兵……请记住，这些兵士都是“人”！谁实为之？令至于此！

这些为国干城的“人”，都是适龄壮丁，来源是征调。当他们未被征调之前，一个个都是彪彪桓桓，生龙活虎般充满了青春的生命力，就他们原来的岗位，替国家替社会，从事生产事业。突然一符征调，榜上有名，父母妻儿割爱送别，抹干眼泪。踏上征途，不到几个月的时间，足未履行阵，耳未闻炮声，就落得这般结局。谁实为之？令至于此！

国家的支出比例，虽然未经公布，但是以军事第一的立场言，至少有百分之八十以上付于军费，公教人员的全部收入有百分之九十四贡献于国家，农民负担征购征实，并且还负担征兵的最大员额。以此养兵，兵何至于不饱？而且爱护兵士体恤兵士的法令，在报章上所公布的连篇累牍，真能做到五分之一，十分之一，兵何至于病，何至于死？谁实为之？令至于此！

根据政府文告，军队中负责军官所申述，报章杂志所报道，社会人士所传说，兵士之所以沦于如此的待遇，其原因约有数端：第一征调有弊，第二送兵有弊，第三归队有弊。今请分别言之。

所谓征调有弊，弊在保甲长。保甲长虽然不能说全数是坏人，至少绝大部分是土豪劣绅。他们直接对人民发生连系；在征兵时，上下其手，正是生财大道，该征的不征，独子单丁偏要征，征与否全凭出钱多少为转移，此其一。贫民下户，生活维持全靠人力，第一次被征，勉强倾家孝敬，得以安居，不料隔不了两三月，又被征了，罗掘俱穷，无可幸免，上策是举家逃亡，下策是挺身“报国”。反之，官商绅学等户却钱可通神，置身事外，兵役只成贫民的天职，弄得农民失业，人不聊生，此其二。流氓地痞，与保甲长勾结，以若干代价顶替兵役，交兵后即设法逃亡，又作第二次顶替，辗转循环，农民之金钱有尽，此等人之伎俩无穷，于国于民，两为蟊贼，其三。

所谓送兵有弊，弊在送兵长官。长官以此差为安生立业之基础，新兵有规定之行粮，三餐则克扣两餐，医药茶水费用则全部哂纳。迢迢千里，勉强能达目的地时，一月或两月前之壮丁已成为奄奄一息之病夫矣。在途中则百般虐待，用绳捆扎，以防逃亡，宿营住民房时，必住无窗户漆黑一团的小房，空气清洁与否，在所不问。拥挤与床位，甚至便溺，亦在所不问。因之，经过旅途的长期磨折以后，新兵在体力方面固然消磨殆尽，在数量方面也经过大规模的淘汰，换言之，能够到达目的地的算是经过一番人为的选择的剩余者。

所谓归队有弊，弊在部队长官。“尽管”政府如何体念兵士，增加副食费，增加食米，增加军饷，这些实惠也不能全落到兵士身上。而且，就当地物价来说，除食米而外，木柴百斤六百元，肉一斤二百元，兵士即使不吃肉，也无法吃生米！脸黄肌瘦，个中原因，可以思过半矣。至于医药，军中的医药费固然不充裕，但是，国外捐助的却不在少数，似乎也分散在各大药房或私人手中，兵士并无福享受。前些日子有个友邦的红十字会医师在视察我们军队后，很感慨地说：“我们是医生，不能替你们做什么事。你们的问题是缺乏营养。”

把一个人从民间征至军中，在丝毫没有尽他卫国卫民的天职以前，被折磨至病至死，谁实为之？令至于此！

…………

抗战的艰巨大业，正在忍受最艰巨的测验，而我们的兵士在忍受如此的生活，我们有权利要求政府，要求社会，彻底调查。从征兵的机构保甲长开始，以至送兵长官，部队长官，揭出一切黑暗的非法的情形，从根本解决。以全国的财力养兵，涓滴归兵，使兵士有报国杀敌的机会。尊重兵士的人权，给兵士以“人”的待遇！

作者注：

题目被当时新闻检查官改为《给兵士以适当待遇》，原文虚点是被删去的数段。有些句子如“拥挤与床位，甚至便溺，亦在所不问”，都是经过检查官修改的，文意不通。不再改回来，留作纪念。

（原载，1944年9月6日《正义日报》）

新时代和新妇女

似乎有一本书上提到一个问题，作者在旅行某一地区时，他对于当地妇女的印象是太不女性了，简直不像妇女。

这问题粗看似乎不成问题。仔细一想，却又大有问题。

问题的焦点是妇女的特征是什么？妇女应该像妇女，是指的妇女必定要烫发，着高跟鞋，涂口红，搽粉，才像妇女呢，还是把妇女关进厨房，当家主婆，做针线，管小孩，不越分去作男人“应该”作的事，才算妇女呢？假如意思是指前者，以妇女为玩偶，其心可诛；假如是指后者，以妇女为家庭奴隶，其用心尤不可问。

针对这问题，我们应该先有一个共同的了解：妇女是人，凡是人所应该享有的权利，妇女都应该享受，是人所应该尽的义务，妇女也都不能推诿。几千年来，人民被虐待、被奴役，几百年来人们不断斗争、流血，——人民中间还有绝大部分在被虐待、被奴役，正在为解放而奋斗中，争得了人权被世界所公认。凡是剥夺人权的暴夫屠户、法西斯、独裁者，都被人民所挞伐、所消灭。然而所谓人权还只是片面的。明白地说，这个世纪还只是男人的世纪，有半数人还是享受不到人的待遇。

举例说，妇女享受教育的机会，参加交际的机会，以至就业的机会，管理政治的权利，在原则上，虽然都可享受，然而事实证明，除了少数的例外，大部分妇女是被摈弃于这些机会之外的。又如职业妇女之被歧视，妊孕时期的职业保障，以至最重要的，妇女的生活独立主权之被剥夺，选举权和被选举权之被漠视，在人民的世纪这一含义之下，妇女所应享受的人权，还得费极大的努力来争取。然而，某一地区的妇女，享受了现代人权的妇女，却被有教养的观察者惊奇，以为是不像女人了，因为她们有均等的工作机会和权利，因为她们从玩偶变成人，不烫发，不着高跟鞋，不涂口红，不搽粉！

这件事实希望能够得到广泛的注意与警惕。问题摆在面前：是玩偶，是家庭奴隶，还是努力争取作享有人权的“人”！

新时代的妇女应该争取：

一、妇女与男子在经济上、政治上、法律上、文化上、社会上完全平等；国家对于妇女的参政权、教育权、工作权、休息权，应该特别予以保障。

二、国家应该保障妇女在妊育时期的生活与休养。

三、国家应该普遍设立托儿所、幼儿园、公共食堂，以减轻妇女的家庭责任，以增强其经济上独立自由的机会。

（原载昆明《真报》第35期，1945年）

吾人并非为制造一批百万富豪而战

打了八年仗，几百万的健儿葬骨沙场，上千万的壮丁变成弱丁、病丁、死丁，上万万的男女老幼流徙沟壑，城市为墟，日弃地百里，生命财产精神物质的损失，不可以数字计。

战争，中国人民认识这一切都是战争所造成，虽然颦首蹙额，踵穿肘露，家室离散，庐舍荡然，都能紧紧腰带，咬紧牙根而无怨言。

在战争的大帽子之下，中国农民贡献了粮食，贡献了人力，被榨取了最后的一滴血汗。

在战争的大帽子之下，中国的工人和工业家，在原料供给和运输极端不利的情形中，忍受了重重剥削的捐税，依然尽力生产；虽然情况是坏到无可再坏。

在战争的大帽子之下，公务人员和教育人员的收入被政府征收了百分之九十六以上，生活降低到忍冻挨饿，儿女啼饥号寒，穷病苦贱，恶趣备尝的地步，依然守住岗位，尽其病死饿死以前的最后职责。

在战争大帽子之下，真正被动员，唯一被动员的农民子弟，参加了这一坚苦卓绝的长期战争。然而，他们——可敬可悲的士兵，吃不饱，穿不暖，有病无药医，有怨无处诉，在沉默中忍受非人的生活而继续作战。

这一切，都为了战争，为的是不被奴役，不被虐待，不被屠杀，从黑暗中挣扎出来，从苦痛中挣扎出来；为的是我们民族的自由和独立，为的是民主生活的享受。

然而，一边路有冻死骨，一边呢，朱门酒肉臭！

自由、独立、民主还只是大海中遥远的灯塔，可望而不可即。飓风狂怒，波浪滔天，一叶孤舟，被摇摆，被播弄，突而升上百尺的狂涛，突而被淹没在水平线下。正在惊惶忿怒、彷徨苦闷的时候，大西洋彼岸突然传来一声怒吼："吾人并非为制造一批百万富豪而战!"

是的，我们八年的战争，除了丧失广大地区作战略上的"撤退"而外，我们的的确确制造了一批甚至一群一集团的百万富豪。

这一集团的富豪，同时也是实际中国的统治者。

这些百万富豪身份不同，有的是现任官吏，有的是乡镇保甲长，有的是军人，有的是绅衿，有的原形是买办，有的原形是地主。然而他们都是靠战争发财，都由战争致富，则并无二致。

这些百万富豪致富的方法不同，有的假公营私，有的收受贿赂，有的乘机舞弊，有的敲榨勒索，有的投机走私，有的囤积居奇，有的操纵扰乱金融。相同的是，他们都是靠官商合一的牌子，亦官亦商，即官即商，似官似商的手段，则并无二致。

这些百万富豪再投资再致富，如滚雪球，愈滚愈大的方式也不同。有的侵入产业界，用开发生产的美名作了董事长或董事，囤积原料，绞杀工业。有的侵入银行界，收买股票，兴风作浪，从囤积粮食到五金，无货不囤，无钱不赚。有的摇身一变而为大地主，吞并小农，甚至兼并一个县的土地。有的索性收买南美的产业股票，买整个的小岛。有的把资金都转变成美金英镑，准备作海外寓公，也准备在战后以新工业家的姿态来建设"新中国"。有的投资于黄金，于外汇，长袖善舞。相同的是，他们再致富的方式都是反生产，反人民利益，反民族利益，绞杀工业，绞杀农民，则并无二致。

结果，造成了一边是流血、流汗，奔走呼号，一边是荒淫与无耻。几千万的枯骨、鲜血，几万万人民的眼泪与血汗，造成了这一集团的百万富豪。

造成一个百万富豪的代价是广大人民的痛苦与死亡。造成这一集团富豪的代价是全中华民族的被奴役，被虐待，被屠杀；是胜利的延期，是自由解放的日子延期，是民主生活的支票的不能兑现。

富豪集团恶化了政治；政治清明，他们便无法再致富了。恶化了军事；军事的早获胜利，他们的幸运便终结了。恶化了社会道德，万般皆下品，唯有赚钱高；有正义的社会便不容许他们立足了。也恶化了文化和教育，用饿死窒死的方法，用无形的镣铐，用有形的金钱来毒化，使智慧的果子无法生长，使正义的呼声无法传播。当然，也必然恶化了经济，通货膨胀到天文学的数字，霉米烂布、黄金外汇，一切一切，以致米成珠，薪似桂，“德政”种种，尽南山之竹，写不完，罄东海之波，洗不净。

战争怎么会打败仗呢？一句话是政治的腐败。

在全世界走向胜利的今天，在日本法西斯行将就木的今天，在中国人民必须咬紧牙根，用一切力量，来争取胜利，发动全面反攻的今天，大西洋彼岸传来怒吼：“吾人并非为制造一批百万富豪而战！”这是一服清凉剂，一声狮子吼，让我们明白为什么而战，为什么到今天我们并未战胜？

全中国人民！让我们也一齐大吼，我们也并非为制造一批百万富豪而战！

面对着穷凶极恶的敌人，我们打了几年仗。我们现在明白了，我们背后还站着这一集团的百万富豪，是更为穷凶极恶的敌人。

背面的死敌不消除，正面的死敌将无法消灭。

去外敌易，去内敌难；内敌不去，外敌不除。人民的力量到此将遇到一个空前的考验！

（原载昆明《民主周刊》2卷6期，1945年8月3日）

惩办汉奸，大赦政治犯

天已经亮了！

逼人而来的胜利，送上门来的胜利，冲昏了一些人们的头脑。从第一颗原子弹投在广岛，苏联参战，日本投降以来，二十多天了。胜利来得太突然，使人手足无措，除掉清醒的苏联，认清敌人还未放下武器，继续进攻，解除了关东军七十五万人的武装，消灭了日本法西斯的主要力量，席卷白山黑水，深入解放朝鲜以外，英美呢，却用最大的容忍，听任日本拖延时间，等候日本签字降约，给日本军阀以隐匿战争工具和罪犯的机会，埋伏第三次世界战争的因素。中国国民政府则忙于接收胜利果实，雪片似发下命令，日军伪军在所在地维持地方秩序，日军伪军的武器不得交与中央军以外的任何部队，日军伪军所在地的政权不得交与中央机关以外的任何行政官吏或代表人员。各重要城市的接收人员也纷纷派定，警备司令任命了，军委会的代表任命了，台湾行政长官任命了，东北行营主任任命了，银行复员的员工出发了，粮政、盐务、交通、党务、行政人员出发了，还都的准备在讨论了，庆祝典礼的秩序公布了，所有一切对国民政府政权有利的事都做了，只有一件事没有做——对人民有利的事。

打了八年仗，出钱的是人民，出力的是人民，流汗的是人民，流血的是人民。人民不仅献出榨出最后一滴血汗，还献出崇高的生命。从前的旧话“一将功成万骨枯”，如今呢，几千万人民的伤亡，几万万人民的流离颠沛，辗转沟壑，眼泪，血汗，骷髅，造成了今天庆祝典礼的热闹场面。

人民所得的代价在哪里？

为了自由，为了民主，人民苦撑了八年，艰苦的奋斗，博得全世界的惊叹。然而，在今天，遥远的东京湾中，美国米苏里旗舰上正在举行盛大受降典礼，日本法西斯的代表东久迩宫首相签字于降书之上的时候，中国，我们中国人民，还在以焦渴的心情，在等待自由的到临，民主的获得！

而且，人民的敌人——汉奸，助敌为虐，屠杀虐害人民的汉奸，一直到今天，日本签订降约时间为止，一直没有听到有什么处置的法令。相反的，若干降敌、通敌、附逆、助逆有据，生平臭史彰彰在人耳目的伪组织要员，都已荣膺新职，或握政柄，或受兵符，升官进职，翱翔于名都大邑，为中兴之辅佐，反正的元勋了。

而且，人民的子弟，十几年来为了国族之存亡，人民的福利，为自由，为解放，为正义，为民主而斗争的优秀公民，除开"自行失足落水"，自行失踪，被明杀暗杀的以千万计的牺牲者以外，被拘囚于训练营，于集中营，于感化院，以及被看管，被优待的数以若干万计的幸存的爱国犯，政治犯，一直到今天，日本签订降约的时间为止，一直没有听到有赦免或释放的消息。相反的，一切的战时法令都声明继续保留，例如战时新闻法令，战时图书杂志审案条例，许多国家都已经取消了，唯一的例外是中国！

人民的敌人未闻有所惩处，人民的子弟到现在还被囚禁，胜利的意义被冲淡了，胜利的果实霉烂了。

天已经亮了！

看看法国吧！看看挪威吧！看看波兰吧！看看全世界一切解放了的国家对于卖国贼的处置，对于人民的抚慰吧！

我们站在人民的立场，平心静气地为人民呼吁，保证胜利属于人民，光荣属于人民，人民所要求的代价是民主，无保留的完整的民主。

实行民主的准备工作，立刻可以做，做了立刻有成效，能够使万民欢腾，普天同庆的起码有两件事：

第一，惩办汉奸。办法分两种，一种从上而下，由国民政府自动颁布通缉令，逮捕一切伪组织中文官荐任以上，武官少校以上，归案究办。一种从下而上，由人民提供证据，分别告发，凡有奸伪实迹，祸国殃民的，一律由所在地政府逮捕。（这两种被逮捕的国贼，不愁无地方拘禁，政治犯大赦以后空出的集中营现成空在那里。）然后组织民众法庭，举行公开审判，分等定罪，上刑处死，没收家产，中刑禁锢，没收家产，下刑罚充劳役，没收家产。除开文武官的国贼以外，其他职业例如新闻界为敌宣传，金融界为敌聚敛，实业界为敌生产，教育界为敌教育，以至电影、戏剧、文人、学者等等为虎作伥的国贼，不问其有无官职，一律按叛国罪惩办。

第二，立刻颁布大赦令，赦免一切政治犯，包括战争以前和战争期中一切因政治原因而被捕的民族子弟。战争结束，薄海同欢，举行大赦，是放之四海而皆准的好事，过去历史成例如此，全世界解放了的国家也如此，用不着踌躇，更用不着有所顾忌的。同时，为了保证此后政治活动的自由，民主基础的初步奠定，一切战时法令都应该取消，第一个先该取消的是战时新闻法令和图书杂志审查条例。

天已经亮了！

惩办人民的敌人，释放人民的子弟，这对于苦撑了八年的人民，应该不是太高的要求吧！

隔了二十多天，头脑应该可以清醒一点了，在日本已经签字降约这一时间，我们提出这一要求：立刻惩办汉奸和大赦政治犯。

（原载昆明《民主周刊》2卷8期，1945年9月2日）

人身自由何在？

正当国民党共产党两党领袖在重庆“折冲樽俎”，雍容揖让，协商团结建国、民主和平大计的时候，甚至在国共两党会谈纪要发表之后，政府方面指出协商成果已有百分之七十的时候，国内各地却先先后后发生了许多使人愤慨，恰好和两党商谈的成果相抵触的事实。漂亮的言辞以至文字，和这些事实逐一对照，真使人啼笑皆非，真使人普遍领会“好话说尽了没有？”的真实涵义。

第一个例子是本月九日上午十时，昆明《新华日报》发报员王健民，在正义路街头突遭便衣特务所率领的士兵拘捕，到今天还没有释放。

第二个例子是国共谈判的主角，中共代表周恩来的通讯员陈振举，在本月十七日下午三时被特务非法逮捕，交侦缉队殴打拘押，达三日之久。

第三个例子是重庆的失业行伍军官代表方子清等五人，突遭宪兵扣押，开会不许，举出的代表索性也押起来了。

一二两个例子，说明了即使是正在和国民党谈判，取得合法地位的中国共产党，他们的报纸，是国民政府所许可出版的，他们的谈判代表，是由国民党所邀请的，两党谈判的唯一成就，是保证人民的一切自由，然而，即使如此，他们的报纸发报员，他们的代表的通讯员，也还是得不到自由的保障！

第三个例子是曾为民族流血的行伍军官，苦战了八年，胜利了以后，鸟尽弓藏，无法维持生活，遵照法令向政府请求救济和职业。然而，他们的代表，还是被非法拘捕！

人身自由何在？

次之，几年来全国人民所一致要求的释放政治犯，在国共商谈纪要中的记录是“政府准备自动办理”。如今离开签字那一天已经两个星期了，被拘囚了几年以至十几年的多少万壮年青年人，中华民族的优秀子孙，到今天还不见有一个被释放，他们被摈斥于胜利果实之外，被拘囚于全世界的人民的解放潮流中。

人身自由何在？

次之，八年来被敌伪所拘囚的祖国的子弟，在南京受降以前，还偶尔被人提起，说是原则上是要释放的，不过要等司法机关到京后，再照法律手续开释。如今，隔了两个半月了，司法机关该已复员到南京了吧？在报纸上却还没有任何开释被敌伪所拘囚的政治犯的线索，胜利遗弃了他们，解放也忘记了他们。

人身自由何在？

我们过去被许诺的自由太多了，十几年的文告以至最近三月一日的文件，都充满了这一名词。即使是在国共会谈纪要的第四条，也还是白纸上写着黑字说：“关于人民自由问题，一致认为政府应保证人民享受一切民主国家人民在平时应享受身体，信仰，言论，出版，集会，结社之自由。”

八月八日日本投降以后，战事结束，这两个半月以来已经是平时了。然而，我们的自由呢？政府的保证呢？

到底是一贯的言辞比行动漂亮呢？还是留几句好话，让行动比言辞以至文字更漂亮呢？

人民已被训练得足够管理自己的事情了，再多说好话，甚至再写出一万部百万部给予自由的书都是不中用的，人民的要求是：“拿保证来！”

士兵们，放下枪杆来！

两周来单由官方报纸所报导的消息，内战已经全面展开了。再从非党方的新闻报导和十口相传的事实，广东的东江流域，东南的长江淮水流域，山东、河南、河北、山西、绥远等地，都在炮火撼天，白刃相接！用人民的膏血，窃人民的金钱，奴使人民的子弟，在作孤注一掷，置国家前途、民族命运于不顾。对外流血之后继以对内流血，敌人破坏以后还要自己再来彻底破坏。这真是千钧一发的危机，立国以来最严重的时刻！

我们，无枪杆，无坦克，更无友邦接济的重炮，无拳无勇，只凭理智判断是非的人民，一年来舌敝唇焦，腕脱笔秃，在口头上，在文字上，多次以至无数次的呼吁，千万不要打内战！看看这样大好河山！看看这样忠诚朴素的人民！想想过去流血的教训！想想八年来敌人所摧残蹂躏的景象！中华民族的子孙，还忍心再来一次自相残杀！你的头发不是黑的？你的肤色不是黄的？同样的圆颅方趾，同一血统的同胞，在经过这样一次的亘古未有的摧残毁灭以后，还忍心再打内战！

然而，内战毕竟全面展开了，伴随着军事攻势，还有一版印出的舆论攻势在兴风作浪，如火如荼，遥相辉映。我们，连遭战祸的人民，明白了我们的呼吁被当作耳边风，我们的意见被掷入字纸篦，得不到应有的尊重，事实的答复是要大规模的内战！

我们已经明白了所谓“民主”，意义是绝不接受人民意见，所谓“民主”只是作人民的主！协商、谈判、什么什么，只是欺骗人民的障眼法！

然而，我们忍不住，还是要呼吁，我们向出身于人民的士兵呼吁：“士兵们，放下枪杆来！”

士兵们，你们是人民的子弟，你的父母妻子兄弟儿女，以及你自己，不是已经饱受了战争的痛苦了吗？荒芜的田地，破烂的房舍，被残杀奴役的家人骨肉，到处的血腥气和枯骨，你曾否动心？

但是，你，作为中华人民的你，过去你的枪口对准日本人，博得人民的钦敬，崇拜！现在，你，枪口对准你自己的同胞，和你一样黑眼睛黄脸皮的同胞，你可曾想一想，为什么？有什么理由？你忍得下这个心？想一想，再想一想，多想一想！你为何而战？这战争的意义除了毁灭你自己和你的国家以外还有什么？

士兵们，放下枪杆来！

在这块大好河山的土地上，所有的士兵都放下枪杆，这一瞬间，中华民国就走上光荣和平的康庄大路！

士兵们，人民在向你们呼吁，你们的父老兄弟向你们呼吁！

放下枪杆来！

（原载昆明《民主周刊》，1945 年）

正告赫尔利将军

过去扭扭捏捏，满口和平正义，宣称竭其全力促进中国的民主团结的美国驻华大使赫尔利将军，最近，揭下假面具，露出原来的狰狞面目，大喝一声："日本业已战败，然吾人对日作战而击败日本所求之中国独立尚未获致，此目的获致之前，吾人之胜利，不能称为真正胜利。"同时，他又用轻率的口吻，指出"联合国如准许日军向军阀匪徒集团或任何武装党投降或缴械，中国即将发生长期之内战"。因为"中国共产党武装部队，企图获得日军一部分武装，企图在中国建立独立政府，或毁灭中华民国政府"。至于美国，"在华绝无帝国主义之野心，亦不拟谋取任何特权"。

配合着赫尔利将军的声明和在《太阳报》上的答复美国人民普遍提出问题，由赫尔利将军签字的专文，鲁斯先生，美国孤立派的代言人，他在生活杂志上也发表长篇社论《中国：什么是和平的代价》，结论是："美海军要保卫中国的海岸，美海军陆战队有明显的权利和义务来保卫中国共产党占领区的一些铁路线。"只有这样做，才能"实现一个自由而统一的中国。虽然，这对于那些驻在青岛天津已经厌倦思家的美国陆战队士兵们，也许是一个很不舒服的想法"。因之"有一部分神经过敏的人要求将美军撤回，这实在是犯了错误，是受了共产党的宣传"。而且，他还着重地指出："蒋主席对于和平的需要，是超乎其他一切。但为了完全统一，不能不付出内战的代价"。图穷而匕首见，终于露出尾巴，美国的资本家，军火商人狂妄地居然提出，内战是中国和平的代价！

这一个军人大使，和军火商人的代言人，一唱一和的双簧丑剧，对于中国人民，所感受的是愤怒，憎恶。对于美国人民，所感受的是侮辱，损害。他们违反中国人民民主团结和平进步的愿望，使中国人民愤怒！他们为了推销美国过剩军火，制造中国内战，使中国人民憎恶！他们给美国人民对于民主的努力以重大侮辱，他们也在造成美国人民应该享受的繁荣和幸福生活以不可挽救的损害。

站在中国人民的立场，我们正告赫尔利将军和他的恶名彰著的伙伴：

第一，日本业已战败，中国业已获得独立，但仍未获得真正的独立和胜利。因为在美国反动分子，违反美国人民愿望的中国内战负责人，如阁下之流，“向人开枪，实行统治，以大炮坦克冲锋枪火箭炮作推销剩余军火的措施”的中国人民之敌，尚未退出中国之前，中国将无从独立。在日军继续维持地方秩序，伪军摇身一变为地下军，以温和宽容妥协以及纸上的计划，培育日本财阀军阀的办法彻底纠正之前，中国以及全世界矢忠于民主的人们，并未得到真正的胜利。

第二，中国业已发生内战，美国人民如不能及时制止阁下同僚之作为，仍以各种式样之武器片面支付和平的代价，使厌倦思家之美国士兵无意义的滞留于中国，由此而增加中国人民的负担及损失，造成更大规模更长期之破坏，此责任将无疑义的由于阁下所代表所执行之“帝国主义之野心”“谋取更多特权”之阴谋所负责。

第三，实现自由而民主统一的中国，第一步骤必须团结。美海军之无权保卫中国海岸，无权保卫中国铁路，无权参加中国内战，正如中国军队之无权保卫美国海岸，无权保卫美国铁路，无权参加美国的共和党以推翻民主党一样。中国人民所需要的是和平，决不是内战。中国人民经受了八年的苦战之后，无论如何不肯再付内战的代价了。中国人民所需要的是团结，不是分裂。我们感谢美国人民为中国的民主团结的努力，同样，我们更憎恶阁下和阁下的同僚所导演的中国的分裂以至内战的行为。

第四，根据以上的理由，我们中国人民，自发的并非受共产党的宣传，我们衷心欢送美军回国，并非神经过敏。也不是像贵国有些反动分子那样丧心病狂，以别国人民的血肉来增加自己的财富。反之，我们尊重自己，尊重自己的独立和民主进步的前途，也尊重真正美国人民大众尊重民主自由的愿望。因之，我们不但欢送曾经百战的美军回国，欢度他们自战争以来最欢乐的圣诞节，同时，也郑重提出一点希望，希望可敬的阁下，自动放弃再度光临敝国的荣幸。

最后，我们正告赫尔利将军，中国人民从八年的血的洗炼中新生，为了保持百年来中美人民之间传统的友谊，为了保持八年来美国人民对于中国人民所需要的援助的感激，中国人民有其充分的义务和理由，向美国人民指出，我们对于阁下以及阁下同僚所代表执行的措施，以炮火为掩护，以中国人民的血肉为代价的措施，是如何的愤怒和憎恨。

（原载昆明《民主周刊》2卷17期，1945年11月22日）

抗议非法的武装干涉集会自由

首先，我们得指出，在国民政府已经明白宣布取消一切妨碍人民自由的法令以后，昆明的党政军联席会议居然在二十五日公布："凡各团体与学校一切集会或游行，若未经本省党政军机关核准，一律严予禁止，如有此类情事发生，即由各该团体与学校主管人员负责。"这命令是不合法的，不合理的。

所谓不合法，第一，国民政府所昭示的全国性保障人民一切自由的法令，地方政府无权变更，更无权取消，更无权制订和国家大法恰相违反的单行法令。

第二，这样的决议出于所谓党政军联席会议也是不合法的。政府已经宣布还政于民，党部已经退出学校，党部只能管党员，管不着学校，管不着团体。军只能管现役军人，管不着老百姓，更不应该干预学校和团体。

所谓不合理，更是显然。集会结社自由，言论行动自由，载在约法，也曾经政府三令五申，反复保障。生活在昆明的市民，不曾做过汉奸，也从没有和敌伪合作，凭什么平白被剥夺这些基本人权！

在这非法的法令公布的当天晚上，四大学的学生和教授，就在西南联合大学的广场上，举行反内战的时事晚会，到会人数过七千人，他们用事实来抗议答复这不合法不合理的压迫，这不止又一次证明了正义之必然胜利，也说明了自由必在斗争中取得的真理。

在这一幕英勇斗争的过程中，居然又发生了武装干涉的丑剧，手枪声，步枪声，机关枪声，手榴弹声，甚至小钢炮声，纷然交作，和校墙内的教授演讲声，学生拍掌声竞赛。开了人类有史以来所未有的武器用途的记录，也造成了中华民国有史以来军阀压迫学生的新花样。然而，在枪弹交飞的情景下，讲声更高昂，听众更聚精会神，不慌张，不动摇，依照原定节目唱完了“我们不要这个”才散会。出门后，发现交通路口武装戒严，数千人被隔离在城外，在黑暗和凄风中，度过了充满愤怒的几个钟头，这又表现了“威武不能屈”的壮烈斗争的另一幕。

接着第二天全市大中学三十一个学校先后罢课。到今天是第五天了。学生所提出的要求是：

第一，立刻制止内战，要求和平。

第二，反对外国助长中国内战。美国政府立即撤退在华美军。

第三，组织民主的联合政府。

第四，切实保障人民的言论、集会、结社、游行、人身等自由。

同时要求云南党政军当局：

一、追究射击联大事件的责任问题。

二、立即取消二十四日党政军联席会议禁止集会游行的非法禁令。

三、保障同学的身体自由，不许任意逮捕。

四、要求中央社改正污蔑联大的荒谬言论（诬指教授学生为匪徒，为共产党），并向当晚参加大会之人士致歉。

我们认为罢课是正当的唯一的抗议手段，我们认为所提的八条不但合理，而且合乎人情，合乎国法。

我们正式声明，我们完全同情这一运动，声援这一运动！

最后，我们认为罢课只是手段之一，决不是目的。反内战是长期的更艰苦的斗争。因之，我们还应该以更大的力量，更集中的力量，更严肃的态度，来求这一目的的贯彻与完成。

（原载昆明《民主周刊》，1945年12月1日）

《一二·九划时代的青年史诗》序

划时代的“一二·九”运动到今天恰好十年。在学生被当作匪徒、“赤匪”，学校被武装军队围攻，闯入屠杀，昆明成恐怖城，大学图书馆成殡仪馆，四烈士陈尸未葬的今天，纪念十年前同一意义的历史性的学生运动——白澄先生这本小书，是值得每一个青年人细读的。

武装军警干涉学生的事，古已有之。就在十年前，同一个国度；所不同的是那时候的学生在大街上游行，这一次学生在学校里开会，那一次军队用水龙头，而这一次军队和特务用刺刀手榴弹。

甚至武装军警包围学校、攻入学校的事，也是古已有之。还是同一国度，同一个政府；所不同的，那时候的军警包围的是北平郊外的国立清华大学，这一次是昆明城外的国立西南联合大学。那一次军队攻入清华后，扰乱了一个晚上，捕走许多学生，过些日子也就放了。而这一次，攻击在白天，没有捕到人，却杀死了四个：一个女孩子，受伤后还被戳了三刀致命；一个十七岁的中学生；一个中学教员，为了救人牺牲了自己；另一个大学生，隔天大殓时还满身淌血。此外，重伤轻伤的还有几十个。

比较“一二·九”和“一二·一”，当然还有许多不同之点，主要的是那一次政府要对敌人保持和平，而这一次要求和平的是学生；那一次学生要举国一致抗战，而这一次呢，却“反内战就是赤匪”；那一次各地闻风响应，而这一次呢，中央社一手掩尽世界耳目，轻轻用“赤匪”、“共党”的帽子改变了事实，杜撰了事实。

相同之处自然不是没有，对手还是党政军和学生，主题还是要团结，要民主，而且，人民都站在学生这一边，因为学生替他们说话。

“一二·一”继承了“一二·九”，上溯到五四反帝反封建使命，前人的血迹替后人指了路标，纵然万分艰苦，纵然前途修远，集合全民族青年人的力量，我们必然会到达，一定会到达。

青年人用血创造了历史，用血写了历史，中年人呢？呜呼！

1945年12月12日于西南联大

“一二·一”惨案与纪纲

从十一月二十五日到十二月一日这一周，是中国有史以来最黑暗的一周，是中华民国建国以来最不体面的一周，也是从国民党成立五十年以来最不光明、最被玷辱的一周。

事实摆在全国人民以至全世界人民眼前，尤其是三十万昆明父老子弟的面前。他们不但是二十五日晚鸣枪放炮武装干涉学生集会的目击者，他们也亲眼看见有组织的特务如何在街头殴打甚至枪击学生，如何捣毁各学校，如何组织反罢课委员会，如何在学生的宣传文件上盖上“赤匪”钤记，如何抬出“反内战即赤匪”的口号，如何发动分批的有计划的袭击，带着租借来杀敌的手榴弹，围攻国立西南联大新舍，炸死南菁教员于再，殴伤联大教授袁复礼和同学数十人，攻入联大师范学院，炸死学生潘琰、李鲁连和工校的十七岁学生张华昌。潘琰女士在救护伤者，受伤倒地之后，还被刺了三刀毕命，连“兽道”都不够形容的卑劣到无以复加的惨剧！同时，另一批奉命搜杀所谓“共产党”的暴徒，攻入联大工学院，除捣毁校具之外，还殴伤马大猷教授，缴去校警枪支。同时，云南大学、中法大学、联大附中都被捣毁，附中捐款箱的大量法币也被顺手带走。抬送死者伤者的同学、甚至护士也被袭击，多人受伤，随身用品被劫。此外，昆明的市民还从中央社的报导中明白了二十五日晚的学生集会是“匪警”，学生罢课抗议是“共产党”或“奸党”所领导，是受“延安”的指示。从所谓“公审”的喜剧中，明白了所谓“手榴弹”案的内容，原来是受一个无影无踪有时长装有时短衣的所谓“姜凯”其人的领导，而所谓“凶手”的口供却意“内”地慷慨激昂，为党卖命雪耻，反而像原告，像被害人。而且在联大教授会的法律委员会和罢委会的诉讼委员会用书面声明，对这审问不感兴趣，并警告不可用灭口的手段蒙蔽人民视听后，两名所谓“凶犯”在昨天枪决了。此外，《中央日报》的社论还苦口婆心指出反对独裁，反对专制，反对法西斯，“确有侵及我元首之处”，这些话“不啻若共产党之口出”，这些话是“为共产党摇旗呐喊”（本月十日社论）。

这一周内，云南的党政军当局，是省政府代主席李宗黄，省党部主任委员李宗黄，警备总司令关麟征，第五军军长丘清泉。昆明三十万市民明明白白，清清楚楚，谁发出非法的禁止集会的命令，谁指使军队包围以及开火，谁在组织反罢课委员会，谁指派特务捣毁学校，谁给的手榴弹，谁下令屠杀学生，以及谁在指使中央社造谣，惨案的主使人负责人以及执行人的道德的政治的法律的责任，明白得连乡下不识字的老婆婆也知道，清楚得连正在上学的小学生也知道。西南联合大学的图书馆，现在暂作四烈士灵堂的，挂满了各阶层人民的挽联，充满了愤怒，充满了血泪，这些人民的声音，是最公允的判决书。

惨案发生后一星期，国民政府主席蒋中正先生发表告昆明教育界书，这是两周来政府负责当局第一次的表示。这文件的重心在纪纲两字，两次提到，第一次要求学生遵守纪纲，第二次说明蒋主席要保持纪纲。结论是对此次事件“必当根据是非与法纪，作公平负责之处置，决不有所偏袒，亦不有所姑息”。并希望各校教职员“应导学生于正轨，切不可任令罢课风潮再行迁延，造成学校与社会无政府无秩序之状态，以贻国家之羞”。这文件表明了政府的态度和希望，虽然对于“一二·一”惨案只用“如此不幸之事件”一语提及。

于此，我们以在昆明亲身目击者的立场，向国民政府当局进一言。

第一，纪纲问题。立国必有纪纲，尤其对这次惨案必须明正纪纲，这原则是正确的。政府要保持纪纲，必得先明白是谁在破坏纪纲。就昆明市民所知，学生确乎尽了保持纪纲的能事，从二十五日晚到今天，秩序整然，对内有组织，有纪律，对外用文字的宣传，用口头讲演呼号，反对内战，要求和平民主团结。反内战无罪，要求和平民主团结，不但无罪，而且有功。他们没有闯入任何场所，恣行捣毁，以至杀人抢劫。他们没有造谣生事，颠倒黑白。他们没有沿街殴打，扰乱秩序，甚至他们根本没有罢课游行的准备。罢课是军队武装干涉逼出来的，是用木棍，用手榴弹屠杀逼出来的。他们渴望读书，渴望复课，他们更渴望立刻停止内战，走上和平民主团结的大道。反之，造成现在“社会与学校无政府无秩序的状态”，破坏纪纲的是本月一号以前的党政军当局。要正纪纲，先得正他们。要不贻国家之羞，先得严惩他们。要保持国民党的党誉，更得先查办他们。必如此然后是非辨明，职责认清。必如此，复员建国才不受妨碍，抗战成果才得以保持。必如此，政府才能为社会作表率，才不致自误误国！

第二，法纪问题。这次惨案之所以发生，主要的是法纪颠倒。人民一切自由的保障载在约法，并且蒋主席也屡次宣称国民党五十年来革命的目的是在为人民争取自由，是在尊重人民的一切自由。远的不论，即就今年三月一日的文告和双十国共会谈纪要，也都有肯定的文字保证。不料十一月二十四日云南省的党政军会议居然颁布和国家大法恰好违反的单行法令，禁止人民的集会自由。禁止不了，就使用武装军队，用租借来的最新武器围攻，酿成此惨案。试问这是什么法纪？见于哪一种法典之法纪？接着由党政军当局指使暴徒在通衢殴打以至枪击学生，在光天化日之下，军警林立的都市中，闯入学校，肆行捣毁。试问这是什么法纪？见于哪一种法典的法纪？接着用正规军，用便衣特务，攻入学校，用美造手榴弹屠杀学生，甚至殴击抢劫抬送伤者、死者的学生和看护。试问这是什么法纪？见于哪一种法典的法纪？至于学生，集会有法令保证的自由，反内战是国民应尽的神圣职责，罢课是对非法暴力屠杀的不得已的抗议。是哪一点违反了法纪？是哪一点破坏了法纪？因之要正法纪，先得正破坏法纪的党政军当局，这道理不辨自明。

第三，罢课问题。罢课决非学生的本愿，相反的，学生在渴望复课。问题不在用空洞的劝告使学生复课，而在用具体的根据是非的处置解决学生所以罢课的主因。这主因也就是上面的纪纲和法纪。

正纪纲，明法纪，立刻严惩惨案的负责人。第一，行政的处分，一律立刻撤职；第二，法律的处分，查明事实，由军事法庭、普通法庭分别照国法处刑。其次，明令取消二十四日的非法禁令。并立即废止特务组织。至少要先做到行政的处分和取消禁令，前二项问题解决了，学生自然复课。如果政府真是实行民主，以人民为重，能够立刻停止内战，立刻召开政治协商会议，立刻组织联合政府，保证对人民一切自由的绝对尊重，那岂止解决此次的所谓“不幸事件”而已，还可以获得人民信任和尊敬。这解决方案，在政府只是一举手之劳，可以正纪纲，明法纪，可以安群情，收民心，可以正国际视听，政府又何吝而不为？

我们愿以最大的热忱和诚意，奉劝政府当局，解决这次惨案的唯一法门，也只有“纪纲”两字。

高光

（原载昆明《民主周刊》2卷20期，1945年12月25日）

论说谎政治

世界上，历史上有各个阶级统治的政治，有各样各式的政治，但是，专靠说谎话的政治，无话不谎的政治；自己明知是谎话，而且已被戳破了，却还是非说下去不可的政治，似乎只有我们的国度里才有。一定勉强挤入五强或四强，非举出自己的强处不可，至少，就这一点而论，是强过世界上任何国家的。

漫天都是谎，无往而非谎。今天已经是集谎之大成的时候了。指鹿为马，到底还有个鹿在，以紫乱朱，紫毕竟还是颜色。强爷胜祖到鹿也不必须，颜色也用不着，其终结必然会达到好就是坏，坏一定是好，黑即白，白一定是黑，谎话成为真话，真话一定是谎话了。说谎者的命运也就写上历史了。

在日本投降以前，八年的血泪日子，大家已经明白了“撤退”、“战略上的转移”，甚至“转进”、“有利”等等名词的意义。投降以后，也已经明白了“缴械”、“解除武装”、“护路”、“协助受降”，以至最近昆市最普遍的“土匪”、“赤匪”、“匪警”、“奸徒”、“姜凯”等等名词的意义了。

随便举出眼前的几件大大小小的事实来作说明：

自从收复区接收人员飞去和钻出以后，“英明”的蒋主席大发雷霆，痛斥接收官员贪污不法，列举了许多事实，和沪上的新闻报导（非官方非党方的）房子、车子、票子、金子四子接收，单单不要民心这一点完全吻合，可是下文如何呢？没有！没有办过一个案，也没有办过一个贪官，而且此间《中央日报》还大写社评说只是一两个人，一两件事，决非全体，必非全体！事到如今，仍无着落，当老百姓的只能抗议，“这是谎话！”

轰动一时的两个案子，高秉坊案和陈炳德案，案情大家都明白，国人皆曰可杀，唯×独怜才。拖到现在，高秉坊笑了，陈炳德呢，居然罚金五万元，等于战前的五元！法纪？官箴？是非？国典？当老百姓的也只能抗议，“这是谎话！”

胜利了，和平了，收复区（一说是光复区），代替了原来的名词“沦陷区”，人民喜笑颜开，到底有这一天，生死人而肉白骨，吊民抚亡，引领西望！果然望到了，四子被接收。果然望到了，光复区蠲免田赋一年！蠲免的情形如何呢？本年度据说伪组织已经征过，无从免起，只好补征沦陷时候的田赋。据说河南一些地方补征八年，江苏江阴补征若干年，都见于报章，后者且见于上海《大公报》社评。浙东一部分地方，补征民国三十年到三十三年恰好四年，为笔者所身受，用不着旁征博引。如此蠲免，如此德意，当老百姓的只能抗议，“这是谎话！”

湘桂路黔桂路的惨剧总还记得吧？那时候到这时候，西南这区域都不见有“匪军”，就是整个大后方，也无法把交通的责任交给什么党什么军。然而，到今天止，后方人士除了特种人物外，老百姓还是寸步难行。修路只限于有特殊情形的地区，愈被破坏愈修得起劲，大后方自己破坏的呢，政府不说，报纸也不说，老百姓无从说。只好抗议，“这是谎话！”

还有，所谓国民大会代表问题，是十年前一党专政时代搞出来的，老百姓不接头，不认这笔糊涂账，要重新选过。各政党以及无党派人士也以为旧代表要不得，根本代表不了民意。然而，所谓国民大会代表居然发表宣言，硬要人民认账，硬说是人民选出来的，硬要定期开会，硬要国民党政府还政于为人民所不肯承认的自封的人民代表，实则是国民党代表。老百姓只能抗议，“这是谎话！”

我们郑重抗议，抗议这些大大小小的谎话。

谎话政治不结束，中国人民的命运永远是问号。谎话政治不结束，中国人民的生活永远无法改善。谎话政治不结束，人民所要求的和平团结民主永远落空。

我们所不要的是谎话政治，要的是联合政府；理由之一是联合政府不可能也不会说谎话，因为联合政府里必然有不是国民党的成员，国民党一说谎话，就会被当场戳穿。

记得《伊索寓言》里小孩子被狼吃掉的故事吧？不记得，读熟它！

（原载昆明《新报》元旦增刊，1946 年 1 月 1 日）

向政治协商会议控诉！

一篇血账，就区域说，以昆明为起点，而成都，而上海，而青岛，而北平。就时间说，从双十会谈纪要发表后的第四十五天，到会议开幕的前夕。

我们向政治协商会议提出控诉。向全国人民、全世界人民提出控诉。

控诉第一案，昆明四大学学生于十一月二十五日，在国立西南联合大学图书馆前广场上，举行反内战晚会，在教授演讲声中，被武装军队包围，枪声四起，断绝交通。演讲的教授且有两位是国民党员。演讲进行时，有冒称老百姓的国民党特务查宗藩强行登台发言，强调制止“内乱”，反对“反内战”。

第二案，时间是十二月一日，地点仍在昆明。国立西南联合大学新舍、师范学院、工学院、附属中学和云南大学，先后被武装军队及便衣暴徒侵入，殴辱师生，捣毁校具，撕裂国旗。并投掷手榴弹，师范学院被杀三人，残废一人，新舍死一人，轻重伤共数十人。昆明各校被迫罢课达一月之久。

第三案，地方在成都，时间是十二月九日。成都各大中学生和教授，在抗议“一二·一”惨案的示威游行时，被有组织的暴徒公开袭击，轻重伤数十人，其中川大学生李实育受重伤后，还被栽赃，诬为“奸党”，被送交法院，依“危害民国罪”起诉。

第四案，时间是十二月二十日，地点在上海。上海大中学三十余校为了欢迎“国宾”马歇尔特使，开了三次筹备会，第二次开会时被有组织的暴徒破坏，强行“接收”，暴徒首领以暴力硬充主席，擅改学生所提的“反内战”为“反内乱”，“要求美军撤退”为“要求美军留驻”，并冒充交大学生，当场被交大学生戳破，抱头鼠窜而去，和昆明二十五日晚查宗藩行径如出一辙。二十日各校学生三千余人在集合出发欢迎马歇尔特使时，又被有组织的暴徒公开殴击，受轻重伤者数十人，国旗被毁裂。当场由学生所俘获的暴徒，复被地方当局无条件释放。

第五案，地点在青岛。当地警察枪杀了贴反对甄别考试标语的女教员。

第六案，地点在北平。据上海《大公报》载，临时大学有六个学生和一个教授失踪。

够了，单是这已知的六案，就连接的时间说，就广泛的区域说，就相同的作风说，就屠杀的对象说，就凶犯的党籍和炙手可热的地位说，尤其是就专以造谣诬蔑为业务的中央社所报导的及不肯报导的说，被屠杀的死者明白，被殴辱的伤者明白，所有的学生明白，全国人民以至全世界人民也明白，是谁主使？是谁行凶？为什么？

一连串的血案本身，说明了这是预谋，有组织有计划的全国性的预谋屠杀案。

我们在沉重的愤懑的心情下，严重地提出控诉！

参加政治协商会议的代表们，你们读过历史，古今中外的历史上有过这样残忍暴虐的兽行没有？

参加政治协商会议的代表们，你们知道希特勒、墨索里尼、东条的法西斯暴行，这一连串血案和这些独裁者的作为是不是异曲同工？

参加政治协商会议的代表们，你们在开会，目的是在求和平、团结、民主的实现，这一连串血案对于和平的意义如何？对于团结的意义如何？尤其是对于民主的意义如何？

代表们，我们再说一句，我们提出控诉！

你们是不是代表人民，站不站在人民的立场，这是一个考验。

而且，提醒一下，你们也有子女，说不定你们的子女，也正在受教育，是在学的学生。这一次，你们不说话，你们的子女的将来，他们的鲜血会惊醒你半夜的噩梦！

（原载昆明《民主周刊》，1946 年）

不提旧账和不提联合政府

政治协商会议开幕以后，提军事，提政治，提和平建国纲领，提国民大会，只有两件事不提，就是一不提旧账，二不提联合政府。

不提旧账的说法，大意是一切种种譬如昨日死，过去的都不算，重新做起，大家在心理上造成和谐空气，期望会议能有真正的成功。这意思是好的，要不然，国共两党真要算旧账，时间快二十年，人命案几百万件，从何算起？而且，即使算得出，这会变成国共两党算账会，而不是包括有国共以外的民主同盟和社会贤达的政治协商会议了。

当然，站在国共两党的立场，不提旧账是对的。可是，站在人民的立场呢？旧账姑且也不算了，新账算不算呢？

新账太多了，昆明的“一二·一”惨案，中央社造谣案，成都李实育案，上海的学生被殴案，青岛的枪杀女教员案，重庆的《自由导报》禁售案，收复区的“胜利财”案，“胜利灾”案，勒征补征沦陷时期的田赋案。一宗一宗简直汗牛充栋，都是新账。昆明四烈士的灵柩还未安葬，其他的案子也都未了结，这些都和共产党无关，到底该不该算呢？

政协会代表诸君，假如你们曾经自命过代表人民的话，那么，这些新账是该算的，不可不算的！算账的唯一办法，是废除一党专政，废除特务制度！

在第五次会议中，国民党员陈布雷先生强调在会议进行中，应保持平静和谐精神，勿引用各种会外习用的不必要名词。如“联合政府”等等字样，最好一律避免，因所谓“联合政府”，在民主国家仅战时有此组织，目前中国不适用云云。

是的，陈布雷先生，联合政府这一名词，除了奉有密令的国民党员不许用以外，全国人民在习用，共产党在习用，民主同盟在习用；不但习用，而且几年来都在大声呼号。我们明知你们不喜欢，也正是因为你们不喜欢，我们才喜欢。反之，你们所喜欢的一党专政，训政，中统，军统等名词，你们政府中常用的名词，我们也是深恶痛绝的。在你们的立场是“民之所好不好之”，我们人民呢，“政府之所恶深喜之”。政府和人民的对立，在这场合上，还不够显明吗？

而且，用“会外”两个字来形容人民，人民被摒弃于会外了。人民所喜欢的名词不许在会内提，我们实在无法明白，这个会是搞什么的，所谓代表诸公是代表什么的？难道代表了国民党，就非和人民对立不可吗？

再得问问陈布雷先生，在民主国家仅战时有联合政府之组织，这一理论是根据哪一个星球的事实推断的？法国的政府是不是联合政府？法国是不是民主国家？波兰、比利时、意大利……呢？他们的联合政府是不是被陈先生“剿”掉了？现在的欧洲是不是战时？中国呢，停战令刚下，据今天中央社的谣言说还有战事。陈先生，还是请睁开眼睛吧，别白天作梦！

好吧，你也许说人家是外战，咱们是内战。那我们得坦白告诉你，只有成立联合政府，才能永绝内战的根苗。你听了作何感想，还撑得住，保持平静和谐精神吗？

（原载昆明《民主周刊》2卷24期，1946年1月20日）

论扩大政府组织方案

伴着政治协商会议的开幕，停战令公布了。保障人民自由，保障政党合法地位，实行地方普选，释放政治犯，四项决定实施事项，又一度由蒋主席正式宣布了。渴望了多少年的人民，喉干、笔秃、血枯、泪尽，望眼欲穿，好话听得耳疲，得到这样好消息，该是如何欢欣，如何狂喜！为反内战而牺牲，灵柩还安置在联大图书馆的四烈士，该在冥冥中含笑了吧？然而，人民还是蹙着眉头，死者还未能安葬。我们并非麻木，更不糊涂，为的是心头还有一块大石头在，沉重得不让你狂欢，不许你安息。这块大石头是一党专政，是特务制度。这块大石头一日不除，人民将永无欢颜，民主也永远无从实现。

从十日下午孙科先生发表改组政府的谈话，到十四日政协会的国民党八代表正式提出的组织方案和王世杰先生的说明，这一连串的事实，更加证实了人民的忧虑，加重了人民心头的沉重。

组织方案的要点为：（一）国府委员从三十六人增加为四十八人，即增加三分之一。（二）国民政府委员得由国府主席提请选任党外人士充任之。（三）国民政府委员会为政治之最高指导机关。（四）国府主席对委员会之决议，如认为执行有困难时，得提出复议，复议时如有三分之二以上委员仍主张维持原案，该案应予执行。（五）遇有紧急情形，国府主席得为权宜之措置。王世杰先生的说明，指出所谓选任，就是由国民政府主席提**经国民党中央执行委员会通过**，而且声明，国民党委员的名额**应具某特定的多数**，否则，不能履行**领导**的责任。其次，行政院设置政务委员若干人，政务委员得兼任各部会长官，使国民党以外人士，得**参加**执行机关。这样做的理由，为的是顾到事实，顾到法律。

这提案是一党专政之下的执政党提出来的。在全国人民要求废止党治，实施民主政治的今天，在美、苏、英各友邦热望中国走上团结、民主、和平的今天，我们对这提案不能不予以严重审慎的注意。

我们不能不指出，特别指出，人民的要求是废止一党专政。

根据提案第二项，国府委员由国府主席提请选任，由谁选任呢？王世杰先生说明由国民党中央执行委员会通过。这是什么意思呢？国府委员会对国民党的最高机构中央执行委员会负责。在这组织下，政治系统第一层是国民党代表大会，第二层是国民党中央执行委员会，第三层是以国民党的国府委员具某特定的多数、搭凑着少数党外人士跑龙套的国府委员会。第四层是行政院，可以容纳党外人士；不用说也是少数。这组织系统说明了什么呢？说明刚好和废止一党专政相反，恰好是巩固一党专政。这十八年来国民党的一党专政，是绝未得到人民同意的，是绝未得到各政党的承认的。这提案的正面意义，成功了使一党专政合法，不成功也可以作为讨价还价的地步。

其次，我们不能不指出，特别指出，人民的要求是成立联合政府。

根据提案第一项，国府委员增加三分之一，由国府主席提请选任。党外人士得参加行政院为政务委员。国府主席有紧急措置权。国府委员中国民党员应具某特定的多数。照这提案，很明白是请客式的扩大。谁都明白，国府委员是酬庸退闲的冗官，国府委员会也不大听见有作用，和军事委员会一样，是经年不开会的闲冗机关，如今忽然枯木逢春，被提出来扩大，作为最高政治指导机关了，真是“化朽腐为神奇”。机关的本质如此，而且新加的委员由国府主席选任，而且党外人士的新加委员“要具某特定的少数”，为国民党委员所领导，要提建议案永远不会凑够三分之一，要维持复议案更永远不会凑够三分之二以上。而且，国府主席还具有和过去日本天皇一样，为全世界任何民主国家政府领袖所无的紧急措置权。如此这般一来，又不免“化神奇为朽腐”了。党外人士即使利欲熏心，也万万蠢不到如此！挨进国府，挨进行政院坐冷板凳，吃一碗无法下咽的闲饭。这组织系统说明了什么呢？说明刚好和成立联合政府相反，恰好是反联合的施舍式的一党专政的请客搭配政府。情形明白到如此田地，而居然提出，唯一的理由是在世界舆论的压力下，在全国人民迫切的要求下，国民党政府无法堵住这潮流，更无理由拒绝这要求。自绝于人民，但是又死死恋栈，硬不肯交出政权，只好用鱼目混珠、燕石乱璞的办法，添出十几个国府委员和政务委员，甚至施舍几个因人而设的闲部冗会，说这也是联合呀，各党各派都有一份，这不叫联合是什么呀？成功了使一党专政合法，不成功也可以作为讨价还价的地步。

据说，如此可以顾到事实，顾到什么事实呢？顾到**一党专政的事实**。如此可以顾到法律，顾到什么法律呢？当然是顾到**一党专政的法律了**。

孙科先生、王世杰先生设想很周到，真是忠于谋党，可惜是疏于谋民。人民经过十八年的压迫，经过八年抗战的锻炼，更经过十二月这一个月血的教育，不但已经很明白，而且非常坚强了。

让我们再明明白白、清清楚楚提出自己的要求。

第一，要立刻废止一党专政，保证党派合法地位的唯一途径是实现党派平等地位。前者只是以国民党为主体的施予，纸面的口头的诺言，在今天已经不能再取信于人民和各党派了，远之如武汉时代的抗建纲领，近之如双十会谈纪要，以及政府过去无量数的许诺，哪一样兑了现？反之，只有国民党退为普通政党，放弃一切特权；明白的说，党的各级机构，从中央党部到县党部，各特别党部，都退为党的私组织，和各级政府无关，更和人民以及社会团体无法定的关系。党和政分开，更和国分开。收起以党治国的招牌，重整门面，党费出于自筹，不但退出各级政府，也退出工厂，退出学校，退出铁路、邮局、银行、一切国家机构。当然，必须解散党的特务组织，军的特务组织；各级党部占用的房产、家具、财产一律交还国家，党的通讯社、报纸以及各项文化事业一律取消所享特权。当然，必须取消党化教育，明确废除训导长制度，废除威吓利诱学校当局和教员入党的办法，取消强迫式的党义课程，取消留学生入党受训政策。总之一句话，国民党只能享有和其他党派的平等地位，以主义来竞争，以政策以政绩来竞争，博得人民的信仰和拥护。只有这样，才能实现政党政治，也只有这样，才能实现民主政治。而且，也只有这样，才能使国民党新生，无负其过去光荣的历史。

第二，要立刻成立联合政府。我们主张联合政府是目前中国唯一符合于人民利益和时代要求的政府形式。联合政府的成分，国民党、共产党、民主同盟和无党无派代表、少数民族代表各占四分之一，再退一步，国民党最多也不能过三分之一。省县两级也是如此。政治协商会议的主要任务，应该研讨如何组织联合政府，付之实行。联合政府成立后的首要任务，是保障人民自由，是实行普选，由普选产生各级地方政府，由普选选出国民大会代表，再由国民大会产生真正民选的民主联合政府。联合政府成立后，实行还军于国，政党和军队分开。实行还政于民，政党不再直接统治人民。只有这样，中国才能团结，才能民主，才能统一，才能和平。也只有这样，内战才能消除，人民自由才有真正的兑现的保障。

我们忍受得太久了，喉干，笔秃，血枯，泪尽，眼穿，耳疲，不能不对政协会代表诸君寄以深厚的期望，同时，也保留自己选择的权利。

最后，忠告虽然未受人民委托，而在为人民奋斗的代表诸君，坚持原则，要争到底，宁失败，毋妥协。各政党的前途，人民的前途，系于千钧一发，勉之勉之！

（原载昆明《民主周刊》2卷24期，1946年1月15日）

对玩火者警告·向人民申诉

全国以及全世界人民所瞩望的政治协商会议在开会，在研讨根绝内战、建立民主、巩固和平的方案。国民政府主席蒋介石先生也“又一度”在开幕词中宣布政府决定实施事项，明明白白指出第一项“人民之自由”，人民享有身体信仰言论出版集会结社之自由。第二项“政党之合法地位”，各政党在法律之前，一律平等，并得在法律范围之内公开活动。墨汁未干，人民的记忆犹新，十三天后昆明的各民主期刊便遭受到意外的迫害，政府的诺言立刻受到考验。

事情的经过很简单，二十三日下午《民主周刊》送稿付排，印刷厂婉辞拒绝。事实上是二十一日晚某几方面曾经举行过联席会议，正如两个月前的情形相仿佛。接着，二十四日上午十一时，昆明四个大印刷厂的负责人又被某方面召集训话。釜底抽薪，印刷工具被彻底控制了，《民主周刊》便无法如期出版。连带波及的还有《时代评论》、昆明《新报》、《中国周报》、昆明《学生报》等民主刊物。

这是玩火者的又一次阴谋！

明松暗紧，上松下紧，口松手紧，是玩火者的拿手杰作。给人民以一切自由，给各政党以合法地位，表演民主政治，是明松，是上松，是口松。同时控制交通，控制邮电，更进而控制印刷工具，把信仰言论出版一切自由又一笔勾消，是暗紧，下紧，手紧。朝三暮四，暮四朝三，变来变去还是一样！

我们对玩火者提出严重的警告，你们的诺言已经提供得太多了，这一次的诺言是最后的兑现机会。

我们向全国父老兄弟姊妹申诉：

第一，玩火者侵犯、破坏他自己所允诺的信仰言论出版等自由。

第二，玩火者侵犯、破坏他自己所允诺的政党合法地位，当中国民主同盟的代表正在国民政府大礼堂开会的时候，民主同盟的正式机关刊物《民主周刊》被非法阻碍出版。

我们正式提出下列要求：

第一，兑现蒋主席的四项诺言。

第二，废除邮电检查所、航空检查所及一切特务机构。

第三，废除政府对各部门工业独占及控制制度，特别关于造纸业和印刷业等文化工作部门，政府不得加以控制或操纵。

最后，我们要指出，当印刷工具、集会场所、通讯机构、交通系统被一党或一集团所非法控制，民营工商业随时随地被一党或一集团所任意威吓利诱，政府不遵守他自己的诺言，任意破坏法纪的时候，民主政治是不可能也不会实现的。

这不但是对政府的一个最后考验，也是给饱受折磨的政治协商会议一个最后考验！

（原载昆明《民主周刊》，1946 年 1 月 30 日）

行动比文字更重要
——论政治协商会议的成就

长期的混乱、黑暗，腐蚀着全体人民心灵的时代，终于过去了，为亲者所痛为仇者所快的惨酷内战，终于停止了。经过二十二天的协商，政治协商会议由于国民党、共产党两党的互让，中国民主同盟和无党无派诸贤达的努力，一致通过五项有关国计民生、奠定民主始基、稳定世界和平的协议，远东的天际，遂露一线晨曦，中国新生了。

乐观的氛围，使每一个渴望民主、追求进步的人民，感觉快慰。当然，这是从有所谓中华民国史以来的最重大事件，最值得写上历史的事件。因为这几十年来，开头是军阀胡作非为的“军”国，接着是一党专政的“党”国，几十年来人民都被搁在一边。世乱奴欺主，到今天，“民”字才开始有点影子。从这一个有点影子的开头，做到名符其实的中华民国，距离比过去任何时期都近。站在主人地位的全国人民，是应该欢欣，可以快慰的。

痛定思痛，想一想今天已经公布的文字上的协议，不能不归功于忍辱负重的全体人民。没有人民的坚决要求和支持，是不会也不可能有这点成就的。同时惩前毖后、就文字而论文字，过去一党专政之下的政府诺言，说得未尝不漂亮，写得未尝不明白。几次三番的空头支票，使人民完全失去信心。今天的协议，又何尝不是白纸上的黑字！行动比文字更重要。如何使文字的规定，兑现成具体的行动，“与其托诸空言，不如见之行事之深切著明也”。如何以人民的力量来监督来强制政府切实遵行，实行主人的职权，是人民自己的事，切身利害的事，时时刻刻念兹在兹的事。

就文字上的协议和人民的一致要求作比较，完全符合的第一件事是内战的停止。虽然在停战令下后，还是偷偷摸摸乒乒乓乓打一些时候，毕竟还是停止了。第二是政党的法律地位的承认。虽然有第一大党第几大党之分，毕竟承认别人也是合法，也是代表一部分人，甚至大多数人民的政党，“奸党”、“异党”这一套老调从今收起，大家在平等的地位上用主义来竞争，来争取人民的信任，走上多党政治的常轨了。第三是多党政府的组织。尽管有人不喜欢联合政府这一名词，尽管以为刺耳，然而，多党政府毕竟非成立不可，原来政府的基础毕竟非扩大不可。这一新政府中有中国共产党、中国民主同盟和无党无派的社会贤达参加，尽管有第一大党第二大党之分，参加政府的人数比例也有多少重轻，一党专政的基础并未能连根拔去，但是，未来的新政府到底还是多党政府，到底还是多党联合组织成的政府，即使距离人民所要求的真正的联合政府还远，到底已经向前迈进了一步，要成立无联合政府之名而有多党政府之实，一人无法独裁，一党无法再继续专政的新政府了。当然，这新政府只是过渡性的，以这新政府过渡到实符其名的联合政府，还得靠人民自己的继续努力。

其次，就原则说，协议中规定了军事部分的实行军党分立，实行军民分治，实行以政治军。和平建国纲领人民权利章的确保人民享有身体、思想、宗教、信仰、言论、出版、集会及结社、居住、迁徙、通讯之自由。政治章的积极推行地方自治，实行由下而上的普选，中央与地方之权限，采均权主义，都是符合于人民的愿望，人民利益的。问题还是如何才能做到，如何才能使之见诸行事！好话固然好，但是假如只是好话而已，连画饼充饥都说不上，更谈不到解决问题。摆在眼前的“明礁”是特务制度。各式各样的特务机构存在一天，这一些字面上的“确保”就无法“保”，实行更无从行。积极会变成消极，普选会变成党选。明显的例子不是俯拾即是吗？当政协开会期间，中共总部和民主同盟的代表住宅曾被非法搜查，民主同盟的机关刊物《民主周刊》和其他争取民主的刊物在昆明被“特种方法”弄得无法出版，争取自由的政党地位得不到“确保”，争民主的刊物被不民主的手段所压制而无法出版及寄递，明松暗紧，上松下紧，口松手紧，外松里紧，一言以概之，曰特务制度在作怪。而且，在政协开会时期，尚且不能得到确保，政协闭会以后，又谁能够肯定其确保！

再次，就纲领中经济财政这一章说，十二条每条每句都是千该做万该做的事，都是国民党政府过去许诺过千次万次的事，也都是建立一个现代化的民主国家起码该做的事。问题还是上面的话，如何做？何时做？而且，举例说，防止官僚资本之发展，官僚是谁，不正是现政府衮衮诸公吗？官僚资本不就是现政府衮衮诸公的资本吗？不说消灭而说限制，意义是承认官僚资本过去发展的既成事实，容许官僚资本之存在，而且资本的主人仍被保留在政府中的高位，而侈谈限制其发展，岂非与虎谋皮，岂非白天说梦话！事实上只要官僚资本还存在一天，而要谈经济财政的改革，恐怕也是嘴上说说而已。

最后，国民大会如期召开，旧代表有效，新加的七百名中，国民党员占二百二十名，依现在材料估计，二千零五十名代表中，国民党代表还是占半数以上，再加上青年党和国民党所支持的社会贤达，造成了既得利益集团的独占阵线。明白的说，这样的改变，只是把过去十年前的国民“党”代表大会改变为国民党代表所操纵的“国民大会”而已，而已！

由以上的简单分析，政协会的成就只是原则性的。行动比文字更重要，要确保中国之新生，人民所要求的是行动，立刻行动！

应该立刻、最先实行的一件事，是彻底废除特务制度，其次是彻底消灭官僚资本。

人民已经被魔手扼醒了，万手所指，万目所注，文字乎？行动乎？党国乎？民国乎？

（原载昆明《妇女旬刊》1卷9期，1946年2月6日）

论防止官僚资本之发展

政治协商会议成就之一是和平建国纲领草案的订定。

纲领第六章“经济及财政”包括十二条，有关国计民生，尤其是第四条：“防止官僚资本之发展，并严禁官吏利用其权势地位，从事于资本垄断，逃税走私，挪用公款，与非法使用交通工具。”对于今天的中国腐烂局面，是良医的针砭，是普度众生的慈航。其余的十一条以这一条为前提，这一条不能切实办到，即使再添上更完美更积极的富于建设性的几千条，也决办不通，做不到。腐肉不去，新肌不长，是谁都可以明白的道理。

中国今天的局面，最主要的民族敌人是官僚资本，是这东西在作怪。试问是谁在投机垄断？是谁在逃税走私？是谁在挪用公款？是谁在非法使用交通工具？是谁在兼并农民？是谁在虐待和剥削工人？是谁在贪污？谁在破坏国家纪纲？谁在毒化社会风气？归根一句话，是谁在祸国殃民？任何一个人都可以不假思索回答，是官僚。再问官僚的党籍，官僚为何能和资本结合？老百姓的心目中也是雪亮的。

官僚有两种，一种是武官，从准尉到上将，有枪杆作本钱。一种是文官，包括党官在内，这种人没有枪杆，而有权势地位。

官僚资本的特征是不生产的，而且是反生产的。举例说，他们不必自己办工厂，飞去或者钻出接收就行。他们不必自己去经商，拦路没收就有的是商品。而且，即使办工厂，也是独占性的，可以用权位强购特别便宜的材料，可以免税逃税，使别的民族工业资本家根本无法竞争。甚至囤积原料，根本不生产。即使经营商业，也是这一套，投机，走私，囤积，“春江水暖鸭先知”，别的正当商人不是被吞并，便只好破产。

党商合一，军商合一，官商合一的结果，是工业破产，商业萧条。几年来官僚资本还侵入农村，由于外汇管理，国际交通线封锁，过剩的资本只好投资在土地上，造成更严重的农民失业现象，更严重的土地集中现象。

这一群亦党亦商，亦军亦商，亦官亦商，从商而官，既官又商的人物，构成了今天中国的既得利益集团，广大人民身上的吸血鬼。

这一集团为了保持他们既得的利益，发展他们的既得利益，是不惜用任何卑劣残酷的手段来摧残进步的民主的力量的。因之，手榴弹被用为剷除学生的武器，警察在大街上枪杀女教员，特务受命捣乱也说是民意，民主同盟代表住宅被非法搜查算是“确保自由”。

明白得很，官僚资本一日不消除，中国也就永远无法走上进步民主的道路。

纲领中用防止两字，局外人猜想其中必有不得已的苦衷。然而，如何防止呢？是哀求，还是禁止？哀求的禁止的结果，例如三万万美金的下落，高秉坊笑了，李泰初出洋了，美金公债案无下文了！

防止无法，唯一的解决方案是消除。如何消除？第一步用法律规定，党商分开，官商分开，不管是文官或武官，官大官小，一律不得兼营工商业、运输业等等。现任官如有兼营行为，即刻免职。以后如发见有此行为，处死刑或无期徒刑。治乱国用重刑，对这一类民族蟊贼是不必顾惜的。积极方面是提高薪俸到足以养廉的地步。第二步为防止官僚资本的再活动，算旧账是合理也是合法的。办法之一是自首，官僚除历年应得的薪津累积以外（其实就是孔祥熙先生的月俸也决不够养活他一家人，决不会有累积的），扫数交还国家。第二是检举，不肯自首只好听由人民自由检举告发，除依法（人民的法）没收外，并处被告以应得之刑。第三由政府自动没收，一切官僚的银行存款工厂商店土地悉数收回国有，海外的同样办理。上面三个办法同时应用，必然可以办到官僚和资本分开，和第一步骤官商分开可以收互济之用。一面挖去烂肉，一面培养新肌，官僚资本根本不存在，自然用不着防止它的发展了。

能办到这一点，才能保证纲领中财政经济章的实行，能办到这一点，才能保证纲领中其他各章的实行。能办到这一点，中国才能新生，走上进步民主现代化的道路。

这也是避免今后流血的唯一道路。

也许有人发慈悲，以为如此一来，官僚要哭了。我们的回答是与其全国人民哭，何不让少数官僚哭！

这也是一个考验，只有能使官僚哭，使人民笑的政府，才是人民所要的，属于人民自己的政府。

（原载昆明《新报》12期，1946年2月8日）

图穷而匕首见

几个月来，反苏的勇士们，希特勒、戈培尔的衣钵继承者，大显神通，大显身手，从剑拔弩张的原子弹秘密泄露案到一把眼泪一把鼻涕的东北问题，闹得像煞有介事，只是，可惜，偏偏时间老人太忠实，把西洋镜戳穿，害得丘吉尔前首相只好亲自出马，远征美国，企图利用希特勒的种族学说，卖狗皮膏药，缔结英美军事同盟，捧出原子弹，把北方大熊炸个落花流水。只是，可惜，美国人民不肯替英国资本家流血，不肯替希特勒报仇，战时首相终于碰了一鼻子灰。

和平是不可分的，同样，反和平的好战勇士们，纵使有穿西装中装之分，嘴脸还是一样！

一股逆流，从伦敦到重庆，人无分中西，地无分南北，这边祭起原子弹，那边喊妈妈被强奸，戏法要得不同，目的只有一个：引起反苏战争，重定世界新秩序，维持大英帝国，继续一党专政。

原子弹这一法宝祭了多次，第一着，夸扬威力，卖弄看家本钱，满以为一吓就见功；谁知人家不理会，只是轻描淡写地表示我也有，比你的更好，而且，还有什么宇宙线。糟了！再祭一次，吓人不倒，只好吓自己，说是秘密泄露了，如何如何一大套，得快，趁人冷不防，即刻下手，谁知人家还是不理会，说并无秘密，你们公开卖的书里就有这一套。而且，美国也不凑趣，说原子弹秘密到今天还是美国所独有，和加拿大不相干。那么，怎么办呢？到东方再要另一套！

祭起雅尔达密约，制造“全国性”的反苏运动，要求苏军撤出东北，反对秘密外交，爱国大游行，打倒赤色汉奸，利用造谣社的通讯系统广泛发动，加上美制指挥车和播音器，还有面包水果的引诱，于是果然风起云涌，国府文官长也慷慨陈词，说不惜一战了。

这一着也不灵，人民拿雅尔达密约和中苏友好同盟条约一对照，原来是一回事；而且这密约对中国并不密，是经过中国蒋主席同意的；而且，蒋主席不是说过吗？我们要遵守中苏友好条约。又糟了！

于是只好强调要求苏联撤兵。无奈苏联也不凑趣，把中国过去两次要求苏军缓撤的经过和盘托出；更糟的是造谣社过去不会想到要耍这一手，当时也确有如何要求苏军缓撤的报导！两相印证，把戏又戳穿了！

而且，连造谣社也无法掩蔽苏军已经从沈阳、长春撤退的事实，苏军不但从一月十五日开始撤退，而且还在大量继续撤退，预定在四月底撤完！怎么办呢？妈妈并未被强奸，讹不着别人，落一个满脸没趣，让人民看穿了一些“人”的真嘴脸。

左走不通，右走不通，图穷而匕首见！

在西方，丘吉尔先生亲访美国，发表要求缔结英美军事同盟的演说，谁都知道这同盟的对象是苏联，他却粉饰，还要延长英苏友好条约到五十年！

在东方，国民党的二中全会和国民党参政会用尽全力破坏政治协商会议的五项协议，口头上也挂民主的招牌，也说遵守协议，实质上呢，耍种种手法，根本毁坏协议，取消立法院的同意权和不信任权，使总统成为唯一的独裁者，国民大会为有形的，高高挂在半天空，三年开一两次会，根本无从行使人民的治权的冷机构。而且，国府的非国民党委员要由国府主席提请国民党的中执会选任，以改组政府容纳党外人士之名，行继续专政、一党合法独裁之实！挂羊头，卖狗肉！

不但两条尾巴完全露出，事到如今，索性连两副嘴脸也显出原形了。不但尾巴一样，嘴脸也一样，都是卐字号的。

拿反苏来维持大英帝国，拿反苏来掩护反人民反民主的暴行，企图遂行一党专政独裁之实。两套戏法，一样心肠。

于此，我们提请玩戏法的人注意：

一来，我们已经看穿了你们的戏法。

二来，请想想你们的祖宗，希特勒、戈培尔一些人的下场。

何无忌

（原载昆明《妇女旬刊》1卷12期，1946年3月）

论历史观点

在御造的“全国性”的反苏空气中，平时，三缄其口，口口声声“天皇圣明，民罪当诛”的若干名历史教授，好容易抓得了机会，也许，还不如说，好容易有这样一个御造的机会，来卖弄他们积陈几十年，霉得发黑的历史观点吧！一犬吠影，百犬吠声，养狗千日，用在一朝，大发其史学宏论，从历史观点证明苏联是百分之百的帝国主义，从中西文化之演变中，证明苏联是百分之百的帝国主义，并称此次之东北事件，即其帝国主义者之侵略野心表现云云。在另一张造谣报的报导，这位名史学教授的话，记成“以历史观点评述苏联是换汤不换药之帝国主义，并抨击中共将内政与外交混为一谈之谬误解释”云云。总之，百分之百的也罢，换汤不换药也罢，这位历史教授的论点据说是历史观点。

够了，虽然几张造谣报也似乎有点害羞，没有把这位名教授的讲词全部刊出，只举出他的历史观点，好吧，我们就来谈历史观点！

第一，记得同一张造谣报上还刊载过另一位名教授的宏论，还带着眼泪鼻涕；观点之不足，以涕泪代之。虽然不明白这次主张天皇圣明论的这位教授是否也以涕泪济论点之穷，不过，明白地可以看出，和这位教授是同一鼻孔出气的。即是以观点代替事实！

谈事实吧，用不着名历史教授，任何一个读过历史的人，都知道苏联的建国在1917年。1917年前的政权是帝俄政府，帝俄是百分之百的帝国主义者！苏联呢，是革掉帝俄的命的民主政权，帝俄是苏联的敌人，和帝俄声气相孚的日英诸帝国主义者因之也成为苏联的敌人。记得民国成立的历史吧，记得国民党军北伐的历史吧，中华民国革清廷的命，国民政府革北洋军阀的命，应该是事实吧？帝俄侵略中国是事实，清朝和北洋政府辱国丧权是事实！然而，名历史教授们听着！帝俄决不是苏联，也不可能等于苏联！帝俄的侵略账不能算在苏联的账上，犹之乎清朝和北洋军阀的一些丧权辱国的滥账不能算在国民政府账上同理。这一点粗浅的常识，应该为名历史教授了解吧！那么现实的问题是中苏关系，而举出证明苏联是百分之百的帝国主义的事实呢，却是帝俄的事实。以帝俄之恶行，来煽动人民对苏联的敌忾，张冠李戴，移花接木，大概就是名教授之所以名吧！而且，说穿了，自己搬石头砸了脚，照这怪逻辑，是不是也应该把清朝和北洋军阀的一切罪行都写在贵党政府账上呢？

记得清朝改写明史的故事吧，名教授们，何不杜造历史，说苏联是建国于1860年或更早呢？

第二，再谈苏联吧，历史教授们该记得苏联是第一个放弃在华的治外法权，租界，和庚子赔款，以平等待我之国家吧！也记得大革命时代革命军所接受的苏联的援助吧！也该记得孙中山先生的三大政策中的联俄政策吧！也该记得中日战事起后的中苏互不侵犯协定吧！也该记得抗战初期，当英国切断滇缅路，美国继续以汽油废铁供给日本，只有苏联竭力支持援助中国抗战的事实吧！尤其应该记得，在不抵抗政策之下所放弃了、被敌人奴役了十五年的东北，是苏联军队替我们解放的事实吧！

还有，中苏友好同盟条约是现在的国民政府所订定的，国府主席也郑重声明遵守，百分之百的帝国主义，是否以上这些连你们也承认的事实的必然的逻辑论点呢？

最后，就提最近事实吧！就撤兵问题说，是谁要求苏联延缓撤兵的？哀求一次两次的是谁？雅尔达密约由罗斯福总统负责取得中国承诺，承诺的是谁？这些我们都不大明白，名历史教授也许很明白吧！

再谈历史的观点。历史的观点是帝俄是百分之百之帝国主义者，苏联是百分之百的帝国主义者的敌人，最后一个沙皇是死在苏联的政权建立之下的。就中苏关系说，过去帝俄是中国的敌人，而1917年以后的苏联，却百分之百是中国的友人，铁证是中苏友好同盟条约的签订。

曲解苏联即帝俄，不但厚诬苏联，厚诬中国人民，也厚诬了历史。

以眼泪鼻涕代替事实，以观点代替事实，名历史教授们，你们骗得了自己，骗得了少数人，可是，很抱歉，你们却骗不了别人，更骗不了大多数人，更没有法子从头歪曲历史！

尼采似乎说过，用眼泪写的书是最好的书，你们污辱了尼采，因为你们眼泪所代替的事实，眼泪所说明的历史观点，是贵党自造的！

何无忌

（原载昆明《周报》第9期，1946年3月）

从妈妈说起

最近在御用的《中央日报》上，读到法律教授某先生的宏论："妈妈论"。某教授譬喻中华民国为妈妈，说妈妈被强奸了，难道还要找证据什么什么的才抗议，才什么什么的。最后，他说不下去了，哭了，老泪纵横。——没有保存原文，大意是如此。

喻中华民国为"妈妈"，某教授引经据典说是根据冯玉祥将军的喻老百姓是士兵的爸爸而来的。老百姓当然是士兵的爸爸。古时候，原有父母官之说，地方官县大老爷自居为民父母，把人民当子女，要打就打，要杀就杀，重有王法，轻有家法，家庭伦理和政治合一，天皇圣明，臣罪当诛，官爸爸官妈妈的威风实在大！

只是，可惜，万不该，辛亥革命把皇帝革掉了，家天下的理论在表面上也销声匿迹了。直到今天，才由某教授发怀古之幽情，把它捧出来；捧出半边，丢掉爸爸，抬出妈妈，以便被某教授所指实的敌人——苏联强奸，要不，爸爸无法被强奸，爸爸妈妈都抬出来，也无法"意图"使人强奸！

只是，可惜，我们虽然不懂法律，仍然不能明白某教授的"宏论"和苦心！

第一，我们不大明白，据说人民是国家的主人，人民既然是主人，中华民国又如何会成妈妈？即使某教授念过洋书，说国家是阴性的，那也只能是媳妇，如何会是妈妈？中华民国这一名词被喻成妈妈，人民自然只能当儿女了，被打被杀，以至闯进学校丢手榴弹，闯上主席台，大演全武行，抢当主席，都是天经地义的了。

第二，即使某教授在法律上找得出中华民国是妈妈的条文来，强奸的情节也未免太离奇。某教授所指实的奸夫是苏联，我们也不大明白如何"强"法？如何"奸"法？照法律说，"强奸"得有本夫或本人指告，我们要问本夫是谁？本人是谁？一个国家总得有个政府，中华民国国民政府外交部情报司司长何凤山的声明，某教授见过了吧？国民政府主席蒋介石先生在上海答记者的谈话，某教授见过了吧？“奸”的影子没有，“强”的影子更谈不上。教法律的某教授该明白法律上的诬告有什么处分？在道德上瞎吠自己的妈妈被强奸，是不是够起码做人的条件？

第三，即使照某教授的“妈妈”逻辑推，雅尔达密约要不得，苏联太岂有此理。问题是密约中说明关于中国东北部分由故罗斯福总统负责通知中国蒋主席。通知了没有呢？中国政府承认了没有呢？看看去年八月十四日在莫斯科订定，八月二十五日在重庆签字的中苏友好同盟条约就明白了。明白的说，照某教授的妈妈说法，去年二月十一日的雅尔达密约受孕，她的产儿就是中苏友好同盟条约。照某教授的“强奸”说，看来有点说不通。即使算是“奸”吧，在法律上的术语怕也是“和奸”，“强”字是用不上的。要不然，从去年二月十一日“奸”了以后，还由美国罗斯福总统通知，到八月十四日有半年，被奸的人不该不知情，怎能说“强”？如知情，半年不抗议，而且几次三番跑莫斯科去求情，又如何能是“强”？既然不是“强”是“和”，那么，照某教授的法律常识说，和奸的双方在法律上该怎么办？你对你妈妈的奸夫抗议，对愿意和奸的妈妈怎么说呢？

第四，照某教授的说法，苏军在东北的延不撤退也算“强奸”吧？这问题请某教授查查贵党的《中央日报》，是谁要求苏军几次三番暂缓撤退的？求苏军延缓撤退的道理，某教授也大概极明白吧？而且，还要请某教授再弄清楚事情，在你大喊被强奸的第二天第三天，贵党的《中央日报》不是有莫斯科和长春的广播吗？那里说苏军已于一月十五日开始撤退，你又如何说呢？

最后，我们请教某教授一个法律上的问题。

第一，闭着眼睛横着良心被牵着鼻子，一口咬定人家强奸你妈妈，说苏军侵略东北，侮辱友邦，破坏中苏友好同盟条约，在法律上在道德上应该如何办？

第二，中苏条约保证中国东北领土主权之完整，苏军去年十二月三日要撤，被殷勤挽留；今年初要撤，又被挽留了。到今天苏联不但没有说不撤，而且已经在撤了。你妈妈好端端在这儿，而你这学法律的教授儿子硬说她被强奸，被侵略。侮辱国家，侮辱中华人民，在道德上在法律上应该如何办？

愿读了五十年书的某教授有以语我来！

何无忌

（1946 年 3 月）

两个赤字时代

抗战以来政府当局发表通货发行数字，唯一的一次也是最后的一次，是这次参政会中财政部长俞鸿钧先生的报告，他说：

> 抗战八年中，国库收支，平均差额在百分之七十以上，去年国库收支差额为百分之八十二强。去年总预算二六〇〇亿余元，收入二三五〇亿余元，支出一二五九〇亿余元，赤字一〇二四〇亿余元。上项支出中，军费占百分之七十。今年总预算二五二四九亿余元，正常收入可达一二二七八亿余元，占百分之四十三点五二，赤字将达六〇〇〇亿余元。

跟着，俞财长宣布截至今年二月底止钞票发行额数字。但于宣布后，旋即声明称，此项发行数字，目前尚未至发表时期云云。

国民政府之数字的可靠性正和他的谎言相反，后者从打一折一扣到零，前者则必需用二以上的乘法。钞票发行额的数字有一个最简便的算法，就是照战前的发行额二十亿加物价指数，这是一个最低的估计。

从俞财长的报告中，我们可以得到三个概念，第一国家支出百分之七十用于军费，第二去年赤字为总预算百分之四百。

第三弥补赤字的办法是通货膨胀。

今年呢？恕我不大敢相信俞财长的话，六〇〇〇亿余元的赤字太天真太乐观了。补救的办法除了通货膨胀、加速崩溃以外，怕也有限。

所以我说这是第一次也是最后一次的正式的报告。

读了这貌似天真的报告之后，忽然想起历史上另一个时代，也有类似的情形。《宋史》卷四二三《王迈传》：

> 迈嘉定十年（公元1217）进士……召试学士院，策以楮币。迈援据古今，考研本末，谓国贫楮多，弊始于兵。乾淳初（公

> 元1165）顷行纸币，止二千万，时南北方休息也。开禧（1205—1207）兵兴，增至一亿四千万矣。绍定（1228—1232）有事山东，增至二亿九千万矣。议者徒患楮穷而弗惩兵祸。姑以今之尺籍（兵数），校之嘉定增至二十八万八千有奇……今无他策，核军实，窒边衅，救楮币第一义也。

这是十三世纪中期的情形，离今天七百多年。

把这七百年两头的两个赤字时代比较，何其近似！原来南宋"会子"的崩溃，社会经济的破产情形也和今年一样。原来南宋的通货的恶性膨胀也是由于战争，也是由于军费占百分之七十以上。原来南宋筹措战费的唯一办法也是滥发通货。

国民政府成立在南宋通货恶性膨胀后七百年，不能不说是历史覆辙的重蹈！

于此，我们正告俞部长和国府当局，七百年前王迈的办法，到今天还是有其实用意义，"核军实，窒边衅"用在今天的场合是"忠实执行整军方案，普遍实施停战协定"，军队不缩编，内战不停止，单是赤字的几何级数增加，是会使国民党无以自解于国民，自解于后世的。

最后，我还愿意指出和王迈同时代之李燔的话，他说政府应该"先谷粟之是务，而不必取必于楮币，则楮币为实用矣"。用现代话说，单靠发钞票是不行的，得从增加生产下手（注意，不是纸面上的生产数字）。生产有办法，钞票自然值钱，这是极普通的常识，七百年后的今天，同在一个国度，有些地方为什么不闹通货病，能够丰衣足食，道理就在这里。

读历史是有益的，明白一点最普通的常识也是有益的。我希望俞财长和国府当局都能在在位的时候，读一点历史，知道一点常识，对国家，对人民，即使对他自己，都会有好处。至于现实的教育之更应切实学习，更不必说。

为了省得俞财长翻检之烦，李燔的传在《宋史》卷四百三十。

（原载昆明《时代评论》20期，1946年3月29日）

救灾必须停战

一

单是根据报纸上得到官方许可所发表的消息，全国灾民总数达三千万人，湖南省即有七百万，广州市每天要饿死几百人，连掩埋的夫役也饿到快要被人掩埋的情况。这数字已经占全国人口的十五分之一，每十五个人中就有一个奄奄一息的灾民，已经够可怕了。事实上，这数字还得修正，因为官方所许可发表的数字，证之实际观察者的报导是有出入的。如河南省，几年来经过旱灾、蝗灾、水灾、汤灾，自从《看重庆，望中原》一文发表后，报纸上不许再有河南灾情的记载，其实际严重情形，较湖南犹过之，便是一例。又如湖南，一位湖南朋友告诉我，他接到家信，亲戚朋友中有若干素封之家，都已有多人饿死。七百万的数字是绝对不准确的。准此，保守一点的估计，三千万的数字还得再加上一半，就是说，中国人民每七个人中便有一个是行将饿毙的灾民。

而且，还得加上更大数字的准灾民群：第一是无法还乡和还乡途中流落的义民；第二是因后方工厂倒闭或迁移而失业的工人，沿海一带生活在饥饿线上的工人；第三是束紧了裤带，一相情愿希望胜利后生活能够“复原”的公教人员；第四是到处可见的脸黄肌瘦脚杆比枪杆还细，留在后方镇压的官兵；第五是受尽了三征五子之苦的广大的农民群。诸如此类，只消再出一点毛病，便可把准字去掉，堕入饿鬼道，成为无人不灾，无地不灾，无业不灾，人人是灾民，处处是灾区的局面。

所谓中华民国的内容，第一阶段是中华军国，第二阶段是中华党国；正面是中华官国，反面是中华灾国。

二

抗战以前的几十年，虽然时时有灾，处处有灾，总还有地方性，时间性。胜利以后呢？地无分南北，人无分老幼，职业无论士农工兵（只有官商是例外），都成了灾民；不但是全国性，而且是全民性了！

全国性的灾荒，全民性的灾荒，在历史上这应是第一次。

旧话说："大兵之后，必有凶年。"如今呢？负责的人不但利用这句话一古脑儿把责任交代清楚，而且还做到另一句话，"一面饥荒，一面内战"。

就前一句话而论，历史上的君主时代，每一次发生大小规模的内战以后，由于土地的荒芜，农村劳动力的流徙和丧失，庐舍耕具种籽的破坏和缺乏，饥馑瘟疫的发生，几乎是不可免的。一般君主甚至最平庸不出色的，和他的大臣，也明白一个最简单的道理，他们寄生在人民身上，靠人民的血液生存，"皮之不存，毛将焉附？"要长久有血吃，就得维持这血的供给者。因之，平时用政治力量提倡植林，修治水利，贷予农民以耕具种籽，甚至改良种籽和农具，用增加生产的方法来增加血的供给。一遇战争，在结束后，也立刻恤死救伤，运粮给药，蠲免田赋，用种种方法来恢复被破坏的农村经济，用种种方法来尽量减低战争后的饥荒。救灾的方法，用现代的眼光看，也许是太偏于消极，但是救灾的诚意是无可怀疑的，因为在家天下的狭隘观念下，君主把人民，看作产业的一部分，人民的损失也就是君主的损失，"百姓足，君孰与不足"，是儒家的道理，也是一般君主的信条，与其说"仁"，还不如说是"君术"，直译为今语是吸血法。

到了现在的"民主"时代，人民被谥为国家的主人，义务样样都有，政府也重视人民，设了种种水利委员会以至农林部、粮食部之类的机关，而且，还有增产若干的数字和报告发表。除了官的数字增多以外，水灾旱灾的数字也增多，增产的面积大过实际的面积，粮食部一部的行政费用就超过它的全部收入。但是针对目前严重的灾情，所采取的办法不外第一求救于联合国救济总署，运粮食衣服药品来，第二让海外侨胞节食救济。第三发一点纸票。此外，还有各省同乡会的救济工作，用乐捐和演戏筹款的办法，例如湘灾筹赈会之类。所发生的效果第一是官吏和商人更肥，第二是物价更贵，第三是灾民愈多。

而且，并不是像过去那样，真是没有粮食；粮食是有的，被大量囤积在仓库里，听其被偷盗，霉烂，被大量囤积在私人的仓库里，待价而沽。粮食是有的，被搜集，被敲，被挤出来养专事内战的军队，养日本的“皇军”，养日本的俘虏。为了博得“大国民风度”的荣誉，不惜从奄奄待毙的灾民口中抢劫来粮食，宽大地优待敌人！

而且，不但消极的救灾工作没有作，还积极地发动内战，破坏之后再加破坏，也就是灾荒之上再加灾荒。

如何解释？和历史上比较，“家天下”变成“党政府”，政府属于一人一党，财富尊荣威权属于一人一党，看人民的苦难如秦人视越人之肥瘠。吸血的技术加强，竭泽而渔，不但视民如草芥，而且视民如寇仇。“产业”聚积后，以外国为外库，仁于家族，仁于戚友，仁于僚属，甚至仁于敌人。而对人民呢？却要人民对他仁，尽三征五子的义务。

三

救灾如救火，不能再敷衍了，再拖延了！几千万灾民几万万准灾民的死亡，必然造成整个民族的毁灭，人死完了，国何以国？

救灾必须停战。

理由极明白，第一，内战继续扩大，不但非灾区变成战区因而成为灾区，即使不成战区，因负担的加重，也必然会成为灾区。第二，内战一天不停止，土地不能耕种，交通不能恢复，救灾工作就一天无法进行。第三，内战不停止，改组政府就永远无法实现。政府继续在一党一人之手，救灾工作的诚意是无法置信的。只有在人民自己的政府成立后，才会替人民解倒悬、苏痌瘝，生死人而肉白骨，消极的积极的救灾工作才能全面展开。

一句话，今天的灾荒，与其说是经济的原因，不如说是政治的原因。政治情形一天不改进，经济情况也就根本无法改进。

今天的症结，不是“不患寡而患不均”，是物资不寡而分配不均。如何才能均？答案是只有在民主政治实现后才能均。如何实现民主政治？答案是立刻停战。

救灾如救火，救灾必须停战。

转变中华党国、中华官国为中华民国，是救灾急着，也是救民族的急着！

（原载《新生代》第2期，1946年5月11日）

警管区！特务国！

从以党治国，搞成以特务治国，是过去九年历史的缩写。

现在，这世界上唯一的特务国，又将实施警管区制度，特务穿上警察制服，于是成了公开的合法的特务治国了。

这个党与人民为敌，视人民如草芥，怕人民不答应，于是学希特勒、墨索里尼，组织了特务网，军统，中统，以及什么统，用刺刀，手枪，手榴弹，暗杀，明杀；用训练营，集中营，劳动营，来维持这个党的专政独裁。

特务治国的治绩，视人民为洪水猛兽，为寇仇，和人民不两立，搜括民脂民膏，从征粮到征兵，从接收到“劫”收，不但喝尽人民的血，而且还要人民的命。在反独裁，反一党专政，反内战，反特务治国的人民呼声中，当权者为了宣传，口口声声说要实行“民主”，而且还宣布了四项诺言，五项协议，停战和整军协定。如今索性把特务公开化，合法化，竟要实行什么警管区制度。

警管区的内容据报载：

第一，每一警员在分局范围内管辖八十至一百二十户或四百至六百个居民。

第二，警员经常对各户加以访问，访问的项目，如人口之多少，每个人的职业经济活动，居屋建筑，有几个门，怎么开关，本区道路上之情形，与安全卫生有关者，莫不在调查之列。此外，报载警察对人民将用蓝白红三种卡片登记制度，国民党员属于蓝卡片，无关重要者用白卡片，而异党分子及民主运动者属红卡片，以便分别管制。

第三，行政院因为保甲制度的失败，所以才加强警察的责任，预备在重庆、南京、上海三个重要地区试办，陆续推行于全国。

第四，中统军统大概要改头换面避一避风头，至于两统的人员便编入警管区，编为警员，使宵小无法匿迹，而与人民“打”成一片。

好厉害，真是青出于蓝。果如报讯所传，每一个人的自由，安全，甚至生存都操于警察之手，不管白天、黑夜都可依“法”访问，房屋以外的交通，有无逃避的暗径，房屋的门窗，甚至开关方法，以至交游职业（当然不会忘记了思想），莫不在调查之列。集会结社可以指为妨害治安，游行罢工可以指为扰乱人民，至于弹药，美国送的有的是，随便捎一点来栽赃，“法”是他们的，你又从何分辩？于是，尽管给人民以自由，给各政党以合法地位，只要如此这般一来，自由等于更不自由，不要说思想、言论、居住、出版、集会、结社，连最起码的睡眠自由也得由警察恩赐。合法呢？也就等于不合法，随便什么一个理由，就可以指为不合法。于是无特务之名，而有特务国之实，无一党专政之名，而有一党独裁之实。异端敛迹，一统功成！

表面是警管区，实质呢，是特务国！

我们想了又想，实在想不通，为什么当局要采用这样一个反民主制度。

第一，这是日本办法，日本亡了国为的是什么？什么好样不好学，要学这个自取覆亡的敌人？

第二，不看日本，也得看看希特勒和黑衣宰相，他们的特务组织如何？结局如何？也得看看历史上的特务王朝，例如李唐，例如朱明，他们的结局如何？

第三，不看外国也罢，不读历史也罢，也得看看人民，经过这悠长的八年，血的锻炼，会受，会低头于这一套？

而且，最要紧的是这新措施答复了一个现实问题：

第一，谁破坏了四项诺言，谁破坏了政协五项协议。

第二，谁是害怕人民的，也就是谁是人民的敌人。这难道还不够明白吗？

我们坚决相信全国人民必定一致起来，反对这表面警管区，实际特务国、剥削人民基本自由的法西斯制度！

我们要警告政府，“不许这样做！”同时，人民对这种违法制度有拒绝调查、拒绝访问、保障自己的自由，争取自己的独立人格的权利。

我们还要苦口婆心再警告一次，真的这样做下去，必定会闹到“政府与人民‘打’成一片”的地步！

（原载重庆《民主报》，1946年5月17日）

决定今后历史的十五天

八九月以来的教训，教会了每一个人，太天真过于信任文字，太乐观过于信任诺言，所招致的失望，痛苦，愤慨，是如何的难于忍受。最严重、危险的局面之所以造成，固然由马歇尔元帅所指的少数顽固分子负责；天真，乐观的，一味希求这位“友人”，只手扭转中国局面的人们，以为从此可以渐入佳境，静观和平民主的到来，以为可以让“诸公好自为之”，无所用其力了的这种想法，对当前的局面，也不能说完全没有过失。

一错再错，错在认为国事可以由几个政党来解决，谈谈打打，打打谈谈，边谈边打，又打又谈。国家的主人是人民，出钱的是人民，服兵役的是人民，受苦受难被压制拘囚以至被屠杀的也是人民，而人民却在这比对日战争残酷得多的大屠杀战中，作壁上观！

一错再错，错在认为国事可以由“友邦”单独解决。在协助受降遣俘的名义下，“友邦”给我们配备了比对日战争时代更多的现代化武装部队，供给了更多的武器，甚至用飞机用军舰运军队到东北，进行大规模的内战，还替我们警备几条铁路。一句话，“友邦”替我们安排了内战所需要的一切。马歇尔特使在这空气中为我们尽最大的努力，斡旋“和平”。

现在，又面临可以决定中国今后历史的十五天！

教训已经受够了，中国不再容许有内战。

内战关系全民族，也就是每一个人的生死安危，不只是国共两党的问题，也不只是几个政党所能解决的问题，而是全国人民自己的问题，切身的必需拿自己的力量才能解决，才能永久解决的问题。

解决的方案只有一个，停止内战。

如何解决？很简单，人民不参加，不支持内战，军人放下枪杆，工人停止生产、运输，农人不纳粮、不当差，一句话，全体人民起来抵制内战。尽管有过多的美式配备，可是没有人，这战争不是即时可以停止了吗？

其次，我们要不惮烦，不嫌费辞，再度向美国人民呼吁，中国的和平是和美国人民有关系的。只要美国人民能够认识今天中国不幸局面之所以造成，是由于美国政府直接操纵中国内战，只要美国人民了解这一点，立刻以全力制止美国政府，不许再供给武器配备，运输方便，以及借款等等于任何从事内战的国家，中国是可以走上和平民主繁荣的道路的。这样做，不止是帮助了中国人民，不止是帮助了马歇尔特使，也帮助了美国人民，因为只有和平民主繁荣的中国，才能够保证世界的和平。

十五天已经溜走了四天了，这十五天不能只是国共两党的十五天，而应该是全国人民的十五天。我们应该有行动，告诉仍在坚持内战的政党，这十五天是人民所能容忍的最后限度。过了这限度，人民要自己起来制止这可耻的内战，我们不再信任任何诺言和文字，我们要的是永久停止内战。

我们也应该坦白地告诉美国人民，帮助马歇尔特使奠定中国和平的唯一方法，是即刻撤退驻华美军和停止以战争物资供给内战中的一方，停止运兵，拒绝借款。

决定历史，造成历史的是人民。

中华人民一致起来决定这十五天的历史，造成这十五天以后的新历史吧！

（原载上海《民主周刊》，1946年6月15日）

论反内战运动

一、什么叫内战

中国是有特殊国情的国家，中国是以玩弄文字为政治的国家，中国也是鲁迅所谓阿Q型的，忽视现实，甚至逃避现实，用精神胜利安慰自己的国家。

内战这一名词的涵义极清楚，然而，在中国，一字定褒贬，到今天还不能解脱春秋余毒的臭士大夫习气；而且，是与非、同和异、真理与诡辩、真和假，都被少数人混淆、曲解、利用了。这一名词的涵义，还不得不费一些话来说明。

什么叫内战？

内战就是一家人打架，自己人打自己人，同室操戈，六朝时人所说“一门之内，自极兵威”。

根据这一定义，历史上多少次战争，被正统史家叫做叛变或叛乱的都是内战。

根据这一定义，民国以来多少次战争，除开这一回的对日战争以外，都是内战。

再明白一点，举实例说，抗战前的十年围剿，抗战期中的国共摩擦，惨胜以来的国共冲突，都是内战。

然而，偏偏有少数人，硬要说这是内乱，不是内战。因此他们主张戡乱，平乱。以武力止乱，使中国陷入更大的混乱中，毁灭中。

这些少数人的立论是这样的：

第一，他们自以为有一个统，正统、法统或道统。凡是拥护这个统的是顺民、义民，是同志、是同胞。反之，就是奸党、异党，叛逆、乱民。

关于什么统，说来话长。简单的说，从旧的看法，汉、唐、宋、明的皇帝治权都是合于这个统的，凡是胆敢反抗，不论是用文字、言论或武力的人，都是异端、左道、叛逆。

这少数人的看法，皇帝虽然被推翻，国民党政权代替了皇帝，旧的和新的一线相承，因之也就继承了旧的一切统。

从皇朝的继承说，国民党政权是正统。

从思想的继承说，尧、舜、禹、汤、文武、周公、孔子、孟子、韩愈、程、朱到孙中山和领袖是道统。

从本店自造的什么约法之类说，又是法统。

第二，他们自以为有一个首都，这首都的政权叫中央，首都以外的区域叫地方。中央政权天经地义地要骑在地方政权脖子上，不管你愿意不愿意，要抽税就得悉索敝赋，要征兵就得奉献性命，要接收就得乖乖听命。

第三，他们自以为得国际承认，和各国有外交关系，是一个合法政府。

少数人的立论，不过如此而已，如此而已。硬把内战叫做内乱的根据也不过如此而已，如此而已。

我们的看法恰恰和这些少数人相反。

第一，中国从来没有什么统。

正统是不存在的。假如有，也只是一些道统论者一相情愿的虚构，用以侍候新主人，“曲学阿世”。而且，就这些少数人的持论，也还聚讼纷纭，莫衷一是。

举一例说，按正统史家的义例，以皇帝年号纪年。唐亡以后，形成军阀割据之局，《通鉴》无元可系，而且拘于过去形式，强盗朱温代唐立国，只好承认他，不能不称朱温为太祖高皇帝，给他以正统。因为假如不承认朱温的强盗皇朝，以下的后唐、后晋、后周都成问题了。北宋是接着后周的，后周如不是正统，北宋的地位便有了问题，这怎么行呢？照这个例子看来，旧史家的正统实在是强盗统。

依此类推，曹丕是奸臣统，赵匡胤取天下于孤儿寡妇之手是小偷统，石敬瑭父事契丹是干儿统了。

从今天的看法，现代民主国家的常规，政权的交替由人民决定，决定的形式是选举。换言之，凡是由人民选举所产生的政权，才是合法的，反之是非法的。

根据这事实，我们要问今天的正统论者，你们的政权是由谁交给你们的？是经过什么样的选举方式？又有谁曾投票请你们来当政？来训政？假如都没有，你们合的是什么法？继承的是什么统？

中国既然自来没有什么统，现政府的产生也从未经过人民的选举，正统论者可以休矣。

至于道统，更抱歉，孔、孟、程、朱那一套为少数人说教的经典，完全不适合于今天的时代了。最多也只能在博物馆、图书馆里的一角有地位，假如有谁要继承他们，也请到博物馆或图书馆里去吧！

法统呢？也只是一党的法，并非由人民产生，因之，也和人民无干。反之，人民今天所能承认的是人民自己所订定的法。一定要一个统也行，人民所要的道统是为人民服务的道统，人民所要的正统是由人民中来，由人民自己所选择的正统。人民所要的法统是合人民的法的法统。

第二，首都是可以移动的，中央和地方只是相对的名词，军阀时代的首都在北平，国民党打败了军阀，把首都搬到南京，不是一个活生生的史实吗？而且，根据孙先生的学说，中央和地方均权，地方可以有高度的自治权。明乎此，动不动拿中央来唬人，实在不太高明。

第三，国际承认只是一种形式，主要的还是在人民承认。有了全民都承认的政府，不怕国际不承认。反之，单靠国际承认来强迫人民承认是说不通的，本末倒置的。而且，再说开些，当时只有一个政府，国际只好承认这一个，假如将来有更好的为人民所一致承认的政府，是不怕国际不承认的。因之，国际的承认不能作为合法的根据，犹之于国际之尚未承认，不能作为不合法一样。

明白了以上三点，所谓超于一切以上的优越便不存在了。双方都有土地，都有人民，都有主义，都有立场，凭你怎么打，拿什么理由，都只能叫作内战。

除非，除非经过人民一致推选所成立的政府，那时候如有人或什么党要顾私利拿武力来推翻它，那才叫“内乱”，不是内战。

二、为什么要反内战

反内战是全民的一致要求。

从非官方的报章杂志，从各地人士的反内战呼吁，从昆明的反内战运动四烈士所流的鲜血，从校场口到北平中山公园，从上海学生的欢迎马歇尔游行，以至最近重庆的九十五人和北平各文化团体的反内战宣言，杭州学生的反内战游行，上海学生的反内战呼吁，都说明了一个真理，“地无分南北，人无分老幼”，个个地方反内战，人人反内战。

为什么要反内战？

因为人民不能再忍受了。经过了十年内战，八年外战，人民的汗流尽了，血流干了，钱被榨完了，田园荒芜，庐舍为墟，农村破产，都市萧条，交通不通，粮食缺乏，饥荒遍地，盗匪横行，物价高涨，教育停顿，中华民族真的到了最严重的关头，休养生息之不暇，怎么可以再有一个灭绝人性的大屠杀，大破坏！

为什么要反内战？

因为这是一个不义之战，可耻之战。

为争取民族解放和敌人作殊死战是应该的，所受的痛苦和牺牲是自愿的，有代价的。因之，人民自动以全力支持，争取民族的解放。

然而，今天的内战，却是不义的，可耻的。我们要问为什么？为思想吗？思想是不能用武力改变或装入的，要不，希特勒和黑衣宰相早成功了。为政治吗？国民政府主席早曾公开宣称，政治问题应以政治方式解决，而且有过一个各党派和社会贤达的政治协商会议了，而且有了好些解决问题的方案了，只要照着做就是，何必用武力！岂可以用武力！为经济吗？再打下去，通货再膨胀，只有愈打愈糟，同归于尽。为交通吗？不要倒因为果，交通之不通，就是因为有内战。飞机、火车、汽车、轮船都拿来运兵、运军粮、运武器，民运完全停顿，物资不能畅流，是谁之过欤？为接收东北吗？东北是中华民国的领土，日本已投降，苏军已完全撤尽，向谁接收！向人民接收吗？我们只听说国民党要还政于民，人民应该向国民党接收政权。因之，东北的人民政权是符合于人民的要求和国民党的诺言的，如今，居然要向东北人民接收主权，岂非自己打自己的嘴巴！而且，即使冒天下之大不韪，敢于向人民接收主权，坐实自己的无信和不义，也用不着这么多兵啊，七军八军不够，还要再运两军，自己打自己人还不够，还邀请美国兵帮忙壮胆！此又何异于石敬瑭！何异于吴三桂！

什么都不为，打开天窗说亮话，只是为的消灭共产党罢了。

根据过去的史实，谁都知道共产党是消灭不了的。国民党和共产党有了二十年的作战经验，应该明白过去在江西那一小块地区，共产党那么有限的一点兵力，围剿五次，苦战十年还解决不了。今天的共产党比之那时候无论从哪方面说都更强大了；国民党呢，怕不比那时候更强大，除了美国的片面支持以外，并没有什么可操的胜算。这样一个对比，不是很明白的吗？

同室操戈，人民受罪，结怨于人民是不会有什么好处的。而且，退一步替国民党想，好话说尽，坏事做绝，已经到了天怒人怨，“予与汝偕亡”的地步了。还要打内战，打内战的唯一后果是通货再膨胀，政治更无办法，人民更痛苦，国民党的更没落。也是划算不来的。

什么都不为，为的是杀人民，这不是不义是什么，不是可耻是什么？

不义的可耻的内战，人民是不会支持的，非用全力来反对不可的。

为什么要反内战？

因为全世界需要和平。和平是不可分割的，东方一个角落的内战，有引导世界走上第三次世界大战的道路的可能。

维持中国的和平，是争取世界和平的一个基点。

中国人民有这任务，而且有负荷这任务的义务和能力。

为什么要反内战？

因为再内战下去，除了少数好战分子和既得利益集团以外，人民将无法生存下去。农人要再受征购、征实、征兵之苦，有田不能耕，有父母妻子儿女不能养，平白被拉上前线去当炮灰，死得不明不白。工人无法工作，物资永远缺乏。青年不能念书，公教人员还得再受更深度更广度的罪，穷，饿，病，死，诸苦备尝。商人没有交通，不能做合理的买卖，而且还有更多的苛捐杂税。女人呢，丈夫儿子不能回家。至于士兵，更不用说，不但被不合理地屠杀，而且，还得受咒骂。总之，一句话，再打内战下去，人人受罪，人人受苦，人人被牺牲，人人无活路。

不为别人，单是为自己，为自己的父母兄弟妻子儿女，也非反内战不可。

三、反内战运动的本质

明白了什么是内战，明白了我们为什么要反内战，还得明白反内战必需成为全民的运动，及其所包含的本质。

第一，反内战运动必需是全民性的。

如上文所说，内战再延长下去，受祸的是每一阶层的人民。内战是人民最恶毒的敌人，内战窒息人民的生机，内战造成后代子孙的祸患。内战再不停止，中华民国不只是亡国而已，简直要灭种。

过去反内战的呼声未尝不高，口号未尝不正确，只是孤立了，局限于少数的知识分子，社会上的文化学术领袖和知识青年，道义的力量是大的，行动的步骤是整齐的，然而，还不够广，更不够深，只是发生了舆论的作用，而没有成为广大的社会的力量。

今天，情势比过去更严重了，更险恶了。针对这一发千钧的局面，救国救民，人人有责，何况是救自己，更何况自己是这国家的主人!

不能再犹疑了，再有所顾虑了。每一个人，每一个职业部门工作的人，每一阶层的人，都该贡献他的力量，为反内战运动尽力。

全体人民联合起来，组织起来。只有联合，组织才能发生力量。不要胆怯，不要畏葸，我们知道巴斯底监狱是怎样被打开的，也知道北洋军阀怎样被清算的，我们知道欧洲许多新民主国家是如何成长壮大的，我们也知道希特勒之流是如何被消灭的。

路是人走出来的，而且，当前也只有这条路。

我们将以共同的信念和要求团结成一体，四万万几千万个喉咙同声喊出：立刻停止内战!

不停战又怎么办呢?

万一好战者还不理会人民的要求，立意和人民为敌，那么，“抚我则后，虐我则仇”，前途是用不着说的。

而且，我们还有最有力的武器在手上，全民休战，全民为反内战而休业。工人罢工，学生罢课，教师罢教，公务员罢公，运输工人离开岗位，农人不纳粮，不当兵，商人罢市，还有，士兵放下枪杆。

这压力是巨大的，无情的。

全体人民退出战争，这内战是可以停止的。

第二，反内战运动是长期性的建设性的。

过去反内战运动之所以不能遏止内战，是没有明白这运动的长期性和建设性。

假如凭一纸通电式宣言的呼吁，假如凭一纸的协定式诺言就可以停止内战，那么，内战早该停止了，何至于酿成今天的情势。

假如游行示威可以遏止内战，谈商调停可以遏止内战，那么，过去有过多少次游行示威，有过多少次商谈调停，内战早该停止了。

内战有其思想上的背景，有其历史上的旧账，有其经济上的基础，有其国际上的关联。

光是喊一阵，跳一阵，动动笔，动动嘴是不够的。

光是在局面严重的时候有所动作，缓和一点（其实是表面上的），就也心安理得，以为无所用其力了；譬如打摆子，阵冷阵热的作风，是不够的，而且，是要不得的。

针对这个严重病症，今天的反内战运动应该是长期性的。要长期的反内战，内战一天不停止，这运动就一天不结束。集中一切力量，来实现停止内战；不是有期限的，而是永远的停战。使用一切方法，来实现停止内战；不是局部的有地区性的，而是全面的，包括中华民国整个地区的。

针对这个特殊国情的国家，反内战运动应该是建设性的。为什么反内战？因为内战使我们不能走上和平民主建国的大道。我们所要的是和平民主建国，我们所不要的是内战。因之反内战运动在形式上是消极的；要求永远的全面的停战。而在本质上则是积极的；为和平民主建国准备下基础。内战一停，就实现了和平；有了和平，才能用民主的方式来建设新中国。因之，反内战运动和和平民主建国运动是二而一，一而二的。是建设性的而不是破坏性的。

第三，反内战运动是国际性的。

谁都明白，没有国际的支持，这场内战根本打不起来。

谁支持这场内战，也都明白，美械、美船、美装、美钞，还有美国兵。

苏联军队已经完全退出中国了，我们已经看到苏联政府的正式通知，国民政府并未否认，或者有所指摘，这该不是不可靠的吧？

美国呢？美国政府行之不讳，中国政府受之不疑，美国作战的剩余物资都被利用作中国内战之用了。而且，美国飞机替中国运兵，美国兵舰替中国运兵，美国军官替中国练兵；而且，美国兵还替中国警备城市，警备铁路。

美国过多的“好意”，外交辞令一点说，中国内战局面之发展，美国政府是不能不负道义上的责任的。

国共多年的纠纷已经够麻烦了，而今，还添上物资过剩到非到中国来推销不可的美国，军火过剩到非让中国打内战不可的美国。

没有党见和私利蒙了良心的人民都可以看出，停止内战的必要步骤是美军立刻退出中国。

只要美国政府眼光放远一点，不和中国人民为敌，立刻停止为中国军队运输，为中国军队装配，不借款，不片面支持，撤退所有在华海陆空军，中国的内战是立刻可以停止的。

我们向美国人民呼吁，也向马歇尔特使和杜鲁门总统呼吁，要解决中国的纠纷，先得消除国际的纠纷，为了中国和美国的人民的生命，也为了马歇尔特使和杜鲁门总统自己，请你们开步走！回去吧！

（原载上海《周报》42期，1946年6月18日）

论打手政治

打风随治权之到达而弥漫，而发展；凡是有人民的地方，有民主力量的地方，也一定有打风。现阶段的中国政治，可以叫作“打手政治”，这和我在过去所指出的“说谎政治”，实在是一件东西的两面，是互相表里的。撒下瞒天大谎，永不兑现，到被追问急了，老羞成怒，以打继之，意思是蚩蚩小民，竟敢盘问我的话，居然敢不相信，这还成什么体统！照规矩，动嘴之后便是动手，出手大打，打得你一佛出世，打得你头破血流，打得你呜呼哀哉。杀鸡儆猴，擒贼擒王，看你还敢不相信，还敢说话！钱出于国库，打手只要有钱就有的是。于是打成为风气，大打小打，到处打，真做到了政府和人民“打”成一片。

打成为万应灵药，成为国策，凡事皆以打解决之。

打成为一种癖性，说理输了就打，做了见不得人的事被说穿了也打，还有，要你的命居然敢反抗，也打。

打有各种打法，因时因地而不同，譬如有外国人的地方，得文明些，用石头，用棍子（臭鸡蛋也可以）。外国人少的地方，不妨随便，机关枪手榴弹都尽管用。没有外国人的地方，更方便，索性连飞机坦克冲锋枪火箭炮都出动；只是可惜，外国人还不肯即时供给原子弹。

而且，为了表示光明正大，在大打出手之前，还有一番准备工作，先来一套文打，作为武打的准备。

何谓文打？

文打者双包案之谓也。凡是不顺眼的妄想翻身的人民团体，或文化组织，甚至政治党派，都在事后来一个仿造；甚至先发制人，明知道你要这么干了，就先来一手，名目差不多，譬如王麻子之外有老王麻子，老老王麻子，真王麻子，张小泉之外有真张小泉，真正张小泉，陆稿荐之外有老陆稿荐一样，叫人民目迷五色，搞不清真假，辨不明是非。而又利用官办党办和非官非党又官又党大事不糊涂小事不妨挑眼之类的报纸，做一番净化运动，原则上凡是关于人民的要求，呼吁，行动，照例一字不发，有之，也是曲解中伤。官办党办的呢，当然尽宣传之责，几百说成几万，官意变成民意。这样一配合，文打场面面面都到，只等石头棍子登场了。

文打的例子，场面太多，比较显眼的如中华全国文艺界抗敌协会，对日战争结束以后，改称文艺界协会，这是一个纯民间文艺作者的团体，过去对抗战、对民主运动尽了很大的努力。于是国民党眼红了，由中宣部出面，也来搞一个名义差不多的团体；电影界和戏剧界的情形也是一样。又如报纸杂志，民主同盟的机关刊《民主日报》正准备出版，忽然前洪宪皇帝时代的男爵现任参政员孔庚先生也在同时出版一个《民主日报》，民盟的《民主日报》只好改称为《民主报》。昆明的《民主周刊》和《时代评论》、《中国周刊》也遭遇到同样的情况，和这三个刊物相对的有一个叫《民主与时代》，一个叫《新中国周报》。

政党也不能例外，和民主同盟对垒的有一个新成立的中国民主自由大同盟，还有一个什么民主党。和共产党对垒的也似乎有一个叫什么共产主义的会。

人民团体的例子更多，重庆市的农会是一个显著的例子，各地的参议会是更显著的例子。还有最近上海市的学生界的学生团体联合会和助学联，相对有一个学生总会。前两个组织最近改组成争取和平联合会，进行反内战，争取和平的工作，相对的也立刻有所谓上海学生反内乱大同盟！

文打的场面是以伪乱真，冀图收鱼目混珠之效。无如人民的眼睛是雪亮的，偏偏分得一清二楚。于是只好动武了，打手出场，丑态百出，明明是打人，御用报纸却说被打，明明是捣乱，御用报纸却说是被捣乱。

尽管是这样还不行，于是再来一个侧面配合。配合之道多端，一端是积极的统制舆论，官办党办和官党之友的报纸充满了每一个都市，造成清一色的局面。一端是封禁各地的民主报刊，北平的七十七种报刊和西安的《秦风工商日报》的封禁是序幕。还有一端是警员警管区制，用访问和分色卡片的办法来压制不肯做奴隶的人民。

武打的场面更出色，从国共会谈以后算起吧，开一清单：

（一）昆明学生于十一月二十五日晚在西南联合大学广场举行反内战讲演会，国军同时在校墙外施放枪炮，据国军的指挥官事后说，"学生有在墙内开会的自由，军队就有在墙外开枪的自由。"

（二）依据这个原则，二十六日以后昆明学生在街头做宣传反内战工作，到处被便衣和武装特务所殴打（反内战的自由和打人的自由也是相对的），各校门前的壁报和新华报馆都被捣毁。同时国军另一指挥官宣称要以组织对组织，宣传对宣传，行动对行动。在他的军部里，漏夜成立一个昆明市学生反罢课委员会，到处登报来否认昆明学生联合会的罢课委员会。

（三）十二月一日上午十一时左右，学生并无行动，党方军方却先发制人，行动起来了，分批袭击各大学，投掷手榴弹，杀死学生四人，重伤十数人，内中有一学生不得不锯去一腿，成为残废。

（四）跟着是成都学生为抗议昆明惨案，在游行的时候，被特务多人殴打，受伤者数十人。

（五）之后，青岛又发生了警察枪毙贴反对甄别考试标语的女教员费筱芝惨案。

（六）十二月二十日在上海，三十多大中学生欢迎马歇尔特使的行列，遭到特务的袭击，国旗被毁，学生多人受伤，事先的筹备会，被特务用强力破坏。而且由学生当场擒获的凶徒，被地方当局无条件释放。

（七）政治协商会议开会时期，陪都人民团体在沧白堂举行政协协进会，这一来又有人不喜欢，于是又是打，一直打得你开不成会为止。有人拿这事情来问政府代表邵力子先生，邵先生说："这也是民意啊！"

（八）政协闭幕后，发生了有名的校场口血案，日子是二月十一日。还是打，还是双包案。抢了主席台，打伤了人不算，还反咬一口，说是被打的打了人，打人的凶手被打；原告变被告，被告成原告。

（九）再后是北平中山公园的血案了，北平人民为了国大代表问题开一个会，这也不行，还是得打，江绍原、陈瑾昆被打之外，外国人也挨了几石头。

（十）最近这几天，打风东渐，前天大同大学开争取和平大会，有人不愿意，就动手打；昨天上海市五万人民的反内战游行，有人不愿意，又动手打；十代表进京要求实现和平，有人更不愿意，在南京下关动手打，打的人自称是“苏北难民”，打的地方是首都。军警林立，打的时间是下午七点多到深夜……而居然打得出手，打得热闹，真是出色！

不算在账上的还有两类：一类是打报馆，在重庆则打《新华日报》、《民主报》，在广州则打《华商报》，在西安则打《秦风工商日报》，在北平则打《解放报》。一类是打戏院，重庆打了十几次，上海也打过几次。

打，打，打，从昆明打起，打到重庆，打到成都，打到西安，打到青岛，打到上海，打到北平，打到南京。总之，凡是属于这个党这个政府治权下的地方，凡是有人民，有文化，有民主运动的地方，都得打。

配合着这个打风的，有规模比对日战争更大，全副美式配备的军队在到处打。

文打衬着武打，特务的打配合着军队的打，打风弥漫于全国。被打的是青年学生，是中年、老年的教授，是新闻自由下的报馆，是手无寸铁的人民。

此之谓打手政治！

然而，打真能解决问题吗？军事的打真能解决军事吗？政治上的打真能解决政治吗？

假如武力能解决问题，希特勒、墨索里尼何尝不是一世之雄？

假如有政权就能解决问题，希特勒、墨索里尼何尝不曾掌握过十几年二十年的政权？

假如打手可以压制人民，把非打成是，把黑打成白，何以有史以来，和当今世界各国的政府都不会应用？

假如打手能打得人民接受政府的意见，甘为没世不二之奴才，何以民主运动愈打愈发展，民主信念愈打愈昂扬，人民对政府愈打愈不满，国际地位愈打愈低落？

假如打手政治是当前政治唯一的出路，我要学一句旧话，“打人者人亦打之！”

而且，更玄妙的是，一面在打，打得昏天黑地，一面却在谈判，求取和平。三日一小宴，五日一大宴，在折冲樽俎。

文打和武打配合，这是中国政治的一面。全面的谈、局部的谈和局部的打、多方面的打配合，这是中国政治的另一面。以打为骨子，以谈为装饰，谈所以掩护打，打又作为增强谈的天平分量，这是中国政治的里面。

边打边谈，且打且谈，谈谈打打，打打谈谈，寄谈于打，寓打于谈，这是今日中国政治的症候，中华人民的灾难！

为一个有历史的政党前途计，为中华人民的前途命运计，为中华民国的历史前途计，不能再打了！

只有立刻停止打，停止各种样式的打，不管是文打武打，大打小打都即时停止，永远停止！

无限期的谈下去，一定要谈出一个道理，而且要实行，忠实的严格的实行。

只有这样做，才是中国人民之福，也是国民党之福。

（原载上海《周报》43期，1946年6月23日）

哭公朴

"公朴没有死，公朴永远不会死。"一多哭着这样说。

是的，公朴没有死，公仆永远不会死，他活在每一个青年，每一个爱好和平民主的人民的心坎中。

我记得，三年前的"双十"节。

在昆明昆华女子中学的广场上，昆明各界庆祝"双十"大会，公朴是主席团之一。

正当演讲进行中，突然一声爆炸，听众辟易奔走，秩序乱了；是公朴，他在讲台上用洪大的声音，指挥纠察员维持秩序。一会儿，特种人员又捣乱会场，被群众拘捕，人心激昂，一片喊打声，秩序又乱了；是公朴，出来维持秩序，制止群众，和宪警办交涉。他在台上，在会场中，跑上跑下，用手势，用呼吁的口气，和平的交涉，终于使这会开成功。参加的人不但没有被爆炸声、殴打声吓退，反而更坚定、更踊跃地来参加，来坚持这大会程序的完成；散会时的人数要比开会时增加了三分之一，黑压压的满场子都是人。空场上留下一些爆炸过的爆竹，一支手枪，和许多断烂的椅子。

我记得，几年来民主的大后方——昆明，多少次的大会和游行的行列，通电和宣言的签名，每次都少不了公朴。

骑了自行车到处接洽的有公朴，满头大汗、力竭声嘶在喊在叫的有公朴，拿了通电宣言的底稿，到处奔走，邀约签名的有公朴，办印刷、分发的有公朴，主持《民主周刊》的有公朴，有些会场中当司仪的还是公朴，有些座谈会中发言最多的也还是公朴。

我记得，过去受了国民党中伤的毒，公朴蒙受了多少谣言的灾害、诽谤、中伤。朋友中为了爱护他，曾引起过严厉的指责、批评，有时闹到面红耳赤、声色俱厉。可是公朴，他绝不激动，不怀恨，安详地含着眼泪解释，他哭。他用最有力的武器来回答这些莫须有的诽谤、中伤，他在加倍地工作。他说，能批评他的人，是他最光荣的朋友、同志。

我记得，他是如何的热心参加《民主周刊》和《孩子们》的编辑工作，他天真地在每一期出版后，挟了一大包，到处分送，一手捋胡子，向你说明这一期是如何的精彩，排版的格式和标题，还有，文章的排列次序是有怎样的含意。末了，他会说，虽然不错，缺点是有的，要不客气地指出。他还会说，来一篇吧，隔天来拿。看他那份神情，安详微笑，不断捋胡子，夸奖自己心爱的刊物，哪里像中年人，哪里像青年人，简直是孩子，天真、无邪、可爱得令你感动。

我记得，他到了重庆。在重庆工作了八个月。

他和陶行知先生办社会大学，没有钱，没有设备，光凭一张嘴，两条腿，办成了新型的社会大学。他替学生连求带劝请到国内第一流的教授，他自己被选为副校长，兼教务主任，兼教授，还兼校导师，兼打杂；他每月支薪一万五千元，他拿了这点钱，又全捐还给学校了。

他为了促进政协的成功，参加了在沧白堂举行的政协会促进会，在叫嚣、殴打的情况中，他尽了最大的努力。

他在校场口的政协会庆祝会中担任主席，被拉下讲台，被拉住胡子，被打破脑袋，血浸湿了十几条手巾。可是他不气馁，不抱怨，他说，还要更努力工作下去。

我记得，在重庆，五月十三日我去看他，住在陋巷中，正在同社大学生结算这一学期的成绩，社大学生的成绩是由学生自己互相决定的。他高兴极了，指给我看，这房子是当年韬奋先生住的，这房子是当年他们一伙人的食堂。我代表一批朋友对他致慰问之意，他只是遗憾地说没有能做好；他描画当时的情形，施复亮先生如何被打，马寅初先生的马褂等等。我替他庆幸胡子并没有如传说那样被扯去一半，因此话题就转到胡子上去了；他提起当年坐牢曾怎样沾胡子的光，现在也还是，靠了这胡子，对上一辈人混得到一起，靠了胡子，和青年人也打得火热。剃总归是要剃的，不过，一定要等到和平民主完全实现这一天。附带，他还责备一多，那么好的一把胡子，居然舍得剃掉。我说，你们是胡子惜胡子。他笑了。

第二天，他来回看我，谈得更多。他谈到他的社会大学，也谈到从前的量才补习学校，谈到社大在上海、北平各都市的发展计划，也谈到他自己今后的工作。他自己认定的工作，除了社大以外，他要用全力来搞好韬奋图书馆，还要帮陶行知先生搞育才大学。当然，他不会忘了他自己的一份小事业，经营了几年的北门书屋。

他对中国前途有无比的信心，无比的热情。他对中国青年，对社会教育，对民主运动，曾尽过最大的努力。他说，他今后还是要用全力全生命来完成他所应做的工作。

他说，一两天内回昆明。全家到上海是不可能的，不要说生活，连住处也无办法。因此，回昆明去结束了北门书屋，安顿家小，借机会休息一下，把在社大的两部讲稿整理出版。之后，再到香港，转上海，借朋友家的一席地安顿，好好地为民主运动工作。

并且，我们约好在上海，在北平见面。

之后，我记得，第三天又见面了，在史良先生家里。

我记得，公朴是那么的活跃、勇敢、富于生命力。那么的安详、谦虚、愿意接受朋友们的批评。

微笑，一手捋胡子，是他最踌躇满意时的神态。

他能笑，笑得喘不过气来；也能哭，在会场中，在讲演时，在私人谈话时，他会像孩子那样地哭，一颗颗泪珠掉在胡子上。

我记不得是什么事了，我们在打赌。他提议说，输的出一点钱买肉吃，他们家有多少天没有见过肉了。参加打赌的人似乎还有田老大、光未然、一多诸兄。

他喜欢抽烟，美国烟买不起，抽烟斗。有时有人送他一包两包，也决不吝惜和朋友分享。

衣服靠旧底子，虽然旧，可是极整洁，整洁得叫人看了忘记它的旧。

我记得他这几年来的一切，也了解他的一切。

无端在报上见了他的噩耗，公朴，从此永别了。

一个哭过杜重远，哭过韬奋，哭过昆明四烈士，哭过博古、若飞、希夷、邓发的人，今天，轮到我们来哭他了！

这样一个人的死，如此死法，我们没有别的话说，锤炼成一句："公朴，你不会死，你永远不会死。死去的是一个万万人所痛心疾首的政权！"

公朴，我替你写好了墓志铭：

"七君子之狱，他坐牢没有死；
校场口血案，他挨打，打破了脑袋，没有死；
在昆明学院坡，被暗杀，他死了。
他为了团结，抗战，坐牢；
他为了团结，和平，民主，挨打；
他为了团结，和平，民主，而死，
这是这个人的一生，为民主而生，也为民主而死，
生为民主斗士，死为国殇！"

1946年7月14日

附录一：李公朴先生事略*

王造时　沈钧儒

公朴先生原籍扬州，生长镇江，家境穷困，十三岁时，即被送入一京广洋货店做学徒，三年半满师，前两年半每月只得"月规钱"两角，后一年每月只有一块钱的收入。这是他的勤苦奋斗生活的开始。

满师时，他十六岁，正是五四爱国运动激荡全国的时候。他受了这种影响，便发起了爱国团，参加抵制日货工作，并攻击店主贩卖日货，结果是被店主开除了。这是他的第一次爱国行动所受到的

---

* 本附录及后面两篇附录，均选自《人民英烈》一书，这本书由郭沫若题写书名并作序，李闻二烈士纪念委员会编印，1946年出版。——编者注

第一次惩罚。

遭遇打击以后，他向上奋发的精神反而更强。由于乃兄公愚的帮助，乃得机会弃商就学，转入武昌文华大学附中；只读了一年半，因校医虐待学生，酿成学潮，开除百余人，他以附中代表的资格，也是其中被开除的一个。于是被开除的学徒又做了被开除的学生。

这样一来，他只好转学，转到沪江大学附中；毕业后，继续升入沪江大学。刚读完一年级，恰遇革命的高潮来到，他便离开了学校，抛开了书本，加入国民党，参加革命，由广东出发，随军担任政治工作，经福建浙江而到达上海，张曼筠女士，女师大高材生，也参加了北伐运动，他们俩便是在这时期由互相认识、了解而结婚的。

不幸，国民革命中途发生了变化。国共分裂的局势，到民国十八年已经演成，他痛心得很。恰好美国阿雷干州的雷德大学有给与中国学生奖学金的机会，他便毅然摆脱一切，出国留学。在美国，他一面读书，一面工作——剪葡萄园，擦地板，各种工作都做；有空的时候，还替韬奋先生在上海办的《生活周刊》写通讯。毕业后，他想到美国东方去看看，但是没有路费。由于一个朋友的介绍，他去见一个轮船公司的经理，想在他们开往纽约的货船上做工，借此免费沿途观光。那里的工头看他是中国人，不肯传达，叫他出去，经过多次的交涉，才碰到那经理，找到了苦工的工作，达到了他旅行的目的。从这件小事，便可见他的勤苦奋斗、努力学习的精神了。

回国之后，他对于民众教育，特别感觉兴趣。除创办了《读书生活》外，并经办了补习学校和流动图书馆。补习学校由一个增加到八个，学生由两三百人增加到四千五六百人。图书馆的书籍由两千册增加到三万册；登记的读者由两三百人增加到两万人。发展之速，规模之大，确是惊人。不是他有优异的干才，哪有这样优异的成绩？

“九一八”后，日本帝国主义者向我国继续不断地扩大其侵略行动。民国二十四年绥远战事发生，国事更岌岌可危。爱国之士，深知非抗战不足以图存，非团结不足以抗战，乃有救国会之组织。先由上海文化界救国会、职业界救国会、妇女界救国会等等团体，联合而成为上海各界救国会；再联合华北、西南、西北各地的救国会，而成为全国各界救国会。他毫不迟疑地参加了这组织，并且被推为负责人之一，奔走呼号，不遗余力。至民国二十五年十一月二十二日遂与其他六人同时被捕入狱。

一九三七年七月七日卢沟桥事变发生，日本帝国主义吞并我国的野心毕露无遗，全国人民已到了忍无可再忍的程度，当局终于确定了抗战的国策，救国会负责人乃得于七月三十一日被释出狱，应中央电召，同往南京，共赴国难，“八一三”后，更各在不同的岗位，全力支持抗战。他于此时，即创办了《全民周刊》，到汉口时更与韬奋先生主编的《抗战》，合刊为《全民抗战》，主张动员全民，抗战到底。

当时大家都集中在武汉，他却冒着危险往来于敌后方及最前线。起初到晋西北组织“民众动员委员会”，自任宣传部长，并著有《民众动员论》；旋回到汉口，著有《怎样争取胜利》；后又应阎锡山先生之邀，到山西主持“民族革命大学”，并著有《抗战教育的理论与实际》。武汉危急时复回到了汉口，拟参加保卫工作，不意被人诬陷为“鼓动工潮”，失却了自由数日。

武汉撤退后，他复到山西组织抗战建国教学团，并经延安到晋察冀边区，通过敌人封锁线，与青年学生在一起，共生活，同甘苦，为抗战而奔走，为团结而呼吁。

太平洋战事爆发，敌人进入泰国、安南后，云南成了抗战大后方的大动脉的枢纽，地位显出特别重要。他由北方的最前线，转到了昆明，创办了北门出版社。这时期党派的裂痕已经日益显露，军事复连续地遭受挫折，政治风气愈来愈坏，物价向上猛烈地跳跃，他认为这一切坏现象的最大原因在于不民主。故民主同盟在昆明发展时，即奋发参与领导。

胜利后，民盟召集临时全国代表大会，他代表昆明方面来渝出席，并被选为中央执行委员。这时候他还与陶行知先生合力创办了社会大学，以救济一般职业青年的失学。预备在上海、香港成立分校。

政治协商会议的圆满闭幕，给了中国和平民主团结统一以光明灿烂的前途，但同时也激起了一股恶浊的逆流。全国正为光明的前途而欢欣，重庆各界并特别于二月十日在校场口召集了一个盛大的庆祝会。不意公朴先生就在这个大会中，被象征这股恶浊逆流的暴徒所重伤。

带着伤痕回到昆明，他眼见内战的危机愈来愈深刻，反动的逆流愈来愈汹涌，他为争取和平民主的活动也愈来愈积极。为光明而奋斗的人，自然是黑暗势力所要摧毁的人。结果是，他于七月十一日下午十时许被黑暗势力所主使的暴徒暗杀了。在弥留的时候，他还大呼"为民主而死!"是的，公朴先生，你是为民主而死的，但是由于你的死，已觉醒千千万万的同胞，他们将前仆后继，踏着你的血迹前进，争取民主。民主终将要为你而生了。

附录二：李公朴先生受难详记（新闻通讯报道）

昶　辑

昆明已到雨季了，天色阴暗，霪雨绵绵，每当夜里，几无不下雨，不凄凉、不恐怖，黑夜茫茫，人心惶惶。六月间军警特务，每日往各处搜查，翻箱倒桌，掀地板，掘地洞，荷枪实弹，来势凶狠。七月初则谣言蜂起，一说要打了，一说要杀了，街头巷尾，谈虎色变。夜深人静，常常有便衣武装，黑影幢幢，押人过街，梦里稀闻枪声，有说枪毙土匪，有说解决部队，真相如何，老百姓不得而知。特务机关则散放谣言，沿街贴壁报侮辱民主同盟，特别是对于李公朴先生。李先生由渝去昆是预备携眷去沪的，但上海生活程度太高，房子又无办法，只得拖延下去。七月初就有谣传特务机关对李先生有所不利，朋友们有劝他走的，他说："我准备好了，要杀我，到别处也可以杀的。"有一次李先生问他的夫人："假使我被打死了，你怎么样?"夫人说："你怎么想到这些呢!"然而，七月十一日，不幸的日子终于来了。

那天晚上七时半，李先生和夫人张曼筠女士同出去有事，八时事毕，回来的时候，顺便往南屏大戏院看电影，九时四十五分电影散场后，徒步至南屏街乘公共汽车。随即有穿黄色军服及便衣数人，跟踪上车，李先生和夫人坐在汽车中部之旁座上，他们两旁各坐一着黄色军便服之青年，有一个则头发斜遮左眼，在他们斜对面则坐一摩登女人，旁亦坐一着黄色军便服之青年，此外，车上尚有着黄衣者数人，余均为普通人。车至青云街大兴街坡脚停车处下车，首先是几个普通人下去，继之，李氏夫妇下去，跟踪而下的就是那个摩登女人旁边的黄制服青年，继之是三个普通人，最后是那两个坐在旁边的黄制服青年。这时，正在下雨，灯光暗淡，看不清周围的情景，李先生走在前面，刚要下坡，即闻微软一响，李公朴先生中弹了，弹由腰眼射入，贯穿左前腹而出，公朴先生倒下来了。李夫人赶到前面去，扶着他说："怎么又跌了呢?"李先生神智尚清，在泥泞里呻吟着，高呼说："我中枪了!"李夫人这才看见李先生的腰上都是血，而且不断地向外流，她情急地大声呼喊："捉人呐，枪打人了!"这时凶手才回头向青云街逃跑；市民们都出来了，在第三分局门口，凶手给捉住了，就是坐在对面的那个黄便服青年。李夫人在细雨噿噿中抱住了公朴先生，眼泪流下来了。时正十时半。公朴先生呻吟着，正巧云大有几个同学打那里经过，看见躺在地上发哼的人正是他们最尊敬的导师李公朴先生，他们扑上去，扶起先生的头，李先生慢慢地应道："你们来得正好，快想办法!"又说："我要坐下来。"这时雨正凄迷地下着，水滴淋着先生的伤口。不多久抬帆布床的同学来了，大家把先生抱上去，抬着向云大医院走去，一路上先生呻吟着；到了医院，即刻检查，子弹是从后腰射入的；洞穿腹腔，至右腹穿出，血完全流到腹腔和胃里。一个医师悄悄地说："严重得很，和潘琰一样。"

打了好多麻醉针，止不了这特种子弹所给予人体的创痛。医生们决定立刻施行手术，但是，并没有用处，肠盖已经击穿好几个大洞了，其中两洞，口径超过一吋，血像自来水一样向外突射，李先生因为失血过度而近于昏迷地喘着气。手术室里也到处是红红的血滴。医师们用了各种各样的方法，来挽救这一个伟大的民主斗士，灌输三百 CC 血浆，注射盘尼西林和打强心针，李先生一时迷糊，一时又较清醒，他睁开眼来痛骂着：

“无耻……无……耻……”

痛楚使他咬紧牙关，他喊着：

“完全为了民主！完全为了民主！”……

李夫人陪伴在他的身边，用发热的脸贴着李先生的额角。外面近三点了，子夜寂静，窗外一片黑暗，室内充满了紧张和悲愤，渐渐的，李先生的呼吸逐渐短促了，他还勉力地睁开眼来，对站在面前的朋友说：“我早就准备好了！”但是声音已经很微弱了。

李先生昏迷了半个钟点，突然较清醒地问：

“外面什么时候了？”

“五点，天快亮了。”

他疲倦地闭上眼睛，不再讲话了，最后一次，鲜血从他的口里流出来。就在这天刚要亮的时候，李先生离开我们走了。

附录三：《人民英烈》目录*

烈士遗影

---

* 1946 年李公朴、闻一多被国民党暗杀，这在当时是震动国内外的一件大事，为了让读者全面了解事件的情况，特将李闻二烈士纪念委员会编印的《人民英烈——李公朴、闻一多先生遇刺纪实》一书的目录附录于此。——编者注

人民之声（以笔划多少为序）

哭一多

一多，我想到你会死，我虽然离开了昆明，却无时无刻不在担心你的安全。

一多，可是我决想不到，连立鹤，才在大学一年级的一个十八岁的青年，也惨遭五枪。

我想不到，无论如何想不到！

父亲是忠臣，忠于人民，忠于国家；儿子是孝子，孝于人民，孝于忠臣的父亲。父忠子孝，表现了民族的正气。一多，我忍着眼泪，我要告诉我所遇见的第一个人，民主同盟有这样的盟员，这样的领导人，中国民主的前途是被保证了的；我也会狠着心，自己对自己说，我有这样的朋友，这样的同志，这样的学生，作我未死以前的准绳，前进的明灯，我是被保证了的，永不会走错路！

几年来的情形，历历如在目前。

我记得清清楚楚，当你还住在昆华中学的时候，为了一件必要的事，我带了几个学生去看你。

当你作新诗人的时候，我知道你，并不尊敬你。当你埋头研究《诗经》、《楚辞》的时代，我明白你，并不接近你。可是，当这一晚上谈了三四个钟头以后，我们的思想和工作都结合在一起了，我不但了解你，接近你，而且尊敬你。

此后的三年中，我和你分享着忧患，贫困，紧张，忙乱，痛苦的日子。

我记得你洪亮的声音，激昂的神情，飘拂的长髯，炯炯的目光。在每一次群众大会中，在每一次演讲会中，座谈会中。我也记得你每一次所说的话。

像一头愤怒的狮子，去年，在云南大学广场的一次集会中，正当开始的时候，天不作美，在下雨了，参加的男女青年在移动，在找一个荫蔽，会场在动乱了。你，掀髯作狮子吼："这是天洗兵！不怯懦的人上来，走近来，勇敢的人走拢来！"在你的召唤之下，群众稳住了，大家都红着脸走近讲台，冒着雨，开成了这个会。

我也记得你，在为四烈士下葬的那一天，你在薄暮的微晖中致词，你说："我们一定为死者报仇，要追捕凶首，追到天涯海角；今生追不到，下一代追！"

不管是阴天是晴天，是冷天是热天，认为该作的事，你毫不迟疑，献出了全部的时间和精力。

宣言、通电的润色人一定是你。在深宵，在清晨，你在执笔沉吟，推敲每一个字，每一句，每一段。朋友们安慰你的过度辛劳，你还在微笑着说："谁叫我是国文教员呢？"

从你搬进西仓坡联大教职员宿舍以后，我们恰好是对门，两个窗户也正对着，你的宾客，你在工作的情形，一抬头便可望到。

学生一批一批地进出，诗人，作家，木刻家，戏剧工作者，还有我们民盟的朋友，从清晨到深夜，川流不息地在走动。

你有一只破烂藤椅，一个整齐一点的方桌，你的书桌是三块长木板，像裁缝桌子，还有两把乡下搬来的描金黑漆方椅子，坐上去倒很结实，不会怪叫。此外，还有两张小板凳，两口破箱子。吃饭时一家人刚好一桌，孩子们站着吃。

终年穿一件阴丹士林长衫、布鞋、破袜子。最近穿的一件半新不旧的灰色布夹袍是赵三姊送的，你喜欢得合不拢嘴，大热天还在穿着。有一次同走过云南大学前面，公共汽车经过，我们两个人都溅了一身泥点，为了这件事，你还不快了半天。

你喜欢喝茶，我为你预备一点好茶叶，三天两晚在我的小书房中边喝边谈，有时到深夜。你也喜欢喝咖啡，要加多糖，还有，菜要口味重一点。你说，在蒙自那一年，包伙吃饭，盐太少了，简直受不了，现在要补一点回去。

成天的奔走，成天的工作，看书的时间没有，连看报都得在深夜上床的时候看，为了这，你的太太和你吵了不少次架。

去年年底吧，你告诉我，要替《中原》写一篇长文章，我说我也在准备，相约在三个月之内写完。可是，一个月一个月过去了，你没有开笔，我也没有一个字。

有一天，是傍晚吧，在我住房的前面，两个小杌子，两杯茶，两支烟，谈了许多事之后，你喟然说，太空虚了，成天吐出去，却没有新的东西补充。要好好念书了；天可怜一年两年后，民主实现，政治走上轨道吧，只要有这一天，我们立刻回书房，好好读十年二十年书，才对得起自己，对得起所受的教育。

为了这，你加紧了工作，忘寝废食地工作，希望尽量提早和平民主日子的到来，好重回书房，作新知识的学生。

可是，你死了，你没有看见和平，更没有看见民主的影子，赍志长逝了，永远再不能回到书房了。

你喜欢田间，喜欢玛雅可夫斯基。郭沫若先生赴苏过昆的一天，邵鲁诺夫先生问你想带什么书，你希望有一套《玛雅可夫斯基全集》。我昨天看到郭先生，他说书早已带来了，无法寄，今天，是永远投递不到了。

你为了生活，学刻图章，成天在刻，通夜在刻，刻得右手中指起了个老大疙瘩，刻得手发抖，写字都不方便。为了一升两升米，为了明天的菜钱。你常说你是手工业者。

饶是这样，还有一些朋友在责备你，不该干这行手艺。天啊，你在哭，我也替你哭，吃饱的人是无法了解饿肚的人呀。

立鹤，你的长子，我的学生。

去年，你刚念完联大附中二年级，暑假你进了联大。你父亲喜欢，母亲高兴，为了奖励你，连仅有的一支美国水笔，一个美国朋友送的，也给了你，作为奖品。

在进入大学以后不久，你立刻成为青年民主战士的一员。

在“一二·一”运动的时候，你受了伤，腿被打肿了，母亲劝你休息，你说：“妈妈，我是闻一多的儿子呢，闻一多的儿子是不能休息的！”

立鹤，你才十八岁，多灾多难的中国，居然在杀戮青年！

立鹤，你为民主，为了你的父亲受了重伤。我替你相信，你是求仁得仁的，有这样的父亲，才有你这样的儿子。

安眠吧，一多，我的朋友，好好安息吧，立鹤，我的学生。

我们会跟着你们走的，你们已经替中国人民铺好了道路，用你们的血。

（原载上海《周报》46期，1946年7月18日）

闻一多先生传

天真，任性，诚恳，勇敢，无所恐惧，爱人民甚于爱他自己，这些特征，结合成为为民主奋斗，为民主献身的名诗人，名学者，名教授，青年导师闻一多先生。

一多先生的一生永远在追求真理，也永远在否定自己。到晚年他找到了，大喝一声，在这里了！锲而不舍，竟以身殉。

这真理就是民主。

走到真理的路只有一条，生活在人民中，为人民服务。

一多先生的早年以新诗人著称于世，他写诗特别讲究格律，和一些朋友，办诗周刊，举行读诗会，参加《新月》月刊，著有《死水》、《红烛》和长诗《奇迹》，在文坛上被目为“新月派”，在新文化运动中起了启蒙作用。

中年以后，绝笔不写诗了，不但不写，简直不看。

晚年，不但更喜欢读诗，而且特别喜欢田间的诗，他推许田间是明天的诗人，是人民的鼓手。

他认为只有反映人民的苦痛，赞颂人民的功绩，描画人民的生活的诗，才是真正的诗，活的诗，这时代所需要的诗。

真正的诗是严肃的、战斗的，是打击不义、消灭黑暗最有力的武器。

他是西南联合大学新诗社的导师，诗朗诵会的主持人。成天有一批年青的新诗人，新鼓手，追随着包围着这位十几年不写诗的老诗人。

从田间的诗里，他发现了苏联大众诗人玛雅可夫斯基，跳了起来，狂喜地说：“诗在这里了！”

他完全否定了早年的自己，在说服朋友参加民主运动的时候，甚至不惜现身说法："怕什么，我早年还是'新月派'呢!"

一多先生的一生是一首美丽的而又壮烈的诗。

中年一变而埋头于古经典的研究，特别是在云南蒙自的一年，发愤得忘寝废食。他研究《易经》，研究《诗经》，研究《楚辞》，旁及庄子、乐府、唐诗，更进而研究古文字学、音韵学、古代神话、绘画、古民俗学，对《楚辞》所费功力独深。著有《楚辞校补》、《周易义证类纂》、《诗经今译》、《庄子内篇校记》、《乐府诗笺》、《杜甫年谱》、《唐诗杂论》等专著，和专门论文若干篇。

晚年特别喜欢瞿秋白和鲁迅，案头经常放着《海上述林》和鲁迅的著作。

他会毫不掩饰地向朋友、向学生说："我错了，鲁迅是对的。"

他认为今天只有两种人，一种是奴隶，一种是奴隶主，后一种又是他们的外国主子的代理人。

他指出今天的中国，人民被蒙住了眼睛，被封住了嘴巴，被僵化了头脑，血汗被榨取，谷子儿子被征发，层层的压迫，层层的剥削，不是奴隶是什么?

应该是奴隶翻身的时候了!

他要编一本新诗选，选载现代歌咏奴隶翻身的新诗。

之后，要用同样的观点，写一本中国文学史。

他喜欢屈原，推崇屈原，他指出屈原的身份是奴隶，但是是一个不肯屈服，始终在战斗，不忘记翻身的奴隶。

他把学术思想和现实联系起来，他所研究、探讨的是有血有肉、活生生的学问。

一个纯粹的诗人，第一流的学者，爱美，推崇浪漫派，中年虽然归于平实，还是成天在故纸堆中摸索，自得其乐的人，突然，又一变而走上追求民主的道路，战斗的生活。

说突然，其实并不突然。

正当五四运动的时候，一多先生在清华学校读书，因为文笔好，被推选为学生会书记，用笔参加战斗，尽了他一份力量。

民国十一年到美国留学，学文学和美术。回国后，历任中央大学、武汉大学、青岛大学、清华大学、艺术专科学校、西南联合大学教授，把全部时间贡献给学术研究，绝口不谈政治，正如他自己所说，被关入象牙之塔了。

八年抗战，薪水的百分之九十六被征发去了，一家八口，无法过日子，两夫妇捉襟露肘，儿女啼饥号寒。住的从有卫生设备的洋房独院到荒村茅舍，吃的从八肴六肴降为一碗豆腐渣，生活的穷困到了极度，从象牙之塔一撵撵到十字街头。

然而，穷困还是折磨不了他，正如暗杀吓唬不退他一样。

使他彻头彻脑转变，重新回到革命战斗的道路的是人民。这几年来他生活在人民中，成为人民的一员，明白并且体会了人民的苦痛和需要。

正如一头发怒的狮子，他大吼了！

他喊出人民的苦痛，他指出解救的方法。

他用嘴，用笔唱出了石壕吏，画出了流民图。

他在喊："我们今天第一要停止内战，第二还是停止内战！一直要喊到内战彻底的全面停止才不喊。"

他在喊："我们今天第一是要民主，第二是要民主，第三还是要民主！非民主不能救人民，非民主不能救中国！"

一个人喊不中用，领导了学生来喊。

光是学生喊不中用，领导了更多的青年来喊。

光是一些人喊不中用，他加入了中国民主同盟，领导人民来喊。

于是学生、社会青年、大学教授、文化学术工作者、工人，万口一声在昆明喊出了要和平要团结要民主的呼声。

跟着是宣言、通电、抗议、呼吁、大规模的时事晚会、演讲会，以及美术展览会、新诗朗诵会、文艺座谈会、营火会、舞蹈、话剧，各文化部门全被动员了，以至几千人几万人的大游行，一而再，再而三，轰轰烈烈，大地在撼动了，全国在响应了，法西斯在发抖了！

飘拂的长髯，炯炯的眸子，破烂的长袍，带着一根白藤手杖，出现在每一个集会中，每一次游行中。

激昂的情调，生动紧凑的讲词，使每一个听讲人，增加了信心，增加了勇气。

他提倡新诗，提倡的是为人民歌唱的新诗。

他鼓励学术研究，鼓励的是指出人民苦痛根源的研究。

可是他自己呢？一个真正的鼓手，没有时间写诗，更没有时间做研究工作。

他用诗一般的语言，丰富的内容，在喊：前进！前进啊！只有前进！

七月十五日这一天，在云南大学李公朴先生追悼会讲演以后，下午五时三十分，被反人民反民主的法西斯暴徒狙杀在他所住宿舍的门前，死在他的岗位上。

三年前，有人说他被解聘了，他照常工作。

两年前，有人要暗算他，他照常工作。

几天前，传说他是被暗杀的第二号，他说我早已准备这一天！加紧工作。

一多先生死了，为反内战而死，为争取和平而死，为呼吁团结而死，为民主而死！

他无所恐惧，恐惧的是指使暗杀他的那些人。

在为民主殉身以前三小时，在最后一次讲演中，一多先生愤怒地指出："反动派，你看见一个倒了，可也看得见千百个继起的！"

是的，我们要含泪奉告一多先生在天之灵，继起的不是千百个，而是以万计百万计的全中国人民！

一多先生名家骅，进清华学校时更名多，又加为一多，湖北浠水人，享年仅四十八岁。

（选自上海《人民英烈》，1946 年出版）

一多先生周年祭

一多，今天是你以身殉民主的一周年。

我向你告别那一天，是五月七日清晨，你和一家人送我们到院门口，你看着我居然先走，有点感伤。嘴里说两个月后北平见，看神色，我明白你的难过，你的笑容是勉强的，最末一句话是要我回清华园时，先看你旧居的竹子。

在重庆，住了一个多月，寄信给你，没有回信。在上海，为了许多事，写了更多的信，也没有回信。我知道你忙，也知道你已经把事情都办好了。

不料七月十八日早晨，报上就宣布了你的噩耗！三天后昆明的朋友详尽地报告七月十五日以前和这一天的情形，两个月后在北平，我读到你最后一次演讲。

到今天，你离开我们整整一年了！

这一年，是最黑暗，最残酷，最痛苦的一年。

只要指出一点，你就可以明白了，联大已经复员了，从回到北平的第一天起，你的同志，你的朋友，你的学生，便在计划筹备一个你和公朴的追悼会，但是，不行，一直到今天还是没有做到。你想想吧，他们剥夺了你的生命，还要剥夺你死后被人追悼的权利，这是什么日子，什么世界!？假如你还活着，你能忍受吗？

你为了反内战而死，告诉你，这一年，内战打得更激烈，更疯狂，更广泛，更大规模，更残酷，更可怕了。

你为了呼吁和平团结而死，告诉你，这一年，连和平的影子都被肃清了。去年在淮阴、承德、张家口被攻下之后，就召开一党的国民大会，颁布一党的“宪法”，根本推翻了政协协议。今年在山东战役失利之后，在军调部撤消之后，正式驱逐中共人员出境，接着是到处逮捕、失踪，跟着又攻取延安，展开全面攻势。东起白山黑水，西迄陕甘，北抵热察，南至琼崖，都在大杀大斫，杀老百姓，杀青年人，陈兵千万，田庐为墟。

你为了要求民主而死，告诉你，这一年，在国际上有杜鲁门主义，国内呢，开有史以来未有之先例，民主人士被集体逮捕，不是以十计百计，而是以千计万计，被捕的不止是工人、学生，还有教授，还有新闻记者，罪状呢？“民主犯”！谈民主的报馆被封闭了，要求和平民主的学生被殴打，被枪杀了！请愿有罪，游行有罪，唱歌有罪，演剧有罪，写文章有罪，说话更有罪，反内战有罪，连反饥饿也有罪了！

一多，你是死不瞑目的。

一多，你死后，我们把你殉义的日子定为民盟先烈纪念日。你的殉义经过，发表了李闻案调查报告书，出版了《人民英烈》，你的著作，正在编印中。

你，成为民主的烈士，全国青年和民主人士的前锋和指路碑。

血已经化为更大的力量，团结、组织无数千万前进的人们，奋斗，献身。今天已经到了魔高一尺，道高一丈的局面了。

长夜漫漫，我们已经度过这艰难残酷的一年，鸡在啼了，天也快破晓了。

一多，你曾称誉田间是时代的鼓手，现在，你的声音，你的文字，是我们的鼓手，是我们的旗帜了。这一年，尽管是最黑暗、最残酷、最痛苦的一年，但是，曾经受过你的教育的，曾经听过你的讲话的，曾经读过你的著作的，曾经为你的泪你的血所感发所启示的青年人、中年人、老年人，不论性别，不论职业，都起来说话了，起来行动了，起来斗争了。

电光在闪耀，雷声在轰隆，新历史的一页在用血书写了。

一多，你是永远不肯安息的。注视着吧，不远的一天，我们将以完成你的业迹来告慰你在天的英灵。

论法统

一、初次提出

在今年正月的政治协商会议中，政协国民党代表提出了法统。

所谓法统，是一党独裁、一党专政的政府的法统。

一党专政的政府企图通过合于人民要求的政治协商会议，承认本店自造的法统，来合法化它们的政权，加深加重中国人民的苦难。

一党专政政府的法统，假如能经过协商而肯定，自然，军令政令都得统一了，再不统一，便非如何如何不可了。

这是一种耍戏法的手段，轻轻用法统奠定了主奴上下尊卑顺逆的封建秩序，于是我的是我的，你的也是我的。军队也罢，军权也罢，附属于军力的地方政权也罢，都得交给我，由我来统而一之，至于我的呢？当然还是我的，为什么？因为我是合法的呀，连外国都承认，还有何话可说。而且，还有美国的援华物资，和一相情愿的原子弹。

还有，你们说我不民主，连外国人也如此说。好吧，再耍一套，扩大政府组织，分你们一杯羹，国府委员增加到四十人，我占二十个，连主席恰好过半数，其余的二十把椅子里面还有几把也是自己人，心照不宣，稳占四分之三。而且，这二十名还得由国府主席选任，提交中国国民党中央执行委员会通过，这一套有一个动听的新名词，叫做“保持法律系统”。

什么系统呢？一党专政的系统。

还有，据说这样做才能顾到事实，什么事实呢？当然是一党专政的既成事实了。

还有，行政院也可以请陪客。

还有，这个扩大的政府的主席有紧急措置权，先办了，再通知所谓“国府委员会”，也就是小说上的“先斩后奏”。如此这般，这政府当然“民主”了。“民主”的政府谁还能说反对，军令政令还不该由我来统而一之!

这是法统的初次提出。

其实，说穿了，国民党政府的法统是根本不合法的，不存在的。

所谓法统，也就是所谓“合法的政府”，为人民所承认，合于人民的法，合于人民的统的政府。为国际所承认，合于国际的法，合于国际的统的政府。国民党过去和现在口口声声强调的就是这一点，国民党当局几次三番指出只能还政于民，不能还政于党，所根据的理由，也就是这一点。

现在，我们要提出问问，所谓合法是合的什么法?所谓法统，到底是什么统?

举例说，合英美式的民主的法吧?以美国、英国的现实政治作准绳，故罗斯福总统连任了四次，每一次都由公开的合法的选举方法——故罗斯福总统所领导的党是执政党，他们由政纲政策，尤其重要的是过去几度执政的政绩，来要求选民的选票，和另一政党竞选。结果，选民果然选择了他们。罗斯福先生和他的党凭选民的选择取得政权，而且继续当政多年。

再说，罗斯福先生之被推作党的代表人，事先也得经过选举的方式，而不是由某一老党官提议，全体党代表肃立，就算连任的。

那么，我们得请教国民党诸公，你们之取得政权，蛮干一党专政，是经过什么样方式的选举?是由谁选举?还是曾经和谁，哪一个政党竞选得胜?人民曾经表示过选择吗?各政党都曾经欣然同意吗?假如都没有，我们不能不抱歉地请教诸公，你们合的是什么法?

是的，我们得学学美国人民的民主方式，美国的政府是全世界所公认的合法政府，因为这政府是由美国人民选举出来的。我们承认了这榜样，就得明白，我们现在的政府，并不合这个法，一丝一毫也不合，因为这个政府并没有，也从来没有经过人民的选举。

再说，退一步说，国民党有功，有功就算合法。有没有功，或有多大功，例如五子登科之类，大家都明白。即使算有点儿功吧，再举英国的例子来说。老牌民主国家的首相，丘吉尔先生和他的党，对英国总不能说没有大功了吧？可是人民不要他，工党不和他合作，只好举行大选，听凭人民的选择。人民呢，毫不含糊，选择了工党，选择了阿特里。丘吉尔先生承认这选择，保守党也承认了这选择。丘吉尔先生和保守党功成身退。这才是民主，这才是合于民主的法。假如我们也承认英国的法，那么，国民党当局专政了十九年，全国人民都要求他下来，都切望能有人民自己的选择。然而，到今天，国民党当局还是硬拖着，还是要以党治国，还是要以请客式的戏法来解决国是，还是要片面地一意孤行地，召开一党御用的所谓“国民大会”。还是用美式配备来屠杀人民，暗杀要求民主的人士如李公朴，如闻一多，涎皮赖脸不肯下来，恋栈到难以为情的地步。我们也不得不请教一下，这是合的什么法？哪一门子的法？

或者说国民党有五十年奋斗的历史，有十九年治国的历史，有历史就算合法。那么，我们也还是要请教，不凭治迹而凭历史，那么，日本天皇，那个骑白马戴单眼镜的家伙有两千多年的历史，清朝爱新觉罗族从努尔哈赤到溥仪也有三百多年的历史。假如有历史就算合法，完全不凭治迹的话，那么，裕仁还该万世一系下去，溥仪也不该引渡，墨索里尼、希特勒都应该还魂，（老墨还当政了二十一年呢！）重建法西斯政权了。

或者说，得民心的，得人民拥护的就是合法。关于这一点，国民党政府是不是得民心，我们可以用他们自己的报，《大公报》的社评标题“莫失尽民心”来回答，用近来常听见的“接收人心”来回答。假如民心向你，《大公报》的主笔岂非发疯！假如人心归你，又何用接收！用北平的民谣“盼中央，望中央，中央到了民遭殃！”来回答。用各种钦定要求人民拥护的标语来回答。你自己站得住，为人民服务，人民自然会拥护你，何必哀求人民来捧场！用普遍的人民的不满来回答，这例子太多了，除开直系党系和官党之友系以外，任何报章杂志，都能供给车载斗量的材料。

最后是国际的承认，于此有两点解答，第一是过去没有别的政府可以承认，杜鲁门总统和莫斯科三外长会议的声明，都曾明白具体地指出，这不是很明白的吗？必需是团结的，民主的和平的统一的中国政府，才是国际所承认的合法政府；第二是联合社所发表的美国国务卿贝尔纳斯的声明，“不是这样的一个政府，就没有资格出席国际会议”。那么，就这一点而说，国民党政府合的是恰好和这个相反的法。这又不是很明白的吗？

合法的理由不存在，法统自然不存在。

那么，根据法统而要的一套戏法，自然，也只是戏法而已。

二、老调新弹

过了两个多月，在参政会大会席上，这老调又被新弹了。所谓新，只是避免再用法统的招牌，把重点放在：

（一）制定宪法，应以建国大纲为最基本之依据。

（二）在宪法尚未颁行以前，训政时期约法是根本有效的。要知国家不可一日没有政府，政府不能一日没有法律，尤其是国家与政府所依据的根本大法——约法。我们国民政府就是依据训政时期约法而成立的，而且依据训政时期约法而行使其职权。倘若宪法尚未颁行而约法先行废止，中国就没有合法的政府，国家就要陷于无政府状态。

扼要的说，就是未来的宪法必需依据建国大纲，宪法未颁布以前以训政时期约法为国家根本大法。这是一个表面高明而其实拙劣到极点的障眼法，受骗了快二十年的人民再也不会上这个当了。戳穿障眼法，让我们先看看这个法宝的来历。

第一，建国大纲二十五条，是民国十三年四月十二日国民党总理孙中山先生手订的。以时间性说，离今天已经二十多年，一世纪的四分之一了。中山先生如健在到今天，他一定会因时制宜，顺从人民的要求重新改订，决不会刻舟求剑，悬揣二十多年后的情形，一切不变，而强人民以必从，甚至盲从！更何况这二十多年来的中国曾经过何等重大的变化！以实用性说，国民党政府这十九年来也未尝没有变更这大纲的地方，举例说，建国大纲第二十条，行政院下设内政、外交、军政、财政、农林、工商、教育、交通八部。现在有多少部呢？多少委员会呢？既然制定宪法要以建国大纲为最基本之依据，为什么政府组织反不以建国大纲为最基本之依据呢？如经济部、粮食部、国防部、经济委员会等等组织是依据建国大纲哪一条哪一款的？假定答案是因时制宜，不必遵守，那为什么，又有什么理由要未来的宪法必需以这可变的建国大纲为最基本之依据呢？而且，再以国民政府对孙中山先生手订的建国大纲的依据性而说，过了二十多年了，除了第一条口头上的幌子而外，第二条是民主，国民党政府什么时候曾“与人民协力共谋农业之发展，以足民食”！什么时候曾“共谋织造之发展以裕民衣”！相反的还在内战，还在征购征实，还在设立官僚剥削的中纺和中蚕垄断民衣！还有，民居在哪里？敌侨房屋尽分配给大官小官文官武官！民行如何呢？一直到今天，教育人员、公务人员和还乡义民还滞留在重庆，在宜昌，有家归不得，行不得也哥哥！第四条是民族，国民党政府又曾什么时候扶植过弱小民族，使之能自决自治！第五条军政、训政、宪政三时期的区分，我们也要请教国民党政府，你们在口头上训我们到底训了多少年？什么时候开始训？如何训？训过谁？谁又曾受过四权的训练？再顺序数下来一直到第二十五条，除了第十九条试行五权之治的五院制曾经遵行以外，可以说没有一条没有一句是为国民党政府所曾奉行或作为“最基本之依据”的。

总括的说，国民党政府二十年来对于建国大纲只做到了两条，一条在嘴里喊，也只是喊喊而已。一条呢？依据以作官，喊了二十年的训政，训的成绩在哪里？到了被迫不能不交卷，非卸下训政牌子不可的时候，只好抬出宪政。而又不肯放弃一党专政独裁，而又不敢公开地说要继续一党专政独裁，这才抬出尘封二十多年的建国大纲来作法宝，说未来宪法应以被我冷淡了二十多年的东西作最基本之依据。不要的时候一脚踢开，要用时不管用得用不得，多年陈货也捧出作法宝，呜呼！欺老百姓乎？老百姓的眼睛是雪亮的。欺外国人乎？外国人并不近视。

第二，训政时期约法八章八十九条，是民国二十年五月十二日国民会议判定，六月一日国民政府公布的。

关于这问题，我们该从两方面来戳穿。

先决的问题是制定这约法的机构合不合法，合不合人民的法。其次根据这个法而成立的现国民政府守不守这个法。

如所周知，十五年前的国民会议只是国民党会议，除国民党以外，其他党派都被视为异党奸党，被清被剿的。因之，这一党会议所制定的一党约法，从来也不曾得过国民党以外的党派以及全体人民的同意。质言之，它既不是各政治党派所公认的国家根本大法，更不是人民自己的法。

其次，作为国民党一党的党法，国民党政府也从来不曾遵守过。举例说，第二章第八条“人民非依法不得逮捕、拘禁、审问、处罚，人民因犯罪嫌疑逮捕、拘禁者，其执行逮捕或拘禁之机关，至迟应于二十四小时内移送审判机关审问，本人或他人并得依法请求于二十四小时内提审”。这一条这十五年来曾经实行过一次没有？到今天止，集中营的几万政治犯可以作证，昆明的四烈士可以作证，羊枣先生的英灵可以作证。最近，索性用暗杀来解决一切了。李公朴先生、闻一多先生犯了什么罪？即使算呼吁团结民主和平是有罪吧，也尽可依你们的法逮捕、审问再处刑啊，为什么，公然在白天枪杀！连未成年的孩子都要置之死地而后快！

还有，第十条，人民之住所非依法律不得侵入搜索或封闭，远的例子不说，小的例子不说，政协开会时搜查民主同盟代表黄炎培住宅，在北平搜查中共顾问滕代远住宅，最近又普遍搜查昆明各文化机关和人民住宅。这些事例，是遵守约法呢，还是根据另一种法律？假如有，我们要问根据哪一条见得人的法律？而且，即使有，我们要提请根据约法成立的国民党政府注意，约法第八章附则第八十四条，明明写着，凡法律与本约抵触者无效。

再往下，第十三条，人民有通信、通电秘密之自由，十四条人民有集会、结社之自由，十五条，人民有发表言论及刊行著作之自由。底下都有但书，并依法律不得停止或限制之。相对的，根据但书，国民党政府针对十三条成立邮电检查所，针对十四条颁布结社法自首法，针对十五条成立图书杂志审查处。然而，对上引约法第八章附则第八十四条呢？如何说呢！显然，这些见不得人的法令有效，约法当然无效了。

而且，这些见不得人的法令和机构最近也已先后被迫取消了。可是，就在这几天，上海《文汇报》、《周报》被迫停刊，成都《民众时报》被迫停刊，这又如何解释才好呢？

再下来，第二十条，人民有请愿之权。人民有没有，人民自己知道。从水龙头、木棍到手榴弹、机关枪到无声枪，是这一条唯一的合乎事实的解释。当然，官办的党办的请愿权是有保证的，奉命请愿的人不但合法，还有面包可吃，汽车可坐呢！不过，那又是另一回事了，和约法也似乎不大相干也。

第四章是国民生计，把国民两字改为官僚，全章都通顺了。

第五章是国民教育，国民也该改作党化或党的，才合于事实。

第六章中央与地方的权限，均权的意义是中央集权，武力统一，和接收。

总上所论，可知国民党政府从来也不曾实行过训政时期约法。相反的十五年来的作为，处处事事都在违反以及破坏约法。唯一遵行的是第七章政府之组织，根据这一套成立了国民政府，养活了多少万官僚和特务。

那么，问题就来了，国民党政府既然从来不理会这一套约法，为什么今天又要抬出它来，而且“义正辞严”，似乎不要这个东西，中国就没有合法的政府，国家就要陷于无政府状态呢？

曰，有道理在焉。

道理在第三章第三十条：“训政时期由中国国民党全国代表大会行使中央统治权。中国国民党代表大会闭会时，其职权由中国国民党中央执行委员会行使之。”

道理在同章第三十一条：“选举，罢免，创制，复决四种政权之行使，由国民政府训导之。”

道理在同章第三十二条：“行政，立法，司法，考试，监察五种治权，由国民政府行使之。”

如此，则政府虽改组，根据约法，仍然是以党治国，其他党派参加的不过是请来的食客，清客，钱片而已，作官而已。无一党独裁之名，而有一党独裁之实，可以号称“民主”矣，可以下讨伐令矣，可以借外债矣。

如此，则片面召集的国民大会开成之后，所通过的宪法必需以建国大纲为最基本之依据，有五院平列焉，谁也管不着谁，总统巍巍乎独尊于上，可以为所欲为矣。有国民大会焉，国民党代表占有四分之三，别党别派不来也横竖开得成会，通得过宪法，选得出总统。而且，跻跻跄跄数千人，三年开一个月会，总统无从对之负责。如此，则满可以把过去许多不合法的事实，纳入合“法”的轨辙矣。

此之谓合法，此之谓法统。

可惜的是经过二十年的磨折，八年的抗战，国内局面整个变了，国外局面也变了。今天的主张是民主，今天是人民的世纪。

收起你们的法统吧！我们有我们的法，人民的法。

我们有我们的统，人民的统。

三、滥调旁弹

一开口，全场子喝倒彩。弹来弹去还是那一派老调，滥调，于是一转而旁弹。

旁弹者不从正面做文章，旁敲侧击，从山腰里杀出来之谓也。

旁弹之道，从文字上做文章。

例如人民在反内战，他就硬来一手说这是内乱，不是内战。内乱是封建时代的名词，所谓“犯上作乱”是大逆不道的。把乱字一揭出，就显出你是奴，我是主，你是卑，我是尊，你是下，我是上，你是异端，我是正统了。而且当然你是逆，我是顺。反正两面既明，以主制奴，以尊临卑，以上驯下，以正统斥异端，以顺克逆，那真是奉行天讨，王者之师了。既然是乱，就该救乱，戡乱，该定乱了。一个字所包含的杀气，比百万大军还强，真是“一字贤于百万师”。这一个字也从旁弹出了“我是正统，我是正统，法统在我手里，在我手里呀!”的哭丧调。

于是反内战者都是叛徒，都是为奸党异党张目的不可赦的罪人了。

昆明的四烈士反内战，要和平，要民主，有罪，四烈士被狙杀了!

南通的人民反内战，要和平，要民主，南通的人民领袖被暗杀了!

李公朴反内战，要和平，要民主，有罪，李公朴被暗杀了!

闻一多反内战，要和平，要民主，有罪，闻一多被狙杀了!

上海反内战的学生被开除，被拘捕了!

可惜的是，凡是人民，为人民说话的人都反内战。

怎么办?

杀尽反内战的人吧?剩下反内乱的人怕不多了。而且，还有一万万多是杀不着的。再咬牙也不中用，还是杀不着。而且，你拿人民都杀光了，剩下自己儿个光杆，不是更替“异党”张目了吗?

放下屠刀，立地成佛!放下你们唱得太多的滥调，也可以立地成佛。

今天解决问题的方案，不是美式配备，也不是一面倒的调人，而是人民的公意。

只要国民党诸公肯免开尊口，不提滥调，屈尊一下，以平等的地位和各党派商谈，凡事从头做起，一切以人民福利为依归，以民主为尺度，中国的前途是有望的。

（原载《新文化》半月刊，1946年7月19日）

论暗杀政治

一

先是漫天大谎，逼于人民的公意，逼于国际环境，逼于这人民的世纪的主流，虽然一千个一万个不愿意，口头上还是非答应不可，非如此说不可，非说得漂亮堂皇不可。于是一连串的诺言，一大叠的支票付出来了。而且，还得占主动地位，好像我向来就如此这般主张，进一步，简直不止是“向来”，五十年来的“奋斗”、“革命”，也就为的是这个了。话说滑了嘴，有时候为的装门面，提出的什么三年五年计划，什么政策政纲，仔细研究起来，不但比人民所要求的还多，简直比他的死敌共产党还多还进步。

说谎成为大洋中的救生圈，一到紧要关头，就来这么一下。

于是忧勤惕厉的训词，信誓旦旦的诺言，尊严斋丽的法令，一道一道的救生圈从脑袋瓜一直圈到脚趾头，弄到人民只看见救生圈，看不见人，更看不到政府了。

什么我们革命的目的，就是为了人民的自由呀！

什么争取言论自由，是我们多年以来的目标呀！

什么我们一向就主张政治民主化，军队国家化呀！

什么我们老早就要还政于民，只是国民大会堂没有盖好，无法开会，无法交还呀！

什么保证人民身体、言论、集会、结社、思想、居住等自由呀！

什么保证各政党的合法地位呀！

什么立刻释放政治犯呀！

什么提审法呀，执行机关逮捕人民应于二十四小时内送交法院呀！

什么战士授田法呀！

什么耕者有其田呀！

还有，什么节制资本，平均地权呀！

什么双十会谈纪要呀！政治协商会议五项协议呀！停战协定呀！整军协定呀！

大圈小圈，横圈竖圈，圈时唯恐其不多，不漂亮，唯恐不圈上就一沉到底，呜呼哀哉。可是一到要交代，要兑现，就显了原形了，装聋作哑，死命捧牢饭碗，两眼圆睁，双眉倒竖，“我就是这样！我就喜欢这样！看你怎么办！”

于是：人民的自由呢？在“革命”的枪刺底下，用手榴弹、机关枪和无声枪“保护”。

言论自由呢？太多了，搜查、捣毁、停刊、封闭。

政治民主化呢？我是主人你是客，扩大一下，来不来随你。

军队国家化？我即国家，是唯一的合法政府，军队“化”于我，即是军队国家化。

还政于民呢？错了一个字，还政于党，左手交出，右手笑纳。

保证那样这样的自由呢？保证你有失踪，挨打，被造谣中伤，以至挨枪刺、手榴弹、机关枪还有无声枪之自由。保证你有被捣毁、停刊，以至封闭的自由。保证你有被检查，被闯入搜索，以至半夜里被访问的自由。以及其他其他等等。

各政党的合法地位呢？说说而已，有枪杆的明打，用美装师打，没枪杆的暗打，用无声枪打。

释放政治犯呢？一共两个，第一号廖承志，第二号叶挺。

提审法呢？当场用无声枪打死了，用不着到法院。

战士授田法呢？战士都上战场去了，征兵还来不及，哪里有闲工夫来种田！

耕者有其田呢？错了一个字，是官者有其田。不论是什么官，都可以达到有其田的目的。

节制资本，节制的是民族资本，买办、官僚资本例外。平均地权的意思还是官者有其田。

至于纪要、协议、协定之类，黑字写在白纸上，嘴里说是，脚下画不，早已不算数了。

于是，从脑袋瓜到脚趾都密密紧紧套上救生圈，每个圈上都写着一个谎字。浮力太大了，上不着天，下不着地，看不见别人，也看不见自己。

二

谎撒得太多，多得自己也记不清了，多得自己也闹糊涂了。说谎成为第二天性，于是说真话的都当作是谎话了，说真话的成为万恶不赦的罪人。正如误入疯人国，立刻被关入疯人院，原因是你不疯。

可惜中国到底不是疯人国，还有太多的绝对大多数的神志清明的人。

每个人，工人，农人，工业家，商人，学生，教授，各文化部门的工作者，个别地，集团地在呐喊，在呼号：

我们要兑现！

你过去和刚才答应的话要算数！

我们受骗受够了，这一回再也不上当了！

各地在喊，各阶层在喊，全国在喊，全体人民在喊！

喊得下不了台。

怎么办呢?

打！

于是打风从昆明而重庆，而成都，而北平，而上海，而南京，打风遍全国，从小孩打到老头子，从男人打到女人，从学生打到教授，从政治领袖打到新闻记者。

然而，还是不行。

民不畏打！

反而愈打愈难看，愈打说话的人愈多，臭毛厕愈搅愈臭。

撒谎再也没有人信，动手打，愈打愈糟。

怎样办呢？

暗杀！

暗杀本来也是国粹，有些史家一定会援经据典说这也是古圣心传。

屠岸贾派钼麑暗杀过赵盾，不是么？

这一故事后来被公式化了，像韩琦、杨一清这一类人都有类似的遭遇，所不同的是钼麑触树自杀，后来仿版的刺客则大多不肯死，一跑了事而已。

近之，则窃国大盗袁世凯也暗杀过宋教仁、陈其美。

还有，像杨杏佛、史量才也是被暗杀掉的。

不过，有一点是值得注意的，尽管历史上有许多暗杀故事，尽管民国时代也有过这一套，其实是有分别的。中国历史上的故事多半是不得意的政客用暗杀的方法来夺取政权，或是外族来暗杀我们的民族英雄。只有袁世凯才倒了过来，以在位的独裁者来下手杀在野的政党领袖，干掉你，省得你捣乱。

如此，则历史毕竟是历史，故事也还不过是故事，今天的现实所表示的，则道道地地是窃国大盗手法的再版！

然而，也还有一点不同，袁世凯的一套名之为暗杀是确当的。李公朴之死，在夜间十点多钟，也勉强可以说是暗杀。闻一多父子的案子却不同了，时间是白天，下午五时卅多分，地点在学校宿舍大门外，光天化日之下，只能说是明杀，绝非暗杀！决非暗杀！

其次，那时代似乎还有一点所谓舆论，也还有一点所谓社会制裁，袁世凯终于无法自解，不能不杀赵秉钧之流来灭口，而今呢？至多不过多出现几个“姜凯”而已！

说中国历史，凑不上板眼，外国历史呢？

可惜，外国的也是一样。

说帝俄吧，帝俄末期虚无党人暗杀过沙皇，列宁的哥哥就为了这被判处死刑。也还是革命党对付独裁者的手段。

再说日本，大家都记得近二十年来日本首相和大臣们有一大串是被暗杀掉的，连重臣如西园寺都险遭毒手。

说英国，美国，糟了，这些资本主义国家的政争用笔争，用口争，谁的道理对，谁的话说得动听，谁能骗得了人民，谁就得胜，根本没有这一套。而且，相反，假如谁敢于用暗杀的下流手段来达到政治上目的的话，这人一定被人民所共弃，除了毁灭以外，没有第二条路。

三

英、美这些资本主义国家的党派，以政绩争，不能以兵争，更不以暗杀争。

帝俄、日本等专制独裁国家的统治者也不取暗杀手段，为什么呢？因为他们有治权，有足够的法律条文，这些条文是专门写了为保障他们这些少数人利益的。有足够的警察和军队，这些武力也是专门养着来保护他们自己，来监视、逮捕反对者的。有足够的监狱和法庭，将军们和律师，替他们作鹰作狗，有太多的金钱来供他们使用，僧侣替他们说教。一切应用尽有，而且，他们也不口头上说民主，挂羊头卖狗肉，老老实实地要维护皇权，万世一系下去。老老实实地要反人民，反民主，倒是心口一致的。

你要讲民主吗？西伯利亚是归宿，北海道也一样。

历史和现实都摆在面前，资本主义国家如英、美，专制独裁国家如帝俄、日本。前者因为有资产阶级的民主不取暗杀手段，后者因为反民主也不取暗杀手段。

反之，只有被压迫的，被剥削的，被夺去一切自由的人们或政党，穷极无计，才会干这一套。

而这一套，在今天，讲政治史革命史的人也还是期期以为不可的。认为是不应该的，不必要的。

不料，在中国，居然会在五天之内在同一城市，连续发生了李公朴和闻一多先生的暗杀案！

太下流了！

太卑鄙了！

太拙劣了！

也太愚蠢了！

手无寸铁的平民，一个文化工作者，出版家，教育家；一个诗人，学者，名教授，从来鄙视政治被迫而谈政治，过着诗一样生活的人，被暗杀在街头！

太可痛了！太可恨了！

可痛的是如此的人，百年培养不出来的人，而被如此摧残！可恨的是政治居然走到这条绝路。

我不能不明白地说出，向有一些“人”说出，这是绝路。

说谎圆不了谎，打手阻止不了人民的戳破谎话，掩不住说真话的人的嘴。自暴自弃，居然走此绝路！

我要告诉这些“人”，暗杀政治是反民主政治，假如要挂民主招牌，就绝对不能来这一手。

我也告诉这些“人”，暗杀政治是连帝俄、日本等君主专制国家都不屑采用的，因为太下流了！

只有口上喊民主，心里反民主，专制不了，独裁不成，黔驴技穷的“人”，才会铤而走险，走此绝路。自绝于人民，自绝于国际，自绝于人类！

这条路是危险的！

野火烧不尽，春风吹又生！闻一多先生的话，你们听见吗？

“反动派只看见一个倒下去了，可也看得见千百个继起的！”

（原载上海《民主周刊》43期，1946年7月28日）

论中立

中立之义大矣哉!

中立的第一义是圆融。

圆融是历史上的官僚术语，说穿了就是巧宦。例如明代严嵩和徐阶两个大臣争权，前一个有十几年的执政历史，门生故吏遍天下，虽然失尽民心，到底是老宰相懂得主子脾气。附和他呢，把自己挤进臭茅坑，犯不着；得罪他呢，先吃眼前亏，更犯不着。后一个虽然资望浅，可是还没有做过什么坏事，至少至少在他当权之前不敢做什么坏事。不但中下级官僚看中他，连老百姓也喜欢他，而且主子还特别赏识他。可是，主子的喜怒易变，徐阶的权势还不牢实，附和他呢好是好，可是严家要吃醋，说你不中立；反对他呢，日后徐家真当权，又会下不来。

大大小小的官僚迫于两大之间，发明了一个新态度，圆融，现代话叫“中立”。

对严、徐两家一体看承，不捧谁，也不说谁的坏话。骑个两头马，脚踏两头船，过得一天是一天，国家大事管他娘。可是也不要落痕迹，不和谁特别接近，省得被抓住把柄，说你做了谁的尾巴，说不响嘴，要亲近，也得秘密些，譬如走后门之类。

至于明朗化之后，这一套就用不着了。严嵩失势之后，左一参本，右一控告，雪片似的飞来的全是铁证。不趁热锅儿捞一点，过去的金人缄口又为何来!

这样的一种中立，是封建官僚基于自身利害，也就是违反人民利益的中立，今天断断乎用不着。

第二义是讨价。

讨价是现代的商业术语；说穿了就是件买卖。

明末魏忠贤的干孙子阮大铖很会这一套，今天也正有一批人在揣摩下功夫。

阮大铖和东林领袖有一点交道。当东林势盛时，他满心想要政府中一个肥缺，没有如愿，一怒拜到太监门下，成为阉党，拜魏忠贤作干祖爹。

可是他也明白，走这着棋有问题，要做得冠冕。于是白天满口的正心诚意，仁义道德。半夜里偷偷去向干祖爹磕头，以为人不知鬼不觉。又使大钱把拜干祖爹的名片买回来，销灭证据。

替干祖爹出主意，造出五十三参一百零八等好汉的名目，开上黑名单，要把东林一网打尽。

于是中立了，不是吗？两方面都有朋友，谁都有交情，谁都不帮。

到魏阉失败后，他又表明再度的中立，骂东林，更骂阉党。

之后，到南京政府，一看大事不好了，东林又抬头了，于是又去走路线，说我原来是东林啊，你们没有看见我曾经打击过阉党吗？

东林挤不进，反而闹出留都防乱揭的故事，只好再走阉党的路线了。巴上了马士英，说我原是干祖爹嫡派啊，有屠杀东林的血案为证。

再来一次大屠杀，杀尽东林，天下才得太平。

阴谋还未布置好，清军过江了，阮大铖就此投降，做到真正的超然了的中立。

这样的中立，像一只蝙蝠，只看自身利害，也就是违反人民利益的中立。今天绝对要不得，要不得！

第三义是中庸。

中庸是古代的哲学术语，说穿了是凡事打对折。

如何打法呢？白的不好，黑的更不好，中和一下成为灰色。

左的太前进，右的太落后，明哲保身者其唯居中乎！不左不右，恰好立于左右之间。

戏法人人会变，各有巧妙不同。

一种人的中庸是出世的，什么全不好，把脖子一缩，置身事外，像站在云端里看厮杀，反正杀不着我，死老百姓干我甚事，“是非只为多开口，烦恼皆因强出头!”罢了！罢了！此之谓乌龟式。

一种人的中庸是入世的，挂个什么党派，自命中立。可是随风转舵，善观气色，一切看行情行事，可白可黑，又白又黑，有时白有时黑，忽白忽黑，没个准头。实在呢，是白面黑里，风势不对，一翻就对了。总之，看市面风色，与时推移。把人民的生死利害，一古脑儿放在脑后。

这样一种中立，和乌龟两样。据说有一种动物，比乌龟还下一等的，叫什么东西，恕我不好意思说了。这号东西看阳光变色，随时在变。那么，就叫它作××式吧。这号东西提起来都恶心，和人民根本搭不上，今天不许可有也不应该有。

第四义是调停。

鹬蚌相争，渔翁得利。

过去一手执宝剑，一手挟圣经，到东方来超度黄种人的灵魂，说是白人的负担。

今天呢？派出了“和平”使者，三日一小谈，半月一大谈。以谈为幌子，为缓兵之计；一面却又用全力装配某方军队，训练、运输一手包办，海陆空军全部帮忙。如此如此，却在口头上说我们是中立的，一丝一毫也不含糊的中立。

新发明的劝架方式，是一手扼住乙的喉管，一手递给甲一把无声手枪。

死的是中国人，用的是友邦配备，发财的是友邦军火商。

如此一来，友邦有了和平了，因为友邦的军火商不再诉苦了，利一。当然跟着，友邦也有了繁荣，利二。而且扶甲灭乙，全部国土都可独占为一国市场了，利三。造成了一个新型跳板，一举而可消灭另一大国，利四。

这样一种中立，中立到把中国人民放在刀俎之上，水火之中，以邻为壑的作风，完全和中国人民的利益背道而驰，中国人民是无法容忍的。

呜呼！中立，有些人作了官！

呜呼！中立，有些人发了财！

呜呼！中立，有些人成了名！

呜呼！中立，有些国家趁火打劫，名利双收。

不过，可惜，人民是不愿，不会，也不可能中立的。

前面已经说过，白和黑的调和是灰色。

那么是与非的折衷呢？到此刻为止，我们还不能发见有不是不非，亦是亦非，半是半非的一个新型名词，干脆说，这样一种东西是不存在的。

是与非之间无中立，中间路线是没有的！

中国人民在今天已经有了足够的判断是非的能力和经验了。

人民的要求是民主，人民所反对的是反民主的那些人。民主和反民主之间是绝对不可能有中立的。中间路线是没有的。

人民不愿意被征实征购所饿死，人民不愿意为了毫无意义的内战作炮灰，人民不愿意眼睛被蒙住，脑子被挖去，嘴巴被封住，四肢被捆绑，总之，一千个不愿，一万个不愿！

而且，人民是主人，要自己来解决问题，不能永远被当作客人，当作奴隶，被指派中立，听凭一相情愿的少数人摆布。

人民完全站在民主的一边，坚决地要求民主，实现民主，不中立，绝对不中立，绝对不站在中间。

民主和反民主之间无中立，绝对没有中间路线。

“抚我则后，虐我则仇”，在人民的辞典中，没有中立，也没有中间路线这一个名词。

（原载《中华论坛》1卷12期，1945年8月7日）

论文化杀戮

在二百多年前，清朝政府为了贯彻奴化政策，曾经严厉执行一个长时期的文化杀戮，旧书新书凡是有涉及外族的地方一律修改，有诋毁的地方，全书抽毁或禁行或全毁。现存的作者一被举发，充军、杀头、籍没连接一大套。留下来的成绩是一大部经过抽改，经过“消毒”（民族思想）的《四库全书》，一大套禁毁书目，和几万万被压迫人民的仇恨。

清朝政府为什么这样做？因为它是少数民族，单凭一点有限的武力，和由这武力所缔构的穷凶极恶的专制政权，来奴役广大的人民。它害怕文化，害怕人民的民族思想，越想越怕，恐慌得不得了，才来这一手文化杀戮。

在两千多年以前，西方的秦国用武力统一六国以后，害怕六国的遗民反抗，叛乱，在武力控制之下，执行全面的文化杀戮，焚书坑儒。所焚的书主要的是六国的文献，因为每一国的历史都记载着秦皇是如何无道，如何用欺诈残暴的手段来消灭他们的祖国，当然也记载着每一国家缔构的艰辛和伟绩。这些记载是激发民族思想的最好教材，是揭露征服者丑恶的最真实史料，所以非烧不可；读过这些书的人也非杀不可。六国毕，四海一，兵威极盛的秦始皇，表面上是横暴到无以复加，其实，也正说明了他的恐惧。

前后两个史例，文化杀戮的史例，相同处是：第一，两个都是武力至上论者，也都是在人民前面的恐惧者。第二，都禁书、焚书、抽改书，作风相同。第三，一个制造文字狱，一个干脆的坑儒。第四，暴秦和清朝都是文化较低的民族，文化较低的民族而有武力，一方面妒忌而又悲哀，一方面就不免滥用武力了。结局呢，清朝政府越禁书，被禁的书愈被人珍视，保留下来成为后来民族革命的动力之一。秦朝呢？楚虽三户，亡秦必楚！

继秦皇清祖而起的今贤，今天又在武力控制之下，执行全面的有史以来第三次文化杀戮了！

开头是北平的七十七种期刊被封闭，广州的书报禁止入境令，接着是昆明的四十六种期刊被查禁，今天上海的《周报》，最为人民所喜爱的人民自己的刊物，又被迫停刊了。

一个无声的中国被制造出现了，不许说话，偶语有禁，腹诽有刑。不许集会，不许结社，更不许游行请愿，据说太刺激了。

跟着，封闭报纸期刊后，一个没有文化的新中国也在逐渐制造中！文化大概也是刺激的。

假如和历史上的往迹并论，可以说无一不同。细心搜索不同处，也只有：第一，并非敌国，更非异族，这里面没有过去的民族思想问题在。第二，新时代造成了新形势，当局所恐惧的正是过去所没有的民主思想，因之今天文化杀戮的主要内容是杀害民主。第三，隔了两百年，隔了两千多年当然也有进步处，进步的地方是以时代的渣滓来代替时代文化，因之，有许多新作风，是为秦皇清祖所万万不能梦想的。

说是取消检查制度了，把各种各样的木牌子卸了下来，代替检查制度的是邮费的猛涨，邮递的留难，画地为牢式的封锁，是书报摊的取缔，刊物的没收，印刷机构的奉命拒印，书店的被迫停闭，还有，是物价的高涨，一种慢性的窒杀。

相对地，党办的官办的报纸期刊充满了各个都市，享受着无穷无尽的便利，色情的黄色刊物摆满了每个报摊，从根本来窒杀、来灭绝文化。

可是，还是不行，尽管威迫，捣乱，民主刊物还是在原岗位上奋斗。于是，最后一手使出来了，说是要依法办理。什么法呢？还不是本店自造的法！

有一个出版法，说是在修正中，修正公布了没有呢？当然没有。

就依以前的旧出版法吧？办刊物要呈请登记，要中国国民党的宣传部和国民政府的内政部准许才准出版。一个自称民主的国家，出版刊物要得政府许可，已经够荒唐了，而且还要国民党的宣传部核准，更荒唐得不像话。就算这也是法吧，北平、昆明、上海等地的民主刊物也都已经依法呈请登记，而且依法出版了，是谁不立刻发给登记证，故意拖延到一年半载呢？是内政部和宣传部。那么，责任问题清楚得很，违法的是内政部和宣传部，应该依法制裁，予以玩忽职务、破坏法令的应得罪名。

然而，法是本店自造的，内政部、宣传部的负责人不但没有判罪，反而利用他们玩忽职务的功劳来执法了，一道命令说是这些刊物没有登记证，一律勒令停刊。

于是北平没有声音了，安静得很。

昆明也没有声音了。上海也跟着，《周报》停刊了，旁的几个硕果仅存的刊物也正在飘摇中，动荡中。

这是历史上所没有的事情，世界各国所没有的事情！

这是恐惧到极点的挣扎，这是一个政权没落前的丧钟！

这一行为足够告诉全世界人民，在中国这国度里，所谓自由的意义，和民主的意义。

这一行为也足够证明是谁在破坏四项诺言，是谁在破坏政协决议。

文化杀戮的后果是什么？秦皇清祖已经自食其果了！

呼号、抗议过去已经太多了，今天，对付文化杀戮的唯一方法是请全国人民全世界人民来执行公正的裁判。

（原载上海《民主周刊》44期，1946年8月11日）

怎么办?

一

时局衍变到今天，诚如沈衡山先生所说的“严重，严重，空前的严重!”诚如中共发言人所表示，严重的程度，已经远过司徒雷登、马歇尔两人所发表的文件。除了清凉的被浓云所封闭的庐山中人以外，大概国内外没有一个人不为这个险恶的危局着急，焦虑。

过去是一边打，一边谈；打得紧，谈得松，打得松，谈得紧，打打谈谈，谈谈打打。而今天呢，打已经全面化，一切现代化武器都出动了，一切可用的兵力都动员了。而谈呢？政协决不召开，综合小组停顿，连五人的三人的会议也不谈了。依然回到最初的方式，由司徒大使、马歇尔元帅和国民党当局谈，得了结果，再告诉中共，听取了中共的意见，又再度三度上庐山。南京庐山来回转，转到现在，两位和平使者公开的正式的宣称他们的使命失败了，无能为力了。第三方面的中国民主同盟和社会贤达被搁在一边。相反的，向来一面倒，替当局抱腰的青年党这几天特别活跃，见马歇尔陈述内除国贼外抗强权的政策政纲咧，奉电召到庐山去谈话咧，参加钦定的各报社谈话会咧，大有奇货可居，国青联合一元更始之势。

配合着全面打的局势，全国各地先先后后封闭民主刊物。北平被查封了七十七种，昆明四十六种，重庆、成都八十多种，上海的《周报》被迫停刊，其他民主刊物也经常在没收封闭的惊涛骇浪中。

由于内战的扩大，使人民的苦难加重加深，都市中工厂倒闭，商店关门，工人店员失业，学生交不出学费失学，农村中又重新征购征实了；绞尽农民最后一滴血汗。

美货大量倾销，种类多，价钱便宜，不能不令人想起十年前日货倾销的情形，不能不令人想起十年前日货走私的情形。美国兵在各都市横冲直撞，乱放枪，吉普车随便碰死人，还有全副武装的军队到处演习，搜索，警戒，以至进攻，也不能不使人想起十年前日军的情形，十年前卢沟桥的前夕！

怎么办？

是坐以待毙吗？

是听其自然吗？

还是，自己起来解决自己的问题？

该决定了！

二

谁都明白，今天的一切危机总关键是内战。

而内战之所以发生是政治不民主。

倒过来说，只要政治走上民主之路，内战立刻可以停止，当前的危机自然可以渡过。

民主，民主，我们真要像罗兰夫人那样，喊出“盗用你的名义做坏事的人有多少？”

中华民国号为民主国家，中华人民号为民主国家的主人，然而，三十五年来中华民国从来不曾有过民主的气息，中华人民也从来不曾作过中华民国的主人！

三十五年来，尤其是近十年来，尤其是最近一年，走的简直是反民主的路。

于是发生了一个世所未有的怪现象，政府开口闭口民主，政府发言人甚至说过我们是世界最摩登的民主国家。然而，政府党以外的在野党，共产党在要求民主，中国民主同盟在要求民主，全国人民在要求民主。

民主在中国也像旁的东西一样，闹双包案了，有真民主，有假民主。假的也偏偏说自己是真的。

今天中国的内战，说穿了也就是假民主与真民主之争。

政府自以为是真民主，指斥共产党的民主是假民主，而且，还进一步，把人民所要求的民主，因为它相同于共产党和民主同盟的民主——其实是共产党和民主同盟代替人民所喊出的——就硬咬是共产党的尾巴，或则径指为共产党，因之假民主和真民主之争，不止是国共两党之争，进一步扩大为政府与人民之争。

其实，民主的定义虽然据说有一二百种，但是，在中国人民的立场，所要求的民主毋宁说是最低度的，我们的尺度是只要能保证有饭吃，有衣穿，有书读，有工做，有说话的自由，有著作的自由，有集会结社的自由，有通信旅行的自由，有不虞恐惧的自由，如此而已。凡是有这些的就是真民主，能够提供这些保证，不单是文字上，口头上，而且切切实实见之施行的，这样一个政府，就不是坏政府而是好政府，是值得我们拥护，不必贴传单也拥护的政府。反之，就是道道地地的坏政府，即使传单满天飞，即使成天磕头，挂着眼泪鼻涕求人民拥护，人民也会一脚把它踢倒的。

那么，我们要问，问问现在的当局了。

在这个政府统治之下，有多少人没有饭吃？有多少人在快饿死的险境中？已经有多少人饿死了？

据联总、行总的调查，说中国的灾民有四千五百万，如不救济，立刻就要饿死的有一千多万人。

而据政府大员的公开声明，说共产党的区域，没有灾民，不必救济。

假如上面的话是可靠的，这不止说明了中国有两个不同的区域，一个太多的灾民，一个没有或者极少。同时也说明了一个饱，一个饿，一个有衣穿，一个得靠外国旧衣旧鞋才能出门，（而这些东西又被统一到旧货铺里去了！）不是吗？

其次，以次的问题，没有官方的声明可以比较，我们只就这个区域的现实情形提出来，请问：

小学是不是义务教育？每个学龄儿童都有受教育的权利吗？

中学大学每学期交学费膳宿费要三四十万，这笔钱是不是全由政府负担，如不，青年人能不能有读书的权利？

工人呢？是失业的多？还是在业的多？

有说话的自由吗？除了官和党方人士以外。

有著作的自由吗？假如有，北平的七十七种，四川的八十多种，昆明的四十六种刊物被封禁，《文汇报》停刊一星期，《周报》被迫停刊，作何解释？

有集会结社的自由吗？致公堂的不许组党，民盟李公朴、闻一多的被屠杀，又作何解释？

有通信旅行的自由吗？假如有，为什么任何阿猫阿狗都可以得到护照出国，而中共的代表人物，接受国际邀请的邓颖超先生、周扬、欧阳山尊诸先生反而不许出国？重庆、宜昌在鹄候复员的多少万难民和公教人员，他们的旅行自由在哪里？

说到不虞恐惧之自由，相反的，在这政权统治下的人民，恰恰只有遭受恐惧之自由，例子太多了，从昆明四烈士到南通孙平天，西安王任、李敷仁，北平孙中原，昆明李公朴、闻一多，还有，上海人民代表在下关。

够了，这一个最低的尺度告诉全中国、全世界人民，我们过的是如何被奴役、被隔绝，以至被饥饿、被屠杀的日子。

这样的政府，称之为“坏政府”，是决不过分的。

这样的政府，嘴里所挂的民主，不要说人民，是连他们自己也不会相信的。

三

由于政治上的反民主，造成了今天空前广大、空前惨酷的内战。

而过去，包括美国的两位“和平”使节在内，解决中国问题的方案，不从根本的政治的原因下手，反而从枝节的各地战况分别调处，这叫做缘木求鱼，也叫做望梅止渴！

而且，在两位“和平”使者放弃成功希望的文件中，也故意隐匿了纠纷混乱的主因，特别强调地区问题，淆惑世人的观听，歪曲了事实真相。

而且，更恶劣的是“和平”使者的作风，正像十六世纪初期初来东方的白人一样，一手拿宝剑，一手拿圣经，用屠杀来使东方人的灵魂得救。时代变了，他们今天，左手拿的是“和平”使节的国书，右手呢，租借法案项下的军火。嘴里喊和平，由美国络续不断一船船运来的都是帮助屠杀中国人民的军火；在每一个战区，每一个战士的配备都有USA的标记。

这种作风不是抱薪救火吗？不是愈帮愈糟吗？

国民政府主席蒋介石先生直到今天为止，还在主张用政治方式解决中国问题是不错的，是全国人民都可以同意的。问题是怎么样用政治解决。也就是说政治两个字是摆在台面上的，还是像打扑克牌那样，各人拿在自己手里，肚子里在打鬼主意。

我们的主张：牌应该全摊在台子上。

第一张摊在台子上的牌，是请美国改变作风，改变对华政策。

门户开放政策是十九世纪末年美国对付东方殖民地的政策。时代变了，这一套老实说已经用不着。

维持中国门户开放的最好基础是忠诚的友谊，相互的尊重和基于两国人民共同利益的合作，而决不是飞机大炮，陆军和海军陆战队。中国的门户是永远为真诚友人开着的。

前一条路可以奠定中美永远友善的基础，而后一条路，目前美国政府所走的路，唯一的后果是导致中国于长期的分裂和混乱，和失去中国人民的友谊。

因之，我们得提请美国政府注意，解决中国问题最有效方法，奠定中美友谊的最好方法是立刻撤退在华美军，收回一切已运和在运输途中的租借物资。

其次，是请美国，也请莫斯科三外长会议的参加者英国和苏联，对去年年底所公布的关于中国问题的声明负起责任。和平是不可分割的，英、苏两国应该协同美国根据三外长会议的声明，立刻行动，阻止这一火药库的爆发，帮助中国人民走上民主自由的道路。

第一张牌是国际政治，去外毒。

第二张牌则是国内政治，治内伤。

治内伤该双管齐下，也就是说军事和政治同时解决。也可以说用政治方式来解决军事。

目前军事的症结在于国民党要共产党退出若干地区，共产党呢，表示有些地区可以撤出军队，政治机构则非保留不可。国民党呢，要一起撤退，不能保留。左说不拢，右说不拢，只好打了再说。

这问题表面上是军事的，而实质则是地方政治问题。

地方政治问题是容易解决的。

民主同盟、共产党要求组织联合政府，国民党也曾多少次表示要还政于民，而且可以立刻改组政府。

那么，为什么不可以先在这些有争执的地区，先搞一些临时的地方联合政府呢？

办法，第一双方都把军队撤开，把有争执地区转变成非军事区。第二由当地人民用普选方法产生地方联合政府。

这样办，内战可以停止，至少可以不致扩大。

再次一步，是组织中央的联合政府。

联合政府也有真假之分，照最近政府当局的几次声明看，和青年党领袖的频繁活动看，似乎有蛛丝马迹可寻。万一不幸如我们所臆测，国青联合其实，拉一两个像王云五之流来点缀点缀，这样的一个政府，只能说是假联合政府，不但不能解决问题，而且会增加问题的纠纷性，严重性。反之，只有组织真正的，道地的，名副其实的，以政协五项协议为唯一依据的，包括有共产党、民主同盟和真正代表人民的社会贤达在内，反对派握有三分之一以上的否决权的联合政府，才是符合今日中国国情，能为人民所接受的联合政府。

有了这样一个联合政府之后，应该立刻举行真正的选举，由各党派和社会贤达所监督举行的公开选举，选出真能代表人民的人民代表，然后召集人民代表会议，依据政协原则，通过宪法，组织正式的联合政府。

这样，新中国诞生了，民主的中国建立了，内战的根源永远根绝了，做到了真正的团结，也奠定了永久的和平，国际地位自然提高，人民生活也自然得以改进。

于此，有一件事情必得注意的，就是各党各派和社会贤达从今天起就得努力争取人民的选择。

人民的选择很简单，上文已经说过，谁能给予以这些最低要求的切实保障，人民就会死心塌地拥护它。

那么，于此，我要以人民的资格，奉劝国民党当局，趁今天还在位的时候，多做一点好事，即刻做，做了再说；做了而不说更好，饥者易为食，渴者易为饮，人民是容易满足的。至少，不要再做坏事。取消征购征实吧！取消特务机构吧！停止打风和杀风吧！收回封闭报纸期刊的命令吧！撤销中纺、中蚕吧！严办贪官污吏吧！我敢保证，人民也会保证，你们只要能做到这些，完完全全地做到，你们还会有前途的。

怎么办？

我说，只有这样办。

（原载上海《周报》49、50期，1946年8月13日）

论新基础

一、考验以后

十一月这个月是冶炼炉，把几年来甚至几十年来的政治党派和社会领袖人物，放在熔炉中，来一个实实在在的考验。

思想的动摇，金钱的利诱，名位的勾引，亲友门生的包围，加上恫吓、威胁、分化、中伤、造谣，甚至要更多的花样，特殊权益的分得一杯羹，和如其不然，就给制造无穷尽的麻烦，老王麻子和真正陆稿荐之类，以及有过表演实例的绑架，无声手枪，闯入学校扔手榴弹，汽车“误”撞之类之类故事的翻版，熊熊的火焰把一些时代的渣滓给销熔了。

青年党、民社党和所谓社会“贤达”以至“名流”、“学者”，一股脑儿从炉口被倾出，放在垃圾堆中，还以本来面目了。

社会的裁判是公正的，是无情的。

所谓“国民”大会，假如有一丝一毫的意义，这一丝一毫的意义就在于扬弃这一堆渣滓，照出这一群魑魅魍魉的嘴脸；就在于分明地指出只有那一些坚贞的为人民服务的人们，才经受得起这难堪的考验。

考验以后，人民认识了骗子和棍子的面目，翻开他们过去的历史一看，哦，原来如此，干了多少年，喊了多少年，正为这一天！

考验以后，也证明了旧时代的描写，贫贱不能移，威武不能屈，富贵不能淫的大丈夫，实实在在有其事，有其人；不但有，而且很多，而且还在继续经受考验，证明他们受得起任何考验。

二、旧基础的冲刷

这一残酷的考验，不但淘汰了旧时代的渣滓，也迅速地把仅仅有一年生命的政治协商会议的基础给冲刷掉了。

这基础原来是不健全的，主要的致命弱点是：第一，这会议不是人民所要求的国是会议，而是经过改头换面的政治协商会议，前者具有决定性的解决国是的权力，而后者只是“协商”，而且协商的结论还得由反对举行国是会议的这一现政府去执行。这叫做与虎谋皮，要能有成就才真是奇迹！第二，这会议的代表不是由人民选举产生的，不是由下而上的，是由上而下的。代表的产生由于各党派的协商，大部分代表们所代表的是一个党派的利益，而非全民的利益。第三，这会议根本没有真正甚至名义上的人民代表参加。所谓社会贤达，既不贤，更不达，表面上无党无派，骨子里却把党派的利益看作高于一切，至少是高于人民利益。而且，一个部长甚至一个国大代表的名义就可以把这些人收买，其贤其达也颇为有限。次之，所谓社会贤达是在人民之上，不是在人民之中，更不是在人民之下的东西，他们嘴里尽管挂着人民招牌，背后却并无半个人民支持。这样一种东西，根本要不得。第四，政协的解决对象因为组织成分的限制，着重在党派冲突的清除，把今天中国的严重局面单纯地看作两党之争是错误的，不正确的。反之，今天的主要的首先要解决的是人民不能忍受反民主政权压迫剥削的问题，是民主和反民主政权的选择问题，是人民自己要来行使主权的问题；质言之，人民要建立一个为人民自己服务的民主政府，来解除痛苦，提高生活的问题。由于重点的错误安排，造成了政协调解党争第一，解除人民痛苦第二的议程，于是为了迁就当政者，不惜承认十年前一党自造的旧代表。为了敷衍当政者，又不惜修改政协的宪草原则，把无形的国大还原为有形的国大，以及诸如此类的例子。一让再让，让得连自己的立足点都让掉了，于是就自然而然造成今天的局面。

如上所述，这一不健全的基础，上不着天，下不着地，经过国民党二中全会和御用参政会的两阵狂风，再加上连年的全面的内战，把政协五项协议刮到九霄云外，把停战令打得粉碎，连“自动”宣布的四项诺言也被放到脑后了。到“国民”大会一召开，参加政协的代表青年党民社党在赐宴之后联翩报到，社会贤达们也半遮黑脸溜进会场，政协的基础是连根被铲除掉了。

三、新基础的建立

解决今天的危机，奠定未来的民主进步的中国，需要一个新基础。

新基础的建立应该有如下的内容：

第一，要建立一个以召集国是会议为中心的人民推动力量。这力量的主力应该是上一个月经受过考验的个人的团体的大丈夫，和各阶层各职业部门的个人和团体的代表。由这力量和各个经过考验的民主党派共同致力于国是会议的召集。

第二，国是会议的议程应以积极的建立民主政权为主，依据政协原则制定全民宪法，建立民主联合政府。

第三，国是会议的议员，党派的应占少数，由人民直接选举的议员应占大多数。党派议员的总和应少于人民议员总和。

第四，国是会议具有决定性的解决国是的权力，其议决案交由联合政府执行。

人民的力量是无穷的，一个代表人民力量总和的组织；超出党派利益，代表广大的人民利益的组织在今天是必需的，是应该使其立刻实现的。这力量中间将再没有动摇的政党分子，将不许可有冒充的社会“贤达”，也不容许有花瓶式、清客式的名流学者，而是坚强的前进的勇敢的经过考验的民主党派、团体和无量数的卓越的民主斗士的共同战斗体。

这一力量的出现，它的使命不再是中间式的调人了，而是完全站在人民立场的中国前途的引导者。对于党派的争执，只有是非的标准，民主和反民主的标准，人民所喜爱或憎恶的标准，没有迁就也不许可有敷衍。

于此，这力量的本身就是天平秤，决定一切，执行一切，而不是像过去那样，自身作为砝码，作为一个相对的平衡的力量。

中国的人口假定有四万万五千万，无党派的人民占百分之九十以上，百分之九十的人民能够参加这新基础，加强这新基础，任何问题是可以解决的，任何困难是可以征服的。

拿破仑的名言："人民是不能被战胜的！"

不可战胜的人民大家一起来建立新基础，向民主前途进军！

刘恢之

（原载北平《民主周刊》15期，1946年11月）

论经济紧急措施方案

两周来人为的黄金潮、美钞潮，骚动了全国，跟着黄金、美钞的涨风，全国物价也疯狂地上涨，一切日用品都涨到几个大翻身，一倍两倍到四倍五倍。一方面无端窃夺了国民财富的四分之三，一方面也把政府所谓“预算”搞成连虚伪的意义也不存的废纸。于是国民政府急了，国民党也急了，急了一阵子之后，发表一个经济紧急措施方案。

就这个方案的形式而论，真是洋洋大观，从平衡预算，取缔投机，发展贸易，管制物价、工资，供应京沪区公教人员日用品，取缔黄金买卖，禁止外币流通，加强金融管制，真是应有尽有，面面都到。是十年来最大的最重要的一个经济文件。

就文字而说是够美丽的，就方面而说是够广泛的。问题是行不行得通，办不办得好。画饼固然不能充饥，画文字何尝可以压低物价，挽救危机？

我们来一条条、一桩桩研究一下吧。

先就平衡预算说，过去几年的经验，是每一年的赤字为所谓预算的三倍以至四倍。今年的预算更是有意硬搭，可信的程度尽人皆知。即就表面数字而说，即使此后物价能够乐观地保持今天的基准，也已经不能不重造了。要平衡节流是办不到的，唯一的方法是开源。然而开源又谈何容易，税源早已枯竭了，敌伪产业也已处分得差不多了。又何从平衡起！

事实上最有效的平衡预算的灵丹，第一是立刻停止内战，第二是没收官僚资本。内战停，军费可以缩减到最少限度，这是节流。官僚资本既吸尽了全国人民的财富，一旦没收，立刻可以充裕国库，举办生产事业，这是开源。

至于取缔投机，问题不在小民，而在权贵。街谈巷语，报纸传说，这次上海金潮的爆发，大投机者是有名有姓可指的。取缔的办法无论如何精密周到，也应用不到这些人身上去。

发展贸易的问题，根本是生产问题、运输问题、美货倾销问题，一言以蔽之，也还是内战在作祟。不从根本去理解、去处理，也是不会有效果的。

关于管制物价、工资，过去几年的经验和痛苦太多了。综结的成效是物价每管制一次，便涨一次。一方面是愈管愈涨。同时，每涨一次，也从而承认一次。一方面愈涨愈不管。其病根也还是生产问题、运输问题。试问没有足够的物资，或虽有物资而不运输，而被大量囤积，又从何管起？从何制起呢？归根结底也还是内战问题，还是官僚资本问题。

供应日用品给靠薪水过日子的公教人员是合理的，过去也曾举行过。这措施能否办得好，第一是各种物资的握有数量和公教人员人数比例的问题。假如物资的供给不够数，则成为口惠而实不至；假如够数而分配得不均，则又化良法为弊法。其次，京沪区先试办，其他区域呢？在京沪区试办期间，其他区域的公教人员是否定有临时救济办法，例如依照物价指数增加薪给。假如这样做，是否会影响到物价的再提高，假如不这样做，畸轻畸重，政府又何以自解呢？而且，即使全国各地都能先后做到，鉴于过去实物配给的重重弊窦，种种困难，我们也无法对前途乐观。

黄金国有和禁止外币流通的实行有同样的困难。谁都知道，哀哀小民有不起黄金，更有不起美钞。黄金美钞的持有人正是今天议法的人、立法的人，正是今天行法的人、执法的人。行法从上始，只要在上的衮衮诸公扫数交出黄金美钞（当然连同存在美国和南美的），我们小民是决不敢也不愿和黄金美钞共存亡的。但是如何能让黄金美钞的持有人率先奉法，像抗战初期一般人民对献金那样踊跃呢？假如办不到，即使括尽小民的区区所有，这两项法令还只是法令而已，只是白纸黑字而已。

管制金融当然是必要的，问题是谁来管制。据报纸的报导，监察院曾经指出扰乱金融的人也正是管制金融的人。那么，也就明白得很，如不彻底消除官僚机构，没收官僚资本，即使再创制若干卷金融法令，也不会有任何效果。

千言万语，解救当前危机的紧急的根本的方案锤炼成一句话，第一是立刻停止内战，第二是没收官僚资本，第三是制止美货倾销。离开这三个原则，任何方案都不中用，都没有意义。

1947年2月17日晚11时

（原载北平《民主周刊》，1947年）

论纪念五四

纪念不是回味当年，不是重温过去，不是缅怀往昔光荣，而是吸取过去的经验教训，温故知新，指导今后的工作。一句话，纪念的意义不应该是消极的，而是积极的。

积极的纪念，当然也免不了回味当年，免不了重温过去，免不了缅怀往昔光荣。但是，除此而外，更重要的是提出新的意义，新的内容，新的工作。换句话说，不是过去我们曾做什么，而是今天我们应该做什么，要做什么，非做什么不可！

五四，诚然是中国历史上一个光荣的日子，有意义的日子，属于青年人的日子。应该纪念，值得纪念。

纪念，纪念，已经纪念了快三十年来了，但是除了纪念而外，这三十年来我们曾经做过什么呢？

五四运动把我们这一代从旧礼教之下解放出来。

五四运动提出民主与科学的口号。

五四运动还给了我们其他种种……

这些都已成了历史上的陈迹了。在九年混战、十年内战、八年外战，再加上最近爆发的全面内战情况之下，战争决定了一切，改变了一切。我们生活在这一代的人民，钻出了旧礼教的樊笼，又被关进集世界反动之大成的新恐怖制度的天罗地网里。民主不但成为官主党主，而且被钦定，御用了，装上花边，发明出中国式的，作为庙堂点缀、外宾赏鉴之用。科学，不但一点点幼芽早已被扼杀，而且，在政府“提倡”之下成为窒灭性灵，统制思想的优良工具了。理论科学束之高阁，先要应用科学（其实也不见得要，说说而已），而侈谈原子弹，而侈谈几年几载的文字上的建设！一言以蔽之，五四以来的潮流，是窒灭人性、屠杀人民、反民主、反科学的潮流。

青年人在这一反动的逆流中尽了最大的努力，用汗用血用生命来争取思想的自由，来保卫民主，来保卫科学，划时代的标志是“一二·九”的民族解放运动，“一二·一”的反内战运动。

今天，日本是倒下去了，代之而起的是星条旗，侵略的对象依然是我们这国度。美舰美械美货美钞和美式屠杀泛滥于中国，星条旗代替了太阳旗的地位。

内战更扩大了，和平团结即使是口头禅也已被放进历史档案里去了。

在这样一个境况中来纪念五四，我们的心情是沉痛的，悲愤的。

在这样一个境况中来纪念五四，其意义应该是积极的发展，而不是消极的追思。

纪念五四的唯一方法是继承五四精神，完成五四所未能完成的工作。

纪念五四的唯一目标是建立民主团结康乐富强的新中国。

我们要把五四运动发展为新五四运动。

新五四运动决不应该在某一个人领导之下，相反，这运动应该是全体进步青年的集体领导，领导着中年人老年人向目标迈进。

新五四运动的内容是现实的，政治的。

新五四运动是反内战运动，要采取一切可能的方法来阻止内战，消灭内战，根绝内战。内战一日不停，内战的根源一日不除，这任务就一日不能结束。

新五四运动是反独裁运动，无论是一人训政，一党训政，多党训政，我们已经被训了几十年了，不能再忍受下去了。相反，应该受训的是这些训人的人，训人的党，训人的政府。

新五四运动是人权保障运动，文字法令已经使我们失尽了信心，今后不论再有若干的白纸黑字，不过是徒供作呕的秽物而已。保障人权的唯一途径是人民组织起来自己保卫自己。

新五四运动依然是民族解放运动，星条旗比之太阳旗在今天的中国人民看来，不但是一丘之貉，而且更恶劣，更毒辣。我们不肯做日本的顺民，同样，也不肯做美利坚合众国的顺民。美国当局如再不改变对华国策，依然来助长中国纠纷，制造并参加中国内战的话，美国政府将自食其后果。

只有在内战停止之后，才会有和平。

只有在独裁消灭之后，才会有民主。

只有在人权得到确切保障之后，才能团结，进步。

也只有在美帝国主义退出中国之后，才有民族的解放和独立。

实现了这些具体事实之后，才会有科学，为人民服务的科学。

旧的课题，新的任务。

纪念五四，要担当起这个任务。

青年人应该大声喊出：我不问政治，谁配问政治？

青年人也该明白，你不问政治，政治要问你！

新中国在不远的前面！

（原载《清华周刊》，1947年4月30日）

论南北朝

一、由　来

中国过去的时代，曾经有过许多次长期分裂的现象，例如从西晋末到隋文帝统一（公元316—589）二百七十多年间，北方有鲜卑系的北魏、北齐、北周、隋四个王朝，汉、赵、凉、燕、秦等割据王国，南方有东晋和宋、齐、梁、陈五个王朝，对立纷争了三个世纪之久。又如宋代，北宋时代，北方有契丹（辽）和建都于开封的赵宋南北对立，南渡后，北方又有女真（金）建国，和建都于临安的南宋对立，金被蒙古所灭，蒙古又和南宋成对立之局。这种现象，在当时南北双方，在和平对立时期，外交文献上为了争取地位的平等，北称南为南朝，南称北为北朝，或者以国号加上"大"字相称，如"大辽"、"大宋"之类。可是一到战争时期，枪炮代替了礼貌，北要统一南，南要恢复北，不但南北的对等地位被取消了，连"大"也不见了，代上的是"伪"，甚至索性破口大骂，南谓北为"索虏"，北谓南为"岛夷"，仗打不赢，嘴头上文字上刻薄一下也算是胜利，十足表现了现代的小瘪三精神。

如上文所说，历史上的南北对立著例，至少有四次。可是在习惯上，南北朝这一名词指的是从四世纪到六世纪这一段。往往一提起南北朝，不必思索，人们就明白指的是这个。

分析这四个史例，可以看出：第一，所谓北朝，在当时都是外族，而且都是少数民族，都是北方系的文化水准较低的游牧或半游牧民族，包括鲜卑、契丹、女真和蒙古；第二，南朝原来都是建都在北方的，因为政治腐败，民穷财尽，空架子撑不住场面，才被赶到南方；又不知悔改，死不争气，仍然是贪污腐烂，无力和北方抗衡，甚至歌舞升平，苟安偏安于南方的一隅，才造成南北久久相持之局；第三，偶尔也有一两次例外，南方的将军们为了个人的军阀地位，不顾一切地率领大军向北戡伐，也有时候得手，占领了一些名城重镇，可是，由于接收人员太兴奋了，光是接收物资，“三阳开泰”、“五子登科”这一套全要遍了，却忘记了接收民心，而且，也只有民心才不在接收之列，因此，在军事行动刚结束后，这一片土地和人民就转了手。于是，征服军只好“作战略上之撤退”，完成了“预期任务”了。

话说回来，所谓南北朝的对立，是北方少数民族和当时汉族的对立。真正要找一个同一血统同一肤色同一文化教养的同族人民对立的南北朝，历史上还不曾有过。也许当时还没有美利坚合众国的缘故吧。

“历史的”已经是“历史”的了，不料这一历史名词，在最近一年中又复活了。许多人在嚷，甚至有若干策士之流，还呕心沥血，作出一副孤臣孽子模样，虽还不曾打算尸谏，看样子也已涕泪横流了。不可以不论，于是作《论南北朝》。

二、论客的希望

最早提出“南北朝”这一名词的似乎是王芸生先生，在去年九月一日《观察》创刊号上发表《中国时局前途的三个去向》的去向之一，他指出是南北朝。他说：

> （一）南北朝，这是中共所要做到的。在去年秋胜利到来之时，毛泽东先生应邀到重庆，国共谈判了四十多天，未曾谈得拢。其中距离最远的有两个问题：一个是重划军区问题，另一个是关于解放区地方政府问题。到最近马歇尔与司徒雷登的联合声明，使调人痛感棘手的，还是这两个问题。这其中的第一个问题，据国共双方于去年双十节签字的《会谈纪录要点》所

载的第九项云："中共方面提出，政府应公平合理整编全国军队，确定初期实施计划，并重划军区，确定征补制度，以谋军令之统一。在此计划下，中共愿将其领导的抗日军队，由现有数目缩编为二十四个师，至少二十个师的数目，表示可迅速将其所领导而散布在广东、浙江、苏南、皖南、皖中、湖南、湖北、河南（豫北不在内）八个地区的抗日军队，着手复员，并从上述地区，逐步撤退应整编的部队至陇海路以北及苏北、皖北的解放区集中。"这里边重划军区的计划，实际可以说是一个江淮为界的南北朝。双十纪录发表之后，毛泽东由重庆飞返延安，中共的军事行动就转趋积极了。在江南的共军，迅速撤至江北。在广大的北方，打山西的上党区，打绥包，打同蒲东段，积极向山东扩张，大量向东北渗入。那时共军的高潮，大有不惟取之于樽俎的，而必得之于疆场，以实力做到其所要的。绥包之败，山海关之挫，使这计划受到了一些阻挠。到今年一月停战令下，政治协商会议举行，衣裳之会，隐蔽着戎车行动。无论停战令下，或者政协协议，军事实未曾停。北方一直在打，而东北更是阴云重重，这情形一直发展到夺长春，占滨江、龙江，而到了一个新的高潮。及至四平街决了战，共军连弃四平街、公主岭、长春三大据点，复趋低潮，于是停战运动大起。南京的谈判，宣布了东北停战十五天，又延长停战八天。这二十三天的停战都过去了，更是大打起来。半个中国，烽火连天，无论高潮低潮，紧打慢打，一个南北朝的运动，是在有力地进行着。这是中国时局前途的一个去向。

第二是十月革命，第三是政协协议之路。他的结论是由政协协议的路线过渡到民主宪政的大路，这是中国时局前途最好的一个去向。并且强调说，以上三个去向，毫不踌躇的，我们希望能够走上政协协议的路线。

于此，要说明的是王芸生先生指出南北朝是今日中国可能的走向之一，说是中共所要做到的去向。可是王芸生先生本人却保留这看法，他所希望走的是由政协协议而达到的和平统一之路，并非南北朝式的对立、相持、分裂、糜烂之路。（当然，王芸生先生所指陈继双方会谈到二十三天停战，这一时期的史实和解释是大有问题的。于此置不论。）

隔了十个月，徐炳昶先生在《大公报》发表了一篇星期论文，题目是《试为政府借箸以筹》（六月二十九日），论旨便完全不同了。就题目看，他是以策士自居的。“忧丧乱之无日”，摇羽扇而献策，在人类史找出一条陈旧的“晏安鸠毒，不可怀也”，“忧患兴邦”的定律之后，贪污够了，奸淫掳掠够了，腐烂够了，民生日艰，物价高涨够了，于是才叹出一口气说“现在才有办法了”！于是他断定“国事转机，必在此时”。接着他指出“天下事多有欲急而反缓，愈急而愈缓者”，接着计策来了，他说：

> 今日在政府统治下的地带，不下全国四分之三，而且这些省份，比较富庶。虽说是疮痍满目，而地力既丰，恢复自易。所拥的是，是极端厌战、急求小休的人民。靠着这样的凭借，却除将对方消灭，就没有其他的办法，那岂不是有点太奇怪了么？错误的根源，就是太急着求统一，而低估了所要克服困难的确实把握。遂致欲急反缓，善后甚难。今日政府的军队据政府在参政会所报告，尚有二百八十万。至共产党之军队，则据政府所估计，共有七十七八万人。这样的估计，大约相差不会过远。政府因为急着平乱，所以就是养到三倍余的兵力，仍感觉捉襟露肘；如果不急着平乱，改取守势，则百万左右，尽可敷用。不易防守的据点及境域，自动放弃；调整兵力，据守重要据点；各据点间的间隙，就训练民众，督其修筑堡寨，以资防守。堡寨被攻，则军队加以救援。军民密切合作，自不患共军之流窜。军额减少，不急进攻，财政赤字即可弥补，钞票即可停发，物价即可稳定，公教人员的待遇即可合理调整，而贪污的风气，稍加努力，也就不难遏止。此时减租减息的温和社会主义，也就不难实行。在政府方面，吏治已经清明，社会已经安定，共产党再想在政府境域里面伸手，即成了不可能的局面。这时期也不需要过长，三两年内一定可以办到。在这三两

> 年之间，共产党一方面感觉到国民党并不一定要消灭他，中心略平；另外一方面，感觉国民党在政治和经济方面，已经有办法，把他们打倒或拖倒，取而代之的希望，已经绝无实现的可能性，恐怕就会觉悟他们自身如果僵持下去，前途实在渺茫。那时候想商议，才容易商议。不等三两年完毕，而已和平成功，绝非不可能者。如此不急着求和平，才可以得到真正的和平。从国民党自己方面看，这样的转变，也可以说改变战略，稳扎稳打，进可以战，退可以守，立于万全不败之地。较之张脉偾头，恃勇躁进，火药散布遍地，却宴然弄火于其上者，当不可以道里计。如果此时共产党仍负固不服，则政治清明的政府，绝不难以实力制止。

用意在哪里呢？主题在“改取守势，不易防守的据点自动放弃，调整兵力，据守重要据点，改变战略，稳打稳扎，进可以战，退可以守”。一句话：国民政府要主动地造成南北朝的局面。

最后，他又自问自答地说：“此外在军略方面，必有疑改攻为守、等着挨打为不智之举动者。但弱方坐着挨打，固属不智，强力不能急切消灭对方，以静制动，乃属良谋。共产党虽有内线作战的优点，而交通工具缺乏，集中亦非容易。政府方面有各种交通工具，只要建立大据点数处，中等据点若干处，组织民众，守小据点，以大援中，以中援小，使共产党不能坐大。如再不肯和解，必致坐困。政府不要急求统一，才能真正得到统一，社会不要急求和平，才能真正得到和平。”

仔细研读全文，原来徐先生所主张的是折衷的南北朝，即放弃面的，据守点的。质言之，在徐先生所预言的三两年的南北朝对立时期，在北朝疆域中有南朝的大据点，中据点，甚至小据点。至于这些据点间的交通如何维持，徐先生说“政府方面有各种交通工具”，其实，徐先生明白，读者也明白，政府上面有两个字被省略了，——“美国”！

纶巾羽扇，加上一点胡子，又和诸葛公有乡曲之雅，策士嘴脸，被这篇文字全勾出来了。

徐炳昶先生是历史学者，和徐先生相呼应的，是经济学者方显廷先生。还是《大公报》本年七月十三日的星期论文，题目是《论当前中国经济问题》。要点是："经济与军事政治不可分割，欲经济有办法，不能不以早日结束战事，修明政治为前提。目前内战日趋扩大，国家财政十之七八耗于军，处此水深火热之时，人民实难于继续负担战费。目前事实，在军事上既无法避免战争，则为减轻社会损害与人民痛苦计，政府应设法缩小战事的地域范围，使大部分非战区内之人民，获有休养生息的机会，再徐图经济的稳定。另一方面，应采精兵主义，以减轻国库负担，兼行募兵制，以减少拉丁扰民等弊，保留充裕的人力，从事生产建设的事业。"结论是"军事若能缩小范围，以减轻国库负担，政治若能修明进步，以提高行政效率，则全国经济已粗略具备了稳定的条件。假若说我国目前还有任何道路可走的话，我想这道路应该不出此"。

方先生和徐先生有不同的地方，徐先生以目前的战争为内乱，方先生则称之为内战，相同的是都主张缩小军事区域，采精兵主义。只是都不肯提出"南北朝"这一名词。但是从文章的内容看，方先生还是劝这个国民政府主动地造成南北朝的有利局面的。

由上引三个作者的论文来看，明显的一个事实是：去年八九月间王芸生先生指出中共要主动造成南北朝局面，隔了十个月，也就是双方大打了十个月之后，共方宣称消灭了国民党军队八九十个旅之后，国民党的论客和策士们，却指出国民党政府最有利的局面是缩小军事区域，主动争取南北朝的局面，相持两三年之后，在政治修明、经济稳定的假设之下（可惜永远只是字面上口头上的假设，这也是策士们的悲哀），再来收拾共产党。

假如说这一年来国民政府曾经有过主动的事实的话，那么，南北朝论之由被动转变到主动（至少在文字上），这是唯一的一次。

问题是徐、方两先生的锦囊妙计是主动地提出，还是被动地帮闲呢？这答案也是极明白的。煊赫一时的四平街战役是六月间的事，当四平被围最急，情势最严重的时候，报纸上不是曾经泄露过，政府将要采取坚守大据点，放弃小据点，保持大干线，放弃小干线之说吗？据说这计划是“友邦”军事专家建议的，连政府要员都有意无意地透露过这个话，急得东北统帅杜聿明飞电请示，杜的机关报也极力否认，搞得左右为难，透露这话的要员抹了一鼻子灰的故事吗？再从另一角度看，美国总统杜鲁门的特使魏德迈来华调查的消息揭露以后，美国霍华德系报纸盛传魏使有四点方针，北平《世界日报》七月十六日南京专电说：“魏德迈来华考察，计划有四：（一）中国政府改组后，即予以更多之援助，惟改组之政府，共党不得参加；（二）以援助方式，予中国以有限之经济援助；（三）中共目前占领或可能占领之土地，予以实际而非名义之让步；（四）缩编国军，再予精良配备。”七月二十八日天津《大公报》“本报南京航信”，揭露首都美方某高级官员，其地位足可影响魏德迈向杜鲁门总统提出之最后建议，他指出美国可能采取七项步骤，前二点是精兵，裁减政府军队，重加训练，使之现代化，提高其流动性，提高风纪。第三点“政府军队应仅作为防守力量，以肃清政府区域内之匪类，维持治安，击退来犯之共军，迫其不得越出现行占领区域”。不正是徐炳昶先生的借箸以筹的妙策吗？

那么，岂不是很明白，论客策士们之于国民政府，国民政府之于美国霍华德系的论客策士，以至于魏德迈将军和他的上司，不都是心心相印，莫逆于心吗？

三、一相情愿而已

不管是从现局推测也罢，从历史的看法也罢，从经济的看法也罢，甚至是军事的战略也罢，此时此地的南北朝论，是一相情愿的论调，是单相思。

不管是全面的南北朝，或是有条件的守据点的南北朝，此时此地，绝不可能，而且不应该、不许可有可能。

写在纸上，说在嘴上，想在心上是可以的，一听尊便，可是要做到，那是另一回事。

第一，就人民的愿望说，我也学徐炳昶先生的话，“你南边到两广，北边到东九省，任便拉一个人，问他是否应该统一，无论在他们中间政见有如何的差异，我想绝不会有一个人会说中国应该分裂，不应该统一者”。这话我可以同意，并以此证明南北朝论之绝对不可能。但是我和徐先生有一个主要的本质的不同，那就是我们要问如何来统一，是武力的统一呢？还是和平民主的统一？因此我要把徐先生的问话，修正为“任便拉一个人，问他是否应该用和平民主来统一？”

如果人人都赞成和平民主的统一，那么，分裂的相持的交战的南北朝就没有可能出现。

第二，就经济的条件说，现代立国的要素，一、人力，二、土地，三、物资，四、交通，五、一以贯之的是修明的政治，——民主的全民政治。

现在我们来就这五点分析今日之中国：

一、就人力说，长江以南的人口密度高于江北，可是以土地面积论，长江以北的土地面积却大于江南。两两拉平，也许谁都不吃亏。可是问题在于人力之运用决定于政治，要是不为所用呢？假定说，江北的地主、土豪、劣绅、买办、军阀、贪官、污吏、党棍子们在北朝混不了，溜到南朝，光着身子，带着无底的胃口，南朝的力量是否养得了？南朝的人民是否受得了呢？反之，南朝当然有更多的人想望着自由天地硬要投北，那时是用兵力截阻呢？是用护照制度封锁呢？还是往来听便呢？假如不如此，那只好用秦桧的话了。宋高宗和金讲和后，发生了一些人的国籍问题，秦桧提出的原则是南人归南，北人归北。宋高宗就问他：“朕北人，将安归？”于此，我们也要问，政府中的要人和将军们，如孔庸之先生是山西人，旧西北军和东北军的将领大多是北人，他们到哪里去呢？山西阎锡山是归南，还是归北呢？共产党里湖南人、四川人很多，毛泽东先生就是湖南人，他算南呢？算北呢？

二、就土地说，既然分家，家当就要分清楚，怎么分呢？是就现有地区，质言之，相互承认既成事实呢？还是请谁来划界呢？以长江淮水为界呢？以黄河为界呢？而且，分家是要大家承认的，万一一方情愿，一方不肯又怎么办呢？而且，即使双方都同意了，作为国家之主的老百姓不承认又怎么办呢？再则，还是照人口一半平分呢？照土地一半平分呢？退一步说，如策士论客们的妙计，自动放弃一部分地方，这是不成问题的，共产党自会笑纳。可是不肯自动放弃的大中据点，而共产党必欲主动占领之，这又怎么办呢？再说，你不打，我打，我不打，而你又要打，又怎么办呢？欧洲的铁幕只存在于文字上宣传上，中国是否能建造真的铁幕，用论客们的天罗地网把双方完全隔绝呢？

假如都不能，那么，南北朝也就不可能存在。

三、就物资说，概略地说，煤、铁、油三大矿产都在北方，东北的物产尤其丰富，（不是傅斯年先生说过，东北是中国的生命线吗？）南北朝假如能成事实，而北方又有海口可以和外国交通，构成物资交换。南方呢？是不是一切都仰给于美国？

就这点而论，共产党或许肯如王芸生先生所说的，国民党也不见得甘心情愿吧！

假如有一方面不肯，那么，南北朝之说岂不是痴人说梦。

四、就交通说，贯穿南北的两大干线津浦、平汉铁路大半在北方，东北的铁路线尤其多而长，无论是长江或黄河为界，一家都可抓住一边。假如分裂了， 条铁路岂非要一家一半？结果是交通不通了。水道呢？像黄河那样老闹水灾，你管我不管，甚至我修你破坏，又怎么办？空运呢？是否也像国民政府，和英美订通航降落互惠条约那样？

既然有这么多困难，那么，南北朝怎么建立得起来呢？

五、就政治说，王芸生先生的看法有一部分道理，在政协时代，共产党也许在希望有一个安定的小康的局面，可是国民党不肯，把政协的协议连根挖掉了。为什么？因为国民党政府怕的就是和平的政治竞赛。一个前进，一个落后； 个为人民，一个反人民；一个精兵简政，一个多兵蠹政；一个励精图治，一个贪污腐化；一个努力生产，一个破坏生产；一个为人民所爱，一个为人民所恨；一个的区域里平平静静，一个在不断地闹米潮、学潮、工潮、金潮、政潮；一个为国际进步人士所景慕，一个相反，连朋友都骂它是坏政府，扶不起，帮不好；一个自力更生，一个非要靠外国就会断气。这样的对比，战时尚且如此，和平局面一展开（理论上的，即使是暂时的），如何得了！又如何是好呀！

就政治而说，南北朝局势的造成，对中共是有利的，对国民党是不利的。但是，更进一步，恐怕中共今天的远景，不是局促一隅，而是和平统一了。国民党呢？纵然在军事上经济上很想，而且一相情愿，要求一个如徐炳昶先生和方显廷先生所建议的局面，可是，他们自己对政治已经完全失去信心了，戡乱讨伐，巴着美国主子，还可挣扎几时，一放手，就满盘皆输了。不是“不到黄河心不死”，而是到了黄河，还希望有人丢一个救生圈，挣扎上来，喘一口气，多活几分钟。不是“不见棺材不落泪”，而是进了棺材了，还要打强心针。

就这点而说，共产党容许肯，国民党决不愿，那么，南北朝又怎样搞得成？

假定今天上帝赐奇迹，中国人民可以自由自在地表决赞成谁，不要谁，那么，也许可以造成一个南北朝，虽然在比例上是无法说的。可是，办不到。一来没有上帝，二来即便有，也有人不愿意，要用武力把上帝解决，送他进集中营反省去，而美其名曰“戡乱”。

第三，当然还有更多的问题，例如国民党军二百四十八个旅有百分之九十放在北方战场上，假如徐、方二先生所说，要缩小战争区域，这些第一线军队如何退？进易退难，搞得不好，比打败仗还惨，这一点国民党的军官们是会充分明白的。其次，那样一来，就会有两个政府了，承认不承认在人家，万一人家承认了那个，你怎么办？万一居然人家也有不承认你的，又怎么办？而且都有人承认之后，再打起来，按照国际公法，人家只好守中立了。要不，也只好偷偷摸摸给你一点，那又怎么办？

总之，策士们白操心了！

那么，南北朝之说，岂非一相情愿之至乎？

一相情愿而居然论客策士会公然写出，公然刊载，既未申斥，更未查封，大概是已经心照神会了。那么，其窘态亦可想见之矣。

刘勉

（原载北平《论南北朝》，1947年8月；
上海《时与文》第22期同时刊载）

知识分子今天的任务

知识分子不是一个阶级，而是一个阶层。因为第一，知识分子没有共同的经济基础，利害不一致。第二，知识分子的社会身份是不固定的，可上可下的，是可变的。因之有帮凶帮闲，爬在桌子底下等啃骨头的知识分子，也有坚定不移，为人民服务的知识分子，有摇身一变为买办部长之流的知识分子，也有为民前锋以先觉觉后觉，唤醒民众的知识分子。

今天的知识分子和过去的士大夫不同。首先，士大夫是封建官僚社会的产物，而知识分子则是半封建半殖民地的产物。其次，士大夫是一个阶级，尽管有派系阀阅乡里之争，并不一致，但是，在对上帮凶帮闲，对下剥削镇压，谄上虐下这一点上是完全一致的。第三，士大夫"学成文武艺，卖与帝王家"，主子只有一个，除此之外别无出路。而知识分子则"有奶便是娘"，就"食人之禄忠人之事"这一点而论，道地是士大夫的真种。最近居然有人赞成扶日，同意司徒的声明，也有人认为今天的局面是"差强人意"，便是这类知识分子的最好典型。

今天知识分子的知识是商品化了的。进学校，留洋，都是投资，获得知识以后，作为商品而取得职业和社会地位。换言之，知识分子的社会地位是以投资的多少来决定的，最上层的是留洋的博士硕士之类，次之是大学中学小学毕业。镀金镶银是一般知识分子梦寐求之的终南捷径，这正是半殖民地社会的特征。

另一方面，所谓半封建社会的产物，是指原来士大夫的劣根性，如对人民的无限度剥削，自私自利，自尊自大，不合作，惯于妥协，遇事不肯负责，推托，敷衍，虚伪，欺骗，口是心非，以至挂羊头，卖狗肉，谄上骄下这一套，全继承了下来。结果是成为民族罪人。

当然，也还有光明的一面，从社会变革中觉醒的知识分子，肯接受新思想，对现局有正确理解，能够扬弃上面所指那一套劣根性，勤于学习，能用脑子，也能动手。中国未来的前途，就寄托在这一群人身上。

同时，我们要了解，知识分子成为一个阶层，知识为少数人所享有，这是现在社会的污点。我相信，在未来的日子里，获得知识是义务而不是权利的时候，人人都是知识分子，这个阶层也就没有了。

今天知识分子的任务，就在于摧毁这个阶层，洗掉这个污点，建立以获得知识为义务的新社会。

要做到这点，必需改造自己，反封建反帝国主义，为人民服务。

其下手处，正如孙中山先生所说的："唤起民众！"

（原载北平《中建》半月刊，1948年7月23日）

论戊戌变法

一、作不了官怎么办？

清德宗光绪二十四年（公元1898），以康有为梁启超为中心的变法运动，全盘失败，到今年恰好是五十周年。这一桩历史公案，虽然是半世纪前的事情了，但在今天，似乎还很新鲜，具有现实意义。

这一年是戊戌年，通常叫这一次失败的革新运动为戊戌政变。梁启超曾著有《戊戌政变记》一书，是这次运动最主要的史料。

这一年二月德国胶州湾租借条约签定，三月帝俄租借旅顺大连，四月许英国在广东九龙设立租界，对日承诺福建省不割让于他国，英国租借威海卫。

往前推，光绪二十年中日战争，二十一年订了割地赔款求和的《马关条约》。

再往前，光绪十年的中法战争，法国占安南。同治八年（1871年）帝俄占伊犁。咸丰七年到十年（1857—1860）的英法联军，订了《天津条约》和《北京条约》。道光十九年到二十二年（1839—1842）的鸦片战争，订了《南京条约》。

外侮纷至沓来，主权日蹙一日，士大夫中的进步人物康有为着急了，光绪二十三年十二月，德占胶州后，驰赴北京，上书极陈事变之急说：

> 昔者安南之役，十年乃有东事，割台之后，两载遂有胶州，中间东三省龙州之铁路，滇粤之矿，土司野人山之边疆尚不计矣。自尔之后，赴机愈急，事变之来，日迫一日，教堂遍地，

无刻不可起衅，矿产遍地，无处不可要求，骨肉有限，剥削无已。且铁路与人，南北之咽喉已绝，疆臣斥逐，用人之大权亦失。浸假如埃及之管其户部，如土耳其之柄其国政，枢垣总署，彼皆可派其国人，公卿督抚，彼且将制其死命，鞭笞亲贵，奴隶重臣，囚奴士夫，蹂躏民庶，甚则如土耳其之幽废国主，如高丽之祸及君后，又甚则如安南之尽取其土地人民，而存其虚号，波兰之宰割均分，而举其国土，马达加斯加以挑水起衅而国灭，安南以争道致命而社墟，蚁穴溃堤，衅不在大。职恐自尔之后，皇上与诸臣，虽欲苟安旦夕，歌舞湖山而不可得矣，且恐皇上与诸臣求为长安布衣而不可得矣！

士大夫的利害和皇上的利害是一致的，再不想办法，不能“苟安旦夕，歌舞湖山”，甚至不能为“长安布衣”，怎么得了？第二年三月廿七日，京官二百余人在北京粤东会馆召开保国会，主张保地保民保权保教，康有为演说，于列举过去四十天内，失地失权二十事之后，接着说：

夫筑路待商之德廷，道员听其留逐，是皇上之权失，贾谊所谓何忍以帝王尊号为戎人诸侯。二月以来，失地失权之事，已二十见，来日方长，何以卒岁？缅甸安南印度波兰，吾将为其续矣。观分波兰事，胁其国主，辱其贵臣，荼毒缙绅，真可为吾之前车哉！必然之事，安能侥幸而免乎！印度之被灭，无作第六等以上人者。自乾隆三十六年至光绪二年（公元1771至1876），百余年始有议员二人。香港隶英人，至今尚无科第，人以买办为至荣。英人之窭贫者皆可为大班，吾华人百万之富，道府之衔，红蓝之顶，乃多为其一洋行之买办，立侍其侧，仰视颜色，呜呼哀哉！及今不自强，恐吾四万万人，他日之至荣者不过如此也！

元人始来中国，尝废科举矣。其视安南之进士，抱布贸丝，有以异乎？故我士大夫设想他日，真有不可言者。即有无耻之辈，发愤作贰臣，前朝所极不齿者，而西人必不用中人，以西人之官必有专门，非专学不能承乏也。若使吴梅村在，他日将

> 并一教官不能得，安敢望祭酒哉！即欲如熊开元作僧，而西教专毁偶象，佛象佛殿，将无可存，僧于何依？即欲蹈东海而死，吾中国无海军，即无海境，此亦非干净土矣。做贰臣不得，做僧不得，死而蹈海不得，吾四万万之人，吾万千之士大夫，将何依何归何去何从乎！

痛哭流涕说了一场，说的是如中国成为波兰印度，士大夫便做不成官了，即使发愤作汉奸，人家也不要，作和尚没有庙，投海没有海，怎么办啊！怎么办啊！结论只有一条路，“不责在上而责在下，而责我辈士大夫”，也就是韩文公“天王圣明，臣罪当诛”的译文。他要求士大夫向日本高山正芝学习，学他要求变法，学他“在东京痛哭于通衢，见人辄哭”，终于哭出明治维新来。

士大夫的利益寄托于皇家的存在，要保绅权官权，其前提为保皇权。皇帝是无可责备的，蚩蚩庶民轮不到责备，因之该责备，该挺身而起，为皇家画一蓝图，指出一条“新路”的，也就义不容辞，是士大夫之责了。

可惜，康有为早生了五十年，要不，看看今天的希腊、西班牙、日本以及无数的典型例子，他实在用不着担心。而且，在今天，不但不以买办为辱，有若干士大夫还巴不上这地步呢。吴梅村如在，一定可以作祭酒，熊开元可以作外国和尚。至于蹈海，华盛顿之豪华旅舍，巴西之橡树园，“虽不能至，心向往之！”

二、其惟变法乎？

当年所谓变法，也是今日所谓革新。

时代不同了，当然名目不同。时代变了，这些人没有变，没有变的是“不责在上”。

关于变，康有为主张：“观万国之势，能变则存，不变则亡，全变则强，小变仍亡。”又说：“不变则已，若决欲变，则势当全变。”就理论说，主张全变，就事实说，所谓全变是相对的，即在上不变，士大夫之利益不变，人民之被剥削被虐待被屠杀不变。

何以明之？

第一，所谓戊戌变法，是少数士大夫抬着清德宗实行新政，是以清德宗为主体的自上而下的变而不乱的改良运动。光绪二十三年十二月康有为上书：

> 伏愿皇上因胶警之变，下发愤之诏，先罪己以励人心，次明耻以激士气，集群材咨问以广圣听，求天下上书以通下情，明定国是，与海内更始……最要者，一曰采法日俄以定国是，二曰大集群材以图变政，三曰听任疆臣各自变法。

并且指出要："自兹国事付国会议行，采择万国律例，定宪法公私之分。"次年正月上书："日本维新之始，大誓群臣以定国是，立对策所以征贤才，开制度局而定宪法，皇上若决定变法，请先举此三者。"一句话，他的主张是君主立宪，立宪是为了保障君主的权益，为了巩固士大夫的权益。等到皇家被推翻了，这批改良主义者逻辑上自然成为保皇党。

假定用今天的说法来分析五十年前的局面，慈禧太后、荣禄、袁世凯这个穷凶极恶、反动顽强的集团，宁可将中国送给外国，不与家奴的主张，当然是极右派。孙中山亦即被清廷称为匪徒叛逆、改名"孙汶"所领导的革命党，主张推翻君主，把专制独裁政体连根挖掉，主张实行民主立宪政体的，当然是极左派。至于康有为站在皇帝的立场，反对慈禧的昏庸淫虐，反对满洲亲贵的昏聩无能，是和右派对立的；站在士大夫的立场，对外要保国保权保土保士大夫的利益，对内保皇保教，尤其是保皇这一点，是和左派完全相反的；就保皇而论，和右派一致。所不同的一个是保有位无权的青年皇帝，一个是保有权无位的慈禧太后，一个无权，所以要变法，一个有权，所以不许变法，因而引起正面冲突，造成所谓政变。就立宪而论，又和左派一致，所不同的，康派主张在皇帝领导之下行宪，而革命党则认为立宪的前提为推翻万恶的君主专制独裁制度。正当君主立宪派奔走呼号，大声喊变，开学会，办报馆，演说，请愿的时候，革命党在丢炸弹，搞会党，组民众，声讨那拉氏，正面和清廷斗争。

君主立宪派也就是后来的保皇党，要宪法又要君主的，正是所谓中间路线。

历史的记录证明孙中山先生所领导的路线是正确的，那拉氏和君主立宪派而今安在哉!

第二，如何变呢？据梁启超《新政诏书恭跋》编一简表：

四月二十三日	上谕定国是，举办京师大学堂。
二十五日	上谕引见康有为、张元济、黄遵宪、谭嗣同，梁启超着总理衙门查看具奏。
五月初二日	废八股，科举四书文改试策论。
十五日	官书局译书局并入大学堂，梁启超赏六品衔，办理译书局事务。
十六日	论振兴农务，着各督抚劝谕绅民，兼采中西各法，切实兴办，不准空言搪塞。
十七日	悬赏劝奖鼓励工艺新书新法新器，准予专利售卖，并创建学堂，开辟地利，兴造枪炮等厂，照军功例，给予特赏。
二十一日	裁并绿营练勇，改练西法洋操。
二十二日	令地方兴办中学小学，保护教堂，不准再有教案。
二十三日	举办经济特科。
二十八日	水陆各军，裁空粮，节饷需。
六月初一日	制定科举章程。
初八日	上海《时务报》改为官报。
十一日	各省学堂特派绅士督办。删改衙门则例。
二十三日	上谕褒奖湖南巡抚陈宝箴讲求新政，锐意整顿。筹办水师铁路矿务等专门学堂。
二十九日	于京师设立农工商总局，各省府州县，皆立农务学堂，开农会，刊农报，讲农器。各省设农工商分局。

七月初十日 上海设立编译学堂，书籍报纸，一律免税。
十三日 各省设立商会，上海设总商会。
十四日 裁撤冗官，詹事府、通政司、光禄寺、鸿胪寺、太常寺、太仆寺、大理寺归并内阁及礼、兵等部，裁湖北、广东、云南三省巡抚，裁东河总督及粮道、盐道。
二十日 杨锐、刘光第、林旭、谭嗣同赏加四品卿衔，在军机大臣章京上行走，参预新政事宜。
二十三日 设立医学堂。
二十六日 设立茶务学堂及蚕桑公院。
二十七日 筹办速成学堂。劝谕绅民创设报馆。
八月一日 户部编岁出岁入表颁行天下。袁世凯以侍郎候补，责成专办练兵事务。

很明白，变的是形式，把书院改学堂，没有提及经费设备师资图书仪器。废了八股文，改为新式时务八股。练新军以用西法操练为要着。振兴实业，多添了若干新式衙门。兴办农务，创办学堂，建立工厂，都用一纸谕旨交绅士去做。果然，如康有为所建请的“诏令日下”，可是“百举”并不维新。

改革不但限于形式，而且只是文字上的。五月二十八日谕旨：“当兹时事多艰，朕宵旰焦劳，力图振作，每待臣下以诚，而竟不以诚相应。各该疆臣身膺重寄，具有天良，何至诰诫谆谆，仍复掩饰支吾，苟且塞责耶！”七月初十日上谕：“近来朝廷整顿庶务，如学堂、商务、铁路、矿政，一切新政，迭经谕令各将军督抚切实筹办，乃各省积习相沿，因循玩懈，虽经严旨敦迫，犹复意存观望。”说明新政的推行，只限于文字，没有丝毫现实的意义和作用。

新政一方面只是形式上文字上的蓝图。另一方面当时最重要的问题，人民的痛苦，没有一字提到，人民的要求，没有一句话说到。谈改革而不顾到人民，设新政而不为人民生活福利着想，即使退一步说，没有政变，这一连串的所谓新政，果真着着推行，也无救乎清皇朝的覆灭，也无法抵抗外来的侵略，这批士大夫还是不免“求为长安布衣而不可得”，只好到海外去保皇！

三、摇身一变

五十年前的士大夫，今天叫作知识分子，摇身一变，人名变了，本质没变。他们仍然主张变，主张变而不乱，主张“不责在上而责我辈士大夫”。五十年的时间不算长，戊戌这一段史实，在今天看起来，还是新鲜的、现实的，具有教育意义的。

刘勉

（原载《中建》半月刊3卷6期，1948年8月10日）

悼朱佩弦先生

真无法说这是一个什么时代，前年哭闻一多，今年又哭朱佩弦。有学问有气节有正义感的朋友，一个接一个倒下去了！都不过是中年人，都有一大堆的工作等待他们来完成。更重要的是他们确实有这勇气，这力量，这训练，来完成所献身的工作。然而，都被戕害了，被同样的暴力所虐杀；所不同的一个是有形的屠杀，一个是无形的蚀损。凶手是同一个，确确实实是同一个。

最后一次看到佩弦先生，时间是八月五日下午二时半，地点是北院十六号。

早知道他病了，还是老毛病，胃病，沉顿到不能写作的地步。不过，像半年来所知道的情形，以为休养一个半个月，便可复元，料想不到会这么严重。

有朋友从南方来，替他带来一件衣服，另一件似乎是雨靴，用报纸包着的，要我带她去朱家。事先告诉朋友，朱先生病了，不必见他，把东西交给朱太人就可以。不料正在谈话时，朱先生拄着一根手杖到客厅，他说："请原谅，我不能多说话，只是出来认识认识。"朱太太介绍一下新来朋友之后，他就进去了。

只在这半分钟内，我看到，面庞瘦削得只剩下骨头，脸色苍白，说话声音细弱，穿一件整洁的睡衣。开始感觉到病态的严重。我们原来没有意思要见他，病得这么沉重了，听说有远道朋友来，还非挣扎着，出一身汗，出来见一面，谦逊周到，他就是这样一个人。

话题转到朱先生的病，朱太太说："是老毛病，看过多少医生了，说是胃溃疡，说是十二指肠有毛病。吃不得东西，呕吐得连黄水都出来。"

远道来的朋友说："为什么不动手术呢？"接着她举出在台湾几

个害胃病割治好了的例子。

朱太太没有说话。

第二天中午，听人说，朱先生已经送进医院了，动了手术，经过良好。

隔一天，又听说，有热度，十二指肠拉过了，胃上有一口子，怕还得再割一次。

再又听说转成肾脏炎，又在什么部分开一个口子，把小便排泄出来。

再一次，说是很严重，又转成肺炎了。家人和医师昼夜陪伴着。

十二日上午碰见到医院去的朋友，他是十一点三十分才离开的，说是有转机了，热度已退，大家都放了心。

下午突然看到学校秘书处发的讣告："朱佩弦先生于本日上午十一时四十分病故北大附属医院。"

十三日上午十时在北大医院入殓，脸朝右偏，一只眼睛没有闭。

有人说，在前一天，他曾告诉朱太太："有一件事得记住，我曾经签字在拒绝美援的文件上。"

我记得，就是这个人，七月二十三日在清华大学工字厅参加"知识分子今天的任务"座谈会。他说：

> 过去士大夫的知识都用在政治上，用来做官。现在则除了做官之外，知识分子还有别的路可走。士大夫是从封建社会来的，与从工业化的都市产生的新知识分子不同。旧知识分子——士大夫是靠皇帝生存的，新知识分子则不一定靠皇帝（或军阀）生存，所以新知识分子是比较自由的。
>
> 知识分子的道路有两条：一条是帮凶帮闲，向上爬的，封建社会和资本主义社会都有这种人。一条是向下的，知识分子是可上可下的，所以是一个阶层而不是一个阶级。
>
> 要许多知识分子都丢开既得利益，是不容易的事，现在我们过群众生活还过不来，这也不是理性上不愿意接受，理性上是知道应该接受的，是习惯上变不过来。所以我对学生说，要教育我们得慢慢地来。

于此，我要提出，佩弦先生，就因为你不肯帮凶帮闲，就因为你肯接受时代的智慧。一面，你为人民所崇敬，为青年所追随，一面，你困穷，你疾病，你以病躯过度劳作，吃进去的是草，挤出来的是奶，你滋养了教育了下一代，你，也因之被戕害。

这一次座谈会是他最后一次出席的公开集会。

再向前的一次是清华学生自治会举行的闻一多先生二周年纪念会，地点在同方部，时间是七月十五日下午九时。

这一天很热，我们同坐在第一排。电灯关了，两枝烛光，背后是栩栩如生、长髯飘拂、含着烟斗的一多画像，你站在台下，用低沉的声调报告《一多全集》编纂和出版的经过。

《一多全集》的出版，我曾经说过，没有你是出不了版的，两年来你用大部分的时间整理一多遗著。我记得，在这两年内，为了一篇文章，一句话，一封信，为了书名的题署，为了编纂人的列名，以及一切细微末节，你总是写信来同我商量。只有我才能完全知道你对亡友著作所费的劳力、心血。但是，一多遗集你竟不及见了，也许，两周内，一月内，书到了我手里，送到你府上时，看到的是你的遗像。你的书房空了，再也看不到书桌上的手稿，烟灰碟上的烟蒂。你想，教我怎么样能忍着眼泪进你的门，怎么样能把一多的书面交你的夫人和孩子，而不痛哭？

你费了偌大的力气精神编集一多著作，你的著作由谁来编？

你，万千青年所景仰所追随的导师、褓母，撒手而去了，你的工作、岗位，谁能代替？谁能继续？

再也听不到你的声音了，再也看不到你的笑貌了，再也读不到你随时在提高随时在前进的新著作了，在朋辈里失去了最崇敬的先进，在青年群里失去了最被热爱的先生，在文化界失去了一个搴旗的大将，在民主运动里失去了一个谨严细密的学者！

我们要含着眼泪追问，是谁戕害了朱佩弦先生？

这是一个什么时代？什么世界？

1948年8月14日上午11时于清华园

航海攻心战术

明崇祯十五年（公元1642年）九月，李自成决黄河，灌开封，十月，大败明督师孙传庭于郏县、南阳。十一月，清军分道入侵，连破蓟州、真定、河间、临清、兖州，北京震动。

兵科给事中曾应遴上条陈，提出航海攻心战术。大意是由政府造战船三千艘，载精兵六万，从登莱渡海，直入三韩，攻后金国腹心。这样一来，清军非退不可。崇祯帝大为嘉许，以为真是妙算，可以克敌制胜，手令“该部议奏”。

造船是工部的职掌，作战归兵部管。工部署印侍郎陈必谦复奏：照老规矩，和作战有关的工程，由兵工二部分任，请特敕兵部分造战般一千五百艘。

内阁票拟（签呈），奉旨“工程由兵工二部分任，即日兴工”。

造船要一笔大款子，工部分文无有，估价工料银是六百万两。于是上奏：“因内战交通断绝，地方款项不能解京。本部库藏空空，无可指拨。只有开封、归德等府积欠臣部料价银五百多万两，可以移作造船之用。”

这时候，开封被水淹没，归德等府为农民起义军占领。内阁奉旨：“着工部勒限起解，造船攻心，以救内地之急。”

兵部尚书张国维也说：“部库如洗，只有凤阳等府积欠臣部马价银四百余万两，足现在正额，不必另行设法。应速催解部，以应造船之用。”

事实上，凤阳一带经几次战争破坏，加上蝗灾、旱灾，已经上十年没有人烟了。

内阁票拟，奉旨：“下部勒限起解，以应部用。”

这是闰十月中旬的事，正当嘉许、拨款、勒限，以及“兴工”

的时候，清军又已攻破东昌、兖州了。

工部想想不妙，到头来还是脱不了关系，又提出具体建议，说是“战船经费，虽已有整个计划，但是如今京师戒严，九门紧闭，工匠绝迹，无从兴工。原有都水司主事奉派到淮安船厂打造漕船，彼处物料现成，工匠众多，不如就令带造海船，克日可成，庶不误东征大事”。

内阁又票拟，奉旨依议，特给敕谕，以专责成。

这时候已经十二月初旬了。

船厂主事没有拿到一文钱，要造三千条战船，自然办不了。又上条陈说：“造船攻心，大臣妙算，事关国家大计，当然拥护。不过臣衙门所造的是内河运粮之船，并非破浪出海之船，构造不同，形式不同，索缆器物不同，操驾水手不同，当然，建造的工匠也不同。如随便敷衍承造，一旦误事，负不起责任。要造海船，要到福建、广东去造，材料、工匠都合适，不如特敕闽广抚臣，勒限完工，就于彼处召募水手，由海道乘风北上，直抵旅顺口上岸，奋武以震刷皇威，快睹中兴盛事。此系因地因材，事有必然，并非推诿。”

公文上去了，到第二年二月中旬，内阁票拟，奉旨：“下部移咨福广，勒限造船，以纾京畿倒悬之急。”由都察院移咨闽广抚臣照办，是二月底的事。

五月，清军凯旋，京师解严。

九月，两广总督沈犹龙、福建巡抚张肯堂会衔奏报，第一段极口称颂阁臣的妙算，圣主的神威。第二段说臣等已经召集工人，预备工料，拥护国策，以成陛下中兴盛业。第三段顺笔一转，说是不过如今北方安定，而闽广民穷财尽，与其劳民伤财，造而不用，不如暂时停工。

内阁票拟，奉旨下部：“是!”

于是这件纠缠了一年，费了多少笔墨的航海攻心战术的公案就此结束。

所谓官僚政治，有三个字可以形容之：一骗，二推，三拖。

曾应遴要凭空建立一个六万人的海军，一无钱，二无兵，三无计划，更谈不到组织、训练、武器、服装、给养、运输、指挥这一些具体问题。信口胡柴，提出空头建议，这是骗。

崇祯帝何尝不明白这道理，只是明白了又怎么样呢？当时无处借款，也无人助战，无友邦支持，一切都无，总得要表示一下呀，于是手令“该部议奏”。也是骗。

工部说这工程该和兵部分任，这是推。

阁臣签呈，由兵工二部分任，一个钱不给，叫人从纸上生出一队海军，这是骗。

工部说钱是有的，在被水淹没的开封和被起义军占领的归德。兵部说我也有钱，在十年无人烟的淮西，这也是骗。内阁签呈，要该部到这些地区勒限起解，还是骗。

建议再建议，签呈又签呈，一上一下个把月，这是拖。

拖而不下了场，又一转而推，工部把这差使推给船厂主事，船厂主事推给闽广抚臣，又是奏本，票拟，从北京到淮安，淮安到北京，又从北京到闽广，闽广到北京，（中间还有从闽到广，从广到闽会衔这一段公文旅行。）来来去去，去去来来，半年过去了，从推又发生拖的作用，推和拖本质上又都是骗。

最后，清兵撤退了，皆大欢喜，内阁以一“是”字了此公案。

大事化为小事，小事化为无事。

从骗到推，到拖，而无。这故事是中国官僚政治的一个典型例子。

也有人说，过去中国封建王朝的政治，是无为政治，那么就算这故事是一个无为政治的故事吧？

——参看戴笠、吴殳《怀陵流寇始终录》卷十五，《和看花行者的谈往》

（原载上海《中国建设》第7卷第1期，1948年10月1日）

灯下集

说明：

《灯下集》是吴晗自己编辑的第四本杂文集，收作品36篇，前言1篇，1960年6月生活·读书·新知三联书店出版。现在删去与《历史的镜子》重复的3篇，留存作品33篇。

——编者注

前　　言
——灯下杂谈

过了举国同庆的国庆十周年节日，一转眼就是年底了。活了五十岁，有十年是在欢欣鼓舞的情绪中度过的。有人说我老了，头发又白又秃，我说不，才十岁呢，还不到成熟的年龄，更好的日子还在后头呢！情绪很高，劲头很足，要多学习，多工作，愈干愈有劲，活得有意思，老这个字连想也没想过。

说劲头很足，不是空话，今年已经出了一本《投枪集》，是解放以前白色恐怖很厉害那几年写的一部分杂文。现在，这一本集子，主要是今年，国庆十周年写的，有几十篇短短长长的文字，曾经在《人民日报》、《光明日报》、《北京日报》、《新建设》、《前线》、《历史教学》、《戏剧报》等报刊上发表过。其中，有三篇文章，《宋代两次均产运动》、《明代的奴隶和奴变》和《明代的锦衣卫和东西厂》，是解放以前写的，也都曾发表过，因为性质相同，也编集在一起了。

此外，这十年来，也还写过一些杂七杂八的杂文，和这些文章性质不同，打算过些日子，再出一本集子。

其实，这本集子也就够杂了，就文章长短说，短的有几百字的，长的有超过万字的。就内容说，谈商业，谈农业，谈打仗，谈服装、称呼，谈学习，谈统治阶级内部矛盾，谈三国戏，谈曹操、武则天、海瑞、谈迁，也杂得很。但是，尽管杂，也有一致的地方，那就是谈的都是历史。其次，就谈历史而论，也清楚地画出一条界线，那就是解放以前这一批文章，都有点恨气，有根刺，总想朝什么地方戳它一下。今年写的一些，性质根本不同了，目的是想通过明白易晓的文字，提供一些历史知识，丰富人们的文化生活。主观意图确是如此，至于客观效果如何，那又是另一回事了。

花了一点时间，把这些文章校改了一遍。到末了，要起书名，难题又来了，想不出合适的书名，实在没办法，只好题名为《灯下集》，因为这些文章大部分是在灯下写的，有的是在菜油灯下，那是解放前在昆明住在乡下的时候，回想当年，在豆点般的灯光下往往写到深夜。现在呢，大大不同了，不但有明亮的电灯，还有台灯呢，单从灯光这一件事情说，也不胜今昔之感。我看，假如还有人一定要说菜油灯光比电灯光要好，今不如昔的话，那也可以解决，把他家里的电线切断，让他仍旧去过点菜油灯的日子如何？

说是《灯下集》，也不可以以词害意。有一部分文章确是在灯下写的。但今年写的有一些却不是，这里面也有一个思想斗争在。原来多年来的习惯，白天总是上课，开会，办事，晚上比较清闲些，时间也完整些，这样，就逐渐养成了一种惰性，还把它美化，说只有晚上才能写东西，白天是不行的。自己这样想，也这样原谅自己。结果呢，过去这些年，白天也并不总是忙，有些间断的空闲的时间，在这种借口之下，就莫名其妙地混过去了。今年，想通了，什么时候有时间就写，不管白天黑夜，这样，白天也写出来了，而且，写得还不少。这一条经验，充分证明习惯是可以改的，只要下决心便行。

今年写的一些东西，有一些是用笔名的，一个叫刘勉之，一个叫赵彦。刘勉之是解放前的笔名，《人民日报》编者要我写读书札记，随便选了这一个，并没有什么深意。不料问题出来了，其一是这个名字也有人在用，有抄袭之嫌；其二是有一次和朋友谈话，鼓励大家多写作，有人批评是好事，不是坏事。当时有人就说，那么，你为什么用笔名呢？不是怕批评吗？糟了，当场被将军，下不了台。只好承认取消笔名，以便接受批评。从此以后，我就不再用笔名了，趁此交代一笔，顺便也向那位同名的朋友表示歉意。

话说回来，谈谈对写文章的看法。

一年来，因为多写了一些，碰见人时有时候也谈到写文章。有人说，你读的书真多呀，真博呀，记性真好呀，等等。这个问题倒得弄清楚，要不然，会害人上当。

坦白地说，我喜欢读书是真的，读的却并不够多。自己明白知识很贫乏，要同愚昧作斗争，办法之一是多读书。不管怎样，多读一些书，总会增长一些知识。特别是理论书，读得还很少。这个大缺点今后必须克服。

说博，一点也不。我的知识领域很窄，除了历史、文学的书稍为多读一点以外，其他方面的知识是贫乏得惊人的。至于文章中引用了一些书，一些材料，那也没有什么了不起。我的办法说穿了很平常，除了多读之外，便是多抄，平时读书把自己认为有用的材料抄下来，记上书名、作者和卷数、篇名，把性质相同的放在一起。年月久了，积累的材料多了，再以此为起点，有意识地有系统地读一些有关的书，搜集一些未见的材料。再经过组织、综合、分析、研究，写成一篇文章。如此而已，并没有什么奥妙，更说不上博学。

说我记性好，那更是诚惶诚恐了。相反，我的记性很坏，最近还闹了笑话，写给田汉同志的家里地名错了两个字，写给他别一条街名，害他找了好半天。正因为记性不好，才下决心勤抄、多抄呢。

也有人问我写文章的窍门，我说没有。我自己的经验是越不写，越不会写。这八九年来，原谅自己多了一些，写得就很少。结果，真要写的时候，举笔有千钧之重，用字遣词，非常吃力。这一年，大家都鼓足干劲，力争上游，我想，除了岗位工作以外，这支笔也得使上啊，不会开机器，不会耪地，难道写点文章也不行，那么不成器？甘居下游？一下决心，越写得多，也就越好写了。要说有窍门，也行，两个字，多写。

当然，还要多改。一篇文章多改几次，可说可不说的话不说，可用可不用的字不用，就会简练一些，有力量一些。

也有人问，你那么忙，还写得这么多，有什么办法。这个问题上面已经答复了，那就是一有空闲就写，今天写一点，明天写一点，这会儿写一段，那会儿写一段，只要抓紧时间，总可以写出东西来。过去，那么些年，我就吃了主观想法的苦头，那些年总想找个比较长的完整的时间写东西，例如一整天，一整星期，一整个月之类，在这期间，什么事也不做，光写文章，这个不现实的主观想法，害苦了自己，老是在等，总等不来，可以利用的时间也就轻易地滑溜过去了。如今，不这样想了，一有时间就写，化零为整，许多零碎时间妥善地利用起来，不就是一个大整数？这笔账过去不会算，自己想想，真是蠢得可以！

要问我的经验吗？不作清谈家，爱惜时间，老老实实读点好书，写点东西，努力学习，努力工作，当然，首先得做好岗位工作。

还有，一年来也有不少出版社和刊物、报纸的青年同志来要稿子，除此以外，总还要问有什么意见。

意见每次都谈，但是，谈了，也就忘了。现在回想，大概谈过这么些问题。

我有两个孩子，大的五岁多了，她两三岁时就爱听故事，而且记性很好，有时候会把听过的许多故事编在一起，反过来讲给我听。每天每晚都吵着要讲。先是我自己编，后来买儿童读物给她看、讲，事先自己先看一下，发现有许多东西是不大合适的，个别的甚至不很好。画的图有些是好的，但有好一些并不好。随着小孩年龄的增长，知识领域的扩大，她对故事的要求越来越强烈，标准也越来越高了。有了孩子的督促，我深切感到我们需要大量的政治要求和艺术要求都高的图文并茂的儿童读物，通过这些课外读物，培养下一代成为有社会主义觉悟有文化的劳动者，这是一件极为重要刻不容缓的事情。但是，很可惜，第一，这样的读物并不多，第二，编写这样读物的作家也似乎并不多。一两年来，我为这个当爸爸的任务很着急，也曾多次和朋友们，特别是作家们谈起过，虽然出了些书，也还不够多，满足不了当父母的和小孩的要求。

同样，青少年的读物也是很缺乏的。他（她）们的求知欲很强，对好的读物要求也很迫切。因为这样的读物不很多，便只好挑大本书，一厚本一厚本啃，其中有一些书的内容，和他（她）们的年龄是不适合的。也因为书厚，课余的时间看不完，但又要赶着看完，弄到在光线不好的地方看，在床上看，在电车上、公共汽车上看，把目力损害了。这两年来，许多学校都出现了一批近视眼的青少年！这是一个很严重的问题。

还有，数量极大的机关干部，都迫切要求提高，要学点理论，学点历史，学点科学，学点文学，要多读点书，继承古代的优良文化遗产，读些什么呢？

这些问题都必需很好很快地解决。

他们诉苦说，有困难，写的人少。

我说，有办法，写的人很多。

第一，是不是可以提出要求，理论家们，文学家们，科学家们，艺术家们，各种各样的专家们，除了你们的岗位工作、专门著作以外，是不是都可以抽一点时间，为你们的儿童们、你们的青少年们、你们的干部们，写一点通俗普及的东西呢？我看不必另起炉灶，只就你们所掌握的专业知识、所写的专门著作，用明白易晓的文字，扼要讲清楚就行了。这样做，一年可以出几千种，几万种，可以把理论、文化、科学、艺术、历史知识普及到儿童、青少年、干部、工人、农民中去。大家动手，我看，这样做，才叫做普及，才叫做百花齐放，也才能掀起文化高潮，行不行呢？我想，一定可以。我以两个小孩的父亲的名义提出这个庄严的请求。

第二，组稿的范围是不是可以扩大一些，作家们当然要多写一些，我想，非作家也可以写。作家不是天生的，任何人只要肯写，多写，多改，写得不好再写，总归可以写得较好一些。像我这样的有二十年教龄的老教师，从来不是什么作家，不是也在经常写点什么吗？不但从来没有人说过你这号人不该写，相反，还经常受到鼓励，组稿的同志们经常来电话，来信，当面催。发表出来的东西也还有人看，有人谈论呢。

我看，机关干部、教授、教师、研究工作者、工人、农民，都可以写，都是组稿的对象。这个队伍你看有多大！

这样做，用不了多少时间，一定可以出来无量数的真正作家，这样做是发现、培养作家的最有效的手段。

人是可以变的，可以改造的，同样，非作家是可以成为作家的。

问题是在善于组织，善于帮助，通过实践，逐步提高。

这点粗浅的意见，口头上说过多少次了，重新写出来的目的，是希望能够得到注意，空话不算数，要做了才算。

这点意见也不是凭空想出来的。从去年起，我们搞了个中国历史小丛书，到现在已经出了几十本了，还要继续出下去。写这些为青少年服务的书的人们，都不是作家（其中也许有，恕我就大体而论），是北京市的中学教师，教历史的、语文的、政治的、地理的、艺术的教师，也有的是外地的来稿。有的是个人写，大家讨论，有的是教研组写，有的是几个教研组写，有的是整个学校的教师写，总之，有个人的努力，更多的是集体的努力。各个学校的党组织都很重视，积极领导和给以支持。编委分工审稿，提出意见，有的稿子，编委和作者谈了多少次，改了五六次才定稿。最后，还经过编委会讨论通过才发稿。这样做，书出来了，当然，质量还不够高，需要继续努力改进，但是，毕竟有了书了。其次，作者通过史实的钻研，写作的实践，理论和业务水平也相应提高了。尽管花了不少时间，因为是和岗位工作结合的，不但没有妨碍工作，反而提高了教学水平。第三，更重要的是通过写作实践，还养成了集体劳动的良好风气，好处是说不完的。

我想，北京可以这样做，其他省市也可以这样做。为青少年而写的历史小丛书可以这样做，理论的、文艺的、科学的、古典文献的等等也可以这样做。

古人说："敝帚自珍"，这个话不对。我要说这是条好经验呀，请大家参考。

当然，目的是普及，要做到明白易晓，通俗，可读，还要做到使读者喜欢读。

一篇文章、一本书的出版，不光是为自己看的，主要是为了给别人看，要让人看懂。这个道理谁都懂。但是，可惜，并没有都这样做。上面说过，我是爱读书的，也经常吃苦头，有些书、有些文章实在不容易读，读了也不容易懂，好容易读懂了，也不知道懂得对不对。慢慢读得多了，摸清了门路，找到一条小线索，那就是碰到这样的熟人，这样的书，第一是不理，第二是不买，第三是即使送来了，也不看，坚决不看。

想一想，好容易写了文章，出了书，人家都不理、不买、不看，糟蹋了纸张、印刷力量，岂不是浪费！万一人家真看了，而又看不懂，糟蹋数不清的时间，岂不造成更大的浪费！

以此，要做普及的工作，还必须深入浅出，道理要讲透，文字要让人尽可能地读懂。要化艰深的道理为日常说话，谁都听得进去，不要把简单的事物说得使人莫测高深。还要照顾到读者的年龄特征，对儿童，对青少年，对干部，对刚摘了文盲帽子的工人、农民，都要区别对待，动笔的时候首先要考虑是给谁读的，怎样写才能使读者更容易接受。在写作中要贯彻党的群众路线，我看，必须这样做。要多快好省，也必须这样做。

马克思列宁主义必须学习，毛泽东思想必须学习，在写作时也必须以马克思列宁主义毛泽东思想的立场、观点、方法来写，这是不可动摇的原则。但是，也不是说文章里引用了马克思列宁的话，这篇文章就真的具有马克思列宁主义的精神了。也不是说文章里有很多马克思列宁主义的词句就算立场端正了。要郑重声明，我并不是反对引经据典，当然，在必要的组合必须引经据典。但是，问题在这里，引了经据了典之后，是不是说明了解决了问题。更重要的是不是正确地引经据典。最近知道有一篇尚钺同志写的文章，也是满纸马恩列斯的，没有注意，因为作者思想混乱，经常歪曲经典著作，胡乱引用历史材料，文章既长而又难懂，看了半天还是莫名其妙，是我一向所害怕的。后来看了有关这篇文章的批判，才知道文章的实质是违反马克思列宁主义、违反毛泽东思想的。于此，我又得了一个严重的教训，好文章好书要读，坏文章坏书也得读，对好文章好书要宣传、推荐，对坏文章坏书呢，切不可以和平共处，要面对面地驳斥、批判，要进行斗争，要有效地帮助作者，也要经过努力，使读者不要中他的毒。

杂谈谈得没个边了，就此打住。

还要附带说几句，一年来多写了一些东西，也常出错。例如《宋明间统治阶级的内部矛盾》和《海瑞的故事》、《论海瑞》等篇都有错误的地方。北京的几个朋友和上海、福建的朋友们，都在百忙中来信指教，除了改正错误和道谢以外，也在这里再一次重申谢意。

1959年11月14日

从商品生产想到中国商人的起源

最近，人们在学习政治经济学的时候，对商品生产问题很发生兴趣。从商品生产，就会想到“商”字，就会想到“商人”这一名词。“商人”这一名词是怎么来的呢？从历史文献看，商人在中国，却是历史很悠久的了。

《史记·郑世家》说郑桓公友为周幽王司徒，和集周民，周民很喜欢他，河洛之间的人民，都想念他。后来郑桓公带领一部分周民东迁到洛水以东，立国于新郑，这一部分周民就定居下来了。

周民中一部分会作买卖的商人，即殷遗民。

殷遗民即商人，被集中在成周即今洛阳的经过是这样的：

武王伐纣，取得胜利以后，周虽然取得了统治权，但东方殷人的实力并未被完全摧毁。控制的办法是分而治之，派兵镇压。把殷的中心河内地区分为三国，邶封给纣子武庚，鄘以武王弟管叔为尹，卫以武王弟蔡叔为尹，叫作三监。管蔡二叔是统帅周的军事力量，镇压殷民，监视武庚的。到武王死，成王幼小，周公执政，管蔡二叔和武庚联兵反叛，周公东征平定，建立洛阳为镇压东方的军事中心，叫作成周。把殷民迁到洛阳。《尚书·多士》：“成周既成，迁殷顽民。”《毕命》：“毖殷顽民，迁于洛邑。”又把部分殷遗民分散到各地去，如以原来商、奄之民封周公子伯禽，建鲁国；又赐以殷民六族。于原来殷墟封武王少弟康叔，又赐以殷民七族。① 或编入军队，如伯懋父敦盖：“王命伯懋父以殷八𠂤征东夷。”等等。

殷遗民被强迫集中在洛阳，周人叫他们作顽民，经常被召集训话，不许乱说乱动，过着被监视的生活。殷遗民是周民的一部分，

① 《左传》定公四年。

但却被另眼相看。他们既无政治权利，又失去了土地，怎么过日子呢？只好东跑西跑作买卖。这一行业周的贵族不屑做，庶民要种地不能做，而又为社会所需要，日子久了，商业成为殷遗民的主要行业了。

殷遗民怎么会叫作商人呢？这是因为殷是盘庚迁亳以后的称呼，在盘庚以前几百年原来是叫商的。契封于商，商是地名，商人之名是从商这个地名转为朝代名而来的。盘庚以后，虽然改称殷了，但习惯上还保存着商的称呼。殷、商兼称，殷人即商人。直到《尚书·多士》，周王朝对“殷顽民”的训词中还称殷的首都为“天邑商”呢。

据文献、甲骨文和殷墟遗物的情况看来，商朝已经有了货币，用贝以朋计算，有来自各地的许多商品，商业是相当发达的。

所以商人这一名词出于商朝的人，从周人说来，商人是“顽民”，是被另眼相看的人，但也是被社会所需要的人。商人（作生意的人）出于商人（殷遗民）。到了共处日子久了，郑国内商人保证不造反了，民族的界限逐渐泯灭了，周人中也有人参加商业活动，甚至某些贵族也来作买卖了，这样，商人就失去了原来“顽民”的意义，成为从事商业活动的职业的专称，成为古代封建社会士、农、工、商四民之一了。

郑国的商人

春秋时代郑国的商人最活跃。《左传》里曾有记载。最有名的是弦高犒师的故事。秦兵偷袭郑国，经过滑国的时候，郑商人弦高到周去作生意，路上碰到敌兵，弦高急中生智，用十二条牛劳军。秦军以为郑国有备，只好灭滑而还（僖公三十三年）。其次是晋国荀罃被楚国俘虏，郑国的贾人打算把他夹带在贩运的棉衣中偷运出境。准备好了，楚国却释放荀罃回国。后来郑贾人到晋国作买卖，荀罃很感激他，十分款待。郑贾人过意不去，转到齐国作买卖去了（成公三年）。从这两个故事看来，郑国商人北到周，南到楚，西到晋，东到齐，不但到处作生意，看来气派还很大，一个假冒他的国家慰劳敌军，一个帮助晋国将领逃亡，都不是作小买卖的人所能干的。

还有，商人这一行业似乎还被社会所尊重，有人取作名字，齐国一个贵族就名叫商人（文公三年）。至少地位在皂隶之上，排列的顺序是庶人、工、商、皂隶、牧、圉（襄公十四年）。当然，排列的地位在庶人、工之下，看来贵族是不屑于干这一行的。他们在社会上起互通有无的作用，所以有“同恶相求，如市贾焉”的话（昭公十三年韩宣子语）。

为什么郑国的商人最活跃呢？第一是郑国的地理位置适中，郑国位于济、洛、河、颍四水之间，以今河南新郑为首邑，水陆交通便利，为南北必经的要道。郑的商人如前所说，足迹遍及齐、周、楚、晋。虽然在军事、政治上郑介于齐、秦、晋、楚几大国之间，齐楚、晋楚争霸，都要先打郑国，长期间两面挨打，是霸国必争之地，但在经济上却大占便宜；郑的商人转运各国商品，在当时国际上很吃得开，郑国也得到好处。第二是人的因素，这就牵涉到商人这一名词的由来了。《左传》昭公十六年记载了一段极有意义的故事：

晋国韩起（宣子）到郑国聘问。他有一个玉环，另外相同的一个在郑国商人手上。想拼齐一对，和郑的国君商量。郑国执政子产不答应，说："这不是官府的东西，情况不了解。"

韩起只好向商人去买，已经成交了。商人说："还得告诉一下政府。"

韩起再和子产商量。子产说："从前我先君桓公和商人都是从周来的。肩并肩地劳作，斩除蓬蒿藜藿，共同开发这个地方，建立城市，共处得很好。还立了盟誓，世代相守，一直到今天。誓约说：'你不要造反，我也不强买，也不取讨和抢劫你的东西。你发了财，有利市宝贿，我也不干预。'现在你是为友好来访问的，可是却要敝邑强夺商人的货物，这不是明教我们破坏盟誓吗？怕不大好。我想你得了环，却失了诸侯，一定不干。"

第三是商品生产的发达，看来当时的社会生产状况，已经突破了地区性的自足自给的经济情况了。只有在商品生产超过自给自足的基础上，才会有大规模的地区间的广泛交换的可能。从《左传》的记载看，虽然只提到郑、晋、齐、周、楚之间的商品交换，但是，事实上决不只这些地区，是可以想见的。虽然只提到郑国商人的多地区的商品交换，但是，也可以肯定，别国的商人，也是在同样情况下，在进行多地区间的商品交换的。

这几个故事说明：第一，郑的商人是和郑的开国国君一起从周来的，共同开发了郑国。第二，郑国国君和商人订了盟誓，内容是商人保证不造反，支持郑君，郑国呢，保护商业，一条条规定了明确保护办法。由此可见，除了农业以外，郑国从开国以来，就一直依靠商人，发展商业，取得国内和国际商品交换的利益的，也可以看出，在春秋时代，虽然郑国所受战争的祸害最多最大最久，却终能勉强站住，一直到三家分晋以后才为韩所灭的道理。第三是春秋时代的商品生产和商品交换的情况。虽然，在长期间各国之间不断发生战争，但是，并没有完全妨碍各国间商人的商品交换活动。从这些情况中，也可看出当时社会生产力的发展情况。

元代的民间海外贸易

元末南京有名的大财主沈万三秀，民间故事相传他家有聚宝盆，要什么宝贝就有什么。据《吴江县志》，原来沈万三是作海外贸易的，这一行当时叫作通番。县志说：

> 沈万三秀有宅在吴江二十九都周庄，富甲天下，相传由通番而得。张士诚据吴时，沈万三已死，二子茂、旺密由海道运米至燕京。

张士诚被朱元璋所灭，朱元璋深恨当地的地主富豪支持张吴抵抗，把他们都强迫搬到南京。黄玮《蓬窗类记》说：沈万三原来叫沈富，排行第三，吴人都称他作沈万三秀，是元末江南第一富家。明太祖定都南京以后，要沈家每年献白金千锭（锭五十两），黄金百斤。用兵时的甲马钱粮，也要他家供给。抄家时有田几千顷，每亩定赋九斗三升，江苏田赋之重是由他家开始的。另外一些记载还记有明太祖强迫沈家修南京城墙的故事。

十四世纪时，东南沿海的民间海外贸易很发达，除沈万三家以外，陶宗仪《辍耕录》卷二三里提到杭州人张存，公元1336年到泉州，作海舶买卖发财，1342年回到杭州，说曾在海外得到一块圣铁。卷二七中，嘉定州大场沈家，因下番作买卖成巨富。宋濂《翰苑续集》四记福州海贾林家驾着大舶，往来海外诸国，舶上张列旗帜和金鼓，经常戒备着，以防海盗抢劫。南海麦全等十一人以私卖外国货坐牢。再前些时候，《元史·卢世荣传》记公元1285年决定在泉州、杭州市舶都转运司，由官家造船给本，招商人出海贩运，得利官有其七，商有其三，严禁私自泛海。1314年铁木迭儿建议，过去富民到外国商贩，大赚其钱，出国的人越来越多。中国商品价格低，外国货越来越贵。应该由国家统一管理，责成江浙右丞专管，发船十纲，招商给予证明文件，由官收税，私贩的货物充分。

《元文类》卷四有《舶上谣》三首：

> 朱（清）张（瑄）死去十年过，海寇雕零海贾多，
> 南风六月到岸酒，花股篙丁奈乐何。
>
> 琉球真腊接阇婆，日本辰韩涉貊倭，
> 番船去时遗矴石，年年到处海无波。
>
> 熏陆胡椒膃肭齐，明珠象齿骇鸡犀，
> 世间莫作珍奇看，解使英雄价尽低。

所到的地方有琉球、柬埔寨、印度尼西亚、日本、朝鲜等等，贩运的商品有香料药材和珍珠象牙犀角等等。

由此看来，苏州沈万三这一家之所以发财，是由于作海外贸易，所以得罪被迁到南京和后来的抄家，是因为支持张士诚和元朝，大体上是可信的。

正因为十四世纪已经有了频繁的民间对外贸易，沿海人民具备了航海的知识技能和通商的经验的积累，这样，就为十五世纪上半期的郑和七下西洋那样规模巨大的商船队打下了基础。

古代的农书——《齐民要术》

《齐民要术》是我国现存的最古的最完整的农书。

作者是后魏高阳太守贾思勰。这人的家世行事，《四库全书总目》说是“不详其人始末”。据吴承仕先生《经籍旧闻叙录》说，排比《齐民要术》书里面所提到的有关史实，作者是东魏北齐间人，著书于武定、天保之际（公元543—559年）。假定这书最晚完成于公元559年的话，到今年恰好是一千四百年。

书分十卷，共九十二篇。从《耕田》第一到《胡麻》第十三，都是讲五谷的。从《种瓜》第十四到《种苜蓿》第二十九，都是讲种菜蔬的。《杂说》第三十讲农业经营。从《园篱》第三十一到《种茱萸》第四十四，是讲种果蓏的。从《种桑柘》第四十五到《伐木》第五十五，是讲蚕织树艺和染料作物的。从《养牛马驴骡》第五十六到《养鱼》第六十一，是讲渔牧的。《货殖》第六十二是讲利用农业品经营商业的。《涂瓮》第六十三，是讲容器的。从《造神曲并酒》第六十四到《作豉法》第七十二是讲酿造的，包括酒、酱、醋、豉。从《八和齑》第七十三到《作菹藏生菜》第八十八，是讲食品的加工保存和烹调方法的。《饧铺》第八十九讲淀粉加工的食品。《煮胶》第九十讲制胶，《笔墨》第九十一。最后一部分九十二《五谷果蓏菜茹非中国物产者》，是讲南方的物产的。

作者从农业、林业、畜牧、养鱼、造酒等生产技术和加工利用、食品的烹调作料和方法、主食作法等各个方面，都作了总结性的叙述。当时南北分裂，作者是北方人，从以洛阳为中心的黄河流域地区的农业生产情况出发，总结了这一地区的劳动人民的优良经验，和参照过去历史上的许多有关农业生产的著作如《氾胜之书》，崔寔《四民月令》，《杂五行占候》，《食经》等已经失传的、或者少见书写成这部书。方面很广，涉及的问题很多，从农民的生产实践中总结出发展和提高生产的技术和理论，在农业科学上有极大的贡献。从印刷术发明以后，公元1020年宋朝政府刊印了这部书，发给各地方主管农业生产的劝农使者。但是数量很少，一般人看不到，老百姓只好抄录其中主要部分，摹印流传。南宋初“《齐民要术》多行于东州，东州士夫有以要术中种植畜养之法，为一时美谈”。1144年在安徽舒城重刻。1524年在湖南重刻。明清两代所刻的许多丛书，都把这书收入，《四部备要》和《万有文库》也收了这部书，流传就更广了。

历代的农学家也很重视这部书，如元朝政府编的《农桑辑要》，王祯的《农书》，明徐光启的《农政全书》和清朝的《授时通考》都引用了这书的主要部分。

作者自序说：“今采捃经传，爰及歌谣，询之老成，验之行事，起自耕农，终于醯醢，资生之业，靡不毕书。”他继承了古代文献所载的优良经验，采集了群众口头保存的经验，访问了有经验的老农，还在实际生产中作了考核，从书本知识到调查研究，从理论到实践，两者并举。这书之所以被后人所重视，不是没有道理的。

因为作者是北方人，了解北方的农业生产情况。但在南北分裂对峙的情况下，他没有机会观察南方农业生产的情形，因此，书中有关南方的某些记录，只是得之文献记录和传闻，不完全切合实际。相反，适用于黄河流域的农业生产经验，对南方地区来说，却是具有极重要的参考价值的，但其中有些经验由于土壤、气候、肥料、习惯的不同，是不能够照样采用的。

也正因为作者科学地记录了总结了黄河流域的农业生产经验，从我国整个生产发展的历史来说，从这部书中可以看出六世纪时北方地区农业生产的面貌，各种农作物的栽培方法，如保墒、冬灌、深耕、选种、肥料、防虫、收获、贮藏，和蔬菜的套作、鲜藏、酱藏、干藏、作菹等方法，果树的培育和果品的储藏和加工，伐木后的防腐防虫方法，特别是蚕桑，对桑、柘的栽培经营，到养蚕收茧的一切技术，都有专门的记载。此外，从书中所记的当时人民的主食品和副食品的类别，也可以比较地了解当时上层社会的生活情况。

这部书因为文字比较古奥，有些当时常用的字，现在已经不用了，有些带有地方性的生产工具的名词，现在已经改变了，很不容易读。比较容易读通的方法是参看后来的农学著作，如上面所说，有许多农学著作曾经引用了《齐民要术》的一部分，并和当时生产情况作了对此，或者加以注解，这样，从后人的相同著作的钻研了解，再回过头来读贾思勰的书，困难便可以少一些了。关于名词的部分，元王祯《农书》卷七到十四的农器图谱，有说明，有图。用来和《齐民要术》对照，绝大部分六世纪时的农具就都可以识别清楚了。

《农桑辑要》

《农桑辑要》七卷，元司农司撰。有元至元癸酉（1278）翰林学士王磐序。这一年是宋度宗咸淳九年，这年二月，宋将吕文焕以襄阳叛降于元。到至元十三年（1276）元兵入临安，十六年（1279）陆秀夫、张世杰死，宋亡。这书的编成在元统一南宋之前七年，但是书里所讲的农作物，已经包括了过去北方的农学家所讲不清楚的南方作物了。

元世祖于至元七年（1270）设司农司，这个机关专管农桑水利，分别派遣劝农官，巡行郡邑，察举农事成否，把情况通知户部，据以考核地方官的治绩。据王磐序说，从司农司成立以后，专门劝课农桑，行之五六年，功效大著，民间垦辟种艺之业，增前数倍，成绩很大。司农司的官员看到农民虽然有实际生产经验，但是“播殖之宜，蚕缫之节”也许不很得法，“力劳而功寡，获约而不丰”，就遍求古今所有农家的书，披阅参考，删其繁重，摭其切要，编为《农桑辑要》。这是一部总结十三世纪以前农业经验的书，也是传播南北各地农业经验的书。

这书在当时很被重视。在至元时代刊行以后，仁宗延祐元年（1314）又特命刊板于江浙行省，以后英宗、明宗、文宗都一再申命颁布。至顺三年（1332）还印行了一万部。现在的通行本是清乾隆三十八年（1778）四库馆臣从《永乐大典》辑出来的。纪昀的案语：“观其博采经史及诸子杂家，益以试验方法，考核详赡。而一一切于实用，当时绝贵重之，不虚也。”评价也很高。

七卷的内容是典训、耕垦、播种、栽桑、养蚕、瓜菜、果实、竹木、药草、孳畜。共中栽桑、养蚕，各占一卷，所以书名就叫作《农桑辑要》。

引用的书主要的是《齐民要术》，以及《氾胜之书》、崔寔《四民月令》等。除掉《齐民要术》已经引用过的书以外，新加的主要有《士农必用》、《务本新书》、《岁时广记》、《四时类要》、《图经》、《韩氏直说》、《博闻录》、《种莳直说》、《蚕桑直说》、《蚕经》等书。

内容和《齐氏要术》相比，除桑、蚕增加了大量材料以外，新添的有栽种苎麻法、栽木棉法、论苎麻木棉、西瓜、种萝卜、菠薐、莴苣、同蒿、人苋、莙荙、银杏、橙、橘、楂子、漆、皂荚、楝、椿、苇、蒲、栀子、茶、薯蓣、枸杞、菊花、苍术、黄精、百合、牛蒡子、决明、甘蔗、薏苡、藤花、薄荷、罂粟、养蜂等等。其中如木棉、茶、甘蔗，《齐民要术》虽然有了记载，但是很简略，因为贾思勰不了解南方情况，这些作物没有看到过，更谈不上种植经验，只能凭传闻和记载，当然不可能说得很具体。《农桑辑要》便不同了，具体地谈到棉花的下种、浇水、打心、摘棉、去子、拈棉；茶的收种子、肥料、下种、收茶时节；甘蔗的下种、浇水，和收割、窖藏以及煎熬之法等等。把这两部书比较细读，很可以看出我国农业作物的品种发展，技术提高的历史过程。

《农桑辑要》是一部切于实用的书，不止在当时和以后的时代起了有益的作用，连邻近的国家也受到影响，朝鲜就是一个例子。

朝鲜养蚕的方法是从中国传去的，《李朝太宗实录》记公元1417年京畿采访判官权寀进黄真丝与茧。以前艺文馆大提学李行于《农桑辑要》内抽出养蚕方，自为经验，所收倍常，把方子刊板行世。后来朝鲜政府怕民间不懂华语，又命议政府舍人郭存中将本国俚语逐节夹注，刻板广布。

如收谷种法，《李朝世宗实录》记公元1422年，“八月，右议政李原、参赞许稠等启，《农桑辑要》收谷种法，有陈大小二麦”。又老农云，尝种陈三年麦，结实与新麦种无异。民未必晓此，今年二麦种乏，令各官廪有陈麦者悉给为种。种荞麦法，同年五月，令户曹行移各道，荞麦耕种，考《农桑辑要》、《四时纂要》及本国经验方，趁时劝种。如种水稻，公元1438年令诸道监司，依《农桑辑要》所示，劝民早种，毋致失时。

又如种植红花，《李朝世祖实录》记，公元1462年下令各道观察使说：“红花春夏皆可种。我国人但知春种而不知夏种。今抄《农桑辑要》种红花法送之，宜晓谕民间，使知两种之利。”

木棉的广泛种植和传入朝鲜

封建社会里的平民百姓叫布衣，或者白衣。因为平民百姓只许穿布衣服、白衣服的缘故。有的时代，商人也只能穿白色的衣服。例如三国时吕蒙袭击关羽，把兵士乔装穿白衣服为商人偷渡，关羽没有觉察，以致突然被袭，全军崩溃。

在明代以前，布衣指的是麻布的衣服。所以有一种看相的书就叫作麻衣相法。在此以后，棉布逐渐推广了，布衣指的是棉布了。

棉布传入中国很早，南北朝时从南洋等地输入，叫作吉贝，也叫白叠。国内西北高昌（今新疆吐鲁番）也产棉花，出的氎布，就是白叠。宋元间已有许多地区种棉，如福建、广东、浙东、江东、江西、湖广等地，其中著名的种棉地区是广东的琼州。十三世纪中期，诗人描写长江流域纺绩情况说："车转轻雷秋纺雪，弓弯半月夜弹云。"末期松江乌泥泾人黄道婆从琼州带回黎族人民的先进纺绩工具和技术，教会家乡妇女。当地人民生活提高，靠纺绩生活的有一千多家。诗人歌咏："乌泾妇女攻纺绩，木棉布经三百尺。"松江从此成为明代出产棉布的中心。明太祖起事以后，就大力推广植棉，要每户农民必须种木棉半亩，田多的加倍。棉花的普遍种植和纺织技术的不断提高，使棉布产量日益增加，成为人民普遍穿用的服装原料了。

在同一时期，木棉又从中国传到朝鲜。朝鲜《李朝太祖康献大王实录》有这样的记载：

公元1363年（元顺帝至正二十三年）高丽使臣的书状官文益渐奉使元朝，回来的时候，看见路边有木棉，就摘了十几颗棉桃，装在口袋里。第二年回到家乡晋州，送一半给同乡郑天益试种，结果只有一颗成活，到秋天收得一百多颗棉桃。以后年年加种，到1367年郑天益把棉种分给乡里农民，劝他们种植。至于文益渐自己种的倒都不大结棉桃了。

有一天胡僧弘愿到郑天益家，看到木棉，高兴得哭了，说："想不到今天，又看到本土的东西。"郑天益留他住下，请教缫织的方法，弘愿详细说明，还替作了工具。郑天益立刻叫家里人织成一匹，邻里都学会了，教会了一乡。不到十年工夫，又教会了一国。

文益渐死于1398年，年七十岁。由于他带进棉种有功，1375年作了典仪注簿的官，一直做到左司议大夫。死后还追赠为江城君。1401年朝鲜参赞权近又向国王说："故谏议大夫文益渐，初入江南，带回木棉种子，送于晋阳村舍，开始织木棉布，以此木棉是由晋阳开头的，从晋阳又传到全国，使得人民上下都能穿到棉衣，都是益渐的功劳。现在他死了，有个儿子还在晋阳，应该照顾，由政府叙用。"①

由此可见木棉是由文益渐于1363年传入朝鲜的，1364年在晋州试种，1377年左右推广到全国。至于纺绩技术和工具则是胡僧弘愿的传授。这个人相当于我国松江的黄道婆。

至于棉桃的取得地点，权近说是江南，《太祖实录》则说是在元朝取得的，当时元朝的首都大都，即现在的北京。从那时大都附近取得棉桃，和历史实际情况是不符合的。据1363年的局面，朱元璋在南京，张士诚在苏州，方国珍在浙江。张士诚和方国珍都受元朝官号。郑麟趾的《高丽史》记高丽恭愍王时，朱元璋、张士诚和方国珍都曾多次和高丽通使。两书互证，可以肯定，文益渐取得棉桃的地点是在江南，也就是苏松一带。《朝鲜李朝太祖实录》所说的元朝，应是受元朝的官号的张士诚，两者的说法是并不矛盾的。《高丽史·恭愍王世家》：

> 癸卯十二年（1363年）夏四月壬子，张士诚遣使贺平"红贼"，献彩缎及羊、孔雀。

很可能，文益渐是这次张士诚遣使的报聘使节。

至于《明实录》和《李朝实录》记载的木棉，事实上应该是草棉。因为木棉传入较早，草棉较后，习惯上还是把草棉叫作木棉，这种例子历史上是很多的。

---

① 《朝鲜李朝太宗恭定大王实录》。

谈烟草

几个月前，和夏衍同志在一起闲谈，谈到烟草的传布历史，他把我的说法写在《花木瓜果之类》文章中。发表在《新观察》上。这几天我又查了过去所写的文章，看了一些书，恰好相反，那天我记错了，把话说倒了，烟草不是从广州传到朝鲜、日本，而是由日本传到朝鲜，又传入我国东北的；另一路则从菲律宾传到福建、广东，又从闽广传到北方。第三条是由南洋输入广东。

看来，对烟草传入历史有兴趣的人并不少。而且，那次说拧了，也应该更正。写《谈烟草》。

几十年前，美国有一个人叫洛弗，写了一本关于烟草的小册子，讲烟草输入亚洲各地的情形。据他的研究，日本在公元1615年（明万历四十三年）曾经下令禁止吸烟，焚毁烟叶，拔去未获的烟草。至于烟草的输入日本，开始种植，大约是公元1605年左右的事。第一次带烟叶到日本来的是葡萄牙人，葡萄牙人在日本记载上叫作南蛮，时间在十六世纪末年。不过几年，长崎便有人经营烟草种植，吸烟的习惯很快地就传播到各处，尽管有禁令，人们还是爱吸。日本人所用淡芭菰这个字，就是从葡萄牙文Tobaco来的。

在中国方面，最初传入烟草的是十七世纪初年的福建水手，他们从吕宋带回来烟草的种子，再从福建南传到广东，北传到江浙。明末名医张介宾（景岳）在他的著作中，第一次提到烟草的历史和故事。他说："烟草自古未闻。近自我明万历（1573—1620）时，出于闽广之间，自后吴、楚地土皆种植之，总不若闽中者色微黄质细，名为金丝烟者，力强气胜为优。求其服食之始，则闻以征滇之役，师旅深入瘴地，无不染病，独一营安然无恙，问其故，则众皆服烟。由是遍传，今则西南一方，无分老幼，朝夕不能间矣。"公元1638

年（明思宗崇祯十一年）和1641年都曾有诏谕禁止吸烟和种烟，但是不管事。到崇祯末年已经弄到“三尺之童，无不吸烟”的地步了。

在朝鲜，据荷兰水手汉末尔1668年的报告，远在五六十年前，朝鲜已经从日本输入烟草和种植的方法了。他们以为这种种子来自南蛮国，名之为南蛮草。在汉末尔被俘居留在朝鲜的时候，朝鲜人已经有了吸烟的嗜好。朝鲜烟草最为中国人所爱好，两年一次的朝鲜使臣到北京来，在礼物中就有烟草一项。

烟草传到东方的路线有三条：第一条由墨西哥到菲律宾、到中国台湾，再到内地，第二条由葡萄牙人传到印度、印度尼西亚和日本，第三条俄国人到了西伯利亚，学会了吸烟和种烟的方法。

洛弗的著作是泛论亚洲的烟草传布的。至于烟草在我国国内传布情况，材料也很多。

明人著作中除张介宾的《景岳全书》外，提到烟草的历史的有方以智的《物理小识》卷九记：“万历末，有携淡把姑至漳泉者，马氏造之曰淡肉果，渐传至九边，皆衔长管而火点吞吐之，有醉仆者。崇祯时严禁之不止。其本似春不老而叶大于菜，曝干以火酒炒曰金丝烟，北人呼为淡把姑，或呼担不归。其性可以祛湿发散，然服久则肺焦，诸药多不效，其症为吐黄水而死。”说得很怕人。漳泉的烟草来自台湾，《台湾府志·土产门》：“淡芭菰冬种春收，晒而切之，以筒烧吸，能醉人。原产湾地，明季漳人取种回栽，今名为烟，达天下矣。”台湾的烟草又来自菲律宾，姚旅《露书》：“吕宋国有草名淡芭菰，一名金丝烟，烟气从管中入喉，能令人醉，亦辟瘴气，可治头虱。”也可以杀农业害虫，朱仕琇《海东賸语》说：“台田苗生虫，每卜种以烟梗附其下，虫患乃息。”赵翼《陔余丛考》卷三十三烟草条：“王阮亭引姚旅《露书》……初漳州人自海外携来，莆田亦种之，反多于吕宋矣。然唐诗云相思若烟草，似唐时已有服之者。据王肱《枕蚓庵琐语》，谓烟叶出闽中，边上人寒疾，非此不治，关外至以一马易一斤。崇祯中下令禁之，民间私种者问徒，利重法轻，民冒禁如故。寻下令犯者皆斩，然不久因军中病寒不治，遂弛其禁。予儿时尚不识烟为何物，崇祯末三尺童子莫不吃烟矣。据此则烟草自崇祯末乃盛行也。”杨士聪《玉堂荟记》说崇祯十二年（1639）定例，吃烟者死。洪承畴请开其禁，初以吃烟声似吃燕，故恶之。原来还有忌讳在里头呢。《寒夜丛谈》也说：“烟草产自闽中……崇祯初重法禁之不止，末年遂遍地种矣。余儿时见食此者尚少，迨二十年后，男女老少，无不手一管，腰一囊。”董含大概是不抽烟的，他在《三冈识略》里讲到抽烟：“明季服烟有禁，惟闽人幼而习之，他处百无一二也。近日宾主相见，以此鸣敬，俯仰涕唾，恶态毕具。始则城市服之，已而沿及乡村矣。始犹男子服之，既则遍闺阁矣。习俗易人，真有不知其然而然者。”连烟管也有讲究，张向安《亥白集》竹枝词：“淡芭菰好解愁能，幽怨传来吕宋曾，一种湘筠和泪色，土花斑驳上洋藤。原注烟草始于吕宋国，近洋中有藤，花纹斑驳，以制烟筒极精。”这是清朝嘉庆时期的事情了。这样，从菲律宾到我国台湾，到漳、泉，再传到北方九边，这是烟草传入我国的第一条路线。

第二条路线是由南洋输入广东，据《粤志》：“粤中有仁草，一曰八角草，一曰金丝烟，治验亦多。其性辛散，食其气，令人醉。一曰烟酒，其种得之大西洋。一名淡巴菰，相思草，闽产者佳。”一说由越南传入，广东《高要县志》：“烟叶出自交趾，今所在有之，茎高三四尺，叶多细毛，采叶晒干如金丝色，性最酷烈，取一二厘于竹管内以口吸之，口鼻出烟，服之以御风湿，独取一时爽快，然久服面目俱黄，肺枯声干，未有不殒身者，愚民相率服习，如蛾赴火，诚不可不严戢之也。”杨士聪《玉堂荟记》说：“烟自天启末（1620—1627）调广兵，乃渐有之。”可见也是由部队带到北方去的。

第三条路线是由辽东传入，从日本到朝鲜到辽东。朝鲜人称烟草为南蛮草，又名南草。万历四十四、五年间（1616—1617）由日本输入朝鲜。天启辛酉、壬戌（1621—1622）以后，朝鲜吸烟的人很多。由商人输入沈阳，清太宗以其非土产，下令禁止。《朝鲜李朝仁祖实录》记，公元1637年（明崇祯十年，清崇德二年），朝鲜政府以南草作礼物赠与建州官员云：“丁丑七月辛巳，户曹启曰，世子蒙尘于异域，彼人来往馆所者不绝，而行中无可赠之物，请送南草三百余斤。从之。”世子即昭显世子𣳢，因三田渡之盟作质于建州，彼人指建州官员。可是第二年即被建州禁止，《仁祖实录》：“戊寅（1638）八月甲午，我国人潜以南灵草入送沈阳，为清将所觉，大肆诘责。南灵草，日本国所产之草也，其叶大者可七八寸许，细截之而盛之竹筒，或以银锡作筒，火以吸之，味辛烈，谓之治痰消食，而久服往往伤肝气，令人目翳。此草自丙辰、丁巳间（1616—1617）越海来，人有服之者而不至于盛行。辛酉、壬戌（1621—1622）以来，无人不服，对客辄代茶饮，或谓之烟茶，或谓之烟酒。至种采相交易。久服者知其有害无利，欲罢而终不能焉。世称妖草。转入沈阳，沈人亦甚嗜之。而虏汗（指清太宗）以为非土产，耗财货，下令大禁云。”次年，朝鲜派往沈阳的使节即以夹带南草被凤凰城人所发觉，为宪司所劾罢职。同书又记：“庚辰（1640）四月庚午，宾客李行远驰启曰：清国南草之禁，近来尤重，朝廷事目，亦极严峻。而见利忘生，百计潜藏，以致辱国。请今后犯禁者一斤以上先斩后闻，未满一斤者，囚禁义州，从轻重科罪。从之。”两国都用重刑禁止输入和走私，甚至处走私的以死刑，可是，吸烟已成建州贵族的迫切需要，无论如何也禁止不了。同书记：“丙戌（1646）五月辛巳，冬至使李基祚至北京，驰启曰：龙将（英俄尔岱）密言于李茐叱石曰：今番减米乃九王之力，九王喜吸南草，又欲得良鹰，南草良鹰，并可入送，以致谢意云。”九王即当时的摄政王多尔衮。把以上的史料和荷兰水手汉末尔的报告对比，是完全符合的。而且南草也确是日本名词，《言泉》“南草，淡芭菰之异称也”，可证。上引《李朝实录》中的南灵草，大概就是南蛮草，灵蛮字形相近，抄本是很容易抄错的。

在中国方面，和朝鲜接壤的是辽河以东新兴的后金。（1636年后改称清，本文称未入关前为建州，未改国号前为后金，入关后为清。）明人禁烟上文已经讲过了，后金的禁烟则见于《东华录》：“天聪八年（1634），上谓贝勒萨哈廉曰：闻有不遵烟禁，犹自擅用者。对曰：臣父大贝勒曾言，所以禁众人，不禁诸贝勒者，或以我用烟故耳。若欲禁止用烟，当自臣等始。上曰：不然，诸贝勒虽用，小民岂可效之，民间食用诸物，朕何尝加禁耶！又谓固山额真那木泰曰：尔等诸臣在衙门禁止人用烟，至家又私用之，以此推之，凡事俱不可信矣。朕所以禁用烟者，或有穷乏之家，其仆从皆穷乏无衣，犹买烟自用，故禁之耳。不当禁而禁，汝等自当直谏，若以为当禁，汝等何不痛革！不然，外廷私议禁约之非，是以臣谤君，子谤父也。”《皇朝通考·刑考》也记，崇德三年（1638）严出境货买烟草之禁。从这一段记载，我们知道：第一，后金之禁烟，在1634年之前，比朝鲜的记载早四年。第二，当时的贵族，王公贝勒大臣中有不少人都抽烟，除九王以外，大贝勒代善也有烟瘾。第三，后金禁烟的对象是老百姓，不禁贵族。由于禁下不禁上，禁令没有什么效果，贵族大臣们有意见。第四，后金之禁烟目的是为了非土产，耗财货。这一点除了已见上引的朝鲜记载以外，还在1641年的烟草解禁令中明白指出，据《东华录》：“崇德六年（1641）二月戊申，谕户部曰：前定禁烟之令，其种者用者，屡行申饬。近见大臣等犹然用之，以致小民效尤不止。故行开禁，凡欲用烟者，惟许人自种而用之，若出边货买者处死。”烟禁的开放，只限于自种自用，至于从国外走私输入的，仍然要杀头，和上引朝鲜记载可以互证。从这件事情看来，清太宗对烟草采用民间自种、严禁走私进口的政策是正确的，在那个时代能够有这样的措施是件很了不起的事。

由于开放了禁令，东北有很多地方种了烟，《盛京通志·物产》、《皇朝通志·昆虫草木略》都说：“陇旁隙地多种之，叶肥大至径尺，食之御寒。”《热河志》说：“陇旁隙地，多种烟草，肥大至径尺，其近顶处数尺曰盖露。”这就是有名的关东烟叶，当时人以为味胜建烟。西北如陕北，《延绥镇志》：“烟草其苗掀生如葵，叶光泽，形如红蓼，不相对，高数尺，三伏中开花，色黄，八月采，阴干，用酒洗切成丝。而各省之有名者：崇德烟、黄县烟、曲沃烟、美原烟，惟日本之倭丝为佳。”《百草镜说》：“烟一名相思草，烟品之多，至今极盛。在内地则福建漳州有石马烟，浙常山有面烟，江西有射洪烟，山东有济宁烟，近日粤东有潮烟。”俞正燮《癸巳存稿·吃烟事述》提到兰州有水烟。并说当时有些人见人不吃烟，笑话他是明朝人，其实根据史料，明末人是吃烟的。

清朝康熙帝也是反对抽烟的。俞正燮引："康熙到德州，传旨：朕生平不好酒，亦能饮一斤，止是不用。最可恶是用烟，诸臣在围场中终日侍，朕曾用烟否？每见诸臣私在巡抚帐房中吃烟，真可厌恶。况烟为最耗气之物，不惟朕不用，列圣俱不用也。"清宫制度，不禁烟，也不把烟列入茶酒一类，作为待客的物品，由此可见康熙帝之反对吃烟，是从卫生观点出发，和清太宗的禁烟从经济观点出发，是有所不同的。

烟草作为药用材料，朝鲜很注意，张璐《本经逢原》说："烟草之火，方书不录，惟朝鲜志见之。始自闽人吸以祛瘴，而后北方借以避寒，今则遍行寰宇。"有人卷烟叶塞笔管中，可使笔不蛀。《醒世奇观》以为烟油杀蛇，以注蚂蝗，立僵。

清人入关后，如上所说，多尔衮酷嗜烟草，其他贵族大臣也有吃烟的习惯，渐渐地吃烟成为社会风气了，甚至妇女也抽上了。董潮《东皋杂钞》卷二："烟草本夷种，嗜之者始于明季。近日士大夫习以为常，大廷广众中以此为待客之具，至闺阁亦然。"

以上说的都指的是抽旱烟水烟。至于纸烟，那是较后的事了，也希望有人能把纸烟的历史谈一谈。

我想，谈一点对我们日常生活有关的一些事情，了解它的发生和发展，以至对人民生活、国家经济的影响，也不是不值得的。

1959年10月20日

古代的战争

苏联国防部长马利诺夫斯基在苏共二十一次代表大会上，讽刺美英战争狂人的核战争方案说，“先生们，你们的手太短了！”

现代战争广泛运用科学技术成就，苏联的洲际火箭、导弹可以击中地球上任何一个角落，百发百中；苏联的科学技术成就有力地保障了世界和平，使得手太短的战争狂人不敢轻于发动毁灭自己的战争。

手的长短说明今天两大阵营的军事力量。

古代也是如此。在远距离的杀伤武器发明以前，战争是人与人的搏斗，枪、刀、箭、槊等都是手的延长。战将和士兵的体力，运用武器的熟练程度，武器的重量，和勇敢、机智的结合，在战争中发生作用。

在战争进行中，士兵和士兵、战将和战将搏斗，面对面地厮杀，往往以伤亡较多的一方无力继续进行战斗而结束战局。

将军和将军的厮杀，大战几百个回合。甲杀了乙或乙杀了丙，虽然不一定决定战争的胜负，但是，在有些场合，却也起着关键性的作用，特别是敌方的主将或骁将阵亡，失去指挥，影响士气，就非打败仗不可了。

小说和戏文上常常描写、演出战争，戏台上除了战争双方的队伍用几个战士作为大军的象征以外，战争展开的重点通常放在两方主将的搏斗上面，这种表现手法是有历史事实根据的。

在斗将的场合，有大战几百个回合之说，一个回合的意思是交手一次。战将无论骑将或步将，都得手执武器。两军相对，中间有一段距离，双方同时前进，到了面对面接触的程度，互用武器杀伤对方，一击不中，就得退回来，准备第二次的接触，这样一进一退，就叫一个回合。在生和死的搏斗中，手的长短也就是武器的长短、重量，是有极重要意义的。长枪、大刀、马槊等长武器要比用剑、短刀这类短武器更为优越。而更重要的则是使用武器的熟练程度、人的机智，这就要讲武艺了。同样的体力和武器，决定胜负的是武艺。战将为了保护自己，就得戴盔披甲，一副盔甲分量是很重的，骑将的马也得披甲，再加上武器本身的重量，没有极健壮的体力是支持不了的。在有些场合，斗到相持不下的时候，还得换马。也有这样一种情况，战将本人并未打败，只因马力乏了，或者马受伤了，进退不得，被敌方杀伤，吃了败仗。“射人先射马”，就是这个道理。

战争时用旗、金、鼓指挥，叫作三官。

旗是管节度的，大将有大纛，指挥全军；有方面旗，东方碧，南方赤，西白，北黑，中央黄，指挥各方。因为人多距离远，讲话听不见，走马传令费时间，就用旗来指挥：中央旗挥动，全军集合，旗俯即跪，旗举即起，卷旗衔枚，卧旗俯伏，见敌旗三挥，布阵旗左右挥。方面旗举，方面兵急须装束，旗俯即进，旗竖即住，旗卧即回。召将用皂旗，一点皂旗队头集，二点皂旗百人将集，三点皂旗五百人将集，一点一招千人将集。

金、鼓管进退，击鼓进军，鸣金退军。

击鼓三通共千槌，一通三百三十三槌。（一说是三百六十五槌）。行军平时挝鼓吹角戒严，吹角一十二变为一叠，鼓音止，角音动，一昼夜三角三鼓。大将以下都按级别备金鼓，遇有紧急事故，先头部队击鼓报警，全军就进入战争准备状态了。①

杀败敌人以首级论功，是沿袭秦的制度，杀一个敌人赐爵一级来的。

报功和发表战绩时也照例要夸大一番，以一为十，例如杀敌百人，露布上必定要写千人之类。②

帅旗是中军所在的标识，也是全军指挥的中心，帅旗一倒，全军就失去指挥，陷于混乱。以此，夺取敌方的帅旗也就成为古代战将的主要目标了。

---

① 宋曾公亮：《武经总要》卷二；《通典》卷一五七。

② 《资治通鉴》卷六六。

古代的斗将

两军对垒，将和将斗，叫作斗将。我国的武打戏有悠久的传统，武打戏中的斗将，突出地集中地表现了勇士们的英勇气概，更是受人欢迎。其实，不止是今天的人们喜欢看斗将的戏，古代人也是喜欢的。例如司马光编《资治通鉴》，态度很严肃，取材极谨慎，但写晋将陈安的战斗牺牲，却十分寄与同情。

太宁元年（公元323年）七月，晋将陈安被赵主刘曜打败，帅精骑突围，出奔陕中。

刘曜遣将军平先等追击陈安。

陈安左手挥七尺大刀，右手运丈八蛇矛，近则刀矛俱发，一杀就是五六个人，远则左右驰射，边打边逃。平先也勇捷如飞，和陈安搏斗，打了三个回合，夺掉陈安的蛇矛。

到天黑了，下着大雨，陈安和几个亲兵只好丢掉马，躲在山里。第二天天晴了，赵军追踪搜索，陈安被擒牺牲。

陈安待将士极好，和将士共甘苦。死后，陇上人民很想念他，为他作壮士之歌，歌词道：

> 陇上壮士有陈安，躯干虽小腹中宽，爱养将士同心肝，骣骢交马铁瑕鞍。七尺大刀奋如湍，丈八蛇矛左右盘，十荡十决无当前。战始三交失蛇矛，弃我骣骢窜岩幽，为我外援而悬头；西流之水东流河，一去不还奈子何！

为我外援而悬头，这是陈安被陇上人民长久思念的道理。司马光在北宋对辽和西夏的战争中，怀念古代孤军抗敌的民族英雄，闻鼙鼓而思将帅，怕也是有所寄托吧。

宋曾公亮《武经总要》也记了几件斗将的故事。一是史万岁。

隋将窦荣定将兵击突厥，史万岁到辕门要求参军，窦荣定早听说史万岁勇敢的声名，一见大喜。派人告诉突厥，各选一壮士决胜负。突厥同意，派一骑将挑战，荣定就派史万岁应战。万岁驰出，斩敌骑而回。突厥大惊，立刻退军。

一件是白孝德的故事。史思明攻河阳，使骁将刘龙仙率铁骑五千临城挑战。龙仙健勇，骄傲轻敌，把右脚放在马鬣上，破口谩骂。

唐军元帅李光弼登城，看敌人情况，对诸将说："谁能去干掉他？"大将仆固怀恩报了名，光弼说："这不是大将干的事，看还有谁去？"大家都推白孝德。

光弼问白孝德要多少兵，孝德说，我一个人就行了。光弼很称赞他的勇气，还问需要什么，孝德只要五十个骑兵，大军鼓噪助威。

孝德手挟两个蛇矛，骑马过水，刘龙仙见他只一个人，不以为意，还是把脚放在马鬣上。稍近，龙仙刚要动弹，孝德摇摇手，好像叫他别动，龙仙不知其意，也就不动了。孝德对他说："侍中（光弼官称）叫我来讲话，没有别的。"龙仙退却几步，还是破口大骂。孝德勒住马，瞪着眼说："狗贼，你认得我吗？"龙仙说："谁啊？"孝德说："我是大将白孝德。"龙仙骂："是什么猪狗！"孝德大叫一声，持矛跃马便刺，城上一齐鼓噪，五十骑也跟着冲锋，龙仙来不及射箭，只好沿堤乱转，孝德追上，斩首而回。

一是王敬荛，说他多力善战，所用的枪、箭都用纯铁制成。枪重三十多斤，摧锋破敌，都以此取胜。

斗将的武艺

战将和战将面对面的搏斗中，武艺起决定作用。

小说戏文里记着许多回马枪、夺槊、缳索的故事。

唐玄宗时名将哥舒翰善用回马枪。他有家奴名左车，十五六岁，很有力气。哥舒翰每追敌人靠近了，用枪搭敌人的背，大喝一声，敌人失惊回头，趁势刺中喉头，挑起三五尺掼下，没有不死的。这时左车便下马割取首级，每次如此。

唐太宗的大将尉迟敬德善于避矟，每战，单骑冲入敌阵，敌人的矟四面攒刺，终不能伤。又会夺敌矟，反刺敌人，出入重围，往还无碍。

太宗的兄弟齐王元吉也会使矟，看不起敬德，要和他比赛。太宗叫两人把矟的刃去掉了，光用矟竿相刺。敬德说："带刃也不能伤我，不必去。但我的可以去掉。"比的结果，元吉竟不能中。

太宗问他："夺矟避矟，哪个难些？"敬德说："夺矟难。"太宗就叫夺元吉的矟。元吉执矟跃马，一心打算刺杀敬德，不料一会儿功夫，他的矟三次被敬德所夺。元吉以骁勇著名，虽然口头上十分称赞，心里却非常恼恨，以为丢人。

王世充领步骑数万来战，骁将单雄信领骑直追太宗，敬德跃马大呼，横刺雄信坠马，敌军稍退，敬德护卫着太宗突出敌围。①

长武器毕竟只能在近距离面对面厮杀，远一些就不济事了。这时，弓箭就起了作用。另外，有一种抛掷式的武器叫缳索。武则天时契丹将李楷固善使缳索和骑射、舞槊，每次冲锋，都如"鹘入鸟群，所向披靡。黄麞（地名）之战，（唐将）张玄遇、麻仁节皆为所缳"②。

① 曾公亮：《武经总要》后集九。

② 《资治通鉴》卷二〇六。

长武器也讲究重量，《新唐书》卷一九三《张兴传》："为饶阳裨将，安禄山反，攻饶阳，兴擐甲持陌刀，重十五斤，敌人登城，兴一举刀就杀几个人，敌人很害怕。"《宋史·兵志》十一记公元1000年时神骑副兵马使焦偓献盘铁槊，重十五斤，在马上挥舞如飞。还有相国寺和尚法山，还俗参军，用铁轮拨，浑重三十三斤，头尾有刃，是马上格战的武器。

唐代中期流行用陌刀作战，最著名的陌刀将是李嗣业，每为队头，所向必陷。公元748年高仙芝攻勃律（国名，在今新疆边外苏联境内。本为东西布鲁特人所居。布鲁特即勃律。），嗣业和郎将田珍为左右陌刀将，吐蕃十万众据守娑勒城，据山因水，嗣业领步军持长刀上山头，大破敌军。756年和安禄山香积寺之战，嗣业脱衣徒搏，执长刀立于阵前大呼，当嗣业刀的人马都碎。① 阚棱善用两刃刀，长一丈，名曰陌刀，一挥杀数人，前无坚对。②《裴行俭传》和《崔光远传》也都记有用陌刀作战的故事。《通鉴》卷二〇二注：陌刀，是大刀，一举刀可杀数人。《唐六典》说，陌刀是长刀，步兵所用，就是古代的斩马剑。

① 《旧唐书》卷一〇九。

② 《新唐书》卷九二，《阚棱传》。

阵图和宋辽战争

在古代，打仗要排阵，要讲究、演习阵法。所谓阵法就是野战的战斗队形和宿营的防御部署；把队形、部署用符号标识，制成作战方案，叫作阵图。

根据阵图在前线指挥作战或防御的带兵官，叫作排阵使。

从历史文献看，如郑庄公用鱼丽阵和周王作战，到清代的太平军的百鸟阵，无论对外对内，无论是野战，或防御，都要有阵法。没有一定的组织形式，几千人几万人一哄而上，是打不了仗的，要打也非败不可。其中最为人所熟知的是诸葛亮的八阵图，“功盖三分国，名成八阵图”的诗句，一直为后人所传诵。正因为如此，小说戏剧把阵图神秘化了，如宋辽战争中辽方的天门阵，杨六郎父子虽然勇敢，但还得穆柯寨的降龙木才能破得了。

穆柯寨这出戏虽然是虚构的，但是就打仗要排阵说，也反映了一点历史的真实性。从公元976年到1085年左右，这一百一十年中，北宋历朝的统治者特别重视阵图。（无论是在这时期以前或以后，关于阵图的讨论、研究、演习、运用，对前线指挥官的控制，和阵图在战争中的作用，都比不上这个时期。）从这一时期的史料分析，北宋的统治者是用阵图直接指挥前线部队作战的，用主观决定的战斗队形和防御部署，指挥远在几百里以至千里外的前线部队。敌人的兵力部署、遭遇的地点、战场的地形、气候等等，都凭主观的假设决定作战方案，即使作战方案不符合实际情况，前线指挥官也无权改变。照阵图排阵打了败仗，主帅责任不大；反之，不按阵图排阵而打了败仗，那责任就完全在主帅了；败军辱国，罪名极大。甚至在个别场合，机智一点而又有担当的将领，看出客观情况不利，不按阵图排阵，临机改变队形，打了胜仗，还得向皇帝请罪。

宋辽战争的形势，两方的优势和劣势，989年熟悉北方情况的宋琪曾作具体分析，并提出建议。他说："每蕃部南侵，其众不啻十万。契丹入界之时，步骑车帐，不从阡陌，东西一概而行。大帐前及东西面差大首领三人各率万骑，支散游奕，百十里外，亦交相侦逻，谓之栏子马。……未逢大敌，不乘战马，俟近我师，即竞乘之，所以新羁战蹄，有余力也。且用军之术，成列而不战，俟退而乘之。多伏兵断粮道，冒夜举火，土风曳柴，馈饷自资。退败无耻，散而复聚，寒而益坚，此其所长也。中原所长，秋夏霖霪，天时也。山林河津，地利也。枪突剑弩，兵胜也。败丰士众，力张也。"契丹以骑兵冲锋为主，宋方则只能凭气候地利取守势。以此，他建议"秋冬时河朔州军，缘边砦栅，但专守境。"到戎马肥时，也"守陴坐甲，以逸待劳……坚壁固守，勿令出战"。到春天新草未生，陈草已朽时，"蕃马无力，疲寇思归，逼而逐之，必自奔北"。最后，还提出前军行阵之法，特别指出，要"临事分布，所贵有权"①。宋太宗采纳了他一部分意见，沿边取守势，作好防御守备，但要集中优势兵力，大举进攻。至于授权诸将，临事分布，则坚决拒绝了。

由于宋辽的军事形势不同，采取防御战术，阻遏骑兵冲击的阵法便成为宋代统治者所特别关心的问题了。在平时，和大臣研究、讨论阵图，如987年并州都部署潘美、定州都部署田重进入朝，宋太宗出御制平戎万全阵图，召美、重进及崔翰等，亲授以进退攻击之略。② 997年又告诉马步军都虞侯传潜说："布阵乃兵家大法，小人有轻议者，甚非所宜。我自作阵图给王超，叫他不要给别人看。王超回来时，你可以看看。"③ 1000年，宋真宗拿出阵图三十二部给宰相研究，第二年又和宰相讨论，并说："北戎寇边，常遣精悍为前锋，若捍御不及，即有侵轶之患。今盛选骁将，别为一队，遏其奔冲。又好遣骑兵出阵后断粮道，可别选将领数万骑殿后以备之。"④

---

① 《宋史》卷二六四，《宋琪传》。

② 李焘：《续资治通鉴长编》卷二八。

③ 李焘：《续资治通鉴长编》卷四〇。

④ 李焘：《续资治通鉴长编》卷四七、四九。

由此可见这些阵图也是以防御敌骑奔冲和保卫后方给养线为中心思想的。1003年契丹入侵，又和宰相研究阵图，指出："今敌势未辑，尤须阻遏，屯兵虽多，必择精锐，先据要害以制之。凡镇、定、高阳三路兵，悉会定州，夹唐河为大阵。量寇远近，出军树栅，寇来坚守勿逐，俟信宿寇疲，则鸣鼓挑战，勿离队伍，令先锋、策先锋诱逼大阵，则以骑卒居中，步卒环之，短兵接战，亦勿令离队伍，贵持重而敌骑无以驰突也"①。连远在河北前线部队和敌人会战的地点以及步外骑内的战斗部署都给早日规定了。景德元年（1004年）八月出阵图示辅臣，十一月又出阵图，一行一止，付殿前都指挥使高琼等。② 1045年宋仁宗读《三朝经武圣路》，出阵图数本以示讲读官。③ 又赐辅臣及管军臣僚临机抵胜图。④ 1054年赐近臣御制攻守图。⑤ 1072年宋神宗赐王韶御制攻守图、行军环株、战守约束各一部，仍令秦凤路经略司钞录。⑥ 1074年又和大臣讨论结队法，并令五路安抚使各具可用阵队法，及访求知阵队法者，陈所见以闻⑦，出攻守图二十五部赐河北。⑧ 1075年讨论营阵法，郭固、沈括都提出意见，宋神宗批评当时臣僚所献阵图，以为皆妄相惑，无一可取，并说："果如此辈之说，则两敌相遇，须遣使预约战日，择一宽平之地，仍夷阜塞壑，诛草伐木，如射圃教场，方可尽其法耳。以理推之，知其不可用也决矣。"否定当时人所信从的唐李筌《太白阴经》中所载阵图，以为李筌的阵图止是营法，是防御部署，不是阵法。而采用唐李靖的六花阵法，营阵结合，止则为营，行则为阵，以奇正言之，则营为正，阵为奇，定下新的营阵法。沈括以为"若依古法，人占地二步，马四步，军中容军，队中容队，则十万人之队，

① 李焘：《续资治通鉴长编》卷五四。
② 李焘：《续资治通鉴长编》卷五七、五八。
③ 李焘：《续资治通鉴长编》卷一五四。
④ 李焘：《续资治通鉴长编》卷一五六。
⑤ 李焘：《续资治通鉴长编》卷一七六。
⑥ 李焘：《续资治通鉴长编》卷二四一。
⑦ 李焘：《续资治通鉴长编》卷二五四。
⑧ 李焘：《续资治通鉴长编》卷二五六。

占地方十余里，天下岂有方十里之地，无丘阜沟涧林木之碍者！兼九军共以一驻队为篱落，则兵不可复分，如九人共一皮，分之则死，此正孙武所谓縻军也”①。可见宋神宗的论断，是采取了沈括的意见的。宋代统治者并以阵法令诸军演习，如宋仁宗即位后，便留心武备，令捧日、天武、神卫、虎翼四军肄习战阵法。② 1044年韩琦、范仲淹请于鄜延、环庆、泾原路各选三军，训以新定阵法；于陕西四路抽取曾押战队使臣十数人，更授以新议八阵之法，遣往河北阅习诸军。这个建议被采纳了，1045年遣内侍押班任守信往河北路教习阵法。③ 到命将出征，就以阵图约束诸将，如979年契丹入侵，命李继隆、崔翰、赵延进等将兵八万防御，宋太宗亲授阵图，分为八阵，要不是诸将临时改变阵法，几乎打大败仗。④ 1070年李复圭守庆州，以阵图授诸将，遇敌战败，复圭急收回阵图，推卸责任，诸将以战败被诛。⑤

在宋代统治者讲求阵法的鼓励下，诸将纷纷创制阵图，如1001年王超援灵州，上二图，其一遇敌即变而为防阵，其一置资粮在军营之外，分列游兵持劲弩，敌至则易聚而并力。⑥ 1036年洛苑使赵振献阵图。1041年知并州杨偕献龙虎八阵图。青州人赵宇献大衍阵图。1045年右领军卫大将军高志宁上阵图。1051年泾原经略使夏安期上弓箭手阵图，1055年并代钤辖苏安静上八阵图，1074年定州路副都总管、马步军都虞侯杨文广献阵图及取幽燕之策。这个杨文广就是宋代名将杨六郎的儿子，也就是为人所熟知的穆柯寨里被俘的青年将领杨宗保。⑦

在作战时，选拔骁将作排阵使。如976年攻幽州，命田钦祚与郭守文为排阵使，钦祚正生病，得到命令，喜极而死。1002年周莹领高阳关都部署，为三路排阵使。1004年澶渊之役，石保吉、李继

---

① 李焘：《续资治通鉴长编》卷二六〇；沈括：《梦溪笔谈》。

② 《宋史》卷二八七，《兵志》一。

③ 《长编》卷一四九、一五五。

④ 《长编》卷二〇；曾公亮：《武经总要》后集三。

⑤ 《长编》卷二一四。

⑥ 《长编》卷五〇。

⑦ 《宋史》本传，卷一一八、一三二、一三三、一五七、一七〇、一七九、二五四、二五七。

隆分为驾前东西都排阵使等等。①

由于皇帝事先所制阵图不可能符合客观实际情况，统军将帅又不敢违背节制，只好机械执行，结果是非打败仗不可。1075年宋神宗和朝廷大臣研究对辽的和战问题，张方平问宋神宗，宋和契丹打了多少次仗，其中打了多少次胜仗，多少次败仗，宋神宗和其他大臣都答不出来。神宗反问张方平，张说，“宋与契丹大小八十一战，惟张齐贤太原之战，才一胜耳”。八十一仗败了八十次，虽然失于夸大，但是，大体上败多胜少是没能疑问的。打败仗的原因很多，其中之一是主观主义的皇帝所制阵图的罪过。

相反，不凭阵图，违背皇帝命令的倒可以不打败仗。道理是临机应变，适应客观实际情况。著例如979年满城之战，李继隆、赵延进、崔翰等奉命按阵图分为八阵。军行到满城，和辽军骑兵遭遇，赵延进登高瞭望，敌骑东西两路挺进，连成一片，不见边际。情况已经危急了，崔翰等还在按图布阵，每阵相去百步，把兵力分散了，士卒疑惧，略无斗志。赵延进、李继隆便主张改变阵势，把原来“星布”的兵力，集中为两阵，前后呼应。崔翰还怕违背节制，万一打败仗，责任更大。赵延进、李继隆拍胸膛保证，如打败仗，由他两人负责。才改变阵势，兵力集中了，士卒忻喜，三战大破敌军。这里应该特别指出，赵延进的老婆是宋太宗尹皇后的妹子，李继隆则是宋太宗李皇后的兄弟，两人都是皇帝亲戚，所以敢于改变阵图，转败为胜。② 另一例子是1001年威虏军之战。镇、定、高阳关三路都部署王显奉诏于近边布阵和应援北平控扼之路。但辽军并没有根据宋真宗的“作战部署”行事，这年十月入侵，前锋挺进，突过威虏军，王显只好就地迎击。刚好连日大雨，辽军的弓以皮为弦，雨久潮湿，不堪使用，王显乘之大破敌军。虽然打了胜仗，还是忧悸不堪，以违背诏令，自请处分。宋真宗亲自回信慰问，事情才算结束。③

---

① 《长篇》卷二五九，注引陈师道：《谈丛》。

② 《宋史》卷二七一《赵延进传》，卷二五七《李处耘传附李继隆传》；《长编》卷二〇；《武经总要》后集三。

③ 《宋史》卷二六八，《王显传》。

前方将帅只有机械地执行皇帝所发阵图的责任，在不符合实际客观情况下，也无权临机应变，以致造成屡战屡败，丧师辱国的局面，当时的文臣武将是很深切了解这一点的，多次提出反对意见，要求不要再发阵图，给前方统帅以机动作战的权力。例如989年知制诰田锡上疏说："今之御戎，无先于选将帅，既得将帅，请委任责成，不必降以阵图，不须授之方略，自然因机设变，观衅制宜，无不成功，无不破敌矣。……况今委任将帅，而每事欲从中降诏，授以方略，或赐以阵图，依从则有未合宜，专断则是违上旨，以此制胜，未见其长。"① 999年，京西转运副使朱台符上疏说："夫将帅者王之爪牙，登坛授钺，出门推毂，阃外之事，将军裁之，所以克敌而制胜也。近代动相牵制，不许便宜。兵以奇胜，而节制以阵图，事惟变适，而指踪以宣命，勇敢无所奋，知谋无所施，是以动而奔北也。"② 1040年三司使晏殊力请罢内臣监军，不以阵图授诸将，使得应敌为攻守。③ 同时王德用守定州，也向宋仁宗指出真宗时的失策："咸平景德（时）边兵二十余万，皆屯定武，不能分扼要害，故敌得轶境，径犯澶渊。且当时以阵图赐诸将，人皆谨守，不敢自为方略，缓急不相援，多至于败。今愿无赐阵图，第择诸将，使应变出奇，自立异功，则无不济。"④ 话都说得很透彻，但是，都被置之不理，像耳边风一样。其道理也很简单，一句话就是统治者对爪牙的不信任。最好的证据是以下一个例子。922年盐铁使李惟清建议慎擢将帅，以有威名者俾安边塞，庶节费用。宋太宗对他说私话："选用将帅，亦须深体今之几宜。……今纵得人，未可便如古委之。此乃机事，卿所未知也。"⑤ 由此看来，即使将帅得人，也不能像古代那样授权给他们，而必须由皇帝亲自节制，阵图是节制诸将的主要手段，是非要不可的。

王安石和宋神宗曾经几次讨论宋太宗以来的阵图问题，并且比

① 《长编》卷三〇。
② 《长编》卷四四。
③ 《长编》，卷一二六；《欧阳修文集》三，《晏公神道碑铭》。
④ 叶梦得：《石林燕语》九。
⑤ 《宋史》卷二六七，《李惟清传》。

较了宋太祖、太宗兄弟两人的御将之道，说得十分清楚。一次是在熙宁五年（1072年）八月：

> 神宗论太宗时用兵，多作大小卷（阵图）付将帅，御其进退，不如太祖。
>
> 王安石曰：太祖知将帅情状，故能得其心力。如言郭进反，乃以其人送郭进，此知郭进非反也，故如此。所以如进者皆得自竭也。其后郭进乃为奸人所摧，至自杀。杨业亦为奸人所陷，不得其死。将帅尽力者乃如此，则谁肯为朝廷尽力？此王师所以不复振，非特中御之失而已。
>
> 神宗曰：祖宗时从中御将，盖以五代时士卒或外附，故惩其事而从中御。
>
> 王安石曰：太祖能使人不敢侮，故人为用，人为用，故虽不中御，而将帅奉令承教无违者，此所以征则强，守则固也。①

指出从中御将，颁赐阵图是惩五代之事，是怕士卒叛变，怕将帅割据，指出宋太祖虽不中御，而将帅奉令惟谨。反面的话也就是宋太宗和他以下的统治者，不能使人不敢侮，因之也就越发不放心，只好从中御将，自负胜败之责了。

另一次讨论在第二年十一月：

> 宋神宗问先朝何以有澶渊之事。
>
> 安石曰：太宗为傅潜奏防秋在近，亦未知兵将所在，诏付两卷文字云，兵数尽在其中，候贼如此，即开某卷，如彼，即开某卷。若御将如此，即惟傅潜王超乃肯为将。稍有才略，必不肯于此时为将，坐待败衄也。但任将一事如此，便无以胜敌。②

连兵将所在、兵数多少也不知道的前方统帅，只凭皇帝所发阵图作战。这样的统帅，这样的御将之道，要打胜仗是绝对不可能的。这是宋辽战争中宋所以屡战屡败，不能收复幽燕的原因之一。这也

---

① 《长编》卷二三七。

② 《长编》卷二四八。

是宋代著名将帅如广大人民所熟知的杨业，所以遭忌战死，狄青作了枢密使以后，被人散布谣言去职忧死的原因。因为这些人都不像傅潜、王超那样，而是有才略、有决断、有经验、有担当的。同时，这一事实也反映了宋代统治阶级内部的深刻矛盾。

明代的火器

火药从中国传到欧洲、东南亚、日本和世界各地。到十五世纪，中国又从安南（今越南）、葡萄牙、日本等国输入各种使用火药的火器。

明代最早的火器是从安南传来的，叫作神机枪、炮。

神机枪、炮用熟铜或生、熟赤铜相间铸造。也有用铁的，最好的是建铁，其次是西铁。大小不等，大的用车发，次和小的用架用桩用托，是当时行军的要器。明成祖非常重视这个新武器，特别组织了一支特种部队，叫神机营，并设监枪太监，是京军三大营之一。

永乐十年（1412）下令从开平到怀来、宣府、万全、兴和等山顶，都安放五个炮架，二十年又增设了山西大同、天城、阳和、朔州等地以御敌。① 缺点是临时装火药，一发之后，装第二发要花很多时间。虽然威力大，敌人摸透了情况，临阵就趴在地下，到神机枪打出之后，立刻冲锋，火器就无从施展威力了。②

古代战争是人和人面对面站着打的，有了远距离的火器以后，就非卧倒、趴在地下不可了。武器的改进也改变了战争的方式方法。同时，在战争中战将和战士的武艺的比重，也逐渐为使用远距离的火器的熟练程度所代替了。

第一个帮助明成祖制造神机枪的是安南人黎澄。③

其次是佛郎机。佛郎机即今葡萄牙。公元1517年葡萄牙商船到广东通商，白沙巡检何儒买了他们的炮，就叫这种炮作佛郎机。用铜制造，长五六尺，大的重一千多斤，小的重一百五十斤，巨腹长颈，腹部有长孔，藏子铳五个，装火药在腹中，射程达到一百多丈，

---

① 《明史·兵志》。

② 丘濬：《大学衍义补·火攻论》。

③ 沈德符：《野获编》。

是水战的利器。

公元1519年宁王宸濠反，福建莆田乡官林俊得到消息，连夜派人用锡作了佛郎机的模型和火药配方，送给统帅王守仁，送到的时候，王守仁已经把宸濠俘掳了，没有用上。① 到公元1529年才正式制造，叫作大将军，发给各边镇用于防守。②

倭寇侵扰中国，又从日本传入鸟嘴铳。唐顺之记其形制说：

> 佛郎机、子母炮、快枪、鸟嘴铳都是嘉靖时的新武器，鸟嘴铳最后出，也最厉害。铳以铜、铁为管，用木杆装管。中贮铅弹，所击人马洞穿。其点放之法，用手握铳，点燃药线。管背安雌雄两臬（瞄准器），用眼睛对臬，用臬对准所要射击的目标，对准了才发射，要打敌人的眉毛鼻子，没有一失。快于神机枪，准于快枪，是火器中的最好的东西。③

宋应星《天工开物》记鸟铳的制造方法很详细，说鸟雀在三十步内被铳击，羽肉皆碎。五十步外方有完形，百步以外，铳力微弱，便不行了。

到明末，又传入红夷炮，长两丈多，重的到三千斤，能够打穿城墙，声闻数十里。天启元年（1621）兵部建议，招寓居澳门，精于火炮的西洋人罗如望、阳玛诺、龙华民来内地制造铳炮。制成后命名为大将军，并派官祭炮。1630年又派龙华民、毕方济到澳门买炮和招募炮手，西洋人陆若汉、公沙的西劳带领西洋人多名带铳炮应募，参加宁远、涿州等战役。④ 1626年明将袁崇焕守宁远，和清军作战，用红夷炮轰击敌人，打了一个大胜仗，就是著名的宁锦大捷。传说清太祖努尔哈赤就是被红夷炮打伤致死的。1631年明将孔有德带着红夷炮投降清军，1632年清也开始造炮。

现在陈列在北京故宫午门左右阙门的几尊古老的大炮，就是明、清战争的遗物。

---

① 王守仁：《阳明集要》，《文华集》三，《庚辰书佛郎机遗事》。

② 《明史·兵志》。

③ 《荆川外集》卷二，《条陈蓟镇练兵事宜》。

④ 《明史·兵志》；黄伯禄：《正教奉褒》，14、15页。

劳　动

劳动这一个词始见于《三国志》，但原意是指的体育活动，和今天的生产性的工农业劳动是两回事。

《三国志·魏志》二十九《华佗传》：

> 华佗告诉广陵人吴普说：人的身体应该劳动，但是不应该太过。身体活动了就容易消化，血脉流通，病不得生。门窗的枢，因为经常动，就不会朽，就是这个道理。
>
> 所以古时的仙人，讲究导引，学熊引颈，学鸱摇头，曲折腰体，动诸关节，以求难老。
>
> 我有一套运动办法，叫作五禽之戏。一曰虎、二曰鹿、三曰熊、四曰猿、五曰鸟，每天操作，可以除病，轻便脚步，道理和导引一样。身上不舒服时，起作一禽之戏，通身出汗，敷上爽身粉，身体轻便，胃口也好了。
>
> 吴普学了五禽之戏，活到九十多岁，还是耳目聪明，牙齿完整，很得好处。

导引大概就是作深呼吸，古代的仙人照文义看应该是有成就的运动员。华佗的理论完全符合今天的体育学说。要作体育活动，但又不要太过，是辩证的说法。经常作体育锻炼，容易消化，血脉流通，从而增强体质，起了预防疾病的作用。由此看来，华佗不但是治病的内、外科杰出的医生，并且是主张预防为主的进步的医学家。特别值得注意、值得学习的是他的体育活动的理论，辩证的科学的体育学说。

劳动一词也见于唐白居易的诗："劳动故人庞阁老，提鱼携酒远相寻。"这里的劳动有"有劳了"，和感谢的意思。

现代语劳动一词的语源，是外来语，是日本语，正如改造是日本说一样。日本话叫工人作劳働者，译作我国文学，把働字的人旁去掉了。通过我国工业的发展，工人阶级队伍的壮大，劳动这一个词便具有新的内容，成为我们自己的词汇了。

刺　配

《水浒传》里梁山泊头领宋江、林冲、武松等都被宋朝政府处过刺配的刑罚，挨脊杖二十或四十，刺配二三千里外牢城。连原来押解林冲去沧州的差人董超、薛霸，因为路上没有能够害死林冲，回开封后也被高俅寻事刺配大名府。《水浒传》第八回说："原来宋时，但是犯人徒流迁徙的，都脸上刺字。怕人恨怪，只唤做打金印。"一个人犯了法（或被诬陷以法），既要挨打，又要流配，还要在脸上刺字，正是"一人之身，一事之犯，而兼受三刑"①。三种刑罚连在一起用，在宋以前是没有的。

古时刑法大致分为死、流、徒、杖、笞五等。

马端临《文献通考》卷一百六十八说："流配，旧制止于远徙，不刺面。晋天福中始创刺面之法，遂为戢奸重典。宋因其法。"原来宋代把犯人脸上刺字这种法律是从石敬瑭的晋朝继承而来的。

刺面有大刺、小刺之别。凡是审判官认为犯罪情节严重、犯人"性情凶恶"的，就把字体特别刺大些。所刺文字，除《水浒》所说"迭配某州（府）牢城"以外，也有把所犯事由，所配地名、军名、服役名色都刺在脸上的。如刺"配某州（府）屯驻军重役"，是发往该处屯驻部队里服劳役的；刺"龙骑指挥"或"龙猛指挥"，是发到那种番号的军队中当兵的；刺"某州某县钱监"，是发到该处铸钱工厂里当苦工的。南宋时还有一种更野蛮的规定，凡犯强盗罪免死流配的，"额上刺强盗二字，余字分刺两脸"②。

受到刺配刑罚的人，到配所后还得服劳役。劳役的名色很多。

① 丘濬：《大学衍义补》。

② 《宋会要》一六八，《刑法》四。

凡是官营工业（如煮盐，造酒、醋，烧窑，开矿，修造军械等）、交通运输业以及修城修河堤等，都发流配人去做苦工。也有当厢军（主要也是劳役）、当水军的。（宋朝的兵都由招募而来，经检验合格后，也要刺面。）所以宋江、武松、杨志都被人骂为“贼配军”。

刺配这条法律，在宋朝统治的三百年间是时代愈后愈重的。有关刺配的法令，宋真宗大中祥符（1008—1016）编敕止有四十六条，到宋仁宗庆历（1041—1048）时增至一百七十余条，到南宋孝宗淳熙十一年（1184）已达五百七十条之多。刺配的范围越来越广，除了像宋江、武松那样犯人要刺配以外，法律规定犯窃盗罪一贯以上、贩私盐一斤以上的都要杖脊刺配。佃户在地主池塘里捕了一斤半鱼，或者看见别人贩私盐不告发，也要脊杖刺面，还从福建押送开封判罪①。反之，法律又规定地主对佃户犯罪，减凡人一等。地主打死佃户，不刺面，止配邻州近地。②

刺配的法律，辽、金、元、明、清都有。只是内容规定不尽相同。③

宋朝这条脊杖、刺面的法律，从宋神宗熙宁二年（1069）以后，对“命官”就不适用了。“命官”贪赃枉法，止于流配，不杖脊，不刺面。据说理由是“古者刑不上大夫”；“今刑为徒隶，恐污辱衣冠耳”④。这样，适用的范围就止限于污辱和镇压人民，特别是冒犯地主阶级利益的佃农和饥寒交迫的穷人了。

---

① 《通考》卷一六八。
② 《通考》卷一六七。
③ 《续文献通考》卷一三五、一三七；《清朝续文献通考》卷二四四。
④ 《通考》卷一六七。

度　牒

《水浒传》第四回写鲁达三拳打死了镇关西以后，从渭州（今甘肃平凉）逃到代州雁门县（今山西雁门），因为官府画影图形，到处张贴榜文，缉捕很急，只好在五台山出家当了和尚，起个法名叫鲁智深。从此，寺院里多了一个和尚，在俗世却少一个犯罪逃亡的军官，打死镇关西这一案子由于无处追查，便此了结。

在鲁达出家之前，赵员外对他说，“已买下一道五花度牒在此”。照常理说，度牒是出家人的身份证，应该由替他剃度的寺院填给，怎么鲁达在没有出家之前，赵员外的家里就买了一道度牒呢？而且度牒既是出家人的身份证，又怎么可以买卖呢？卖主又是谁呢？

原来在宋朝，度牒是可以买卖的，卖主是宋朝中央政府。公元1067年宋朝政府开始出卖度牒，一直卖到宋亡。在这两百年中，卖度牒所得的钱在政府收入中占有重要地位。一道度牒的价格因时因地不等，如宋神宗时官价每道卖钱一百三十千，但在夔州路则卖到三百千，广西路则卖到六百五十千。① 当时中原一带米价每斗不过七八十文至一百文。② 每道度牒折合米约在一百三四十石以上。南宋时每道度牒卖钱一百二十贯至八百贯或折米一百五十石至三百石。③

度牒这样贵，什么人才能买得起？当然只有财主赵员外那样的人了。

买了度牒，只能出家当和尚，当道士，有什么好处？花这么多钱出家，说明当时的老百姓，以至部分地主，不如当和尚、道士好。

老百姓不必说了，宋代人民负担特别重。和尚、道士吃十方，寺

① 《宋会要稿》六七、一四〇。

② 李焘：《续资治通鉴长编》二五一、二五二；《宋会要稿》一二二。

③ 《宋会要稿》六二、九六；朱熹：《朱文公集》一六。

院有田产，当了和尚、道士就不必服兵役、劳役，不出身丁钱米和其他苛捐杂税，逃避了政府的剥削，吃一碗现成饭，成为不劳而食的合法的游民。

地主呢？虽然对农民来说，他是剥削者，很神气。但在地主阶级内部来说，也有矛盾。因为地主也有官民之分，地主而又作了官的就有权有势，是官户。至于非官户的地主，为了保全身家财产，得想尽一切办法巴成官户，要子弟读书中进士作官，如不行，也得出钱买官告，成为名义上的官户，当时官告也可以用钱买，但比度牒更贵。再不，就买张度牒也好。因为寺院田产是可以免租赋的。①

此外，还有许多好处，如和尚、道士在法律上受优待，宋代法律："僧尼道士女冠，文武官七品以下者，有罪许减赎。"②

如果犯了杀人大罪，出家更是逃避法律制裁的有效手段。古时候还不会照相，一般人都留长头发，缉拿榜文上只能说这人脸黄脸黑，有须无须，像鲁达那样的军官，剃了头发、胡子，改穿袈裟，离开了本乡本土，外地生人便很难辨认出来了。又如同书武松在鸳鸯楼杀了十五条人命，在十字坡菜园子张青家得了一张年龄像貌相当的度牒，便剪了头发，披在脸上遮盖刺的金印，装作行者模样，一路上二龙山去落草。虽然到处张挂榜文要逮捕他，可是"武松已自做了行者，于路却没人盘诘他"。可见有了度牒，就可以化装，使人辨认不出，对杀人犯罪来说是很顶事的。

正因为如此，度牒有广大的销路，宋朝政府就大卖度牒，成为生财之道。不但出卖，有时候还要强迫摊派呢。

北宋的度牒是雕板用黄纸印的。到南宋建炎三年（1129）才改用绫绢织造，织造的机关是少府监文思院，和织造官告同一个地方。《水浒传》所说的五花度牒，实际上是南宋的事。

从买度牒这一件事来说，《水浒传》是真实地反映了宋代的历史事实和阶级矛盾的。

---

① 赵翼：《廿二史劄记》一九；俞正燮：《癸巳类稿》一三。

② 《长编》九七。

古代的服装及其他

在封建社会里，也和今天一样，人人都要穿衣裳。但是，有一点不同，衣裳的质料、颜色、花饰有极大讲究，不能随便穿，违反了制度，就会杀头，甚至一家子都得陪着死。原来那时候，衣裳也是表示阶级身份的。

以质料而论，绸、锻、锦、绣、绡、绮等等都是统治阶级专用的，平民百姓只能穿布衣。以此，布衣就成为平民百姓的代名词了，有些朝代还特地规定，做买卖的有钱人，即使买得起，也禁止着用这些材料。

以颜色而论，大红、鹅黄、紫、绿等染料国内产量少，得从南洋等地进口，价格很贵。数量少，价钱贵，色彩好看，这样，连色彩也被统治阶级专利了。皇帝穿黄袍，最高级的官员穿大红、大紫，以下的官员穿绿，皂隶穿黑。至于平民百姓，就只好穿白了，以此，“白衣”也成为平民百姓的代名词。

至于花饰，在袍子上刺绣或者织成龙、凤、狮子、麒麟、蟒、仙鹤、各种各样的鸟等等，也是按贵族、官僚的地位和等级分别规定的。平民百姓连绣一条小虫儿小鱼儿也不行，更不用说描龙画凤了。不但如此，在统治阶级内部，也有极大讲究，例如龙袍，只有皇帝才能穿，绣着凤的服装，只有皇后才配穿，即便是最大的官僚如穿这样的服装，就犯“僭用”、“大逆不道”的罪恶，非死不可。

北宋时有一个大官僚，很能办事，也得到皇帝信任。有一次多喝了一点酒，不检点穿件黄衣服，被人看见告发，几乎闯了大祸。

明太祖杀了很多功臣，其中有几个战功很大的，被处死的罪状之一是僭用龙凤服饰。

本来，贵族、官僚和平民都一样长着眼睛鼻子，一样黄脸皮，黑头发，一眼看去，如何能分出贵贱来？唯一区别的办法是用衣裳的质料、色彩、花饰，构成等级地位的标识；特别是花饰，官员一般在官服的前胸绣上动物图案，文官用鸟，武官用兽，其中又按品级分别规定哪一级用什么鸟什么兽，是一点也不能含糊的。这样，不用看面貌，一看衣裳的颜色和花饰就知道是什么地位的贵族，什么等级的官员了。当然，衬配着衣裳的还有帽子、靴子，例如皇帝的平天冠，皇后和贵族妇女的凤冠，官员的纱帽、朝靴，以及身上佩带的紫金鱼袋或者帽上的翎毛，坐的车饰，轿子的装饰和抬轿的人数，和住的房子的高度，间数多少，用什么瓦之类等等。

在北京，许多旧建筑，主要是故宫，不是都盖的是黄琉璃瓦吗？这种房子只有皇帝才能住，再不，就是死去的皇帝，例如帝王庙。神佛也被优待，像北海的天王殿也用琉璃瓦，不过是杂色的。

为了确保专用的权利，历代史书上都有舆服志这一类的专门记录，在法律上也有专门的条款。

各个阶级的人们规定穿用不同的服装，住不同的房子，使用不同的交通工具，绝对不许乱用。遵守规定的叫合于礼制，反之就是犯法。合于礼制的意思，就是维护封建秩序。但是，也有例外，例如在统治阶级控制力量削弱的时候，富商大贾突破规定，乱穿衣裳，模仿宫廷和官僚家庭打扮，或者索性拿钱买官爵，穿着品官服装，招摇过市。至于农民起义战争爆发后，起义的人们根本不管这一套，爱穿什么就穿什么，那就更不用说了。

今天这些都已经成为历史上的陈迹了。宫殿、王府、大官僚的邸第还可以看到，只是已经变了性质，例如故宫和天王殿都成为博物馆，帝王庙办了中学，成为人民大众游览和学习的场所了。至于服装，除了在博物馆可以看到一些以外，人们还可在舞台上看到。

宋元以来老百姓的称呼

旧戏上小生的道白，常有学名什么，官名什么，足见在封建社会里学生上学起学名，一旦作了官又有官名。那么，没上学，没作官以前，平常老百姓叫什么呢？戏文上凡是旅店里的服务员，一律都叫作店小二。至于一般人怎么称呼，因为史书上很少记载老百姓的事情，多年来也只好阙疑了。

求之正史不得，只好读杂书，读了些年杂书，这个疑算是解决了。原来阶级的烙印连老百姓起名字的权利也不曾放过，在古代封建社会里，平民百姓没有功名的，是既没有学名，也没有官名的。怎么称呼呢？用行辈或者父母年龄合算一个数目作为一个符号。何以见得？清俞樾《春在堂随笔》卷五说：

> 徐诚庵见德清蔡氏家谱有前辈书小字一行云：元制庶人无职者不许取名，而以行第及父母年龄合计为名，此于元史无征。然证以高皇帝（明太祖）所称其兄之名，正是如此，其为元时令甲无疑矣。现在绍兴乡间颇有以数目字为名者，如夫年二十四，妇年二十二，合为四十六，生子即名四六。夫年二十三，妇年二十二，合为四十五，生子或为五九，五九四十五也。

俞樾又引申徐诚庵之说，指出明初常遇春的曾祖四三，祖重五，父六六；汤和曾祖五一，祖六一，父七一，亦以数目字为名。他又引宋洪迈《夷坚志》所载宋时杂事，有兴国军民熊二，鄱阳城民刘十二，南城田夫周三，鄱阳小民隗六，符离人从四，楚州山阳县渔者尹二，解州安邑池西乡民梁小二，临川人董小七，徽州婺源民张四，黄州市民李十六，仆崔三，鄱阳乡民郑小五，金华孝顺镇农民陈二等等。根据这些例子分析，其一，这些人都是平常百姓；其二，地区包括现在的安徽、浙江、江西、山西、湖北等地；其三，称呼都以排行数字计算。因此，下的结论是“疑宋时里巷细民，固无名也”。

其实，宋代平民姓名见于《清明集·户婚门》的很多，如沈亿六秀、徐宗五秀、金百二秀、黎六九秀之类。明太祖的父亲叫五四，名世珍，二哥重六名兴盛，三哥重七名兴祖，明太祖原来也叫重八，名兴宗，见潘柽章《国史考异》引《承休端惠王统宗绳蛰录》，可见明太祖一家原来都以数字命名的。至于世珍、兴宗这一类学名、官名性质的名字，大概都是明太祖爬上统治阶级以后所追起的。

元代安徽地区的平民如此，江苏也是如此。例如张士诚原名九四，黄溥《闲中今古录》说：“有人告诉朱元璋，张士诚一辈子宠待文人，却上了文人的当。他原名九四，作了王爷后，要起一个官名，有人替他起名士诚。朱元璋说：‘好啊，这名字不错。’那人说：‘不然，上大当了’。《孟子》上有：‘士，诚小人也。’这句话也可以读作‘士诚，小人也。’骂张士诚是小人，给人叫了半辈子小人，到死还不明白，真是可怜。”可见张士诚的名字也是后来起的。

不只是宋、元、明初以及清朝后期的绍兴，甚至到清朝末年以至民国初年，绍兴地方还残留着这个阶级烙印的传统，不信吗？有鲁迅先生的著作为证。他在《社戏》一文中所列举的人名就有八公公、六一公公之类，在另一篇中还有九斤老太呢。

上面讲到宋朝的人名下面有带着秀字的，秀也是宋、元以来的民间称呼，是表示身份地位的。明初南京有沈万三秀，是个大财主，让明太祖看中了，被没收家财，还充军到云南。秀之外又有郎，王应奎《柳南随笔》卷五说：“江阴汤廷尉《公余日录》云：明初闾里称呼有二等，一曰秀，一曰郎。秀则故家右族，颖出之人，郎则微裔末流，群小之辈。称秀则曰某几秀，称郎则曰某几郎，人自分定，不相逾越。”可见从宋到明，官僚贵族子弟称秀，市井平民则只能称郎，是不能乱叫的。沈万三称秀是因为有钱。另一个例子，送坟地给朱元璋的那个刘大秀则是官僚子弟，光绪《凤阳县志》卷十二：“刘继祖父学老，仕元为总管。”继祖排行第一，所以叫作大秀。

这样，也就懂得戏文里演的民间故事，男人叫作什么郎的道理了。也就难怪卖油郎独占花魁这个故事，秦小官卖油，就叫作卖油郎的来由了。还有，明清两代社会上有一句话“不郎不秀”，是骂人不成材，高不成低不就的意思，一直到现代，还有些地区保留这句话，却很少人懂得原来的含意了。

从以上一些杂书，可以看出，宋、元、明以来的平民称呼情况，这类称呼算不算名字呢，不算。也有书可证。明太祖出家时得到过汪、刘两家人的帮助。作了皇帝后他封这两家人作官，还送给这两家青年时代的朋友两个名字，《明太祖文集》卷五赐汪文、刘英敕："今汪姓、刘姓者见勤农于乡里，其人尚未立名，特赐之以名曰文，曰英。”汪文、刘英的年龄假定和明太祖相去不远，公元1344年约年十七八岁，那么，到洪武初年已经四十多岁了，还没有名字。其道理是作了一辈子农民。可见他们原来的无论行辈或者合计父母年龄的数字符号都不能算名字，没有上过学，没有作过官，也就一辈子作个无名之人。这两个人因为和皇帝有交情，作了署令的官，作官应该有官名，像个官样子，圣旨赐名，才破例有了名字。

这也就难怪正史上从来不讲这个事情的道理了。不但“元史无征”，什么史也是无征的道理了。

古人读书不易

古代人读书很不容易，因为在印刷术和纸没有发明之前，一般人是读不起书的。第一，书很贵重，得用手抄写在竹简或者木牍上，一片竹简、木牍写不了多少字，几部书就装满了好几车子，有人说“学富五车”，说的是念的书超过五部车子装的简牍，其实用今天的眼光看，五个车子的书并不怎么多。孔子念书很用功，“韦编三绝”，韦是皮带子，竹简、木牍用皮带子拴起来，才不致于乱。这种书是用绳子编起来的，所以叫做编。读得多了，把皮带都翻断了三次，是形容他老人家非常用功，对一部书反复阅读，熟读精读的意思。一句话，这样贵重的书，普通人是读不起的。后来人们把书写在帛上，卷成一卷一卷的，所以一部书又分作若干卷。帛也很贵，只有有钱的人才抄得起。到了纸发明了，虽然便宜些，但是还得手抄，抄一部书很费事，抄很多部书就更麻烦了，一般人还是抄不起。用纸写的书，可以装订成册，所以书又有册的名称。第二，有了书，还得有人教，古代学校很少，而且也只有贵族官僚子弟才能上学。虽然有些私人讲学的，但也要交学费（束脩），交不起的人还是上不了学。第三，因为书贵，书少，一个学校的学生就不可能人人都有书，只能凭老师口授，自己笔记，这样，学习的时间就要长一些，靠劳动才能生活的人们，读书便更不容易了。

总之，由于物质条件的限制，古代人读书，尤其要读很多书是很困难的。也正因为这样，读书也有阶级的限制，贵族官僚子弟读书容易，平民子弟读书困难，知识被垄断了，士排列在农、工、商之前，就是这个道理。

到了印刷术发明以后，书籍成为商品，可以在书店里买到了，但是，还是有限制，穷人买不起书，更买不起很多书。穷人要读书，得想法借，得自己抄，还是很困难。例如十四世纪时，书已经成万部地印出来了，各大城市都有书肆，但是穷人要读书，还是非常艰苦。明初有名的学者宋濂，写了一篇《送东阳马生序》，讲他自己读书的艰苦情况说：

> 我小的时候，就喜欢研究学问，家里穷，弄不到书，只好到有书的人家借，亲自抄写，约定日子还。大冷天，砚都结冰了，手指冻得弯不过来，还是赶着抄，抄完了送回去，不敢错过日子。因为这样，人家才肯借书给我，也才能读很多书。
>
> 到成年了，越发想多读书，可是没有好老师，只好赶到百多里外，找有名望的老先生请教。老先生名气大，学生弟子挤满一屋子，很讲派头。我站在旁边请教，弓着身子，侧着耳朵，听他教诲。碰到他发脾气，我越发恭谨，不敢说一句话，等他高兴了，又再请教。以此，我虽然不很聪明，到底还学了一些知识。
>
> 当我去求师的时候，背着行李，走过深山巨谷，冬天大风大雪，雪深到几尺，脚皮都裂了也不知道，到了客栈，四肢都冻僵了，人家给喝了热水，盖了被子，半天才暖和过来。一天吃两顿，穿件破棉袍，从不羡慕别人吃得好，穿得好，也从不觉得自己寒伧。因为求得知识是最快乐的事情，别的便不理会了。

宋濂是在这样艰苦情况之下，经过努力，攀登学问的高峰的。他在文章的后面，劝告当时的学生说：

> 你们现在在太学上学，国家供给伙食、衣服，不必挨饿受冻了。在大房子里念书，用不着奔走求师了。有司业、博士教你们，不会有问了不答、求而不理的事情了。要读的书都有了，不必像我那样向人借来抄写。有这样条件，还学不好，要不是天资差，就是不像我那样专心、用功。这样好条件，还学不好，是说不过去的。

这一段话，我读了很动心。今天，我们学习的条件，比宋濂所劝告的那些学生的时代，不知道要好多少倍，要是不努力，学不好，我看，也是说不过去的。

唐顺之论明代刻书

读古书要讲究版本，要求刻的书错字少一些，刊行的时代早一些，更近于原来面貌一些，这原是无可厚非的事。但是，也有那么一些人，片面地讲究孤本，机械地追求版本，其目的不是为了求真，而是为了“孤”，为了“古”，对于书的内容，倒不十分在意。古代有个“买椟还珠”的故事，我看，这类人倒很像。

读书，是读书的形式，读书的版本，还是读书的内容呢?

宋版，元版，讲版本的人很重视，不得已而求其次，明版也将就。

明朝人刻文集最多，也很喜欢刻丛书。

也就是在明朝，有个唐顺之，他也有部文集，叫《荆川文集》。这个人很有趣，有趣在立下遗嘱叫后人不要给他刻文集，而后人偏给他刻文集，这部文集还留传到现在。

下面是他的两封信，都是大骂特骂刻文集的：

> 我常常想起，天地间有那么几件事情，人人见惯而绝是可笑的，一件是有些卖酒杀猪的市井细人，有一碗饭吃，死后必定有一篇墓志。一件是达官贵人，中过举人进士、稍有名目的，死后也必然有一部诗文刻集。好像是活着必得喝水吃饭，死去必得有衣衾棺椁，一样不能缺那样。这种情况，不但三代以前没有，汉、唐以前也绝不是这样。
>
> 幸亏还好，这些墓志也罢，诗文集也罢，不久就都泯灭了。
>
> 不过，尽管毁灭了很多，剩下的还是满屋子。假如不毁掉一些，都留着，即使以天地作书架子，也安顿不下。这种文字，假如家家收藏，用秦始皇办法，作用一番，代替柴火，南山的煤炭竹木，不是都可减价了。可笑，可笑。

> 我平常以为刻文集是无廉耻的行为。我死后有闲人作此业障，我不敢保险。至于自家子弟，则必须有遗嘱说破此意，不让他们作这业障。①

在另一封信里又说：

> 今世所谓文集，到处都是，多得很。其实一字无用。作者原来是想靠这个不朽的，结果相反，只会暴露自己的“陋”，给人取笑，这不叫作木灾吗？②

说得很痛快。虽然也有些过火，例如卖酒杀猪的有些人有这么篇把墓志，也不一定不可以，有些人刻的文集内容也不见得都是一字无用，刻文集也不能一概而论都是无廉耻之类。虽然也有的地方不对头，例如三代以前根本没有印刷术，怎么有可能大刻其文集，汉、唐这两代也是这样。但是，毕竟说出明代这时期的风气，胡乱刻书，刻的书很有些是要不得的。

至于明人刻的丛书，改头换面，偷工减料，东抄西袭，胡拼瞎凑，毛病多得很。虽然也有不少是好的，的确保存着许多有用的东西，给人方便，功劳不少。但是，留传下来的不尽都是好的。

为什么这个时代会有这样胡乱刻书的风气呢？

一个理由是经济的，十世纪以后，印刷术发达了，元、明之间许多城市都成了刻书中心，木头、纸张、刻工都方便，只要舍得钱，就可刻书。特别是作地方官的人，可以利用职权，或者通过修地方志的方便，附带刻自己的诗文。即使不是现任地方官，只要作过京官，有过功名的，也可以通过有什么“年谊”、“世谊”的地方官来办。不信，请查查现存的明人文集，能找出几个不是作过官，或是有过功名的。

另一个是政治的，清蒋超伯《南漘楛语》：

> 明代官场，行贿风气很盛。按规矩送钱时一定要配以书，特别是新刻的书。闹得到处刻书，连校对也来不及了。如陈埴《木钟集》，是弘治时温州知府邓淮重刻的，都穆的《南濠诗话》

①② 《荆川文集》卷六，《答王遵岩书》、《与卜无锡书》。

是和州知州黄桓所刻的，序文上都说是捐俸绣梓，用广流传，像这样的不一而足。

行贿用书陪衬，显得雅一些，有个专门名词叫书帕。明人徐树丕《识小录》四说：

往时书帕，惟重两衙门，最多也不过三四十两银子。外舅作翰林时，外官送书帕，少的不过三四两银子，那时也不过作为往来交际常事，不大引起注意。后来朝廷严厉禁止，结果，白的不送了，换成黄的金子，又嫌累赘，索性换成圆的白的发光的珠子了。近年来外官和京官相见，往往一面作揖寒暄，两手就作交易。

这就是明代后期的政治风气，也就是明代刻书特别多，特别滥的道理。

厚今薄古和古为今用

厚今薄古和古为今用是一句话、一件事情的两面。

厚今薄古是针对资产阶级的“厚古薄今”的风气提出来的。几十年来的旧中国的学术界，笼罩着一片厚古薄今的气氛，全国解放后资产阶级学者还没有改变这种风气，他们无论是研究学术，或在学校教课，都有重古轻今，详古略今，甚至有古无今的表现。“言必称三代，秦汉以下无论矣”的味道，许多方面都有。例如语文课中过多地讲古代作家的时代背景，以文学史来代替语文知识的讲授；高等学校的历史课程，古代的、中古的，这样那样都有，近代的、现代的所占的比例却反而比较少，各级学校的通史课以大量的篇幅叙述古代，而近代、现代的史事却很少。以历史研究工作者的研究对象为例，虽然没有精确的统计，但就所知而论，绝大部分的人力集中在古代史研究方面，近代史和现代史的研究者是屈指可数的。

毛泽东同志早在1941年《改造我们的学习》中已经教导我们要正确地对待历史。他要我们“认真地研究现状”，“认真地研究历史”。我认为，认真地研究现状，就是“厚今”。认真地研究历史，就是“古为今用”。对于历史，他指出：“特别重要的是中国共产党的历史和鸦片战争以来的中国近百年史”。可见，在历史的研究中也要“厚今”，即“厚”近百年史之“今”。既要厚今，当然要薄古，因为有厚就有薄，总不能一样看待。但是反过来说，薄古并不等于无古、灭古，所以，毛泽东同志在这篇文章中又要我们研究中国古代史，“不但要懂得中国的今天，还要懂得中国的昨天和前天”。党的教育方针是要培养有社会主义觉悟的有文化的劳动者，我看，“有文化”就包含有懂得自己的历史，懂得中国的昨天和前天的意思在内。

学习历史、研究历史的目的何在呢？是古为今用。毛泽东同志在1942年《整顿党的作风》的报告中明确地教导我们：第一，理论工作者（也包括研究历史的工作者）要有马克思列宁主义的立场、观点和方法。第二，理论工作者的任务是正确地解释历史中和革命实际中所发生的实际问题，给予科学的解释，给予理论的说明。第三，理论工作者要联系实际，要从中国的历史实际和革命实际的认真研究中，作出合乎中国需要的理论性的创造。

毛泽东同志还教导我们，没有调查、研究，就没有发言权。要调查、研究、分析历史实际和革命实际，从可靠的、经过认真的科学方法搜集、研究和分析的实际材料出发，得出理论的说明，科学的解释，从而找出方针、政策、办法来。

对于古为今用的问题，毛泽东同志《在延安文艺座谈会上的讲话》中，一方面教导我们要继承一切优良的文学艺术遗产和传统，一方面指出，继承决不是硬搬和模仿，而是要批判地吸取其中有益的东西，作为我们的借鉴。旧的形式，我们不拒绝利用，但是要加以改造，加进新内容，使它成为革命的和为人民服务的东西。

同样，历史科学也必须从客观存在的历史实际中，从过去时代所遗留下来的，反映一定社会生活的文学艺术作品和其他资料中，批判地吸收一切有益的东西。从此可以看出在历史研究和历史教学中，一方面必须坚决反对那种厚古薄今，以至是古非今的偏向和错误；另一方面，我们也不能只讲人民大众的历史，不讲不研究过去时代封建统治阶级的历史、作品，或者把过去时代的历史，讲成漆黑一团，一无是处，那也是一种不实事求是的，非马克思列宁主义的，违反历史实际的有害偏向。

如上所说，厚今薄古，古为今用是一回事，不是两回事。毛泽东同志关于东风压倒西风的著名论断，和关于帝国主义和一切反动派都是纸老虎的伟大文献，不都是从历史实际和革命实际出发，用马克思列宁主义的立场、观点、方法，做了科学的研究、分析，作出科学的解释，理论的说明，从中找出方针、政策，办法，指出一切反动派必将灭亡，革命事业必将胜利，鼓舞和坚强了全中国和全世界爱好和平人民的信心，引导全中国和全世界爱好和平的人民从胜利走向更大的胜利么？不正是厚今薄古，古为今用，总结历史实际和革命实际为人民大众服务的最卓越的范例吗？

厚今薄古的号召在文化学术界和教育界各个部门，得到热烈的响应。特别是从去年“大跃进”以来，科学研究和群众运动相结合，广大的青年积极投身到运动中，下乡下厂，和工人、农民相结合，在劳动中进行访问、调查、研究和编写工作，做出了不少成绩。学术界生气勃勃，哲学、经济学、历史、文学、艺术、科学技术各个方面的学术活动更加活跃了，丰富了，水平也提高了。从实践中，培养和壮大了无产阶级的学术、文艺、科学队伍，这是极为可喜，可贺，值得我们欢欣鼓舞的现象。老一辈的知识分子在运动中也贡献了自己的力量，作出成绩，同样也在运动中锻炼、改造了自己，团结在党的周围，和广大青年一同前进。

一年多以来，我们在文化、学术战线上的成绩是巨大的。在历史科学部门的研究和教学工作中，批判了厚古薄今的思想和作法，学术界正在进行中国共产党史和近百年来经济、文化、政治、军事史等方面的研究和搜集资料的工作，进行工厂、公社、乡土历史等等方面的编写。春色满园，百花齐放，呈现了万紫千红的局面。但是，对厚今薄古方针的贯彻，也还存在着一些问题，有着不同的看法，主要的有以下三类：一种看法认为厚今薄古是只要今不要古，研究古代史，开古代史的课，就是资产阶级思想。有的学校把有关古代史的课都取消了或者只留下极少的课程，有的通史教材用大量的篇幅讲近代、现代，对1840年以前的古代史只作极为简略的叙述，甚至曹操、王安石这样的历史人物都失去了在历史上的地位。有的学校，虽然讲古代史，但是只用几十分钟就交代过去了，学生们说：“课堂上几十分钟，历史上几千年。”有的主张废除按封建王朝分期的叙述方法，采用生产力发展的体系叙述，但是封建王朝的兴亡的事实又必然牵连到封建统治阶级内部矛盾的发展，完全不讲又有困难，结果只好采用两个体系共存的办法，以前者为主，后者为辅，有的讲有的不讲，遭遇到很多具体困难。薄古薄到不该薄的也薄掉了，不能使受教育的下一代正确地懂得祖国的昨天和前天，显然是不对头的。有的教材主张多讲人民大众的历史，农民起义的历史，这是正确的，但是，另一面却对封建统治阶级的内部矛盾，残暴、剥削尽量少讲或者不讲，这样，阶级斗争只剩下人民群众进行革命斗争这一面，历史上实际上存在的封建统治阶级这一对立面被取消或者削弱了，人民的革命斗争的目标不显著了，或者没有了。也有人认为讲历史只能讲人民大众的历史，对历史上的个别人物作研究、分析、评价就会陷入个人迷信的泥坑。这些看法，显然是非唯物主义的，是错误的。

还有一种看法是是今非古，恰好和某些古人的是古非今相反。他们认为过去时代的一切活动，凡是没有达到马克思列宁主义标准的都是不正确的。他们没有认识到过去的作品都是一定的社会生活在人类头脑中反映的产物。应该用历史唯物主义的观点从彼时彼地的社会情况来衡量，而不应拿今天的标准来要求古人。这种是今非古的看法在历史教学中的具体表现之一是不讲或少讲汉末的党锢，唐朝的牛李党争，宋朝的新旧法之争，明代的东林党之类。在语文教学中选文着重在 1958 年这一年，特别是“大跃进”以来的报道文学，五四以来的文章就很少选了，五四以前更不必说了。这样做的结果，历史教材古代的部分过于简略，讲不清，讲不透，语文教材成为当年文选，不但古文没有选，连今文的范围也很狭窄。这样做的结果，将会使我们的下一代很难了解祖国历史和文学艺术优良传统，显然是不对的。

第三种看法是机械地要求联系实际，联系生产，联系劳动。理论联系实际的方针是不能动摇的。但是，这不等于说每一问题每一课每一章、节都必须直接地具体地联系实际问题。不是这样，相反的，机械地勉强地联系实际，恰恰是脱离实际。例如近半年来的幼儿园的教学活动中，过多地强调政治思想教育，三、四岁孩子们，大量学成人唱的歌，用意是很好的，但是不符合幼儿的年龄特征，离脱了幼儿的生活实际，把青年和成人才能接受的东西强加于幼儿，应该说，这样的办法是不符合我们的教育方针的。同样，在自然科学的一些教材的编写中，也存在有勉强联系实际，反而脱离实际，费力过多而成效甚少的情况，这里就不一一列举了。

总的说来，厚今薄古这一方针再次强调提出以后，在学术界的影响是深刻的，成就是巨大的。问题是有些人思想中还存在着某些片面性，片面地强调了厚今薄古这一面，没有把古为今用这一面同时并举，互相结合。我以为，近代史、现代史要厚，要组织必需的人力来研究，而且一定要搞好；古代史也要讲，也要研究，也必须有必要的人力参加，并且也一定要搞好。是古非今要不得，片面地是今非古，隔断历史，弄得“前无古人”，也是不合理，不符合客观实际的。讲历史，必须讲人民大众的历史，讲革命斗争的历史，讲生产斗争的历史。但是也要讲清楚历史上客观存在着的统治阶级的历史。要讲正面，也要讲反面，要讲光明面，也要讲黑暗面，要讲进步的，也要讲落后的反动的现象，要讲人民大众的斗争，也要讲某些推动时代前进的英雄人物的事迹。要讲成功的经验，也要讲失败的经验。要讲事物的矛盾，要讲矛，也要讲盾，只讲矛不讲盾是不行的。在厚今薄古这一方针的贯彻中，也还存在着该厚什么该薄什么和厚多少，薄多少，以及怎样才叫厚，怎样才叫薄的问题。我们还必须进一步正确地体会厚今薄古的精神，认真研究，做到厚其所当厚，薄其所当薄。使我们的下一代其正成为既懂中国的今天，又懂得昨天和前天的有文化的劳动者。在联系实际这一问题上，必须认真地从实际出发，从问题的实际、客观的实际出发，也应从受教育者的年龄特征出发，对幼儿教育、普通教育、高等教育，应该有所区别，分别对待，不要普遍地机械地勉强地联系，要实事求是，不要浮夸附会。机械地勉强地联系，违反实事求是的原则，是没有好处的。

我以为，这些不同的看法必须澄清。正确的办法是把厚今薄古和古为今用的方针联系起来，这两句话必须结合、并举，从实际出发，而不是从定义出发，认真学习毛泽东同志有关这一方针的著作，体会其精神实质，掌握这一理论武器，从而改进我们的工作，提高科学研究和教学工作、教材编纂工作的水平。

宋明间统治阶级的内部矛盾

从北宋一直到明末，将近七百年左右时间，尽管换了不少朝代，一个统治阶级替换原来的统治阶级，一个家族推翻原来的统治家族，爬上统治的宝座，除旧布新，废止旧的某些苛政，颁布一些新的巩固统治的法令。但是，地主阶级统治的本质并没有改变，依然是占人口极少数的地主统治集团骑在广大农民头上吸吮脂膏，进行穷凶极恶的剥削。

在这期间，农民为了反抗地主阶级的压迫，曾经举行过无数次的武装起义。

在统治阶级集团内部，也由于经济情况的变化，特别是东南地区经济的发展、繁荣、壮大，文化水平的提高，要求对束缚生产力的某些规章制度作适当的改变，要求在政治上有他们自己地区的代言人；也由于南北长期分裂、对立，南北地主阶级之间也因而形成一种互相轻蔑、不信任的心理状态；同样，由于各地区经济、政治情况的不同，统治阶级内部由于生产资料占有情况和剥削方式的不同发生了矛盾；前两者造成了地区间的相互矛盾；而后者又造成了超越地区间的矛盾，这一些人与那一些人的矛盾；政局的变化和改革的浪潮一个接着一个，南方地区和中原地区的地主阶级代表人物发生矛盾，这一群地主代表和那一群地主代表发生矛盾；形成统治阶级内部的斗争，反映在政治上是新旧党争和其他形式的政治斗争。例如北宋前期北方豪族王旦、寇准和南方新兴地主阶级代表王钦若、丁谓的斗争，中期北方豪族韩琦、富弼、司马光和南方新兴地主阶级代表王安石、吕惠卿之争，后期的北方豪族代表和南方新兴地主阶级代表蔡京之争，这种斗争一直继续到南宋。中间金、元入侵，虽然情况改变了，民族压迫成为主要的矛盾，地主阶级内部矛盾退居次要地位，但是通过民族压迫，北人和南人在政治地位上的差别更显著了。

到明代，北方地主阶级和南方的地主阶级代表的利害冲突，又随着东南地区经济的进一步发展而发展，在政治上表现为当权的北方官僚有意地排斥南方的新进人物。也有时表现为当权的南方官僚有意地排斥北方的官僚。在中期倭患严重时代，更发展为沿海主张对外通商的地主和内地主张断绝通商地主的严重斗争。

统治阶级内部矛盾的一个方面的具体表现是掌握政权的首相地位的争夺，和当时官僚主要出身门路进士的争夺。

以宋朝史事为例，如真宗朝首相王旦是大名府莘县（今山东莘县）的豪族，祖父三代都作官。王钦若是临江军新喻（今江西新喻）人。真宗要任命王钦若作宰相，王旦说："我看祖宗朝从来没有南方人管国家大事的。虽然古人说过立贤无方，但是，也只适用于贤士啊。我作宰相，不敢排斥人。说的是公论。"真宗只好算了。王旦死后，王钦若才作宰相，他告诉人说："王旦一句话，迟了我十年作宰相。"①

王钦若在宋真宗天禧元年（1017）八月被任命为左仆射平章事，由此可见在这一年以前，没有一个南方人曾经作过宰相。宋人笔记因此臆造出宋太祖曾经立石政事堂，说南人不可为相，要后代遵守。事实上宋太祖即位于960年，这时南方有荆南、蜀、南汉、南唐、吴越五国。到963年荆南才投降，965年蜀孟昶降，971年取南汉，975年降南唐，至于吴越，直到宋太宗太平兴国三年（978）吴越王钱俶才纳土投降。王旦、寇准所指的南人，大体上指的是南唐、吴越地区的人，975年以前，南唐、吴越都没有划归宋的版图，怎么有可能让这两个地区的人作宋的宰相呢？

也应该指出，这个故事虽然是臆造的，并无其事，但是，在政治上轻视、排斥南人，不使南人当国执政，却是当时北方地主阶级的比较普遍的企图。这个故事是正确地反映了当时的统治阶级内部斗争情况的。

① 李焘：《续资治通鉴长编》卷九〇；《宋史》卷二八二，《王旦传》。

寇准是华州下邽（今陕西渭南县东北）人。和王旦一样，极力排斥南人。公元1015年的进士考试，照规矩，要由皇帝召见考取前几名的进士，根据各人的仪表语言，决定谁是第一名。这次被召见的有新喻人萧贯和胶水（今山东平度）人蔡齐。蔡齐仪状秀伟，举止端重，真宗一见就喜欢他。寇准又说："萧贯南方下国人，不应该放在第一。"蔡齐就考第一了。真宗很高兴。寇准自命很高，很讨厌南方人轻巧。召见以后，他出来告诉同事说："又给中原夺得一个状元了。"①

不止是文官、进士，连武官也是如此。公元1006年，有人建议诸路巡检要选择武勇、心力强明的，请不要用福建、荆湖、江浙、川峡地方的人。真宗也觉得不对，对王钦若说："人的勇怯，不一定是南人北人的关系，用这办法区别，不是用人之道。"② 因为武官是不参预政治的，因此，真宗没有采纳。

元代的台省重要官员，绝大多数都是北方人。汉人、南人在万数人中找不到一两个。③

明初有科场案，洪武三十年（1397）会试发榜，泰和（今江西泰和）人宋琮考第一，北方人一个也没有录取。北方的举人大闹，说主考官刘三吾等都是南方人（刘三吾湖南茶陵人），有私心。明太祖大怒，叫侍讲张信等检阅考卷，结果不满意，考生又攻讦说是刘三吾故意拿不好的卷子复阅。明太祖越发生气，把张信等考官杀了，刘三吾以年老充军。状元宋琮也被罚充军。明太祖亲自出题另考，取了六十人，全是北方人。当时叫作南北榜，又叫春夏榜。④

明英宗时的吏部尚书王翱，盐山（今河北盐山）人。性不喜南士，引用的多是北方人。⑤ 北方人很喜欢他。到后来桐庐（今浙江桐庐）人姚夔作吏部尚书，又反过来，多引荐南人了。⑥

---

① 《长编》卷八四。

② 《长编》卷六三。

③ 叶子奇：《草木子》卷三，《克谨篇》。

④ 《明史》卷一三七，《刘三吾传》。

⑤ 《明史》卷一七七，《王翱传》。

⑥ 《明史》卷一七七，《姚夔传》。

明武宗时首相焦芳是泌阳（今河南泌阳）人。他深恶南人，每退一南人就高兴。连谈到古人，也是破口骂南人，只要是北方人就称赞。作了一幅南人不可为相图送给当权的太监刘瑾。①

后期的东林党争，也包含有地方的因素。1654年清世祖和汉臣谈话，指出明末北人南人各自为党，把明朝搞坏了。② 东林书院在江苏无锡，东林党人多是南人，魏忠贤是北方人，他的主要爪牙如冯铨等也多是北人，顺治的话是有些道理的。

这七百年间统治阶级的内部斗争，表现的一个方面是北方地主阶级和南方地主阶级代表人物间的斗争，和这一批地主代表和另一群地主代表之间的斗争。

宋、元的统治者都是从北方用武力统一南方的，首都也在北方，自然而然地构成了以北人为主的官僚集团。明代虽然从南方起事，统一北方，但是明太祖从政治上考虑，有意识地扶植北方人出身的官僚，到明成祖迁都北京，情况改变，北人在政治上就越发吃得开了。

从宋到明，东南地区的经济情况逐步改变，生产更加发达了，对外贸易发展了，念书识字的人多了，文化水平在不断提高。相反，中原地区由于战争的破坏，生产下降，经济重心逐步转移到东南地区。特别是从宋太宗以后，进士科扩大考取名额，从唐朝的每科三五十人，扩大到几千人以至万人。同时，由于印刷术的发明和书籍的商品化，结合东南地区的经济上升，就使进士科的地区比例发生变化，南人愈来愈占较大的比重，官僚集团的地区比例也随之而发生相应的变化。通过考试加入官僚集团的南人，不能不代表本地区新兴的地主阶级和以地主阶级为中心的对外贸易集团的利益，要求变革一些不符合他们利益的规章制度，建立保护他们利益的新制度新办法。这种变革的要求就被中原的地主阶级斥责为“轻巧”，斥责为变乱祖宗成法，坚决反对。道理站不住时就只好拿天变来吓唬了。

宋代新法派的领袖王安石的名言：“天变不足畏，人言不足恤，

---

① 《明史》卷三〇六，《焦芳传》。

② 《顺治东华录》二三。

祖宗不足法。”就是针对这种情况发出的抗议。

作者后记：

这篇札记发表以后，宁可先生在《新建设》上发表了《谈宋明间统治阶级的内部矛盾》，提出许多意见，提得很好，非常感谢。这次结集，根据宁可先生的意见作了个别地方的修改。

为什么这个集子还收进这条札记？因为我的看法，只是用札记的形式提出这样一个问题，历史实际中曾经存在的问题。因为是用札记形式写的，只讲问题，也提了一点看法，没有作全面的挖掘，也更不企图在这札记中作全面的分析。假如这个问题提得对，从而引起人们注意，作进一步的研究、讨论，那岂不很好。

明代的科举情况和绅士特权

明、清两代五六百年间的科举制度，在中国文化、学术发展的历史上作了大孽，束缚了人们的聪明才智，阻碍了科学的进展，压制了思想，使人们脱离实际，脱离生产，专读死书，专学八股，专写空话，害尽了人，也害死了人，罪状数不完，也说不完。

这些且不说，光就考试时的情况说，也是气死人的。明末艾南英《天傭子文集》有一篇文章专讲考举人时的苦处：

> 考试这一天，考场打了三通鼓，秀才们即使遇到大冷天，冰霜冻结，也得站在门外等候点名。督学呢，穿着红袍坐在堂上，灯烛辉煌，围着炉子取暖，好不舒服。
>
> 秀才们得解开衣裳，左手拿着笔砚，右手拿着布袜，听候府县官点名，排个儿站在甬道里，依次到督学面前。每一个秀才，有两个搜检军侍候，从头发搜到脚跟，光着肚子光着腿，要好几个时辰才能全搜完，个个冻得牙齿打战，腰以下都冻僵了，摸着也不像是自己的皮肤。要是大热天呢，督学穿着纱衣裳，在阴凉地里，喝着茶，摇着扇子，凉快得很。秀才们呢，十百一群，挤立在尘埃飞扬的太阳地上，按制度不能扇扇子，穿的又是大布厚衣。到了考场，几百人夹坐在一起，腥气、秽气，蒸着、熏着，大汗通身，衣裳都湿透了，却一滴水也不敢入口。虽然公家有人管茶水，但谁也不敢喝，喝了就有人在你卷子上打一个红记号，算是舞弊犯规，文章尽管写得好，也要扣分，降一等。
>
> 冷天也罢，热天也罢，都得吃苦头。
>
> 考的时候，东西两面站着四个瞭望军，是监场的，谁也不敢抬头四面看，有人困了站一下，打一个呵欠，和隔壁考生说

话，以至歪着坐，又是一个红记号打上了，算犯规，文章尽管好，也扣分，降一等。弄得人人腰脊酸痛，连大小便也不得自由，得忍着些。

连动手动脚、抬头伸腰的自由也被剥夺了，苦哉！

考试坐位呢，是衙门里的工吏包办的，他们得赚一点钱，贪污了一大半经费，临时对付，做得很窄小，两个手膀也张不开；又偷工减料，薄而脆，外加裂缝，坐下重一点，就怕塌下。加上同号的总有十几个人，坐位是用竹子联着的，谁的手脚稍动一下，联号的坐位便都动摇了，成天没个停，写的字也就歪歪扭扭了。

这篇文章写得实在好，道尽了考生的苦处，也道尽了封建统治者不把学生当人的恶毒待遇。文章里用督学的拥炉、挥扇相对衬，更把考生的苦况突出了。清朝继承了明朝这一套，《儿女英雄传》写安骥殿试时，自己背桌子考篮的情况，可以参看。

这样苦，为什么人们还是抢着考，唯恐吃不到这苦头呢？是为了作官。顾公燮《消夏闲记摘抄》记明朝人中举人的情况：

明朝末年的绅士，非常之威风。凡是中了举人，报信的人都拿着短棍，从大门打起，把厅堂窗户都打烂了，叫作“改换门庭”。工匠跟在后面，立时修整一新，从此永为主顾。

接着，同姓的地主来和您通谱，算作一家，招女婿的也来了，有人来拜你作老师，自称门生。只要一张嘴，银子上千两的送，以后有事，这些人便有依靠了。

出门呢，坐着大轿，前面有人拿着扇啦，掌着盖啦，诸如此类，连秀才出门，也有门斗张着油伞引路。

有婚丧事的时候，绅士和老百姓是不能坐在一起的，要另搞一个房子叫大宾堂，有功名的人单坐在一起。

清人吴敬梓所作《儒林外史》，穷秀才范进中举一段绝妙文字，正是顾公燮这一段记载的绝妙注脚。

到中了进士，就更加威风了。上任作官，车啦，马啦，跟班啦，衣服用具啦，饮食用费啦，都自然会有人支应。上了任，债主也跟着来，按期还债。①

即使中不了进士，光是秀才、举人，也就享有许多特权了。其一是免役，只要进了学，成为秀才，法律规定可免户内二丁差役。明朝里役负担是很重的，要是有二十亩田地的中农，假如家里不出一个秀才，一轮到里役，便得破家荡产。② 以此，一个县里秀才举人愈多，百姓便越穷，因为他们得把绅士的负担分担下来。③ 第二是可以有奴婢使唤；明制，平民百姓是不许存养奴婢的，《大明律》规定："庶民之家，存养奴婢者，杖一百，即放从良。"第三是法律的优待，明初规定一般进士、举人、贡生犯了死罪，可以特赦三次，以后虽然没有执行，但是，还是受到优待，秀才犯了法，地方官在通知学校把他开除之前，是不能用刑的。如犯的不是重罪，便只通知学校当局，加以处分了事。第四是免粮，家道寒苦，无力完粮的，可由地方官奏销豁免。因之，不但秀才自己免了役，免了赋，甚至包揽隐庇，借此发财。廪生照规定由国家每年给膏火银一百二十两，不安分的便揽地主钱粮在自己名下，请求豁免，"坐一百，走三百"，不动腿呢，每年一百二十两，多跑跑县衙门呢，一年三百两，是当时的民间口语。第五便是礼貌待遇了。顾公燮所记的大宾堂是有法律根据的，洪武十二年（公元1379年）八月明太祖颁布法令，规定绅士只能和宗族讲尊卑的礼法，至于宴会，要另设席位，不许坐于无官者之下。和异姓无官者相见，不必答礼。庶民见绅士要用见官礼谒见。违反的按法律制裁。

有了这样多特权，吃点苦头又算什么呢？

明、清两代的知识分子，在通过考试之前，封建统治者把他们不当人看待，加以种种虐待。但是，在成为秀才、举人、进士之后，便成为统治集团的一员了，和庶民不同了，他们分享了统治阶级的特权，成为特权阶级了。最近有人讲明朝后期情况，把秀才也算在市民里面，把他们下降为庶民，在我看来，是不符合客观存在的历史事实的。

---

① 陶奭龄：《小柴桑喃喃录》上；周顺昌：《烬余集》卷二，《与吴公如书》二。
② 《温宝忠遗稿》卷五，《士民说》。
③ 顾炎武：《亭林文集·生员论》。

关于中国资本主义萌芽的一些问题
——在北京大学历史系所作的报告

从《红楼梦》研究问题的批评和讨论展开后，学术界在探讨《红楼梦》这部作品所描述的社会经济状况的同时，注意到中国资本主义的萌芽问题，这是十分可喜的事。中国资本主义的萌芽的确是一个十分重要和值得研究的问题。这个问题弄清楚了，历史上有关的许多问题都可以得到解决。到目前为止，已发表的文章都根据若干史料提出一些看法，但是所提供的史料的时间性都很不肯定。从八世纪，十世纪到十六、十七世纪都有。那么，到底什么时候算是资本主义萌芽时期呢？《红楼梦》的历史背景时期怎么会有这样长呢？固然，后一时期的某些史料可以说明前一时期的情况，但如果生硬地把后一时期的一些局部情况当做普遍性的例子来说明前一时期所没有发生过的事情，那就会发生错误。因之研究这一问题要从大量收集材料，调查研究工作入手，要花时间，付出力量，分工合作，从各方面来综合分析，然后才有可能得出比较正确的结论。至于我自己，也还没有来得及抽出时间进行充分而仔细的研究，只能根据二十年前接触过的一些资料，给大家提供几点参考性质的意见。在这里仅仅提出问题，并要求把问题局限在十四世纪到十六世纪所发生的主要事件上面，特别是十六世纪中叶这个明朝人自己感觉到发生巨大变化的时期，着重提出那些在这时期以前历史上所没有发生过，或发生过而不很显著，这个时期以后成为比较普遍、显著的一些问题。

一、关于手工业工场

我在1936年《清华周刊》四十五卷第五期《十四世纪时之纺织

工厂》一文中曾举出元末明初学者徐一夔在《始丰稿》的《织工对》中叙述到钱塘相安里的手工业纺织工场的情况。工场主自备纺机，雇工多人生产。工人领取计日工资，作为家庭生活费用。手艺高的熟练工人，还可获得加倍的工资，并为工场主争着雇用。工场技术改进，成品质量不断提高，很受市场的欢迎。同样情况的记载，在这以前的历史书中尚未见到。

关于手工业工场问题，我认为应该按照当时行业系统，从纺织、制磁、冶铁、木材、造纸等方面大量搜集材料，进行深入的综合的研究。

二、新的商业城市的兴起

许多文章笼统地提到明代有南京、北京、苏州、松江等三十三个新的商业城市。这个数字是不错的，但是时间有问题。因为并不是整个明代都是这样情况。事实上从明成祖以后，运河南北畅通，到宣宗时沿运河的某些城市才繁荣起来。那时，由于农业手工业的发展，贸易市场扩大了。另一面为了保持钞法流通，沿长江、运河及各布政司所在地，建立了三十三个钞关。据《明宣宗实录》卷五十所载，这是宣德年间的事情。在此以前，没有钞关，在此以后的二百年中还有其他的一些新的商业城市兴起。以此，不标明确切的时间，以一个时期的情况来概括整个明朝，是不符合当时存在的客观事实的。

关于明代商业城市的兴起、发展和变化和市民阶级的形成，我们还应该认真作专门的研究。

三、倭寇、葡萄牙海盗与沿海通商问题

元末倭寇侵略朝鲜，明初转而侵略山东、江苏、浙江沿海地区，

到嘉靖时（十六世纪中叶）大肆骚扰东南沿海江苏、福建等地。当时的倭患对国际贸易和国内生产起很大破坏作用。除倭寇外，欧洲人也到东方来了。主要的是葡萄牙海盗，明代称为佛朗机的，在沿海通商、做买卖，买卖作不好，就进行武装抢劫。中国沿海商人，因为政府禁止对外贸易，也往往和倭寇、葡萄牙人结合进行通商和海盗活动。

明朝政府最初是允许与外人通商的，在沿海几个重要地区广州、宁波等地设市舶司，专管对外贸易。由于倭患严重，明朝政府认为通商是它的祸源，于是撤废市舶司，禁止与外人通商。这问题引起很大的争论。沿海地主把资本转移到对外贸易的，主张通商；内地地主则反对通商，主张完全禁止海上贸易。这一争论到嘉靖二十六年（1547）发展到最高峰。

何乔新《何文肃公集》卷三十一《福建按察司副使辛公（访）墓志铭》中提到："奉敕巡视海道，濒海大姓私造海舰，岁出诸番市易，因相剽杀。"徐学聚《世庙识余录》卷十一说："钦州知州林希元……居乡，专通番舶。"张燮《东西洋考》卷七《饷税考》和《明史》卷一百三十九《朱纨传》中也都讲到十五、十六世纪时沿海地主官僚私造海舰的情形。尽管明太祖时规定片板不许下海，海船的大小也有一定限制，但是到十五、十六世纪时，官僚政府的法令并不能阻压东南沿海地区人民对外通商的要求了。

《东西洋考》中提到，福建沿海人多地少，失业者纷纷下海，"半年生计在田，半年生计在海"，沿海官僚地主也参加活动。"富者出资，贫者出力懋迁居利"。明朝中叶十六世纪前期，通商热潮比历史上的任何时期都要高涨。平民乃至官僚要求打破海禁，恢复市舶司，和反对派形成政治斗争。内地官僚地主的代表人物朱纨（长洲人）等人主张禁止海上对外通商，以军事力量控制海口，断绝对外关系。在这方针下，朱纨以"都御史总督闽浙军务"（这是新官衔，专防倭寇）前往闽浙，采取严厉手段，用武力镇压。当时葡萄牙人及沿海海盗活动中心地区是浙江的双屿和福建漳州的月港，葡萄牙海盗入侵漳州，朱纨派兵迎击，擒获后处死了九十余人。朱纨向政府报告中提出，“去外国盗易，去中国盗难；去中国沿海之盗易，去中国衣冠之盗难”。所谓“衣冠之盗”就是指支持、组织沿海巨商的浙闽官僚地主。朱纨等人和这些人发生利害冲突，检举了其中的福建官僚地主专通番舶的林希元。被检举的人也连结了一批有共同利益的通商派（多为福建人）结成力量进行斗争。浙闽的在朝官僚弹劾朱纨，说朱纨所捕杀的九十多人是良民，是滥杀。闽籍在朝官员周亮、叶镗、陈九德等合力攻击朱纨，朱纨被取消“总督”名号，改为“巡视”，解除兵权。明朝政府并派兵科给事中杜汝桢处理这案件，于是主张禁海的都不敢说话了，朱纨被迫自杀。这一斗争说明了主张通商派和反对通商派之间的激烈斗争达到高潮，结果是反对通商派的失败。

这种性质的斗争，在过去历史上是没有过的。汉、唐、宋、元以来都曾进行对外通商，而且有些时候还很繁盛，但是代表通商利益的官僚地主形成政治上的新兴力量——商业资本家和代表内地农业封建地主利益的保守派形成两个敌对的派别，进行拼死的斗争，而且这种斗争还直接影响到政府的对外政策，这种情况则是以前所从来没有过的。这是由于国内市场的扩大，商业资本的发展，他们在政府里的代表，代表沿海通商派地主和一部分人民的利益，提出坚决的要求，和进行顽强的斗争。从这个斗争的实例说明了商业地主的代表出现于政治舞台上的历史意义。

四、内地官僚地主也进行商业活动和经营手工业工场

不仅沿海官僚地主，甚至内地某些官僚地主也在进行商业活动和经营手工业工场。

著名的正德皇帝开设许多皇店，这是十六世纪初期的事情。嘉靖时贵族如郭勋（翊国公）（印行过《三国演义》）在京城开设店舍多至千余区；外戚周瑛于河西务设肆邀商贾，周寿出使多挟商艘。例子很多。

在地方上，原来明朝制度规定四品以上官员禁止做买卖，与民争利，但这一条始终行不通。事实上是官愈大，作买卖愈多愈大。例如苏州黄省曾《吴风录》中说：“自刘氏毛氏创起利端，为鼓铸囤房，王氏债典，而大村名镇，必张开百货之肆，以榷管其利，而村镇之负担者俱困，由是累金百万，至今吴中缙绅士夫，多以货殖为急。若京师官店六郭开行，债典兴贩盐酤，其术倍克于齐民。”由此可见一般。

过去官僚固然也有从事商业活动的，但在明初以武官居多，到明朝中叶，这种情况改变了，文官也经商了，并且还开设手工业工场。于慎行的《榖山笔麈》记载吴中退休官僚乃至在朝者都经营工商业。华亭徐阶做宰相时，家中“多蓄织妇，岁计所织，与市为贾”。

十六世纪中期的这种现象，也是过去所没有过的。过去的官僚认为做买卖有失身份，社会上看不起商人。十六世纪以后，这种看法改变了，不止武官，连皇帝、贵族、大官僚都抢着作买卖了。商人的社会地位改变了。

五、当时人对于这个时期社会情况变化的总结

上面所指出的这种变化，明朝人自己看得很清楚，有不少人就各方面变化的情况作出他自己的总结：

首先，从风俗方面说，明朝人认为嘉靖前后是两个显著不同的时代。顾起元《客座赘语》中记述南京风俗在正德嘉靖前后的变化：妇女服装由朴素而华丽，宴会由菜四碗、六碗到菜八碗、十二碗甚至十六碗等等。山东《郓城县志》（崇祯七年刻本）说正德嘉靖前百姓老实，易于治理，其后生活竞尚奢侈，例如：“齐民而士人之服，士人而大夫之服，饮食器用及婚丧游宴，尽改旧意，贫者亦槌牛系鲜，合飨群祀，与富者斗豪华，至倒囊不计焉。里中无老少，辄习浮薄，见敦厚俭朴者窘且笑之。逐末营利，填溢衢巷，货杂水陆，淫巧姿异，而重侠少年复聚党招呼，动以百数，椎击健讼，武断雄行。胥棣之徒，亦以华侈相高，日用服食，拟于市宦。”《博平县志》

说："至正德、嘉靖间而古风渐渺。过去乡社村保中无酒肆，亦无游民。由嘉靖中叶以至于今，流风愈趋愈下，惯习骄吝，互尚荒佚，以欢宴放饮为豁达，以珍味艳色为盛礼。其流至于市井贩鬻厮棣走卒，亦多缨帽缃鞋，纱裙细袴，酒庐茶肆，异调新声，泊泊浸淫，靡焉不振。甚至娇声充溢于乡曲，别号下延于乞丐，逐末游食，相率成风。"当时人好起别号，皇帝有，官僚有，在博平县甚至别号"下延于乞丐"。关于当时风俗的记载，我们还可以在范濂的《云间据目钞》、郎瑛的《七修类稿》、陶奭龄的《小柴桑喃喃录》和余永麟的《北窗琐语》、周玄玮的《泾林续记》中看到很多。

其次，在文化娱乐方面，沈德符的《野获编》卷二十五《时尚小令》中提到正德以前流行的歌曲主要是北曲，举曲牌名如琐南枝、傍妆台、山坡羊等；此后流行的则是耍孩儿、驻云飞、醉太平等；嘉靖后则流行闹五更、寄生草、罗江怨、哭皇天、乾荷叶、粉红莲、银纽丝等关于男女生活淫昵情态的歌曲。官僚贵族的园亭建筑，正德嘉靖以后，南京园亭有一百多所，苏州有好几十所。盖花园、筑假山，一时成为风气。明代前期禁止官吏嫖妓女，正德、嘉靖后禁令成为虚文了。文人捧妓女成为风气，甚至选妓女为状元、探花。《儒林外史》所写的也就是当时风气的反映。戏剧方面，男戏之外，又有了女戏，南曲盛行，士大夫多蓄戏班，写剧本。后期盛行赌博，官吏、士人至以不会赌博打纸牌为耻。

再从政治方面来看，《明史·循吏传序》提到明初休养生息、吏治澄清者百余年，嘉靖、隆庆以后做官讲资格，吏治既以日婾，民生由之日蹙。私人记载如明末陈邦彦的《陈岩野先生集》卷一《中兴政要书·保民篇》第三称嘉靖、隆庆前，士大夫敦尚名节，游宦归来，问他赚得多少钱，他要生气；此后则自大吏以下做官等于做买卖，商较赚钱多寡，公开不讳。放官到富饶地区，群相酒宴庆贺。贪污少者，回家时人们都加以耻笑。念书为了做官，做官为了发财，成为当然的事。升官主要靠行贿，时称"送礼"。所谓送上黄米、白米若干担，即指送黄金、白银若干两。后来改称送书若干册，叫做"书帕"，送书时附上金银。因此，到地方作官上任先刻书，书刻得很滥，很粗糙，有很多书都是乱抄一气，没有什么道理的。

以上这些例子说明由于整个社会经济的变化，即手工业、农业、商业的发展，影响到了各个方面。大地主把一部分从土地剥削所得的投资于工商业，因之过去遭受鄙视的商人，地位也提高了。城市中的中产阶级也都逐末营利，经商成为风气了。商人的奢侈浪费的生活，造成社会上的繁荣现象。封建礼法和秩序开始受到冲击了。从而文学歌曲方面也出现了反映这种社会生活的作品。

六、货币经济的发展

在明代以前，白银已部分使用。元朝曾用钞，明初铸铜钱，社会上已习惯用钞，反而不习惯用铜钱，只好仍然用宝钞。不久由于钞币发行无限制，通货膨胀，钞价贬值，由一贯钞值银一两贬至只值一二个钱。钞法失败，铜钱又不便于大量和远地的交易，于是白银日渐流通于市场，社会对于白银的需要日趋迫切。

明初赋税收实物粮食。每年北运四百万石至北京，运费都由农民负担，运费数倍于粮食。每石粮食由浙江运到南京，运费二三石，由北京至北边边境运费三四石。至英宗时有些地方税收开始改折“金花银”，四石粮食折交一两银了，所收银两用作赏赐戍边官兵费用。这样在实际上大大节省了一笔运费，对地主和人民大有好处。

由于国内市场扩大和税收折银的结果，银两不敷使用。出现了采银高潮，政府征发许多人夫，到处开银矿，苛征勒索，引起各地农民的反抗。

通过对外贸易的出超，大量白银输入了。西班牙人从墨西哥运白银至吕宋，由吕宋转运中国，换取丝织品和磁器。到后期墨西哥银元也大量流入中国。

经过长时期的采银和对外贸易的收入，到万历初年，将田赋改为一条鞭法，赋役合一。大部分地区赋税和徭役改折银两。

由于手工业和商业的发展、商品流通的客观需要，远距离的大量的交易需要共同的货币做媒介，白银普遍地应用起来了。这种情况，也是过去没有发生过的。

七、文学作品的反映

唐宋传奇小说的主角主要是官僚、士大夫、文人等等，写市井人物的很少。到明代中叶以后出现了以市井人物为主人翁的作品。例如白蛇的故事，在《西湖三塔记》（《清平山堂话本》）中的三怪是：乌鸡、水獭、白蛇，男主角是将门之后——奚宣赞（岳飞手下将官奚统制之子）；而《洛阳三怪记》（《清平山堂话本》）中的三怪是：赤斑蛇、白猫精、白鸡精，男主角却是开金银铺的老板——潘松了。流传到现在的《白蛇传》，只剩下二怪，白蛇和青蛇，男主角则是开生药铺的许仙。故事的主角从将门之后的奚宣赞转换为开金银铺的老板，到开生药铺的许仙，这一变化是值得我们注意的。

又如《金瓶梅》，是万历二十二年以后的作品，写嘉靖、万历年间的事。主角西门庆也是开生药铺的。与西门庆来往的篾片、清客都是官僚地主的后人，原来地位比西门庆为高，后来没落了，成为西门庆的门客。“三言”、“两拍”中，如《卖油郎独占花魁》、《倒运汉巧遇洞庭红》等，也都是当时社会现实在文艺作品中的具体反映。研究资本主义萌芽，还必须从文学作品中发掘这一类的材料。

总的说来，上述这些问题，是明代以前所没有发生过或者发生过而不很显著的。当时人也明显地感觉到正德、嘉靖前后所发生的这种重大变化。关于这一类材料，在研究中国资本主义的萌芽时，是应该考虑到的。要解决这个问题，还需要组织更多的人力进行艰苦的劳动，搜集和整理出更丰富的材料，进行认真严肃的研究。才有可能得到正确的结论。

以上的意见不很成熟，只供参考。

1955年12月6日

论赤壁之战里的鲁肃

最近上演的新编京剧《赤壁之战》，替鲁肃翻了案，很好。

公元208年冬天的赤壁之战，是历史上有名的一次大会战。这一仗由于孙权、刘备两家联盟，把曹操打败，定下魏、蜀、吴三国三分鼎峙之局。直到公元280年，西晋平吴，中国才又重新统一。这七十二年的分裂局面是和赤壁之战直接有关的，这一仗之所以特别受到人们重视，道理也就在这里。

诗人歌咏："东风不与周郎便，铜雀春深锁二乔。"词人怀古："大江东去，浪淘尽，千古风流人物。"小说家描写这一战役，《三国演义》一共一百二十回，赤壁之战就占了八回。戏剧家把它写成《群英会》，搬上舞台，成为三国戏中最受欢迎的剧目之一。通过小说和戏文，曹操、刘备、孙权、诸葛亮、鲁肃、周瑜、蒋干这些历史人物，便有血有肉地保留在广大观众的记忆中，成为人们祖国历史知识的组成部分，教育意义是很大的。

《群英会》的内容根据《三国演义》，《三国演义》基本上取材于陈寿的《三国志》，大体上是符合历史事实的。但是，旧戏也有缺点，第一是把孙、刘联盟的主谋和组织者鲁肃写成老实而无用的老好人，第二把大政治家的诸葛亮写成妖里妖气的老道，第三把言议英发、雅量高致的周瑜写得过于褊狭局促，第四把当时杰出的军事领袖曹操写得很容易上当受骗，糊涂得可笑。总之，在描画这些主要人物的性格方面，都不很恰当，不很符合历史实际的。虽然小说也罢，戏剧也罢，都不等于历史，可以容许有虚构、假想成分。但是，既然是历史小说、历史戏剧，取材比较符合历史实际而又能够增加政治意义和艺术气氛，怕毕竟要好一些吧。

新的《赤壁之战》首先替鲁肃翻了案。

鲁肃字子敬，是临淮东城（今安徽定远）的大地主，生下来的时候父亲就死了，由祖母抚养成人，年轻时就当家作主，这时正值汉末大乱，他散财结士，人缘很好。钱不够就“摽卖田地”，赈济穷人。由此可见他年轻时就是一个有主意的人。

周瑜作居巢（今安徽巢县）长，带几百人到东城拜访鲁肃，要求接济军粮，虽然鲁家的田地已经卖了不少，但还存着两囷米，一囷三千斛，鲁肃随便指着一囷送给周瑜，周瑜很惊异，从此两人成了好朋友。“指囷相赠”的故事很出名，这件事也表明了鲁肃不但有主意，而且是有决断的人。

袁术兵势强盛，请鲁肃作东城长。鲁肃看出袁术不成器，成不了事业。便携带老弱，率领百多个青年勇士南到居巢投奔周瑜。周瑜介绍鲁肃给孙权，鲁肃指出当时形势，一、汉室不可复兴；二、曹操力量壮大，消灭不了；三、只能鼎足江东，看形势发展作打算。孙权极为契重，送他母亲东西，安下家业，依然像过去一样富足。由此可以知道，他不跟袁术跟孙权，看出汉朝必然崩溃，曹操必然代汉的前途，不但有主意，有决断，而且是个有见识的政治家。

公元208年，荆州刘表死，虽然孙刘两家有世仇，鲁肃建议吊丧，观察形势。这时刘备失败，寄寓荆州。他认为如刘备能和刘表二子团结一致，便该和刘备结盟，共拒曹操，如情况相反，另作打算。还必需先走一步，免得被曹操走到前头。不料鲁肃才到夏口，曹操已向荆州，鲁肃连夜赶路，才到南郡，刘表子刘琮已经投降曹操，刘备正没办法，鲁肃乘机劝他和孙权联兵共同抵抗曹操。刘备很赞成，派诸葛亮作代表到孙权处商议军事，鲁肃的目的达到了。由此可见鲁肃在曹操取荆州之前，已经定计，和刘备结成军事联盟，并且还努力争取时间，和曹军赛跑，虽然没有能够阻止刘琮投降，却及时地争取了刘备，在战略上壮大了自己的力量，取得了主动。在赤壁战役中，他是一个决策的人物，是坚决主战派的首领。

鲁肃回来复命，曹操声言东下，来信恐吓，孙权的谋臣都主张投降，只有鲁肃反对。这时周瑜出使鄱阳，鲁肃劝孙权追还周瑜，拜为都督，鲁肃作赞军校尉（参谋长），大破曹操。

刘备要求都督荆州，鲁肃极力劝说孙权，指出力量对比：江东不如曹操；曹操初占荆州，还没有巩固；正好让刘备占领，安下家业。这样，曹操多一敌人，自己却多一盟军，最为上策。虽然，孙刘两家也有矛盾，但毕竟是次要的。这是在当时具体形势下，最有远见的策略；假如说，前一阶段鲁肃联刘拒曹是三国分立的第一步，那么，借荆州就是奠定三分之局的第二步。

分析汉末形势和鲁肃的阶级出身，可以看出江东群臣中，武臣主战的道理。

第一，在汉末农民大起义，到处都围攻地主庄园的军事斗争中，各地的大地主为了保全自己的家业性命，都组织了武装力量，散财结士，把中小地主和青壮年农民、佃客用军法勒为部曲，和起义军对抗。在军事力量对比发生变化支持不了的时候，就投奔更大的军事首领，求得庇护。三国曹操、刘备、孙坚父子等是当时最大的军事首领，他们的部将大都是带有部曲的地主武装首领。部曲的给养由赏赐的奉邑供应，一般的情况下是由子孙继承的。谋议之臣情况不同，带着家族门客，却不一定都有部曲。

鲁肃、周瑜、黄盖等武臣都是有部曲的地主武装首领。他们反抗农民起义，同样，也反对曹操的统一。因为统一的结果必然要损害他们在当地的经济和政治地位。相反，江东独立建国，他们不但可以保持原来的地位，还可以发展壮大。因之，他们的利益和孙权家族的利益是一致的。

鲁肃在孙权召集诸将会议时，和孙权单独谈话，“像我这样人可以投降，你就不可以，因为我如降了，还可作下曹从事，累官可到州郡。你呢？到哪儿去？”好像是替孙权设想的，其实，这话也正是说他自己；很明显，不降，鲁肃这类人在江东是统治集团最上层的人物，降呢，只能作下曹从事这类小官，听任摆布了。

第二，为了保全以孙、刘为首的地主阶级统治集团的利益，当时的唯一出路是联盟抗曹。鲁肃、周瑜的看法一致，诸葛亮的看法也是如此。这种相同的看法，由于阶级利益的一致，也由于当时的斗争实际的教训。关于这一点，王夫之在《读通鉴论》中有很好的说明。他说：

> 在汉末群雄的斗争中，曹操挟天子，粉碎四面的敌人，成功的道理何在？
>
> 道理在群雄的自相诛灭，不能团结。
>
> 吕布反复，忽彼忽此，谁都恨他；袁术和袁绍分立；袁绍又和公孙瓒对立；袁谭、袁尚兄弟相残杀；韩遂和马超相疑；刘表虽通袁绍，却坐视袁绍之败而不救。这样，群雄自相诛灭，给曹操以胜利的机会。
>
> 结果，只剩下孙权、刘备两家了。这两家如再自寻干戈，前途就很清楚，不是内部崩溃就是为曹操所灭。
>
> 鲁肃和诸葛亮结交定计，合力抗曹，是和曹操争自身存亡，是当时情况下，唯一可能的出路。

论赤壁之战里的周瑜、诸葛亮、张昭

赤壁之战中，周瑜是个最出色的人物。

周瑜字公瑾，庐江舒人（今安徽庐江），出身于官僚地主家庭，从祖景，景子忠都作汉朝太尉的大官，从父尚丹阳太守，父异作过洛阳令。

他从小就精通音乐，奏乐有阙误，他就回顾，当时歌唱他：“曲有误，周郎顾。”

二十四岁就在孙策部下，作建威中郎将，领兵二千人，骑五十匹，青年美貌，吴中都叫他作周郎。

和孙策同年。孙坚起兵讨董卓，把家眷放在舒，周瑜和孙策友好，腾出一所大房子安顿，登堂拜母，孙策的母亲把他当儿子一样看待。随孙策攻皖，得乔公两女，都是国色，孙策娶了大乔，周瑜娶了小乔，两人又成了亲戚。诗人“铜雀春深锁二乔”是有根据的，只是时间略差一些，铜雀台成于公元210年，后于赤壁之战三年。

公元200年孙策死，周瑜将兵赴丧，以中护军和长史张昭共掌众事，此后他就成为江东武将的首领，孙权十分信任。

202年曹操破袁绍，兵威日盛，写信给孙权，要求送子弟作质子，谋臣商议不决。周瑜以为一送质子，便受制于人，最多不过落个封侯，有十几个仆从、几辆车、几匹马的下场。才决定不送质子。

208年曹操入荆州，得水军船、步兵数十万。周瑜指出曹操冒险用兵四患：一，北土未平，马超、韩遂尚在关西，曹操后方受威胁；二，青徐步兵，不习水战；三，天气盛寒，马无藁草；四，北方士众，不服水土，必生疫病。自请领精兵三万人，进住夏口，击破曹操。

周瑜部将黄盖献计诈降火攻，曹操船舰相连，首尾相接，正好东南风急，黄盖放船同时发火，延烧岸上营房，烟炎涨天，曹军大败。

这一仗，曹操方面号称八十三万，孙权只有三万人，加上刘备、刘琦的部队也不过五万人左右，以少败众，以弱胜强，在军事史上写下光辉的一页。

当时人对周瑜的评论，刘备说他“文武筹略，万人之英”。蒋干称他“雅量高致，非言辞所能间”。程普以为“与周公瑾交，若饮醇醪，不觉自醉”。孙权痛悼他，以为“有王佐之资，雄烈胆略兼人，言议英发”。《三国志》说他“性度恢廓”，气量很大。

赤壁战后，周瑜领南郡太守，屯江陵，刘备领荆州，屯公安。刘备来见孙权，周瑜建议留下刘备，以为刘备枭雄，又有关羽、张飞熊虎之将，必不能久屈为人用，要用美人计，替他大造宫室，多其美女玩好，娱其耳目。分关、张各置一方，配备在周瑜等部下，挟以攻战，大事可定。如割以土地，三人都在一起，恐不可制。议论恰好和鲁肃相反。孙权采纳了鲁肃的政策，为曹操树敌，为自己结援，也怕刘备制服不了，没有听他的话。

由此可见，周瑜和鲁肃对联刘抗曹，在赤壁战前是完全一致的。在战后却有分歧，对联刘的政策鲁肃一贯坚持，周瑜却主张吞刘自大。这两派不同的主张，一直反映到以后吴蜀几十年的和战关系中，也反映到魏对吴、蜀二国的对外关系。

诸葛亮也是官僚地主家庭出身，父亲作过太山郡丞，从父是豫章太守。

刘备屯新野，三顾茅庐，问以大计，诸葛亮以为曹操拥百万之众，挟天子以令诸侯，不可与争锋。孙权据有江东，已历三代，国险民附，善用贤才，只可为援而不可能消灭他。只有荆、益可取。结好孙权，相机北伐，可成霸业。和鲁肃的见解，虽然时、地、对象不同，却完全吻合。

他奉命求救于孙权，用话激孙权拒曹，最后分析曹操兵势，第一曹操兵虽多，却远来疲敝；第二北方之人，不习水战；第三荆州人民附操，是慑于兵势，并非心服；第四刘备虽败，还有关羽水军精甲万人和江夏战士万人，有相当兵力。只要合力破操，便荆吴之势强，鼎足之形成矣。和周瑜的论调也大体相似。

正如鲁肃坚决主张吴蜀联盟一样，诸葛亮在蜀国，一直到他死，坚决贯彻联吴抗魏的方针，主张和吴国和好结援。

在赤壁之战的反面人物，鲁肃的对立面是张昭。这个人物是旧的，但在戏里却是新的，添得甚好。

张昭是彭城（今江苏徐州）人，会写隶书，治左氏春秋，博览众书，是个中原学者。汉末避难渡江，孙策任为长史抚军中郎将，文武之事，一以委昭。策死，以弟孙权托昭，仍任长史，极被尊重。

在赤壁之战中，他是个投降派。

《江表传》说他："孙权称帝，大会百官，归功周瑜。"张昭刚要说话，孙权拦住他，说："当时要是听张公的话，现在只好讨饭了。"

裴松之有不同的看法，认为张昭的主张从另一方面说，还是有道理的。他以为张昭原不主张鼎足三分，是主张统一的。由此看来，当时形势，对吴国的地主、官僚来说，分立有利，但对整个历史，对当时人民来说，曹操的统一，利益更大。另一面，吴蜀分立，对当时东南、西南的开发，也还是有利的。假使没有赤壁之战，孙权降曹，刘备孤军无援，统一的局面不要等到公元 280 年，对当时的人民来说，对生产的发展来说，应该是一件更大的好事。

我看，张昭在赤壁之战中虽然以对立面出现，加强了这个戏的气氛，但作为历史人物来说，裴松之的意见还是有些道理的。

最后，把赤壁之战中几个主要人物的年龄，排列一下，也很有趣味。

这一年：

孙　权　二十七岁
诸葛亮　二十七岁
周　瑜　三十四岁
鲁　肃　三十七岁
曹　操　五十四岁

吴、蜀两方的统帅，以鲁肃的年龄为最大，周瑜次之，但都比曹操小。这一仗不但是劣势的军力打败优势的军力，被攻的军力打败了进攻的军力，哀兵打败了骄兵，并且还是青年打败了老将。

诈降和质子

赤壁之战里有两起诈降，一起是曹操教蔡中、蔡和诈降孙权，理由是因为兄长蔡瑁被杀。临行时曹操对他二人说："二位将军的宝眷现在荆州，必当妥为照应。"恰也正因为不带家眷，被黄盖识破是诈降。一起是黄盖诈降曹操，用苦肉计，周瑜当着蔡中、蔡和打了黄盖一顿，曹操果然相信了，吃了火攻的大亏。

投降要带家眷，曹操教人诈降也要扣留家眷，带兵官的家眷在封建社会里历来是被当作抵押品的。有个专门名词叫作"质"，和"质任"。

最早见于史书的例子是周郑交质，郑庄公作周平王的卿士，平王和虢公要好，郑庄公不高兴，发牢骚，平王再三解释还不行，只好交换儿子作抵押，周王子狐为质于郑，郑公子忽为质于周。一个是王，一个是诸侯，君臣两人闹别扭，只好用交换活的抵押品来解决。在当时是个大笑话。① 但是也说明了另外一种情况，那就是在敌国之间、小国大国之间、弱国强国之间或者是臣对君等等的片面的或相互的交纳抵押品的行为，是被认为合理合法的。

三国时的例子很多，曹操为张绣所败后，对诸将说："我降了张绣，错在没有取他的'质'，弄到这个地步。吃了这个亏，长了一智，你们看着吧，从今以后，再也不吃败仗了。"② 他学到的乖就是取人家的"质"，有了活人抵押作保证，就可以强迫人服从，不敢也不忍造反。辽东公孙渊的哥哥公孙晃在洛阳作质子，公孙渊起兵，晃就被杀。③ 魏的制度，郡县分剧、中、平三等，中、平是内地，

---

① 《左传》鲁隐公三年。

② 《三国志·魏志》卷一。

③ 《三国志·魏志》卷八，《公孙度传》。

人民赋役就重一些，边地近敌的就列为剧，人民赋役轻一些，但是太守要送任子到邺作抵押。① 吴、蜀两国也是如此。

晋初规定诸将以下部曲督都要送质任或任子。②

北宋初年规定，凡是作边地州郡官的，都要挂名兼任内地的州郡官，只许单身赴任，家眷留在内地任所。③

明太祖控制诸将很严密，下令："与我取城子的总兵官，妻子俱要在京住坐，不许搬取出外。"④

从这些例子可以看出，封建社会里的军事首领和帝王对他们的部将和边地守土官员之间，互相信任的基础是不存在的，保证一致的办法是把部将或边地官员的家眷作抵押品，以取得信任，叫作"委质于人"。曹操要孙权送质子就是这个意思。

人被当作抵押品，是死是活决定于家长的政治地位的变化，这是封建社会的特征之一。

---

① 《三国志·魏志》卷八，《王观传》。

② 《晋书》卷二、三、七。

③ 《宋史》卷二七五，《谭延美传》。

④ 刘辰：《国初事迹》。

孙权劝吕蒙学习的故事

《三国志·吕蒙传》引《江表传》，记孙权劝吕蒙学习的故事，很有教育意义。

吕蒙是吴国著名的大将，十五六岁时就跟着姊夫打仗，英勇善战，立了不少功劳，孙权用作平北都尉，建安十三年（208）攻破黄祖以后，升为横野中郎将，这时他已经三十一岁了。他小的时候，因为北方战乱，跟着母亲逃避到江东。青年时代就从军，成年打仗，没有机会上学念书，虽然很能干，英勇机智，善于指挥，但是文化底子差，知识领域窄。他因职务关系要向孙权作报告，自己不会写，只能口讲大意，叫人家照着写。孙权很着重这位青年将军，对他和另一将领蒋钦说："你们现在都掌权管事了，要好好学习，求得进步。"吕蒙说："在军队里苦于事情多，怕不能有读书时间了。"孙权说："不对。我并不是要你们专搞什么经学，作博士。只是希望你们多翻翻书，知道过去的经验。你说事情多，比得了我吗？我年轻的时候，读了《诗》、《书》、《礼记》、《左传》、《国语》，只是没有读过《易经》。到管事以来，又读了三史和诸家兵书，自以为大有所益。你们两人都很聪明，只要肯学，就会学好。难道不应该学好吗？要赶紧读《孙子》、《六韬》、《左传》、《国语》和三史。孔子说：'就是整天不吃饭、整夜不睡觉，光空想是没有好处的。不如好好学习。'汉光武帝在军事紧张的时候，还是没有放开书本。曹孟德也自己说老而好学。你们为什么不好好努力呀！"吕蒙听了他的话，才开始学习，又专心，又用功，进步很快。有些看法，连有学问的儒生也比不上。两年后，周瑜病死，鲁肃代周瑜领兵，经过吕蒙防地，鲁肃以为吕蒙只是斗将，有些看不起，和他畅谈以后，吕蒙提出许多战略性的建议，鲁肃大为惊异，拍拍他的背说："我以为大弟只有武略，这一次谈话，才知道你有学问，有识见，已经不是当年在吴下的阿蒙了!”吕蒙笑着说：“人们三天不见面，便要刮目相看，隔了这些时候，怎么还能用老看法呢!”鲁肃就拜见了吕蒙的母亲，两人从此成为好朋友。

鲁肃死，吕蒙又代鲁肃领兵，和蜀将关羽对峙，定计取荆州。趁关羽攻樊，乘虚袭取南郡，擒杀关羽父子，平定荆州。建安二十四年（219）病死，才四十二岁。

孙权表扬吕蒙、蒋钦说：“人年纪大了还肯努力学习，有很大进步，像吕蒙、蒋钦这样，真是了不起。富贵了，荣显了，还能折节好学，喜欢读书，轻财尚义，行事值得人们学习，都是国士，真好真好!”吕蒙死后，孙权和陆逊评论当时人物时又谈到他：“子明（吕蒙字）年轻时，我只以为他是作事不怕困难，果敢有胆的人。到了长大了，讲求学问，军事理论策略都提高了。可以次于公瑾（周瑜字），只是言谈英发差一点罢了。至于用计取关羽，又比子敬（鲁肃字）强。”

孙权劝告学习的蒋钦，《吴志》卷十有传。

从孙权劝告吕蒙、蒋钦的话看来，第一，任何人都应该学习，工作忙是不成为理由的，孙权比吕蒙更忙，还有时间学习，以亲身的体验就容易说服人。第二，忙是事实，只要有决心，时间也就挤出来了。第三，学习要和工作结合，要结合实际，才能学得好。吕蒙和蒋钦都是带兵的将军，孙权劝他们学兵法，学历史，学军事理论，也要学军事历史，这样就会学得好，学得快。从吕蒙和蒋钦的学习成就看来，年纪大了也不成为不能学习的理由，吕蒙三十一岁才开始学习，蒋钦的情况也大体相同，两人都学得很好，很快，经过学习，都在事业上取得更大的成就。再从孙权对吕蒙、蒋钦的学习上的关心看来，有好的干部还得有好的领导，领导不但要关心干部的学习，还必须告诉干部以必须学习的道理、学习的经验、学习什么、不要学什么和必须学什么，也还需要及时的表扬和批评。

我说，吕蒙和蒋钦是工作忙、年纪大而学习好的榜样。孙权则是关心干部学习，劝告、督促、指导干部学习的好领导。

谈曹操

一、谈的意义

这些天来，一碰见人就谈曹操，大家兴致很高，甚至在会场上，会前，会后，中间休息的时候，谈的都是曹操。有的说他是好人，有的说是坏人，也有人说一半一半，一半好人，一半坏人。议论很多，文章也不少，人人各抒己见。正是春暖花开的时候，有了谈曹操这样一个好题目，学术界也在百花齐放了，春色满园关不住，好得很。

好人坏人的争论，不止是曹操，历史上许多人物都有。不止是大人，小孩子也有。小孩看戏，红脸白脸上场，故事没看懂，先问这是好人坏人，弄清楚了再决定喜欢哪一个。有些剧中人，凭脸谱可以信口回答，但是一问到曹操，就不是那么简单了。

历史上著名人物很多，数不清，也记不清。有些人物尽管大，但是人们还是不熟悉。曹操可不一样，名气最大，从北宋一直到今天，数他的熟人多，从小孩到大人，从城市到乡村，只要听过故事看过戏的，谁都认得他那副大白花脸。风头最足，挨骂也最久。“说曹操，曹操就到”这句话，在哪儿都可以听到。

记载曹操事迹的书，主要是《三国志》，但是看的人不很多。自从北宋的讲史，说三国故事，元明以来的《三国演义》，清朝后期的三国戏流行以后，曹操便成为妇孺皆知的人物了。印刷术和戏剧事业发展了，识字的人看小说，不识字的人看戏，通过这些，广大人民吸取了有关祖国发展的历史知识。文学家和艺术家们逐步地塑造成功现代舞台上的曹操脸谱，使得曹操这一名字在群众语言中有了特定的含义。

描写曹操的小说、戏剧，成功地影响了人民群众；人民群众的爱憎又反回来影响了小说、戏剧，这种不断的反复影响，曹操在人民群众中成为定型的人物，坏人的典型。说也奇怪，尽管坏，却并不讨人厌，人们喜欢看曹操的戏。

我们的祖先骂了曹操一千年，如今，我们却来翻案。

这个案不大好翻，因为曹操有悠久的深远的广大的群众基础，小说和戏文已经替他定了型，换一个脸孔，人家会不认得，戏也不好演。譬如《捉放曹》这出戏，曹操如改成须生出场，便只好和吕伯奢痛饮三杯，对唱一场，拱手而下，没有矛盾了，动不得武，杀不得人，还成什么《捉放曹》?

不好翻则不翻之，乱翻把好戏都翻乱了，要不得，我看，旧戏以不翻为好。况且，何必性急，曹操已经挨了一千年的骂，再多挨些年，看来也没有什么不可以。而且，还有一个办法，唱对台戏，与其改旧戏，何如写新戏，另起炉灶，新编说曹操好话的戏，新编我们这个时代的曹操戏，有何不可。

另一面，说不好翻，也好翻。我们需要一本好历史书，历史上有许多许多问题都需要翻案。应用新的观点，从历史事实本身，重新估价曹操在历史上的地位，肯定他在历史上的作用，研究曹操，研究三国时代的历史，发表些文章，写些书，逐渐改变人民群众对曹操的看法，不也就翻过来了?

再过些时候，舞台上的曹操也会跟着起变化，我相信会是这样的。

从曹操这个人物的重新评价开始，将会引起历史上其他人物的重新评价，从讨论曹操这个人物开始，将会引起人们对祖国历史的学习兴趣，那么，为什么不谈呢?

二、奸雄、能臣

最早对曹操评论的两个人，一个是桥玄，一个是许劭。桥玄称他为命世之才，能安天下。许劭说他是治世之能臣，乱世之奸雄。两人的说法不同，意思是一样的，总之，都很佩服他。

奸雄这一鉴定是许劭的创造，后来许多关于曹操的评论，大体和这一创造有关。

这两句话的意义，第一，治和乱是相对的，能臣和奸雄却指的是同一个人。第二，无论乱世治世指的都是曹操所处的时代。第三，曹操的人格有两面性，有能臣的一面，有奸雄的一面，也就是有好的一面，坏的一面，有优点，也有缺点。

我基本上赞成他们的话，认为公道。问题只是一个奸字。

奸是对忠而说的。对谁奸、忠呢？从当时当地的人来说，对象是汉朝皇帝，是刘家。从当时当地汉朝的臣民说，对汉朝、对刘家不忠的是奸臣。但从整个历史，从此时此地的人来说，一非汉朝臣民，二非汉帝近属，硬派曹操奸臣帽子，为汉献帝呼冤，岂非没有道理之至。

但是，问题也不简单，尽管过了多少朝代，甚至到了今天，还是有人对曹操夺取刘家政权有意见，岂不可怪。

说怪，其实不怪，其中有个道理。

原来国家这一观念是近代才形成的，古代的人对国家的观念并不那样具体。比较具体的象征是皇帝，有了皇帝，也就有了政府了，有了法制了，也就会有统一的安定的局面。没有皇帝，没有政府，没有法制，天下就大乱了。因此，忠君爱国四个字总是连用的。要爱国就得忠君，不忠君也就是不爱国，皇帝没有了，也就失去了忠、爱的对象，也就失去了和平、统一、安定的秩序。至于皇帝是什么人，什么样子，那倒关系不大。重要的是要有一个统一的政府和法制。

从秦始皇统一以来，二世残暴，统治时间短，秦亡，没有听说有人要复秦的。但从汉朝起，情况不同了，刘家统治了几百年，维持了几百年和平、统一、安定的生活秩序。在这几百年中，在人民中建立了这样一个信念，要生活安定，就得统一，要统一就得要有皇帝，而且只有刘家的才算。王莽也作过皇帝，但是不行，搞得天下大乱。后来刘秀起来了，是刘家子孙，又维持了许多年代。东汉末年，政治腐烂得实在不像话，人民忍受不住，起来闹革命，黄巾大起义，被政府军队和地主武装残酷镇压，失败了，造成地主武装割据地方，连年混战的局面。到处是屯、坞、堡、壁，这一州，那一郡，这一个军事集团，那一个军事集团，打来打去，百姓流离，饿死道路，妻离子散，田畴荒芜，人民吃够了苦头，普遍的要求是统一、安定和平的生活。在这种情况下，汉朝皇帝这一象征成为人民向心的力量。忠于皇帝也就是爱国。

曹操掌握了汉献帝这一工具，组织了强而有力的政府，颁布限制豪强的法令，也就适应了广大人民要求统一和平的愿望，符合了时代要求。当时的中原豪族，衣冠子弟，中小地主都被吸引在曹操周围，挟天子以令诸侯，造成了瓦解敌人的军事优势，壮大了力量，巩固了统治。同时，通过这一工具的利用，也继承了汉朝的政治遗产，利用了汉朝的政治机构和人才，逐步建立安定的秩序，颁布法律，发展生产，得到人民的护拥。

同样，江东孙权这一家，虽然割据江东，却还用汉朝官号，用这块招牌办事。四川的刘备更是自称汉朝子孙，用这牌号来骂曹操是国贼。直到曹丕称帝以后，这两家才先后称帝。

以后历史上，唐朝亡了，少数民族的李存勗还称唐，宋亡后几十年，韩林儿起义还冒称是宋徽宗子孙，明亡了，鲁王、桂王还在沿海和西南地区继续抵抗，并且都取得人民支持，道理就是这样。

要说曹操挟汉帝就是奸臣，那么，反过来，曹操不挟，汉朝早完了。曹操用上这块招牌，从公元 196 年到 220 年，汉朝多延续了二十五年。要是曹操不挟，如他自己所说的，正不知有几人称帝，几人称王，中原地区的分裂割据局面延长了，对人民有什么好处?

正因为人心思汉，汉家这块牌号还可以继续利用，曹操一生不称帝，周文王是他的榜样。到曹丕继位，经过曹操二十多年的经营，内部巩固了，另一面，吴、蜀一时也打不下来，才摘了旧招牌，另起牌号。

总之，曹操这顶奸雄帽子，是扣死在和汉献帝的关系上面的。

过去九百多年都骂他作奸臣，是由于过去的封建体制、封建道德所起的作用。今天，评价曹操，应该从他对当时人民所起的作用来算账，是推动时代进步呢，还是相反？

我以为奸雄的奸字，这个帽子是可以摘掉的。这个案是可以翻的。

至于曹操镇压黄巾起义的问题，也有不同的意见。镇压、屠杀黄巾是坏事，是罪恶。但是，也应该分别来看，第一不能以曹操曾经镇压黄巾就否定他在这一时代所曾起的作用；第二曹操的对手刘备和孙家父子都是镇压黄巾起家的；人们骂曹操，却同情刘备，称孙家父子是英雄，同样的凶手，袒刘、孙而单骂曹操，这是不公道的。

除此以外，曹操还犯了不少罪，一是攻伐徐州，坑杀男女数万口于泗水、屠虑、睢陵、夏丘诸县；二是官渡之战，坑杀袁绍降卒八万人；三是以私怨杀崔琰、华佗等人。

至于《捉放曹》杀吕伯奢全家这一件恶名昭著的坏事，倒应该有所分析。据《三国志》注有三说。一是《世语》，说吕伯奢不在，五个儿子在家招待，曹操疑心他们谋害，夜杀一家八人逃走。一是孙盛《杂记》，说是曹操听见吕家吃饭家具响声，以为要暗害他，就杀人逃走。还自言自语说："宁我负人，无人负我。"《捉放曹》是综合这两说编成戏的。其实孙盛的话就有漏洞，人都杀光了，自言自语的两句话是谁听见的？第三说是《魏书》，说吕伯奢的儿子和宾客抢劫曹操的马匹衣物，被曹操杀了几个人。这一说对曹操最有利，但偏偏不用。从历史事实说，裴松之是很小心的，把《魏书》的说法引在第一，三说平列，不加论断。从时代先后说，孙盛是晋朝人，他记的史事一定就比《魏书》正确，也是值得怀疑的。

三、统一的努力

从秦到汉末，四百多年时间，全国的经济中心是中原地区。不论是农业生产、水利、蚕桑、冶铁等等方面，都占全国较大的比重。由于经济的发展，文化水平也相应地提高，讲经学的、文学的、艺术的人才荟萃，汉末的郑玄、卢植、蔡邕、管宁、邴原等人都是门徒千百数，他们所住的地方，都成为一时的学术中心。政治中心如洛阳、长安、邺、许都在北方，集中了全国各方面的人才。

东汉后期的政治局面，是以皇帝为中心的统治阶级内部的两个集团的互相倾轧。一个集团是宦官领导的，有些寒门的地主阶级分子在他们的周围，极盛时连名门的人也钻进去了。另一个是地方豪族、名门和太学生，名望高，人数众多，却没有军事实力。曹操、袁绍、袁术等人都参加了后一集团。袁绍、袁术家世显贵，是名门豪族，号召力量很大，曹操的家世虽然有人作官，却因为出自宦官，算不得名门，有点寒伧，抬不起头。名门豪族有政治威望，有的要自立门户，有的勉强敷衍，不肯和他合作。以此，曹操有了军事实力以后，便有意识地打击当时的名门豪族，扶植培养寒门子弟和中小地主，作为他依靠的力量。

曹操的军事力量，主要的是他自己的部曲。公元 189 年他东归到陈留，散家财，合义兵，陈留孝廉卫兹也以家资帮助，有兵五千人。其中夏侯惇、夏侯渊、曹仁、曹洪等名将都是他的亲戚、子弟。其次是各地地主的部曲，如李典从父乾合宾客数千家在乘氏，吕虔将家兵守湖陆，许褚聚少年及宗族数千家坚壁，这些地主都是和黄巾作战的，打不过就投奔到武装力量较大的曹操这边来。部曲战时从征，平时的给养得自己想办法，不归郡县管辖，称为兵家。另一支较大的兵力叫青州军，是把黄巾军改编的。跟他打了二十多年仗，220 年曹操死，青州军惊惶失措，以为天下又要大乱了，打起鼓来就向东开发，回到老家去，差一点出乱子。

总之，曹操的军事力量是以部曲为主组成的，部曲首领都是地主，数量最大的是中小地主。

吴、蜀的情况也是一样。

吴、蜀地区和中原相比，是比较后开发的地区。从汉武帝以后，这两个地区的经济情况在逐步上升。黄巾起义以来，中原残破，中原人士成批地流亡到南边来，人力的增加和生产技术，文化、学术的传播都促进了这两个地区的发展。东吴开发山越地区，政令直达交州，有海口，发展对外贸易；刘蜀安定后方，取得少数民族支持，屯田前线，进可以攻，退可以守。在经济上文化上都有了很大的进步，可以站得住脚了。

这样，曹操统一的努力，就遭遇到极大的阻力。打了三十年仗，只能够完成部分的统一事业。

中原地区的农民是渴望统一的，不但是为了安定的秩序和正常的生产，也为的是不打仗了，可以不服兵役，可以减轻军事供应负担。上层的文官谋士是要求统一的，不但统一的观念深入人心，对他们来说，统一也只会带来好处。部曲主是坚决主张统一的，统一了会更壮大自己的队伍，提高地位，有利于部曲的给养。农民、豪族、官僚、武将虽然彼此间的利害不同，但是对于统一的要求是一致的。

吴、蜀的情况正好相反，换了一个新主人，当地的农民已经有了比较安定的生产环境了。部曲主则坚决反对统一，因为统一的结果将使他们丧失部曲和分地，将使他们送家小到曹操那儿作抵押，离开故乡故土。吴、蜀的统治者也是一样，失去统治地位，听人安排。只有一部分从中原来的文士官僚们，他们在哪儿都作官，投降了还可升官封侯，因之，他们是主张投降的，但数量很少，形成不了一种强大的力量。

曹操努力统一全国的事业，虽然得到中原地区人民的支持，但是，面对着吴、蜀的坚决抵抗，终于不能成功。

尽管曹操不能及身完成全国统一事业，但是，他毕竟在他所统一的地区做了不少好事，不但安定了秩序，也促进了生产，繁荣了文化，推动了时代进步。

和袁绍相比，袁绍是代表大地主阶级利益的，曹操正好相反。袁绍宠信审配、逢纪等人，这些有权势的人拼命搜括，邺破时，这些家都被抄家了，家财货物都以万数。曹操指责袁绍："袁氏之治也，使豪强擅恣，亲戚兼并，下民贫弱，代出租赋，衒鬻家财，不足应命。”他制定制裁豪强兼并之法，并规定收田租亩四升，户出绢二匹、棉二斤。其他的不许擅兴发，责成郡国守相检察。百姓很高兴。

曹操安定冀州的例子，说明了他在中原地区的基本措施。当时农民从大地主的兼并下解放出来，有了定额的租赋，无论如何，比之过去代出大地主租赋，郡国守相要什么就得供应什么的情况，是不同了，这对于当时的生产力的发展，无疑是起了很大作用的。

除在政治上抑豪强之外，他还进行了许多增产措施，如屯田，如推广稻田，改进工具等等。

从公元 196 年开始，曹操大兴屯田。募民许下耕种，得谷百万斛，以后逐步推广到沛、扬州、淮南、芍陂等地；郡国创制田官，有典农中郎将、典农都尉等，专职领导，自成系统。“五年中仓廪丰实，百姓竞劝乐业。”明帝时人追说屯田之利说：“建安中仓廪充实，百姓殷足。”屯田的成绩不但供应了前线的军食，还增加了生产，减轻了农民的负担，节省了农民远道运输的劳力。百姓比以前富足了。

和屯田并举的是推广稻田。如郑浑在下蔡，课民耕桑，兼开稻田，又于阳平、沛二郡兴陂堨，开稻田，功成后亩岁增租八倍。刘馥在扬州，治芍陂及茹陂、七门、吴塘诸堨，以溉稻田。刘靖在河北，修戾陵渠大堨，灌蓟南北，种稻田，边民蒙利。后来皇甫隆在敦煌，教农民用水灌溉，作耧犁，省了一半劳力，增加了一半收成。

生产工具的改进，如监冶谒者韩暨改马排为水排，省马排用马百匹，利益三倍于前等等。

这些措施都是对人民有利的。

在这基础上，公元 202 年，曹操下令兴建学校，县满五百户，置校官，也正是在这基础上，他奖励文学艺术的创作，招集文士。他自己手不释书，白天讲武，晚上研读经传，登高必赋，制造新诗，被之弦管。建安文学的形成，他是有诱掖奖进的功劳的。

在政治上，他也采取抑豪强的方针，东汉两个最大的家族，袁杨两家，都是四世作公的。袁家兄弟破灭，杨家杨修有才，又是袁家外甥。孔融是孔子之后，也有重名，都借细故把他们杀了。相反，不是名门大族出身的广陵陈琳为袁绍作檄文痛骂曹操，连祖宗八代都臭骂一通。后来陈琳投降，曹操对他说："你替袁本初骂人，骂我也就可以了，恶恶止其身，怎么连祖宗八代都骂起来呢?"陈琳谢罪，也就算了。还重用他，军国书檄，多出陈琳手笔。

用人只挑才干，不问门族品德，他有意识地反抗汉末说空话的风气，几次下令求贤，提到不管什么生活不检点的，即使偷窃、盗嫂的都可以用。如满宠出身郡督邮，张辽、仓慈、徐晃、庞真、张既都出身郡吏，都做到大官。汉末三公充位，政归台阁，秘书（中书）监、令掌管机密，最为亲重。刘放、孙资都不是名门大族，用为监、令，曹操极为信任。

曹操有意识地打击豪门，用人唯才，不管家世，用有才干的人管机密，作郡国守相，加强了统治机构的力量，也有效地贯彻了他的治国方针，发展了生产，巩固了统治。从政治制度上说，曹魏的秘书（中书）监、令，一直继续沿用到元朝。明清两朝也还受到影响。

曹操这个人的才能是多方面的，他是当时最伟大的军事家，第一流的政治家，第一流的诗人，此外，他还是艺术家，写一笔好草字，懂音乐，有很高的文化水平。刘备、孙权都远不如他。

他对当时人民有很大功绩，他推动了历史进步，在历史上占有重要地位。

他也犯了不少罪过，这些罪过排列起来一条条都很大。但就曹操整个事业来说，却是功大于过。

曹操是个当时杰出的大人物，有功劳，也有罪过，决不是十全十美的完人。十全十美的完人，在历史上是没有的。

我的意见是曹操这个历史人物，在历史地位上应当肯定，应当在历史书和历史博物馆中占有相当的地位。但是，历史人物的讨论不应该和艺术作品中的人物完全等同起来，旧戏中的曹操戏照样可以演。某些已经定型的曹操戏最好不改，而且，与其改也，毋宁新编，历史题材多得很，何必专从改旧戏打主意呢?

1959年3月13日

从曹操问题的讨论谈历史人物评价问题
——在北京教师进修学院对中学历史教师的讲话

最近《光明日报》、《人民日报》发表了有关讨论曹操的文章以后，国内各大城市的高等学校和科学研究机关都对曹操展开了讨论。牵涉及的问题很广泛，归纳起来有：曹操对统一的作用问题；曹操镇压黄巾农民起义问题；民族英雄问题；屯田问题；曹操个人的品德问题；对历史人物的评价问题；等等。

既然问题提出来了，各个方面的人对上述问题发表意见，展开讨论，这是非常可喜的事情。在这以前还没有一个学术问题像“曹操”这样被讨论过，这真是学术上百花齐放、百家争鸣！各种不同意见的人，通过这次论争，研究了史料，学习了理论，不明确的问题逐渐明确了，有些不了解的问题了解了，过去的一些错误看法纠正了，看问题的立场、观点、方法更端正了。因此，这次讨论不仅是学术讨论，而且是一个思想方法、立场、观点问题的学习和提高。而且，通过这次讨论还养成了良好的争辩的习惯和风气。这次讨论是一个好的开头，以后大家都习惯了，对历史上学术上其他问题也就可以进一步开展研究了。现存的史书是旧史家根据旧观点写出来的，今天需要掌握可靠的史料运用新的观点写出人民所需要的历史。从这一点来说，讨论就更有意义了。历史上有些人物的作用比曹操可能还大，但曹操有群众基础，青年以上的人都熟悉《三国演义》，许多人都通过戏剧和小说熟悉曹操。戏台上只要这个大白花脸一出场，谁都认识他。自北宋起，一千年来，许多小说家、戏剧家、说唱家连续地把曹操塑造成一个定型的人物，给人们很深刻的印象；通过它给了人们一部分历史知识。正因为如此，我们首先就研究曹操。

首先，我们研究曹操的大白花脸是谁给他塑造的。有人说北宋时，小孩听三国戏，听到曹操失败很高兴，刘备打败仗就不高兴。因此说曹操的大白花脸是人民给的。有人说是统治者给的。我以为两种说法都是片面的。因为在北宋以前，没有很多人说过曹操的坏话，例如唐太宗就把曹操看成是一个了不起的人。大约在十世纪以后，曹操的评价改变了，被说成一个反面人物。这说明是随着时代的转变人们对曹操的评价才有了转变的。从宋以来，对魏、蜀谁是正统问题发生了争论。历史上，隋、唐继自魏、晋，承认魏是正统。但宋朝情况改变了，北宋的北方有辽，南宋和金南北对立。如以魏作正统，北边的辽、金就成为正统，宋便不是正统了。特别南宋和蜀汉的处境相似，以此朱熹便帝蜀寇魏，以刘备为正统。到元代这种争论更加激烈，元人要自命正统，又反过来帝魏寇蜀，但民间广大人民和爱国知识分子，不甘心于民族压迫，又通过小说戏曲，帝蜀寇魏，说刘备的好话而大骂曹操。这中间由于封建的正统观念和复杂的民族关系，由于时代的变换，对曹操的评价也就不能不发生影响。现在我们的历史教学也不能不受这一影响，如讲通史，辽金的历史占地位很少，便是例子。写小说、戏剧的人也不能不受正统思想的影响。通过小说戏剧也影响了人民大众。小说、戏剧写得越好，人民大众就越容易接受。这种情况也反过来影响了对曹操的评价。总之，对曹操的评价，统治阶级的看法和人民大众的爱憎是互为影响的。现在我们这一时代的人，应该根据我们的立场、看法有充分的条件根据新的观点来重新评价曹操了。

曹操是怎样的人？他是多方面的人、复杂的人。他是大军事家，打了几十年仗，当时孙权就很佩服他，说他用兵如神。又是大文学家，他的诗很好很动人。他喜爱文学和文学家，建安文学在中国历史上有着光辉的地位。当然不能说有了他才有建安文学的繁荣，但是他是起过积极的推进的作用的。他是个政治活动家，从反对董卓，到挟天子以令诸侯、打击豪门贵族，做了许多对人民有利的事。他是当时杰出的政治家。他喜欢音乐，善草书，是个艺术家。又喜欢打猎，有武艺，是一个好运动员。他的儿子、孙子都有点像他，爱好音乐，喜欢文学和打猎。他们一家人的兴趣是很广泛的。

研究曹操的人，因为他的方面多，成就大，缺点也多，从各个不同角度去了解，因此，各人的看法不一致是很自然的。要研究讨论曹操，首先要去掉正统观点。旧史家不能不用正统观点对待曹操，把曹操看成是乱臣贼子，他挟持皇帝，废掉皇后，在旧时代是了不起的坏事。旧史家不这么说是不可想象的。但是，在我们这个时代，虽然正统观点被我们的革命革掉了，但在某些人思想中，却依然把曹操看成坏蛋，认为他欺侮皇帝，废除皇后，把刘家糟蹋得不成样子，为汉献帝喊冤，这倒是值得奇怪的。看来汉献帝本身是一个无能的人，他做不了什么坏事，但是他也没有做过什么好事，除了作为皇帝的符号画“诏书”外，似乎什么事也没有做过。他的地位，是靠曹操的军力支持的，除了他是刘家子孙这一点以外，别无长处，曹操欺侮他一家子，正如曹操欺侮别的家族一样，有什么值得大惊小怪呢？以此作为曹操的主要罪状，显然是中了正统观念的毒。相反，我们评价一个人要看他对大多数人做了什么好事或坏事。我们要从当时那个时代、那个时代的人民的感受来估价曹操，而不能用今天的时代、今天的标准来估价他。如用今天的尺度来衡量曹操，曹操是一定不及格的，势必非把曹操完全否定不可，因此，有好些文章把曹操完全否定，说得一无是处，这是和当时的历史实际不符合的。

还有另一种情况，把曹操的时代往后拉了，把他说成完整无缺的英雄，说他不仅是民族英雄，而且在其他方面也是完整无缺的。另外也有些人把舞台上的曹操和历史上的曹操合起来谈，想用历史上的曹操来纠正舞台上的曹操。这样一来，历史戏就会被改得没有了。有了历史，但是没有了历史戏。我认为历史与历史戏有联系，但又应当有区别；历史要符合当时客观实际，不应当有虚构成分；但历史戏则可以有虚构，有夸张，虽然它不能完全脱离历史实际。把二者互相混淆起来也是不恰当的。

曹操在历史上是有功劳的，他统一了当时部分地区。他打了几十年仗，打败了袁绍、公孙瓒、马腾，合并了许多小地主武装，打败了乌桓。但是他在208年为了统一东南地区而进行的战争，却在赤壁之战中失败了。后来，他几次想统一东南都没有成功。因此，他只统一了局部地区。统一是好事还是坏事？当时全国大分裂，北方许多军阀集团互相攻战，形成大混战局面。这个局面造成白骨盈野，人民流散，田园荒芜，人民不能安居乐业、进行生产，阻碍生产发展。河北的袁绍政权是建立在大地主的基础上，是为大地主阶级服务的。大地主胡作非为，农民为他们耕土地，并被迫替大地主交纳很重的租税，生活十分痛苦。曹操平冀州后，和袁绍的做法相反，他抑制豪强，给人民规定一定的赋税，除此以外，地方官不许多征。这就和袁绍压迫人民为大地主出租赋，徭役税收是无限制的情况有所不同，这样做，对当时人民是有好处的。有人说曹操统治区人民的负担很重。不错，是很重，但是要有一个比较，应该说他比袁绍时期轻得多了。统一以后，他兴办学校，让青年能上学。他兴修水利，在北京附近就有他兴修的水利。他防御外族入侵，对人民起了保卫和安定作用。统一对人民来说是有利的，有好处的。不但如此，从整个历史发展来看，曹操的局部统一，为后来晋的统一打下基础，我们现在祖国的大统一局面，如果没有我们祖先的辛勤努力也是不可想象的。也有人认为统一是不好的。他们说如东汉桓帝、灵帝时代，造成人吃人的惨剧。但是看问题恐怕不能这样去看。如果统一时期一切都很好，农民就不用起来斗争了，也就没有阶级斗争了，封建社会也就不用推翻了。应该说统一本身是好事，但我们不能把统一时期的某些坏事算在统一的账上。统一时期的某些坏事主要是封建时代的特点决定的，是阶级压迫的必然结果，并不是由于统一造成了这些坏事。难道统一不如分裂好？而且看问题应当有一个比较，三个小统一的局面总比大的分裂好，从许多军事首领的割据到形成三国分裂局面也肯定不会比全国统一的局面好。

关于农民战争问题，是争论最多的。曹操是镇压黄巾起家的，他打败黄巾，收编为青州军。有人说他镇压农民起义，因此他是坏人；另一种说法是曹操虽然镇压了黄巾，却继承了黄巾，把黄巾组织化了。这两种看法都不全面，值得商榷。曹操镇压黄巾是事实，是坏事，不能为他粉饰。那么，是不是他一件好事都没做呢？好事是好事，坏事是坏事，都不能抹煞。是不是可以将功折罪呢？也不可以。曹操做了许多好事，而且好事比坏事多。因此，他应当是一个被肯定的人物。现在，关于黄巾起义的史料很缺乏，历史上不过记载了当时人民生活很苦，有张家三个兄弟，还有个姓马的组织起义，后来秘密被泄露了，所以提前起义。他们的口号只有“苍天已死，黄天当立”。现存史料没有告诉我们黄巾其他的纲领、方针和口号。我们不好说曹操继承了黄巾。他继承了什么呢？我们不知道。而且问题也在这里，黄巾是要推翻东汉封建统治的，曹操却并没有要推翻；相反，他是维护东汉封建统治政权的。说曹操的封建政权继承了黄巾起义，这样说是不符合当时历史实际的。这里涉及到阶级斗争的问题，曹操的政权虽然压抑豪强，反对和削弱大地主的力量，但是他的政权还是建立在中小地主的基础上。无论如何，曹操的政权还是为地主阶级服务的，一个为地主阶级服务的政权说他是继承反对地主阶级统治的黄巾，这种性质不同的情况无论如何是不应该混淆在一起的。黄巾起义虽然失败，但农民战争对封建统治的压力，使后来的统治者不能不对当时的法制法令有所改革，这也无论如何不能说成是继承。但是应当看到历史上的农民起义不管规模大小，时间长短，都失败了。原因是他们那个时代不可能提出我们现在人所熟知的革命纲领，严密的组织纪律。我们不应该以现代人的意识强加于古代的农民战争。即使农民战争把旧的统治打垮了，也不可能建立另一形式的政权。当时农民看到的只是皇帝将军，他们胜利了，也只能称皇帝将军，学皇帝将军办事的方法办事，这是因为他们受到时代条件的限制，受到旧思想意识的束缚的缘故。假如因此而批判农民起义是乌合之众，不进步，诸如此类等等，那也是不符合历史客观实际的。

民族关系问题：曹操的时候，中国北部有乌桓，经常引起局部件的战争。各地方的军事集团首领为了维护自己的割据，曾依靠过乌桓的骑兵。如袁绍、公孙瓒等都这样做过。曹操打败袁绍等人后，为了统一北方，当然一定要打乌桓，结果是把乌桓平定了，巩固了北方边疆的国防。但是当时乌桓的力量并不是很强大的，它和前代匈奴、隋唐时代的突厥和后来的契丹女真都不能相比，它不可能吞并全中国或中国的北方，它只是不断在北方骚扰抢劫，给人民带来一些麻烦。曹操平定乌桓对人民有利，是做了一件好事。但是我们却不能把这件事夸大，说成曹操不打乌桓，中国就有了民族危机，因此就称曹操为民族英雄。其次，当时是具体情况是乌桓居住的地区没有内战，汉人民住的地区却是战乱频繁，北方边疆上有些人曾向乌桓那边迁移，希望能在乌桓那边获得安定的生活。但是我们却也不能因为有这样的事实就说当时的乌桓比汉人进步。

屯田问题：屯田是个军事措施，曹操要统一中国，对孙权作战，首要的问题是要解决军粮问题。因此曹操在淮南、河北、许下等地区采取屯田措施。屯田的好处是可以解决军粮问题，减少军运的困难，这是有具体记载可以根据的。同时，屯田也减轻人民的负担。有人认为屯田户的负担很重，把他们变成了农奴。其实，根据历史记载，我们知道屯田户的负担是对半分粮，使用官牛的也不过四六分。这样的负担在历史上比较起来是不算重的，如和北宋比，北宋时的官田也是对半分或四六分，基本上相似。也不能把曹操时的屯田户说成是农奴。有人认为汉朝的人民都是奴隶，曹操屯田，把奴隶变成了农奴，是前进了一步。有人认为屯田是改变了社会性质，这些说法牵涉及社会性质问题，各人都可以有自己的看法，但是要得到大家一致的同意，那就是另一回事了。但无论如何屯田开垦了荒地，使粮食增产了，这总是一件好事。

曹操杀人的问题：曹操杀了不少人，著名的例子，一个是打徐州。他的父亲曾经过徐州，徐州牧陶谦派人护送，送的官吏杀掉了曹操的父亲，后来曹操攻徐州，杀掉了许多人，历史书上的记载是杀得鸡犬不留。另一例子是打袁绍。官渡之战后，曹操坑杀了袁绍的降卒八万人。其他如曹操杀了名医华佗，杀了杨修，都是人所共知的杀人事迹。杀人好不好？当然不好，但具体说就有着不同的情况。古时候打仗用刀枪弓箭，不杀掉对方的人打不了胜仗，因此在战争中总是要杀人的。但是在战争结束后的屠城行为则是另一回事。曹操的军法是“围而后降者，不赦”。这一点是无法为他辩护的。有人为了替曹操翻案，说曹操杀的人没有那么多。其实这不是数量多少问题，而是该不该杀的问题。不该杀的人即使杀几个也是罪恶。反之，另一种情况，例如杀孔融，后人的反感很大，杀杨修也是如此。其实曹操杀的是政敌，孔融、杨修都是名门大族，在当时很有威望，曹操自己是宦官之后，比不上孔、杨，为了打击名门大族，他把孔、杨杀了，这是政治斗争，以这些例子来责备曹操，立场站在当时名门大族这一面去了，这也是不对头的。应该把曹操杀人问题区别分析，有人想替曹操的杀人辩护，这是没有多大意思的。

根据上述几个问题的分析，我们应当说评价历史人物要本着实事求是的精神，要符合当时的历史实际，而不要凭自己的爱憎，美化古人或丑化古人。如果有人特别喜欢曹操，给曹操写一本书，写一个戏，书中写曹操是一个大好人，这我们自然不能反对，但这个曹操却只是某个人的曹操，不是大家所公认的曹操，不是历史上真正的曹操。反过来说也是如此。

拿曹操和他同时代的人比，他比孙权、刘备都要高明。他想统一，没有完全做到，只做到了部分的统一，但对历史的发展还是有其贡献的。曹操是第一流的军事家，他很会打仗，他研究过孙子兵法，并且发挥了它。曹操又是第一流的文学家，他对文学的发展起了推动作用，对文体的解放起了作用。他提倡新诗，建安文学是在他的统治地区形成的。有人说建安七子中的王粲早先不是曹操的人，在荆州时已写下很多诗了。但不管怎样他后来是到曹操那里去了，并且继续写诗，受到曹操的器重。曹操也是个第一流的政治家，是法家这一派的，他懂得用法贯彻他的政治方针；他善于用人，用人的原则是凡有本领的都要，不管其私生活如何，因此曹操手下的人多数都不是大族出身，都是很能干的人，这样也就加强了他的统治机构。他这种做法对东汉以来的名门大族政治、乡选里举的清议是极大的反抗，在政治上是极大的改革。在政府的组织方面，魏晋以来，“政归台阁”，曹操采用中书监令管机密事务，这些机构里掌握实权的也不是出身于名门大族的人，这一制度对后来政治制度的发展也有着长远的影响。

曹操的罪过是不小的，镇压农民起义是一条，杀人也是一条；但是从全面来评价曹操，应当说他是功大于过，对历史是有过贡献的，算得上是个历史人物。他不是一个十全十美的人，但也不是一个万恶的人。

对于历史人物的评价，我们如果用今天的标准去衡量，那就不会有一个十全十美的人。那是因为今天的实际情况不同于历史上曾经存在的实际情况。应当把我们的今天和历史上的昨天前天有所区别，但是又应该把它联系起来，历史的发展不能切断，不这样看，就会把我们祖宗的脸完全给抹黑了。要看到今天我们的人民，我们的土地，都是历史上留下来的遗产，我们是我们祖宗的好子孙，不但继承了他们的事业，而且发展了，提高了，超过了他们。我们的事业是我们前人所不能想象的，我们对我们的时代、我们的事业感到自豪，也对我们的祖宗的成就、他们的英雄业绩感到自豪。我们对于历史人物应当还其本来面目，还其历史实际，学习他们的长处，吸取他们的经验，使历史为今人服务，古为今用。

有人提出这么一个问题：我们讲我们祖先的光辉事迹，是不是会掉入个人迷信的泥坑呢？我认为这也不必顾虑，因为根据历史客观实际表扬历史上的好人是好事情，并不是坏事情。现在有些研究历史的人怕提到个人，讲课编书时把个人讲得越少越好。其实把人从历史上去掉，历史也就讲不成了。真正对历史起过进步作用的，或对历史起过破坏作用的，我们都应当讲，因为去掉了对立面，阶级斗争的历史也就写不成了。

再有一个问题是打破王朝体系的问题。打破王朝体系好不好呢？很好。但是有人认为打破王朝体系就是把王朝和封建统治者都从历史上抹掉，这样做就不对了。我们应当感谢我们的祖先，给我们留下了最丰富的史料，封建时代有史官记载历史，这是个好的传统，世界上其他国家是很少有的。当然，旧的史料在立场观点方面是有问题的，我们应当以新的观点去分析批判。例如曹操的史料并不很多，主要的问题是个观点、立场问题。西藏问题发生后，我们大家对西藏就注意起来了。从史料里我们知道西藏是中国领土不可分割的一部分，因为有关西藏的史料全在我们这里。

毛主席告诉我们要学习历史，这话不仅是对历史工作者说的，而是对全国人民说的，因为历史是经验的总结，是阶级斗争和生产斗争经验的总结。我们不但要了解祖国的今天和明天，而且也要了解祖国的昨天和前天，从而了解整个历史的发展规律，掌握自己的前途，百倍信心地参加祖国的社会主义建设。

历史的真实与艺术的真实

——在中国戏剧家协会举办的《则天皇帝》越剧座谈会上的谈话

我谈三个问题：一、历史与历史戏剧的关系；二、武则天的历史地位；三、关于《则天皇帝》这出戏。

先谈第一个问题。在过去时代，历史与历史戏剧有时是有矛盾的，比如我最近研究有关海瑞的戏，就看到有一些戏把张居正描写为叛臣，一家子都要造反，这些戏的主题是和客观存在的史实不符合的。这种歪曲既不能说服人，也不能改变历史事实。但是说明了一个道理，那就是确有些人对张居正某些政策不满，因而造谣攻击、诽谤、歪曲，这是反映某一时期政治斗争的一种表现。张居正其实是明代有名的权相，既没有造反，而且还的确做了一些好事。至于潘仁美，则又是另一种情况。反映历史现实的戏剧，其中有一些是取材于历史事实的；有一些是根据民间传说来写的；而有一些却只是借用历史上知名的人物，夸张敷衍，成为戏剧。比如有关杨家将的戏，严格地说，很难说它们就是历史戏。因为除了杨业、杨延昭、杨文广是历史上确有其人以外，有关的许多故事都是虚构的。然而，仍然不失为好戏，因为这些戏表达了广大人民抵抗外来侵略的正义要求。潘仁美在戏中是一个坏人的典型，是杨家的对立面。历史上的潘美不是坏人，戏上的潘仁美却被写成人人痛恨的坏人。潘仁美不等于潘美，杨家将也不完全是历史戏。在这一点上，历史和戏剧是可以而且也应当区别开的。

但是，如果要严格地写历史戏，那就不能不受历史的约束。假如写的戏基本上和历史事实相反，那就不能叫历史戏了。同时，作家也有创造人物和故事的自由，一出戏，如果一五一十都照历史写，或者照编年顺序写，不去分别主要次要，不作某些突出的夸张、渲染，而是和历史事实一模一样，那就变成历史，不是戏了，缺乏浪漫气氛，也就没有味道了。历史家没有权这样说：历史戏必须全部按照历史事实写；但是剧作家也没有权这样说：写历史戏可以完全不受客观存在的历史事实的约束。我看历史戏剧与历史的关系，应该是既有联系又有区别。有联系，是描写历史的戏在大关节目上，应该基本符合于历史事实；有区别，是指戏剧家可以根据戏剧的需要，对题材作一些选择、改造，对情节作一些增减、渲染、夸张。写历史的人，不能用百分之百的真实去要求艺术（这样做，在历史家也是不可能的），但艺术所反映的历史基本事实总要和客现存在的史实大致不差。比如写武则天，同历史就要达到基本上的统一。历史上的好人应写成好人，坏人就要写成坏人，而不能好坏颠倒，是非不分。（当然，某些被封建史家所歪曲颠倒的人物，应该重新估价。）

在创作历史剧时，应该运用现实主义与浪漫主义相结合的方法，历史剧要求剧作家作现实主义的反映，反映人物的时代的真实，事件的真实，对人民进行爱国主义的历史教育；而艺术创作则须在现实主义的基础上，有夸张与创造，要运用浪漫主义的方法，要学习《矛盾论》，分清主要与次要，集中一点，照顾全面，达到艺术上的美满境界，收到教育的最好效果。在过去，历史和历史戏在某些场合是确实存在有矛盾的，而今天，矛盾是可以统一的，可以解决的。并且通过历史学家和艺术家的研究和讨论，历史戏将日益在人民群众中起越来越显著的教育作用。

第二，关于武则天的历史地位问题。武则天这个历史人物是丰富多彩的、复杂的，又是伟大的。肯定这个人物是对的，我完全赞成。但《则天皇帝》的结尾，把她写成是一个失败的人物，说她输了，这就不太合适。从历史上看，结论不能这样下。作者究竟是从武则天的个别事件上来看问题，还是从她在那个时代起了进步作用这个主要方面来看问题呢？我认为武则天是一个成功的人物，不是一个悲剧性的人物。在唐代的历史上，唐太宗打下基础，接着是武则天时代，以后就是开元全盛时代。武则天当权前后的五十年间，生产发展了，土地开发了，人口增加了，疆土开扩了，文化提高了，和许多外国也有了广泛的经济和文化交流。而且还应注意这样一件事实，即开元时代的主要政治家都是武则天时代所培养的。可以这样说，没有武则天时代长时期的巩固发展工作，开元的治世的局面是不可能出现的。当然，并不是说这一切都是武则天个人的功劳，但必须说她是起了促进作用的。因此，可以说，武则天是一个大政治家，是应该大加肯定的成功的人物，而不是失败的人物。

对武则天这样的历史人物进行评价，应该根据什么材料，是值得考虑的。比如在男女关系上对她攻击，究竟从什么时候开始，据我了解，这主要是唐以后才这么说的。说她杀了不少唐朝的皇家宗亲、元老重臣，这固然是事实；问题是她不杀这些人，这些人就要杀她，要记住这是一场封建统治阶级的内部激烈斗争，是个你死我活的斗争啊。但值得注意的是在她以后，唐朝人，包括她所杀的李家子孙在内，对她的评论，是好话多，坏话少，褒多于贬，在政治上几乎是一致肯定的，称她为则天大圣皇帝。历史上对武则天看法的改变，也和对曹操的看法差不多，是从宋——特别是从北宋末年以后开始的。人们首先从封建伦理关系上对武则天进行人身攻击、诬蔑，因此，要真正地认识武则天，如果根据宋以后的材料，那就上当了；应该根据当时的即唐代的史料来进行研究。

关于武则天的镇压反对派，范文澜同志在《中国通史简编》里对她有所批判，其目的是为了攻击国民党。过去我们写书，也常常为了同样的目的而“指桑骂槐”，我也这样做过，这是可以理解的。今天的情况不同了，攻击的对象不存在了，我相信范老也不会仍旧那样看了。就武则天镇压反对派来说，这是专政的手段，是政治斗争所必需的。为什么只许别人打倒她，而不许她打倒别人！只许别人专政，而不许她专政！我们应该从政治斗争上来看这个问题。从政治措施对人民的利害，是促进的还是保守的来看这个问题。镇压反对派是武则天在复杂、紧张的斗争中所采用的手段。武则天是和她的敌对势力一直斗争到死的，她不能不采取各种方法保护自己并使自己在斗争中取得胜利。至于杀人，要弄清楚她杀的是什么人？她杀了很多保守派，保守分子是她的反对派，杀的不是一般老百姓。武则天是很坚强的；她要实现某些政治上的巨大改变，必须彻底打垮反对派。反对她的保守派，不少是元老重臣、皇亲国戚，这些人是不愿意看到新的措施，不愿意看到新的力量的成长，而习惯于“率由旧章”的。可以看出，按老章程办事，是绝不可能取得武则天那样的治绩的。评论一个历史人物，要看他在当代起什么作用，支持他的是谁，反对他的是谁，他支持什么，反对什么，做事对大多数人有利，或是对少数人有利？历史唯物主义的精神无非是这样。武则天不止继承了唐太宗而且还为开元时代打好了基础，是个承先启后的人物，是个历史上关键性的人物。她一方面反对保守派，一方面引用全国各方面的（包括各族）人才，在她的统治的年代里，人才辈出，培养了很多政治家，在这以前，这些人是达不到这样政治地位的。进一步说，太宗在用人上还有地域性的偏见，武则天打破了这种地域之见，以及限于门阀出身的旧传统，不少南方人出来做官了，有的作了大官，这样，政治上就出现了新的局面，政权基础扩大了。如果武则天不废除这种用人分南北论门第的畛域，许多新的政治措施是行不通的。由此，可以看出武则天眼光远大，把国家看成是一个整体，用人从全国范围出发，从才力出发，选举制度和不次用人相结合，在这一点上，她是很了不起的，她是一个杰出的政治家。另外，如果单纯从妇女的角度来看，从妇女在政治上历史上所起的作用来看，几千年来，她考第一。但是，一个妇女，做了这么大的事，估价她的成就显然不能仅仅局限在妇女翻身这一点上。局限在这一点上，那就太小了。（而且，当时妇女并没有翻身，这在那时代是不可能的。）武则天为什么能长期掌握政权？这个问题在戏里好像没有解决。我看是她取得了中小地主的支持，取得人民的支持。如果她只取得了政府中部分人的支持，搞这么长的时期，这么大的事业，是不可能的。

作为历史人物，武则天是很难写的。如把她五十年的事迹当编年史来写，那么戏就太长了，也平了、瘟了。应该抓住重要事件来写，但重要事件未必都可以入戏。这种剪裁需要历史知识，更需要艺术手腕。这里就不多谈了。

最后，我觉得这个戏大体上合乎历史事实，肯定武则天是对的、正确的。但是，作者好像为历史事实所束缚，“现实主义”多了，浪漫主义少了。主要事件、主要活动应该处理好，同时也必须分清主次。剧中关于审案的描写，我怀疑是否降低了武则天，把她写成包公式的人了？这段描写作为单折是可以的，但用来描写武则天这样伟大人物，却嫌力量不够了，也缺乏典型意义。

这个戏的后一段也值得考虑。既然是历史戏，那就不能违反当时的历史条件，在当时所不可能有的思想，也不要强加于她。传子传侄，武乎李乎，武则天是有苦恼的，有矛盾的，她同狄仁杰是有斗争的。但在当时的历史条件下，不找李家人或武家人做皇帝，要传给外姓，传给贤人，这种思想是不可能产生的，这太民主了，是资产阶级思想，封建时代是不可能有这样思想的。

武则天这个角色演得好，其他人物却嫌不够，配称不上。狄仁杰就写得不够好。还有，把徐敬业作为反面人物，把他和乃祖徐勣合起来，年龄上似有问题，因为在观众看来，这个人物在舞台上始终是个老头子。徐敬业的反对武则天写成是个人的反对，也可能有问题，应该处理成为反对派的代表。武氏弟兄等，都写得不鲜明，请皇帝吃饭，作陪客用徐有功也不是适当人选。

戏的困难之处是历史时间太长，人物的线索太长，无法连贯起来，归根结底，造成困难的是编年史的写法。如果时间写短一点，或选取某一个时期，抓住主要事件，鲜明地烘托出来，使之更加生动、有力，那就会好一些。

总之，戏是好戏，有些地方还值得考虑；从艺术上说，有矛盾，但没有高潮，时间拉长了，戏太平。

我的话是外行之谈，仅供参考。

1959年10月16日

论海瑞

看过《三女抢板》（或《生死牌》）的人，大概都记得那个挺身出来反对豪强，救了两家人性命的巡抚海瑞。这是民间流传关于海瑞的许多故事中的一个。海瑞究竟是什么样的一个人呢?

海瑞（1515—1587，明武宗正德十年至神宗万历十五年）是我国十六世纪有名的好官、清官，是深深得到广大人民爱戴的言行一致的政治家。他为了巩固封建统治阶级的长远统治，减轻农民市民的负担，向贪婪腐朽的封建官僚、大地主斗争了一生。

明朝人论海瑞

为了了解海瑞，让我们先看看当时的人们是怎样评论他的。

总的评论是当时的人民说他好，当时的大地主说他不好。

但是，有点奇怪，反对海瑞的人中间，有不少人也还是不能不称赞海瑞是好官，是清官；他是为民的，想做好事的，而且，也做了好事。

就明朝人的记载来看海瑞，梁云龙所作海瑞行状，除了叙述他的清廉，为百姓办好事的政绩以外，并说：

> 呜呼！公之出、处、生、死，其关于国家气运，吾不敢知。其学士大夫之爱、憎、疑、信，吾亦不敢知。
>
> 第以公之微而家食燕私，显而莅官立朝，质诸其所著《严师教戒》，一一契券，无毫发假。孔子所谓强哉矫，而孟子所谓大丈夫乎！古今一真男子也。
>
> 论者概其性甘淡薄，有采薇之风，天挺忠贞，有扣马之节，

> 谓道似伯夷，信矣。然其视斯民由己饥寒，耻厥辟不为尧舜，言动必则古昔、称先王，莅官必守祖宗成宪，挫折不磨，鼎镬不避，即伊尹奚让？望之如泰山壁立，就之如春风太和，接谈无疾言，无遽色，临难无郁气，无忿容，箠楚子弟臧获，亦不见其厉色严声，即柳下惠奚加？
>
> 特其质多由于天植，学未进于时中，临事不无或过，而隘与不恭，盖亦有焉。

全面地评价海瑞，指出海瑞是这样一个人，言行一致，他的日常生活和政治作为，和所著《严师教戒》文章对证，一一符合，没有丝毫的假。是“强哉矫”，是大丈夫，是古往今来一个真男子。

他生活淡薄，性格忠贞，看到百姓的饥寒认为是自己的过失，以他的皇帝不像尧舜那样为耻辱。一言一动都要说古代如何，先王如何。作官办事则坚守祖宗朝的成法。不怕挫折，不怕牺牲。又严峻，又温和，谈话的时候，说得不太快，也不摆出一副难看面孔，遭遇危难也不表现那样忿慨抑郁。连打小孩、打奴婢，也看不到他的厉色严声。

像伯夷，像伊尹，像柳下惠。

他的本性是天赋的，但是修养还没有到家，未得中庸之道。作事有时过了一些，窄了一些，以至有些不恭，这些毛病都是有的。

因为海瑞是被攻击谩骂，死在任上的，所以梁云龙很含蓄地说，这个人和时代的关系，他的出、处、生、死，和国家的关系如何，我不敢知道。学士大夫（封建统治阶级）对他的爱、憎、疑、信，对他的评价到底怎样，我也不敢知道。

梁云龙是海瑞的同乡，海瑞侄女的儿子，和海瑞关系很深，作行状时他在湖广巡抚任上，最了解海瑞。对海瑞的评价大体上应该是可信的。

此外，王宏诲的《海忠介公传》对海瑞也是大赞特赞的，但在末后又说上一句：“乃海公之砥节砺行，而缙绅（官僚地主阶级）又多遗议，何也？”这样的好官、清官，为什么官僚地主阶级又多说他不好呢？是什么道理呢？

王宏诲也是海瑞的同乡，琼州定安人。海瑞在因批评皇帝而坐牢以前，王宏诲正在北京，作翰林院庶吉士，海瑞去看他，托其料理后事，关系也很深。

这两个人是海瑞的亲戚、同乡，也许会有人说他们有偏见。再看何乔远所作《海瑞传》，和李贽的《海忠介公传》，何乔远和李贽都是福建晋江人，他们的评价和梁云龙、王宏诲是一致的。清修《明史》，对海瑞一般很称赞（王鸿绪《明史稿》和《明史》一样），末后论断，也说他："意主于利民，而行事不能无偏云。"用意是为人民谋福利，但是有些偏差。汪有典的《史外》歌颂他的政绩以后，又说他：尝时以为朝廷上的人懦弱无为，都像妇人女子，把人骂苦了。有人恨极了，骂他大奸极诈，欺世盗名，诬圣自贤，损君辱国。他还是不理会。

人民是爱戴海瑞的，他做了半年多应天巡抚（应天府今南京，巡抚是皇帝派遣到地方，治理一个政区的行政长官，巡抚有弹劾地方官吏之权，有指挥驻军之权，权力很大），罢职的时候，老百姓沿街哭着送别，有些人家还画了他的像供在中堂里。死在南京右都御史（中央监察机关的长官）任上的时候，百姓非常哀痛，市面停止了营业，送丧穿戴着白色衣冠的行列，夹着江岸悼祭哀哭的百里不绝。

他晚年到南京作官，被御史（监察官）房寰弹劾，也就是汪有典所引的十六字罪状，引起了统治集团内部一部分青年知识分子的公愤，提出抗议，向皇帝写信申救。吏部办事进士顾允成、彭遵古、诸寿贤这三个人代表这一批人说：

> 南直隶提学御史房寰本论右都御史海瑞，大奸极诈，欺世盗名，诬圣自贤，损君辱国。……朝野闻之，无不切齿抱愤。……不意人间有不识廉耻二字如房寰者。
>
> 臣等自十余岁时即闻海瑞之名，以为当朝伟人，万代瞻仰，真有望之如在天上，人不能及者。
>
> 瑞剔历朊仕，含辛茹苦，垂白之年，终不使廪有余粟，囊有赢金。

瑞巡抚南畿时，所至如烈火秋霜，搏击豪强，则权势敛迹，禁绝侵渔，则民困立苏，兴水利，议条鞭，一切善政，至今黄童白叟，皆雅道之。近日起用，海滨无不曰海都堂又起，转相告语，喜见眉睫。

近在留都，禁绝馈送，裁革奢侈，躬先节俭，以至百僚，振风肃纪，远近望之，隐然有虎豹在山之势，英风劲气，振江南庸庸之士风，而濯之以清冷之水者，其功安可诬也。

说他们在十几岁时就知道海瑞是当代伟人，万代瞻仰的人物。海瑞作了多年大官，可是生活朴素，头发白了，没剩什么粮食，也没剩什么钱。作巡抚作为像烈火，像秋霜，打击豪强，有权势的人安分了，禁绝贪污，老百姓可以喘一口气了。兴修水利，贯彻一条鞭新法，这些好事，到现在地方上的老老小小都还想念他。听说海都堂又来了，人们互相告诉，非常喜欢。在南京，他禁止送礼，裁革奢侈，带头节俭，做出榜样，整顿纪纲，远近的人看着，有虎豹在山之势，英风劲气，像一股清冷的水，把江南庸庸碌碌的士风都改变了。这样的功绩，谁能抹杀？

房寰的攻击海瑞，把朝野的人都气坏了。想不到人世间有不识廉耻像房寰这样的人！

据后来另一营救海瑞的徐常吉的揭发，弹劾海瑞的房寰是什么样人呢？官是提学御史（管教育的监察官），人呢？是个大贪污犯。海瑞看到南京官员作风拖拉，偷懒，很不像话，下决心整顿，依明太祖的规矩，把一个犯规的御史打了一顿。御史们怕极了，想法子要赶走这个厉害上司。房寰借出外考试学生的机会，让儿子和亲家大收贿赂，送钱多的就录取，名声极坏。怕海瑞弹劾，先下手为强，就带头反对海瑞，造谣造得简直不像话。

乡官（退休居乡的官僚）是反对海瑞的，因为乡官恨他为百姓撑腰，强迫乡官把侵占的田地退还百姓。

大地主是反对海瑞的，因为海瑞一辈子贯彻一条鞭法，依新法，徭役的编派，人丁居四分之一，田粮居四分之三，农民人口多，大地主田地多，这样就减轻了贫农和中农的负担，大地主占地多，按地完粮，负担自然相应加重了，这怎么能不恨？海瑞一辈子主张清丈，重新丈量田地，把大地主少报的隐瞒的田地都清查出来了，要按地纳税，这怎么能不恨？

现任官员也不满意海瑞，因为赋役银两实行官收官解以后，省去一道中间剥削，百姓虽然得些便益，衙门里却少了一笔收入了，连北京的户部（管税收、财政的部）也很不高兴。海瑞坚持“此事于各衙门人诚不利，于百姓则为甚利”。至于禁止贪污、送礼，直接损害了现任官员们的利益，那就更不用说了。

从嘉靖（世宗）后期经隆庆（穆宗）到万历前期，从海瑞作官之时起，一直到死，这三十多年间，朝廷的首相是严嵩、徐阶、李春芳、高拱、张居正等人，除了严嵩是个大奸臣，李春芳庸庸碌碌以外，其他三个都是有名的宰相，尤以张居正为最。

严嵩不必说了，这个人是不会喜欢海瑞的，其他三个名相为什么也反对这个好官清官呢？

徐阶是严嵩的政敌，是他指使一批中级官员把严家父子参倒的，是他取严嵩地位而代之的。因为搞垮严嵩，很得人心。嘉靖帝死后，他又代草遗诏（遗嘱），革去嘉靖帝在位时一些敝政，名誉很好。但是，这人正是海瑞所反对的乡愿，凡事调停，自居中间，逃避斗争，不肯批评人，遇风转舵，作事圆滑，总留有后路，不肯负责任做好事，也怕坏事沾了边，好比中药里的甘草，什么病都可加上一味，治不好，也坏不了。正因为这样，才能保住禄位，严嵩挤他不掉。也正因为这样，官员们学了样，成为风气。海瑞痛恨这种作风，曾经多次提出批评意见。

当海瑞因批评嘉靖帝而坐牢的时候，嘉靖帝很生气，迟疑了好久，和徐阶商量，徐阶说了些好话，算是保全了海瑞的生命。嘉靖帝死后，海瑞立刻被释放，仍旧作户部主事，不久调兵部，又改任尚宝司丞（管皇帝符玺的官），大理寺丞（管审判的官），升南京右通政（管接受文件的官），外任为应天巡抚。

徐阶草遗诏改革敝政，是件好事，但是没有和同官高拱商量，高拱很有意见。又有人弹劾高拱，高拱以为是徐阶指使的，便两下里结了仇。公元1567年有个御史弹劾徐阶的弟弟和儿子都是大恶霸，有凭有据，海瑞没有搞清楚，以为是高拱指使，故意陷害徐阶，便和其他朝臣一样，给皇帝写信大骂高拱，要求把他罢斥。不久，高拱就免职了。高拱以后又回来作首相，对海瑞当然痛恨。

徐阶年纪太老，又得罪了当权的太监，1568年7月告老还乡。上一年冬天海瑞到南京，1569年6月任应天巡抚。经过近两年的调查研究，他明白自己偏听偏信，徐阶被弹劾的罪状是确实的。徐家有田四十万亩，是江南第一大地主，徐阶的弟弟和儿子都是人民所痛恨的大恶霸，大部分田地都是侵占老百姓的。他一上任就接到无数告徐家的状子，便立刻下令退田。徐阶也知道海瑞不好惹，勉强退出一部分，海瑞不满意，亲自写信给徐阶，一定要退出大半，才能结案。

徐阶虽然很看重海瑞，但是强迫退田，刺痛了心，恨极了。家人作恶，都有罪证，案是翻不了的。千方百计，都想不出办法，又忍不了这口气。最后有人出主意，定下釜底抽薪之计，派人到北京，走新的当权太监的门路，又重贿了给事中（管弹劾的官）嘉兴人戴凤翔，买他出头弹劾海瑞。戴凤翔家也是地主，亲戚朋友中一些人正在怕海瑞强迫退田。这一来，内外夹攻，戴凤翔弹劾海瑞支持老百姓，凌虐缙绅，形容老百姓像虎像狼，乡官像鱼像肉，被吃得很惨，“鱼肉缙绅”的罪状，加上有内线作主，硬把海瑞赶出了巡抚衙门。

也正是海瑞任应天巡抚这一年，高拱在年底被召还入内阁（拜相），第二年升次相，1571年5月首相李春芳退休，高拱任首相。

1572年6月，高拱罢相，张居正任首相。

在徐阶和高拱的政治斗争中，海瑞对这两个人的看法是不正确的，对徐阶只看到他好的一面，对高拱呢，恰好相反，没有看到他好的一面。许多年后，海瑞自编文集，在骂高拱的信后附记：“一时误听人言，二公心事均未的确。”改变了对两人的看法，也承认了自己的错误。

1572年张居正作了首相，一直到1582年病死为止。

张居正是 1567 年 2 月入阁的。1569 年海瑞在应天巡抚任上时，他在内阁中是第三名，对海瑞的行政措施不很赞成。虽然张居正在贯彻一条鞭法这一方面和海瑞一致，但是，用行政命令强迫乡官退田，却不能同意。写信给海瑞说：吴中不讲三尺法已经很久了，你一下子要矫以绳墨，当然他们受不了，谣言沸腾，听的人都弄糊涂了。底下说他不能帮什么忙，很惭愧。意思是嫌海瑞太性急，太过火了。1577 年张居正父亲死了，按封建社会礼法，是必须辞官回家守孝的，他不肯放弃权位，叫人说通皇帝，照旧在朝办事，叫做“夺情”。这一来激怒了那些保卫封建礼法的正人君子们，认为是不孝，纷纷抗议。海瑞名气大，又敢说敢为，虽然远在广东琼州，苏州一带的文人们却假造了海瑞反对张居正的弹劾信，到处流传。到后来虽然查清楚和海瑞无关，张居正却也恨极了海瑞。有人建议重用海瑞，他都反对。

尽管如此，高拱对海瑞的评论说：海瑞做的事，说是都好，不对。说是都不好呢？也不对。对他那些过激的不近人情的地方，不加调停（纠正）是不好的。但是，要把他那些改革积敝、为民作主的地方都改掉了，则尤其不可。张居正也说：“海刚峰（刚峰是海瑞的字）在吴，做的事情虽然有些过当，而其心则出于为民。”

地主阶级反对海瑞是当然的，例如何良俊，是华亭（松江）的大地主，父亲是粮长，徐阶的同乡。本人是贡生，是个乡官。他家大概也吃过海瑞的苦头，对海瑞是有意见的，说海瑞性既偏执，又不能和人商量（不和大地主商量），喜自用。而且改革太快，所以失败。不说他做的事情好不好，只骂他搞快了。又说海瑞有些风颠，寡深识，缺少士大夫风度。说海瑞只养得些刁诈之人（贫农、中农），至于数百为群，闯门要索，要索不遂，肆行劫夺。若善良百姓（富农、地主），使之诈人，尚然不肯，况肯乘风生事乎！此风一起，士夫之家，不肯买田，不肯放债，善良之民，坐而待毙，则是爱之实陷之死也。怎能说是善政呢？幸亏海公转任了，此风稍息，但是人心动摇，到今天还没有安定下来。骂他搞糟了。

何良俊的《四友斋丛说》序文写于 1569 年，正是海瑞任应天巡抚这一年。他写的这几条批评，按语气应在1570年和1571年，书大概是这年以后刻的。他尽管站在大地主立场，骂了海瑞，但毕竟不能不说几句公道话："海刚峰不怕死，不要钱，真是铮铮一汉子！"又说："前年海刚峰来巡抚，遂一力开吴淞江，隆庆四年、五年（1570、1571）皆有大水，不至病农，即开吴淞江之力也。非海公肯担当，安能了此一大事哉！"松江一带乡官兼营工商业，海瑞要加以限制，何良俊认为"吾松士大夫工商不可谓不众矣，民安得不贫哉！海刚峰欲为之制数度量，亦未必可尽非"。

海瑞也还有几个支持他的朋友，一个是1565年入阁的李春芳，第二年升次相，1568年任首相。海瑞疏浚吴淞江和救灾等工作都曾得到李春芳的支持。另一个是朱衡，从任福建提学副使时，就很器重海瑞，后来作吏部侍郎（管铨叙官吏的副部长）推荐海瑞作兴国知县，户部云南司主事；到作了工部尚书（管建筑工程的部长），还支持海瑞大搞水利。一个是陆光祖，海瑞从兴国知县内调，就是他当吏部文选司郎中（吏部的司长）时的事。

在海瑞闲居家乡的时候，有些支持他的人，纷纷建议起用。这些人虽然不一定是他的朋友，但在事业上可以这样说，是同情和崇敬海瑞的。

海瑞是同官僚地主作斗争的。既然如此，为什么官僚地主中又有人称赞他呢？这一方面是由于海瑞在人民中间的威望，一方面也是由于海瑞的斗争究竟还没有突破封建制度所能容许的限度。海瑞在主观上和客观上都还是忠君爱国的，所以何良俊说："海刚峰之意无非为民，为民，为朝廷也。"他和官僚地主有矛盾的一面，但也有一致的一面，因之，有些官僚地主们在大骂、排挤、攻击之后，也还是说海瑞一些好话。

斗争的一生

海瑞的一生是斗争的一生，他反对坏人坏事，不屈不挠，从不灰心丧气，勇敢地把全生命投入战斗。

海瑞，广东琼山人。先世是军人，祖父是举人，作过知县。父亲是廪生，不大念书也不大理家的浪子，在海瑞四岁时便死去了。叔伯四人都是举人，其中一个中了进士，作过御史。

海瑞虽然出生在这样一个官僚家庭，但家境并不好，祖上留下十多亩田地，光收些租子是不够过活的。他母亲谢氏生性刚直严肃，二十八岁死了丈夫，便自己抚育孤儿，做些针线贴补过日子。教儿子读《孝经》、《大学》、《中庸》这些书。儿子长大了，尽心找严厉通达的先生，督责功课很严格。

这样，海瑞虽然出身于地主阶级，但生活并不宽裕，和穷苦人民接触的机会多，同情贫农、中农，对大地主有反感。另一面，他受了严格的封建教育，遵守封建礼法，在政治上也必然道往古、称先王，维护封建统治阶级的利益。

他不是哲学家，但深受王阳明的影响。当时正是王学盛行的时代，师友中有不少人是王派学者。王学的要点除了主要方面是唯心主义以外，还有提倡知行合一、理论和行动一致的积极方面。海瑞也主张德行属行，讲学属知，德行好的道理也会讲得好，真实读书的人也不肯弃身于小人，知和行决不是两件事。因此，他一生最恨的是知和行不一致的人，这种人明知是好事而不敢做，明知是坏事而不敢反对，遇事站在中间，逃避斗争，甚至脚踏两头船，一味讲调停，和稀泥。这种人他叫作乡愿，客气一点叫甘草。在《乡愿乱德》一文中说："善处世则必乡愿之为而已。所称贤士大夫，不免正道、乡愿调停行之。乡愿去大奸恶不甚远。令人不为大恶，必为乡愿，事在一时，毒流后世，乡愿之害如此！"他以为孟子之功，不在禹下，以恶乡愿为第一。到处揭露乡愿的罪状，在坐牢以前，去看同乡翰林院庶吉士王宏诲，痛心地说："现在医国的只一味甘草，处世的只两字乡愿。"这时候当国的首相便是徐阶。后来他在给徐阶的儿子信里也说："尊翁以调停国手自许，然调停处得之者少，调停处失之者多。"

在《严师教戒》文章中，他指出批评的好处，要求批评，接受批评："若人能攻我之病，我又能受人之攻，非义友耶?"自问自答，提出作人的标准，不白白活下去的意义："有此生必求无忝此生，而后可无忝者。圣人我师，一一放而行之，非今所竞跻巍科，陟朊仕之谓也。……入府县而得钱易易焉，宫室妻女，无宁一动其心于此乎？昔有所操，今或为恼恼者一易之乎？财帛世界，无能屹中流之砥乎？将言者而不能行，抑行则愧影，寝则愧衾，徒对人口语以自雄乎？质冕裳而有媚心焉，无能以义自亢乎？参之衣狐貉而有耻心焉，忘我之为重乎？或疚中而气馁焉，不能长江大河，若浩然而莫御矣乎？小有得则矜能，在人而忌，前有利达，不能无竞心乎？讳己之疾，凡有所事，不免于私己乎？穹天地、亘古今而不顾者，终亦不然乎？夫人非无贿之患，而无令德之难。于此有一焉，下亏尔影，上辱尔先矣。天以完节付汝，而汝不能以全体将之，亦奚颜以立于天地间耶？俯首索气，纵其一举，而终已于卿相之列，天下为之奔趋焉，无足齿也。呜呼！瑞有一于此，不如此死!"大意是："人不要白活着，要照着圣人的话，一一学着做。不白活着并不是说要中高科，作大官。你到了府县衙门，弄钱很容易，好房子，美丽的妇女，你会动心吗？从前怎么说的，会动摇吗？钱财世界，你挺得住吗？或者只会说可不会做，白天看自己的影子，晚上在床上都觉得惭愧，只会对人说空话充好人？看见大官想巴结，在穿狐皮袍子的人群中觉得自己寒伧，心虚气馁，说的话不成气派；小有成绩便骄傲起来，别人做了顺利的事，便想抢先；掩盖自己的毛病，干什么都存私心；顶天立地的事业，想也不肯想，要知道没钱不是毛病，没德才是毛病！这些事只要有这么一条，便对不住自己，也对不住祖先！上天生你这个人是完全的，但是你把它弄残缺了，毁了自己，你还有脸活在天地间吗？做了这些事，即使作到卿相，天下人都为你奔走，也是不值得的。唉！我要是犯了以上任何一条过错，还不如死的好。"这是他在作县学教谕时对学生的教约，此后几十年，他的生活、行事都一一照着检查自己，照着做，没有一句话没有做到。

他是个唯心主义者，认为"君子之于天下，立己治人而已矣。

立己治人孰为之？心为之，心自知之。若得失，心自致之。虽天下之理无微不彰。”在教学上学王阳明，把“训蒙大意”作为教育方针，在行政措施上，也采用了王阳明的保甲法。

中了举人以后，作福建南平县学教谕（校长），主张学校是师长教学生的地方，教师有教师的尊严，不该向上官磕头。提学御史到学校来了，别的人都跪下，只有他站在中间，像个笔架，以后得了外号，叫笔架博士。

升任浙江淳安知县，反对大地主。

淳安山多地少，地方穷苦。地主往往有三四百亩的田产，却没有分毫的税，贫农收不到什么粮食，却得出百十亩的税差。由之富的愈富，穷的就更穷了。徭役也是十分繁重，每丁少的出一两二钱银子，多的要十几两，弄得“小民不胜，憔悴日甚”。解决的办法是清丈，根据实有土地面积，重新规定赋役负担；是均徭，均是按照负担能力分配，按力量多少分配，没有力量就不要负担了。这样，农民的负担才减轻了些，地主们可不乐意了。

此外，他还做了不少事，改革了许多敝政。几年后，他总结经验，把这些措施编成一部书，叫作《淳安政事》。

特别传诵一时的有两件事。

一件是拿办总督胡宗宪的公子。这位少爷路过淳安，作威作福，吊打驿吏。海瑞没收他带的大量银子，还报告胡总督说：此人冒充总督公子，胡作非为，败坏总督官声。弄得胡宗宪哭笑不得，只好自认倒霉。

一件是挡了都御史鄢懋卿的驾。鄢懋卿是严嵩的党羽，以都御史奉命出来巡查盐政，到处贪污勒索，还带着小老婆，坐五彩舆，地方疲于供应。海瑞检了鄢懋卿牌告上两句照例官话，说淳安地方小，容不下都老爷的大驾。牌告说：“素性俭朴，不喜逢迎。”但是听到你以前所到地方，铺张供应，并不如此。怕是地方官瞎张罗的缘故。一封信把鄢懋卿顶回去，绕道过去，不来严州了。

连总督、都御史都敢惹，海瑞的名声逐渐传开了。封建时代的老百姓是怕官的，更怕大官。如今居然有不怕大官，敢顶大官的小官，敢替老百姓撑腰说话的小官，这个官自然就得到老百姓的爱戴了。

加上，海瑞很细心，重视刑狱，审案着重调查研究，注意科学证据和人情事理，几年中平反了几件冤狱。上官因为他精明，连邻县的疑难案件也调他会审了。这些案件的判决书后来都收在文集里，小说家剧作家选取了一些，加以渲染，几百年来在舞台上为人民所欣赏。《大红袍》、《小红袍》、《生死牌》、《五彩舆》和一些公案弹词在民间流传很广，叫作公案小说。也正因为公案小说的流传，海瑞在政治上的作为反而被公案所掩盖了。

因为得罪了胡宗宪、鄢懋卿，虽然治理淳安的政绩很好，还是被排挤调职。1562年海瑞升嘉兴通判，鄢懋卿指使党羽弹劾，降职为江西兴国知县。

在兴国一年半，办了不少好事，清丈了田亩，减少了冗官，减轻了人民的负担。其中最快人心的事是反对乡官张鏊。

张鏊作过兵部尚书，在南昌养老享福。张鏊的侄子张豹、张魁到兴国买木材，作威作福，无恶不作。老百姓气苦得很。海瑞派人传讯，他们倚仗叔父威势，不肯来。一天忽然又跑到县衙门大闹。海瑞大怒，拿下张豹，送到府里，反而判处无罪。张鏊出面写信求情，海瑞不理。张鏊又四处求情设法，这两个坏蛋居然摇摇摆摆回家去了。海瑞气极，写信向上司力争，终于把这两个坏蛋判了罪。

1564年海瑞作了京官，户部云南司的主事。（户部按布政使司分司，云南司是管这一政区的税收的。）

两年以后，他弄清了朝廷的情况，写信给嘉靖帝，提出严厉批评。指斥皇帝迷信道教，妄想长生，二十多年不上朝，自以为是，拒绝批评，弄得君道不正，臣职不明，吏贪将弱，暴动四起。你自号尧斋，其实连汉文帝也赶不上。嘉靖帝看了，气得发昏，丢在地下，想了又想，又捡起来看，觉得说中了毛病。叹口气说："这人倒比得上比干，只是我还不是纣王啊！"

海瑞早就准备好后事，连棺材都托人买了。嘉靖帝一听说这样，倒愣住了。不过后来还是把他关在牢里。嘉靖帝死后，海瑞被释出狱。

1569年6月，海瑞以右佥都御史巡抚应天十府。应天十府包括现在江苏安徽两省大部分地方，巡抚驻在苏州。

海瑞投身到一场激烈的斗争中，他要对大地主，对水灾进行斗争。

这一年江南遭到严重水灾，夏秋多雨，田地被淹，粮食涨价，农民缺粮逃亡，情况很不好。

江南是鱼米之乡，号称全国最富庶的地方。但实际上百姓生活很困苦，因为历史的关系，粮、差的负担特别重，加上土地集中的现象这二十年来特别显著，大地主占有的土地越多，人民的生活便越困苦。特别是松江，乡官田宅之多、奴仆之众，两京十二省找不出第二个。一上任，告乡官夺产的老百姓就有几万人。“二十年来，府县官偏听乡官、举人、监生，民产渐消，乡官渐富。”真是苦难重重，数说不完。

怎么办？一面救灾，一面治水。

怎么办？要大地主退田，还给老百姓；贯彻一条鞭法。

救灾采工赈办法，把赈济和治水结合起来。闹灾荒粮食不够吃，请准朝廷，把应该解京的粮食留下一部分当口粮。闹水的原因，经过亲自勘察，是多年来水利不修，吴淞江淤塞了，太湖的水排不出去，一遇特大雨量，便泛滥成灾，得立刻疏浚。说做就做，趁冬闲开工，他坐上小船，到处巡视督工，灾民一来上工有饭吃，二来工程搞好可以解决水患，变为水利，热情很高，进度很快，不到一个月就完工了。顺带地把吴淞江北面常熟的白茆河也疏浚了。这两项工程对人民，对生产好处很大。并且用的钱都是海瑞从各方面张罗来的，没有加重人民负担。以此，人民很喜欢，很感激。

这样，他战胜了灾荒，也兴修了水利。

最困难的还是限制大地主的过分剥削。要大地主退还侵占农民的田地，等于要他们的命；不这样做，农民缺地无地，种什么，吃什么？海瑞采用了擒贼先擒王的办法，先从松江下手，先拿江南最大的地主乡官徐阶兄弟作榜样，勒令退田。这一来，乡官和大地主害怕了，着慌了，有的逃到外州县躲风头，有的只好忍痛退田。李贽记载这一件好事，加以总结，赞扬说："海瑞卵翼穷民，而摧折士大夫之豪有力者，小民始忻忻有更生之望矣!"老百姓有活路了，大地主们却认为是死路。好事才开头，便被徐阶釜底抽薪，海瑞罢职了。贼没全擒到，反而丢了官，这是海瑞所没有预料到的，也是封建社会统治阶级利益所决定的必然的下场。

解决人民生活问题的关键，在海瑞看来，无过于贯彻执行一条鞭法。这个办法不是海瑞创始的，已经有好几十年历史了，并且各地办法也不尽相同。主要的方面是把过去田赋的各项各款，均徭、力差、银差、里甲等等都编在一起，通计一省丁、粮，通派一省徭役，官收官解，除秋粮以外，一律改折银两交纳。简言之，就是把复杂的赋役制度简化了，把实物赋税的大部分改为货币赋税。这个办法不止可以减轻农民的负担，还可以增加国家的收入，并且，在经济发展过程中也是有进步意义的。例如过去南粮北运，由于当时交通困难，运费由农民负担，往往超过正税很多，现在改折银两，省去昂贵的运输费用，人民的负担也就相应减轻了。又如徭役，实行新法以后，不问银差、力差，只要交了钱，由官府雇工应差，农民也就可以安心生产，不再受徭役的挂累了。这样做，对生产的促进是有好处的。只是对大地主不大好，因为按照新法，大地主有些地方的负担，不是减轻，而是加重了，反对的意见很多。海瑞不顾地主们的反对，坚决执行，终于办成了。成绩是田不荒了，人不逃了，钱粮也不拖欠了，生产发展了。当时的人民很高兴，很感激。后来史家的记载也说："行条鞭法，遂为永利。"

应该指出，一条鞭法并不是摧毁封建剥削制度的办法。但是，这个办法简化了项目和手续，比较地平均了土地的负担，特别是减轻了贫农、中农和城市平民的某些负担，对生产的发展是有益的，因而，也是有民主意义和进步意义的。因此，海瑞是当时人民心目中的好官，是历史上有地位的政治家。

海瑞只做了七个月巡抚，便被大地主阶级撵下台，在家乡闲居了十六年。

万历十年（1582）六月，张居正死。万历十三年，海瑞已经七十二岁了，被荐任用为南京都察院右佥都御史，还没到任，又调任南京吏部右侍郎。照一般道理说，七十多岁的老人该退休了，但是，他想了又想，好容易才有着实作一点事的机会，虽然年纪大了，精力差了，还是一股子干劲，高高兴兴到南京上任。

明朝体制，南京是陪都，虽然也和北京一样，有五府、六部、都察院等衙门，但不能决定国家大政，是安排年老的和政治上失势官员的地方，比较清闲。海瑞却并不因为闲官就无所作为，一到职就改革敝政，把多年来各衙门出票要街道商户无偿供应物品的陋规禁止了。他说："要南京五城的百姓，负担南京千百个官员的出入用度，难怪百姓苦了！吏部是六部之首，怎么能不先想到百姓？"

当时贪污成为风气，严嵩父子虽然垮了，但从宫廷到地方，依然贿赂公行，横征勒索。海瑞一辈子反对贪污，从作教官时起，就禁止学生送礼，作县官革去知县的常例（摊派在田赋上补贴县官的陋规，一种合法的贪污）。拒绝给上官行贿，有人劝他随和一些，他愤然说："全天下的官都不给上官行贿，难道就都不升官？全天下的官都给上官行贿，又难道都不降官？怎么可以为了这个来葬送自己呢？"又说："充军也吧，死罪也吧，都甘心忍受。这等小偷行径，却干不得！"知县上京朝觐，照例可以从里甲、杂项摊派四五百两银子以至上千两银子，以便进京行贿，京官把朝觐年看成是收租的年头。海瑞在淳安任上两次上京，只用了路费银四十八两，其他一概裁革。作巡抚时，拒绝人家送礼，连多年老朋友送的人情也婉言谢绝。作了多年官，过的依然是穷书生的日子。在淳安，有一天买了两斤肉，为他母亲过生日，总督胡宗宪听见了，大为惊奇，当作新闻告诉人。罢官到京听调，穿的衣服单薄破烂，吏部的熟人劝他，才置了一件新官服。祖上留下十多亩田地，除了母亲死时，朋友送一点钱添置一点墓田以外，没有买过一亩地。买了一所房子，用银一百二十两，是历年官俸的积余。死前三天，兵部送来柴火银子，一算多了七钱银子，立刻退回去。死后，同官替他清点遗物，全部家财只有新俸银一百五十一两（一说只有十多两），绫、绸、绢各一匹，连丧事都是同官凑钱办的；看见这种情景，人们都忍不住掉下眼泪。

海瑞一生积极反对贪污，反对奢侈，主张节俭，生活朴素，是言行一致的极少见的清官。他恨极了贪官污吏，认为这是人民遭受苦难的根源，要根绝贪污，非用重刑不可。相反，像过去那样，准许贪污犯用钱赎罪，是解决不了问题的。建议恢复枉法赃满八十贯（千）处绞的法律。还提到明朝初年，严惩贪污，把贪污犯剥皮的故事。这一来，贪官污吏恐慌了，着急了，生怕海瑞剥他们的皮，联合起来，反对海瑞。

升任都察院右都御史以后，海瑞整顿纪纲，援引明太祖时的办法，用板子打御史。贪污犯房寰怕海瑞揭发，弹劾海瑞，把海瑞骂得不像人，引起了三进士的抗议。攻击的和为海瑞申雪的人吵开了，统治阶级内部发生严重争论，当国的宰相呢，依然是徐阶的手法，两面都不支持，也不得罪，不参加斗争，希望“调停”了事。最后，房寰的贪污事实被全盘揭露，遮盖不得了，才把他免职，这已经是海瑞死后的事了。

明末人谈迁记这场争论说：“时人大为瑞不平，房寰今传三世而绝。”说房寰绝后是因为做了坏事。这虽然是迷信的说法，但是也可以看出当时和以后，有正义感的知识分子是同情海瑞，支持海瑞，歌颂海瑞的。

从当教官时不肯跪接御史时起，一直到建议严惩贪污，海瑞度过了他斗争的一生。

他反对乡官、大地主的兼并；反对严嵩、鄢懋卿的败坏国事，也反对徐阶的“调停”、“圆融”；他反对嘉靖帝的昏庸，只求无望的长生，不理国家政事；也反对地方官的额外需索，增加人民痛苦；他反对奢侈浪费；反对乡愿，总之，他反对坏人坏事。虽然他所处的是那样一个时代，还是坚持自己的信念，不屈不挠地斗争到死。

当时人对他的看法，不是说他做的全不对，而是说过火了一些，做过头了，偏了，矫枉过直了！他不同意，反而说就是要过火，就是要过直，不如此，风气变不过来。在给人的信中说：“矫枉过直，古今同之。不过直，不能矫其枉。然生之所矫者，未见其为过直也。”而且：“江南粮差之重，天下无有，古今无有。生至地方，始知富饶全是虚名，而苦楚特甚。其间可为百姓痛哭，可为百姓长太息者，难以一言尽也。”这种情况，光是要大地主退还一点非法侵占的田地，又怎么能说是过火，过直呢？应该说是不够，而不是什么过直。就当时当地的情况说，就当时苦楚特甚，可为痛哭，可为长太息的百姓说，过直应该是好得很，而不是糟得很。

当时农民暴动已经发生了。他把农民暴动的原因，明确指出是因为官坏：“广寇大都起于民穷，民穷之故多端，大抵官不得其人为第一之害。”慨叹地说：“今人居官，且莫说大有手段，可为百姓兴其利，除其弊。止是不染一分一文，禁左右人不得为害，便出时套中高人者矣。”把对官的要求降低到不求做好事，只要不做坏事，不贪污，也就难得了。又说：“今人每谓做官自有套子，比做秀才不同，不可苦依死本。俗人俗见，谬妄之甚！区区惟愿……执我经书死本，行己而已。如此不执，虽熟人情，老世故，百凡通融，失己失人，全无用处。”痛斥当时的社会风气，在思想上进行坚决的斗争。

当然，光是执我经书死本，说往古，道先王，是解决不了当前的问题的。要求官吏不落时套，不做坏事，不贪污，不讲人情世故，不百凡通融，而不从社会的根本变革出发，也是不可能成功的。同样，不改变生产关系，简单地要求大地主退还侵占农民的部分田地，少剥削些，农民的苦楚减轻一些，无论事实上做不到，即使做到了，也还是封建的剥削的社会，地主剥削农民的关系依然不变，问题还是没有解决，也是不可能解决的。在当时情况下，这是不可能解决的社会矛盾。海瑞虽然感觉到问题严重，必须坚决地和坏人坏事进行斗争，但是，他没有也不可能从本质上认识和解决这个矛盾。这是时代的矛盾，也是海瑞被大地主阶级的代表们所排挤、攻击，而又取得另一部分地主阶级同情、支持的道理。

海瑞是封建统治阶级的左派，和右派及中间派进行了长期的斗争。尽管遭受多次失败，有时候很愤慨，说出了“这等世界，做得成甚事业！”的气话。但在闲居十六年以后，有重新作事业的机会，他又以头童齿豁的高年参加了。不气馁，不服老，不怕挫折，真是“铮铮一汉子”。

海瑞的历史地位

海瑞在当时，是得到人民爱戴，为人民所歌颂的。

他反对贪污，反对奢侈浪费，主张节俭，搏击豪强，卵翼穷民，主持清丈田亩，贯彻一条鞭法，裁革常例，兴修水利，这些作为对农民，特别对贫农、中农是有利的。农民爱戴他，歌颂他是很自然的。他对城市人民，主要是商户，裁减里甲负担，禁止无偿供应物品等等，这些措施对减轻城市工商业者的负担，是有好处的。城市人民爱戴他，歌颂他，也是很自然的。此外，他还注意刑狱，特别是人命案件，着重调查研究，在知县和巡抚任上，都亲自审案，处理了许多积案，昭雪了许多冤狱。对农民和地主打官司的案件，他是站在农民一边的。海知县、海都堂是当时被压抑、被欺侮、被冤屈人们的救星。他得到广大人民的称誉、赞扬，被画像礼拜，被讴歌传颂，死后送丧的百里不绝。他的事迹，主要是审案方面的故事，一直到今天，还流传在广大人民中。

尽管海瑞在他的时代，曾经遭受攻击、排挤、辱骂，坐过牢，丢过官，但是，就封建统治阶级内部来说，他也还是被一部分人所歌颂的，赞扬的。不只是有些青年人仰慕他，以为是当代伟人，连某些反对他的人，大地主阶级的某些代表人物，如高拱、张居正、何良俊等人，都不能不对他说一些好话。死后，被谥为忠介，皇帝派官祭奠，祭文里也说了一大堆赞扬肯定的话。当时的史家何乔远、李贽都写了歌颂他的传记。清修《明史》也把他列入大传，虽然说他行事不能无偏，有些过火，但又说他从作知县一直到巡抚，作的事用意主于利民，也是肯定的。

海瑞在历史上是有地位的。

这样的历史人物，从今天来说，建设社会主义的新时代，该不该肯定，该不该歌颂？

答案是应该肯定，应该歌颂。

评价历史人物，应该从当时当地的情况出发，应该从这个人的作为是否有利于当时的人民、当时的生产出发。从以上的分析，从明朝嘉靖到万历初期这几十年间，从当地，海瑞作过官的地区，江苏、安徽、浙江、江西、福建，那时代那地区的人民，以至更广大地区的人民，是爱戴、歌颂海瑞的。反对他的人也有，只是极少数的大地主大官僚。他的主张和措施，有利于当时人民，有利于当时生产，而不利于某些大地主的兼并，不利于某些大地主的逃避赋役，转嫁给穷苦人民的恶劣勾当。

为广大人民所爱戴、歌颂，为少数大地主大官僚所攻击、反对，这样的人物，难道还不应该为我们所肯定，所歌颂吗？

我们肯定、歌颂他一生反对坏人坏事；肯定、歌颂他一生反对贪污，反对奢侈浪费，反对乡愿；我们肯定、歌颂他一生处处事事为百姓设想，为民谋利；我们肯定、歌颂他一生不向困难低头，百折不挠的斗争精神；我们肯定、歌颂他一生言行一致，里外如一的实践精神。这些品质，都是我们今天所需要学习和提倡的，而且只有社会主义时代，这些品质才能得到充分的发扬，虽然我们今天需要的海瑞和封建时代的海瑞在社会内容上有原则的不同。

在今天，建设社会主义社会的今天，我们需要站在人民立场、工人阶级立场的海瑞，为建成社会主义社会而进行百折不挠斗争的海瑞，反对旧时代的乡愿和今天的官僚主义的海瑞，深入群众、领导群众、鼓足干劲、力争上游的海瑞。

这样，封建时代的海瑞，还是值得我们今天学习的。

但是，决不能也不许可假冒海瑞，歪曲海瑞。海瑞是为当时人民办好事的，一生反对坏人坏事，从没有反对过好人好事。即使在徐阶和高拱的斗争中，他没搞清楚，对徐阶只看到好的一面，不知道他坏的一面，对高拱只知道他的缺点，没有弄明白他的政治品质好的一面，作了错误的支持和抨击。但是，几年以后，弄清楚了，就自己检查，承认了错误，并且在行动上改正了这个错误。

今天有些人自命海瑞，自封“反对派”，但是，他们同海瑞相反，不站在今天人民方面，不站在今天的人民事业——社会主义事业方面，不去反对坏人坏事，却专门反对好人好事，说这个搞早了，搞快了，那个搞糟了，过火了，这个过直了，那个弄偏了，这个有缺点，那个有毛病，太阳里面找黑子，十个指头里专找那一个有点毛病的，尽量夸大，不及其余，在人民群众头上泼冷水，泄人民群众的气。这样的人，专门反对好人好事的人，反对人民事业的人，反对社会主义事业的人，不但和历史上的海瑞毫无共同之点，而且恰好和当年海瑞所反对而又反对海瑞的大地主阶级代表们的嘴脸一模一样。广大人民一定要把这种人揪出来，放在光天化日之下，大喝一声，不许假冒！让人民群众看清他们的右倾机会主义的本来面目，根本不是什么海瑞！

这样看来，研究海瑞，学习海瑞，反对对于海瑞的歪曲，是有益处的，必要的，有现实意义的。

1959年9月17日

谈迁和《国榷》

一、《国榷》这部书

二十五年前，我在北京图书馆读《明实录》，抄《朝鲜李朝实录》，想从这两部大部头书里，找出一些有关建州的史料，写一本建州史。因为清修《明史》，把它自己祖先这三百年间的历史都隐没了，窜改了，歪曲了，为的是好证明清朝的祖先从来没有臣属于明朝，没有受过明朝的封号，进一步强调建州地区从来不属于明朝的版图等等政治企图。为了达到这个目的，在修《四库全书》的时候，把明人有关建州的真实史料都作了一番安排，办法多种多样，一种是毁板，禁止流通；一种是把书中有关地方抽掉，弄成残废；一种是把有关文字删去或改写。推而广之，连明朝以前有关女真历史的著作也连带遭殃，不是被删节便是被窜改了。这样做的结果，从十四世纪到十七世纪中期这一段期间的建州史实，在整个历史上几乎成为空白点，我们对建州族的社会发展、生产情况、生产工具、社会组织、风俗习惯、文化生活、部落分布等不是一无所知，便是知道的很少。这是个历史问题，应该解决。解决的办法是努力搜集可能得到的史料，加以组织整理，填补这个人为的空白点，从而充实丰富祖国各族大家庭的可爱的历史。

当时，我从《朝鲜李朝实录》中抄出有关建州和中朝关系的史料八十本，这些史料大部分是朝鲜使臣到明朝和建州地区的工作报告，很具体，很可靠，对研究明朝历史，特别是研究建州历史有极大帮助。这部书定名为《朝鲜李朝实录中之中国史料》。隔了二十多年，最近才抽工夫校补，交给中华书局，正在排印中。

另一个主要史料《明实录》，读来读去，读出了许多困难。第一是这书没有印本，只有万历以后的各种传抄本。私人传录，当时抄书的人，怕这书部头大，有时任意偷懒，少抄或漏抄以至错抄的地方很多。错字脱简，到处都是。更糟的是这书原来就不全，因为崇祯这一朝根本没有实录。天启呢，在清初修《明史》的时候，因为《天启实录》里如实记载了当时宰相冯铨的丑事，冯铨降清以后，凭借职权方便，把记有他丑史的这一部分原本偷走毁灭了，以此，《明实录》的传抄本也缺了这部分。补救的办法是多找一些《明实录》的传抄本，用多种本子互相校补，但是，这个办法在二三十年前的私人研究工作得不到任何方面支持的情况下，是办不到的。另一个是找一部明末清初人的有关明史的较好的著作，这部书就是谈迁的《国榷》。

《国榷》这部书，知道的人很少，因为没有印本流通，只有传抄本，有机会看到的人不多。二十五年前的北平，只有前中央研究院历史语言研究所藏有一部晒印本，很珍贵，不能出借。记得在1932或1933年为了查对一条材料，曾经翻阅过一次，以后便再也没有机会见面了。

想望了二三十年，如今头发都白了，在解放了的祖国，在党的整理文化遗产的正确方针下，中华书局排印了这部六大厚册五百万字的大书，怎能叫人不高兴，不感激，不欢欣鼓舞！这部书就我个人的治学经历来说，也是一个鲜明的今昔对比。

《国榷》一百零四卷，卷首四卷，共一百零八卷。据谈迁《国榷》义例，原稿原来分作百卷，现在的本子是海宁张宗祥先生根据蒋氏衍芬草堂抄本和四明卢氏抱经楼藏抄本互相校补后重分的。这书是明朝的编年史，按年按月按日记载著者认为重大的史事，起元天历元年到明弘光元年（1328—1645）。卷首四卷分作大统、天俪、元潢、各藩、舆属、勋封、恤爵、戚畹、直阁、部院、甲科、朝贡等门，是综合性的叙述，便于读者参考的。

原书有崇祯庚午（1630）新建喻应益序，说：“三代而后……野史之繁，亦未有多于今日者，然见闻或失之疏，体裁或失之偏，纪载或失之略。……盐官谈孺木，乃集海盐、武进、丰城、太仓、临朐诸家之书凡百余种，苟有足述，靡不兼收，勒为一编，名曰《国榷》。”天启丙寅（1626）谈迁自序批评了在他以前的几个明代编年史的作者以后，说：“故予窃感明史而痛之，屡欲振笔，辄自惭怒臂，不敢称述。间窥诸家编年，于讹陋肤冗者妄有所损益，阅数岁，裒然成帙。”序后又有跋：“此丙寅旧稿，嗣更增定，触事凄咽，续以崇祯、弘光两朝，而序仍之，终当复瓿，聊识于后。”由此可见《国榷》初稿完稿于公元1626年，以后陆续改订，过了二十年，1645年以后，又续加了崇祯、弘光两朝。据义例所说《国榷》创稿于公元1621年，1647年被小偷偷走原稿，又发愤重新编写，1653年带稿子到北京又加修订，那么，这部书的编纂时间前后已经超过三十年了。

二、谈迁写《国榷》

《国榷》的主要根据除明列朝实录和崇祯邸抄以外，1630年喻应益《国榷》的序文，说他采诸家著述凡百余种，这话是有事实可查的。试以卷一到三十二的引书为例，谈迁参考过明代人著作有叶子奇、宋濂、王祎、解缙、苏伯衡、方孝孺、金幼孜、杨士奇、吴宽、李贤、李梦阳、丘濬、叶盛、姚福、郑晓、雷礼、王世贞、王世懋、王鏊、王琼、杨守陈、何乔新、薛应旂、陆深、冯时可、袁帙、何乔远、邓元锡、姜南、郭正域、吴朴、周晖、敖英、晏璧、钟士懋、林之盛、陈于陛、马晋允、陶望龄、杨廉、崔铣、罗鹤、袁又新、许重熙、张适、刘凤、顾清、严从简、郭子章、赵汝濂、高岱、廖道南、刘文征、徐学谟、陈仁锡、顾起元、霍韬、黄佐、陈懿典、朱国桢、谢铎、朱鹭、黄瑜、陈建、黄金、李维桢、尹直、杨慎、顾璘、焦竑、田汝成、茅瑞征、杨寅秋、劳堪、郭棐、罗玘、唐枢、王锜、王廷相、张志淳、陈士元、屠隆、黄志清、程敏政、储瓘、于慎行、赵时春、徐日久、陈敬宗、陈涟、冒起宗、包汝楫、周圣楷、陈善、吴中行、罗洪先、李濂、叶向高、胡松、陈廷谔、钱士升、黄省曾、袁懋谦、史继阶、许相卿、叶灿、史桂芳、何景明、陈鎏、张鼐、凌翰、朱睦㮮、尹耕、谢彬、姚涞、陈德文、徐必达、陈继儒、张溥、陈子龙、沈德符、屠叔方、姚士粦等一百二十多家。其中引用最多的是海盐郑晓的《吾学编》、《今言》，丰城雷礼的《大政记》、《列卿记》，太仓王世贞的《弇山堂别集》，武进薛应旂《宪章录》，屠叔方的《建文朝野汇编》，朱鹭的《建文书法拟》，焦竑的《献征录》，徐学谟的《世庙识余录》，邓元锡的《明书》，高岱的《鸿猷录》等等。

黄宗羲撰《谈君墓表》，说他："好观古今之治乱。其尤所注心者在明朝之典故，以为史之所凭者实录耳。实录见其表，其在里者已不可见，况革除之事，杨文贞（士奇）未免失实，泰陵之盛，焦泌阳（芳）又多丑正，神熹之载笔者皆宦逆奄之舍人，至于思陵十七年之忧勤惕厉，而太史遁荒，皇宬烈焰，国灭而史亦随灭，普天心痛。于是汰十五朝之实录，正其是非，访崇祯十五年之邸报，补其阙文，成书名曰《国榷》。"朱彝尊《静志居诗话》说他："留心国史，考证皇朝实录宝训，博稽诸家撰述，于万历后尤详，号为《国榷》。"由此可见谈迁原来编撰《国榷》的用意，是因为明列朝实录中有几朝实录有失实、丑正、歪曲的缺点，是因为诸家编年有讹陋肤冗的毛病，才发愤编纂的。到国亡以后，不忍国灭史亦随灭，又访求邸报（政府公报），补述崇祯、弘光两朝史事，寄亡国的悲愤于先朝史书之编修，自署江左遗民，则是以爱国遗民的心情重写国史，和原来的以留心国史、典故的历史家心情编撰国史的时候有所不同了。其次，谈迁编撰《国榷》，主要的根据是列朝实录和邸报，参以诸家编年，但又不偏信实录，也不侧重私家著述；他对史事的记述是十分慎重的，取材很广泛，但选择很谨严，择善而从，不凭个人好恶。第三，建州史料万历以后最关紧要，《国榷》于万历后尤详，特别是崇祯朝没有实录，谈迁根据邸报编述了这十七年间的事迹。由于当时这书并未刊行，因之也没有经过四库馆臣的胡乱删改，我们可以根据《国榷》的记载和清修《明史》核对，就这一点而说，《国榷》这书对研究建州史和明朝后期历史是有积极贡献的。第四，1647 年全稿被窃，他并不丧气，为了保存前朝史事，又发愤重新编写，这种忠于学术研究，忠于国家民族的坚贞不拔，不为困难所吓倒的精神气节，是非常值得后人崇敬和学习的。当然，谈迁也有他的时代局限性，如他对农民起义军的仇视，对国内少数民族和邻邦的态度和侈谈灾异迷信，以及文字叙述的过分简约等等，都是显著的缺点，也是封建时代史家的一般缺点，我们要取其精华，去其糟粕，用这部书作研究资料时，是要注意到这些缺点的。

还有一点很有意思的，是关于建文帝的记录。《太祖实录》的第三次修改本根本不承认建文帝这一朝代的存在，把建文年号取消，用洪武纪年。《国榷》不但恢复了建文年号，而且纪事也站在建文的立场上，在永乐起兵以前，称永乐为燕王，到起兵以后，建文帝削除燕王位号，便直称永乐为燕庶人了。我们要注意从明仁宗一直到崇祯帝都是永乐的子孙，谈迁是亡国遗民，晚年还到过北京，跑到十三陵去哭过崇祯的坟，但是在历史叙述上，他却站在为永乐所推翻的建文帝一方面。拿这件事和明代后期许多支持建文帝的野史的出版来看，说明了那时期的士大夫，对现实政治的不满和失望；他们不敢公开指斥现实的统治者，只好把同情寄托在以失败而告终的建文帝身上了。他们逃避现实斗争，同情改革失败的统治者，这也是封建时代，有正义感而又骨头软弱的读书人的悲哀吧。

谈迁对史事的真实性态度很严肃，为了求真，不惜一改再改。例如记明末张春被建州俘虏事就改了多次。第一次记录在他所写的《枣林杂俎》智集：

> 庚午三月（1630，这是谈迁记错了，应为辛未（1631）八月）。永平道参政同州张春出关陷穹庐中，误闻殉难，赠都察院右副都御史。居无何，春从塞外求款，始追削，春妾□氏，年二十一，自经客舍。春媿其妾多矣，盖洪承畴之前茅也。

到 1655 年，他在北京，和吴伟业谈旧事，才弄清楚张春并未降敌。他又把这一事实写在所著《北游录》上：

> 丁未八月丁卯，过吴太史所，语移时。崇祯初蓟州道张春陷于建州，抗节不屈，以羁死，清史甚称之。余因曰，往时谓张春降敌，追削其秩，夺赠荫，流闻之误如此。

最后在《国榷》卷九十一记：

> 崇祯四年（1631）八月戊辰，是日遇敌于长山，我师败绩，监军太仆寺少卿兼参政张春被执……春被执不屈，愿求一死……因幽之某寺中……后数年，以疾卒。

谈迁加的案语是："夫春实未尝诎膝，流离异域，其志有足悲者。宋王继忠陷契丹，上书言款，即张春之前茅也。继忠见原，春见疑，势有固然，无俟言之毕矣。"便完全改正过来了。张春事迹见《明史》卷二百九十一《忠义传》。

全书叙述是以明列朝实录为基础的，但又不全据实录，如记永乐几次和蒙古的战争，来往行程都用金幼孜的《北征录》、《后北征录》和杨荣的《后北征记》，在永乐八年六月庚子次澄清河条，小注，"实录云青杨戍"，可以清楚看出。永乐十年九月记杀大理寺卿耿通。谈迁说此事"实录不载，岂有所讳耶。事具南院故牍，不可不存"。说明这一条实录里原来没有，是他用档案补上的。同样的十四年七月乙巳杀署锦衣卫都指挥佥事纪纲，谈迁也说："读其爰书，未尝不三为之太息也。"可见谈迁是读过处纪纲死刑的判决书的。十九年十二月底有一条"始立东厂，专内臣刺事"，小注："事不见正史。而会典据成化十八年大学士万安奏罢东厂云。文皇帝建立北京，防微杜渐，初行锦衣卫官校，暗行缉访谋逆妖言大奸大恶等事，恐外官徇情，随立东厂，命内臣提督控制之，彼此并行，内外相制云云。不知实录遗此，何也？"可见这一条也是实录原来没有，是谈迁根据会典补上去的。又如《明实录》和《明史》都说明成祖是马皇后生的。谈迁却根据《太常寺志》说明成祖是硕妃所生等等。不止如此，他对实录所记某些史实，还明白指出是说谎，叫人好笑。例如宣德三年（1428）三月癸未，废皇后胡氏，立贵妃孙氏为皇后条，他就说："吾于册储而甚疑当日之事也……（中间指出疑问，从略）

乃实录载胡后再请就闲，贵妃再辞坤极，谓其皆诚心，大非人情。后史氏饰美，不为有识者所葫芦乎！”

拿《国榷》和《明实录》对比，《明太祖实录》经过三次修改以后，许多事实都被删改掉了，例如明太祖晚年杀诸将，实录只写某年某月某日某人死，不说是怎样死的。《国榷》却并不隐讳，老老实实把事实如实写上。以《国榷》所记和钱谦益的《太祖实录辨证》对读，完全符合。以《国榷》和清修《明史》对比，《明史》隐去建州史迹，从猛哥帖木儿、阿哈出、释家奴到李满住、凡察、李豆罕一直到努尔哈赤这一段，几乎是空白，《国榷》却从头据实记录，不但建州诸卫和奴儿干都司的设置年月分别记载，连以后各卫首领的承袭也都一一记上了。和《明实录》、朝鲜《李朝实录》对比，也可以互相印证。

三、辛勤的劳动

谈迁一生从事学问，手不释卷，国亡后更一意修史，《北游录·纪咏》下《梦中作》：

> 往业倾颓尽，艰难涕泪余，残编催白发，犹事数行书。

是他一生的写实。

公元1644年高宏图替他写的《枣林杂俎序》说：

> 谈子孺木有书癖，其在记室，见载籍相饷，即色然喜。或书至猥诞，亦过目始释，故多所采摭。时于坐聆涂听，稍可涉笔者，无一轻寘也。铢而寸，积而累，故称杂焉。

他喜欢读书，连坏书也要读一遍。喜欢作笔记，人们谈的，路上听的，只要有点意思，就记录下来。到处借书抄书，甚至跑到百里以外去借去抄。《北游录·纪文·上吴骏公太史书》说：

> 自恨绳枢瓮牖，志浮于量，肠肥脑满，妄博流览，尤于本朝，欲海盐（郑晓）、丰城（雷礼）、武进（薛应旂）之后，尝

鼎血指。而家本担石,饥梨渴枣,遂市阅户录,尝重趼百里之外,苦不堪述。条积匦藏,稍次年月,矻矻成编。

从天启辛酉(1621)开始,这一年他母亲死了,在家读陈建所著《通纪》,嫌它不好,便着手搜集整理材料,一条条地积累,分别年月放在匦里,愈积愈多,编次条贯改了六次,编成一百卷。不料到丁亥(1647)八月,一股脑儿被小偷偷光了。黄宗羲《谈君墓表》说:

当是时,人士身经丧乱,多欲追叙缘因,以显来世,而见闻窄狭,无所凭藉。闻君之有是书也,思欲窃之以为己有。君家徒四壁立,不见可欲者。夜有盗入其家,尽发藏稿以去。君喟然曰,吾手尚在,宁遂已乎!从嘉善钱相国借书,复成之。

他自己也说:

丁亥八月,盗胠其箧。拊膺流涕曰,噫,吾力殚矣。居恒借人书缀缉,又二十余年,虽尽失之,未敢废也。遂走百里之外,遍考群籍,归本于实录。其实录归安唐氏为善本,携李沈氏武塘钱氏稍略焉,冰毫汗玺,又若干岁,始竟前志。田夫守株,愚人刻剑,予病类之矣。①

偷光了,再干,重头做起。以实录为本,而且还参考几种不同的本子。从1647年起第二次编撰《国榷》。为了搜访史料,他多年前就想去北京,1644年高宏图的《枣林杂俎序》提到:

惜天限孺木,朝不谋夕,足迹未及燕。而今已矣,三辅黄图之盛,东京梦华之思,孺木即有意乎,亦安所措翰也。悲夫!

北京已经为清人所占领了,怎么能去呢?就是想去,有了材料,也怎么下得笔呢?十年后,公元1653年,义乌朱之锡官弘文院编修,服满进京供职,聘他作书记,在这年闰六月同路从运河坐船到北京。丙申(1656年)二月又从运河回到海宁。在北京住了两年半多,搜集了不少史料。

---

① 《国榷·义例》。

朱之锡序《北游录》说他辛勤访集资料：

> 盐官谈孺木，年始杖矣，同诣长安（指北京）。每登涉蹑屩，访遗迹，重趼累蛩，时迷径，取道于牧竖村佣，乐此不疲，旁睨者窃哂之不顾也。及坐穹村，日对一编，掌大薄蹏，手尝不辍，或复故纸背，涂鸦萦蚓，至不可辨。或涂听壁窥，轶事绪闻，残堵圮碣，就耳目所及无遗者，其勤至矣。

《北游录·纪闻》自序记访问遗事，随听随记：

> 自北上，以褐贱，所闻廖廖也。而不敢自废，辄耳属一二。辇上贵人，其说翔藐尘壒之外，迂朽毋得望。至渊儒魁士，未始多值，间值之，而余颓蒙自怯，嗫嚅久之，冒昧就质，仅在跬倾，惧其厌苦，手别心怅。余则垣壁桯杌之是徇，余之愦愦，不其甚乎。然幸于燕而闻其略也，若锢我荒篱之下，禽籁虫吟，聊足入耳，能倾喻靡之残沉乎！

因为身份地位关系，他只是一个老秀才，帮人作幕友，接触的人不多。就是碰到了，也很难谈得起来，又怕人厌烦，不免很紧张。即使这样，也还是有些收获，如不到北京，这些材料的搜集是不可能的。《北游录·纪邮》是他在京时的日记，从日记可以看出他到北京的目的是为了订正《国榷》，访问、借书、抄书的目的也是为了补充《国榷》。来往最多的几个人是太仓吴伟业骏公、同乡秀水曹溶秋壑、武功霍达鲁斋，这三人都是崇祯进士，都是藏书家，熟识明朝掌故。他到京后就写信给吴伟业请求指出《国榷》缺点和借阅有关史籍：

> 昨蒙延诲，略示讹谬，深感指南。（中述编撰《国榷》经过）而事之先后不悉，人之本末未详，闻见邸抄，要归断烂；凡在机要，非草野所能窥一二也。如天之幸，门下不峻其龙门，辄垂引拔，谓葑菲可采，株朽亦薪。……史事更贵搜订……门下以金匮石室之领袖，闻见广洽，倘不遽弃，祈于讹谬，椽笔拈出，或少札原委。盖性好涉猎，过目易忘，至于任耳，经宿之间，往往遗舛，故于今日，薄有私恳。非谓足辱大君子之纠正，而曲学暗昧，陨堑赴谷，亦门下所矜闵而手援之者也，密

迹坛坫，凡有秘帙，藜隙分青，弥切仰企。记室所抄《春明梦余录》、《宫殿》及《流寇缘起》，乞先假。①

《上太仆曹秋壑书》也提出同样要求：

蒙示史例，矜其愚瞽，许为搜示。迁本寒素，不支伏腊，购书则夺于饘粥，贷书则轻于韦布。又下邑褊陋，薄视缃芸，问其邺架，率资帖括。于是问一遗编，卑词仰恳，或更鼎致，靳允不一；尝形梦寐，即携李鼎阀间，亦匍匐以前矣。……幸大君子曲闵其志，托在后乘，假以程限，广赐携阅，旁征侧汇。……先朝召对事述云在朱都谏子美处，及秘录、公卿年表等万乞留意。祠曹或素所厚善者，于宗室薨赙，大臣赍恤，月日可详，特难于萃辑耳。希望万一，企踵跂之。

由曹秋壑介绍，又和霍鲁斋往来，写信说：

凡奥帙微言，悉得颁示。又所呈残稿，筚门圭窦之人，安知掌故，性好采摭，草次就录，浃岁以来，句闻字拾，繁如乱丝，卒未易理，幸逢鸿匠，大加绳削。尊谕云，史非一手一足之力，允佩良规。

从此，谈迁就和这三个学者经常往来，讨论史事了。《纪邮》记：

甲午（1654）正月……庚申，曹太仆见枉，语先胡事二则。

二月……乙丑，晚，共雷常侍语，常侍号飞鸣，尝预司礼监南书房，今贩钱，相邻。访以旧事，不觉泣下，拭袂而别。

甲申，仍访吴太史，语移时，晚招饮，以《国榷》近本就正，多所裁订，各有闻相证也。

丁亥，阴，过曹太仆借书，出刘若愚《酌中志》三帙，孙侍郎北海承泽《崇祯事迹》一帙。《酌中志》旧尝手录，今本加详，盖此阉继编者。……侍郎辑崇祯事若干卷，不轻示人。又

① 《上吴骏公太史书》。

著《春明梦余录》若干卷，并秘之。吴太史柬及近事，随答之。

三月……辛丑，吴太史示《流寇辑略》。

乙巳，阴，早至宣武门直舍，盖溧阳之杜邮也。失导而返。

戊申，过吴太史，值金坛王有三选部，重追语江左旧事，不胜遗恨。

四月……丁卯，……过吴太史，剧论二十刻。

丁丑……吴太史借旧邸抄若干，邀阅，悉携以归。

戊寅，展抄邸报，棼如乱丝，略次第之。

乙酉……过吴骏公太史，极论旧事。

戊子，早，过吴太史，多异闻，别有纪。

七月……丙辰，……过吴太史所，语二十刻，别有纪。

九月……乙巳，晡刻，闻霍大理见枉，遂先之，语李自成陷西安事甚悉，别有纪。

丙午……霍大理征余近录。手致之。又语遗事一二则。

丁未，阴，霍大理示黄石斋先生秘录二帙。

丙辰，录黄石斋秘稿竣，以归霍大理，语久之。

十月……戊辰，霍大理招饮，……大理筮仕曹县，语刘泽清事为详。

丙戌，冲寒过（金华）叶山公，未离枕也，亟披衣起。其邻周德润（泽）故嘉定侯之孙，官锦衣，娶驸马都尉王昺孙女，年十七，遭乱，贫甚，僦一室。余欲问遗事，故屡过山公，值之，绨袍不备，有寒色。其人拙讷，语少顷遽去。

十一月……庚戌，前借霍大理《闽书》（晋江何乔远著）阅还。客严氏故游诸彻侯，云：襄城伯李国桢任京营，甲申三月都城陷，刘友□之曰，君侯散重兵以归，此元功也，行冠诸臣之右矣。因留其营，尝同食寝。一日纵归，令检橐，因尽录其家。国桢败时，跨马，面如死灰。其舅金华潘某，退曰吾甥事至此，不即死，尚何待乎！此严氏目睹者。今刻本称国桢求葬先帝，刘诚意孔昭上章以明之，其说不知何所始也。

辛亥，……午，过霍大理，示所纂《西事》及王渼波《九思集》。

癸丑，阴，往崇文门访严氏，问以遗事，不值。

十二月……辛未，借曹通政（秋壑）《续文献通考》，不值。

乙未（1655）正月……癸亥，风，过霍大理，借《康对山先生集》。

三月……乙未，……过霍大理，问先朝实录，未至也。

五月……丙午早，过少司马霍鲁斋所，问先朝实录，在南道未至也。

六月……丙子，钱瞻伯借我夏彝仲《幸存录》。

八月……甲寅，过吴太史所，值其乡人马又如（允昌），本世弁，崇祯末任四川副总兵，遭乱，开阃全州。己丑（1649）变出部校，举家遇害，因北降，隶镶红旗下，食四品禄，贫甚。言遗事一二则。

戊午……晡刻，过霍彦华，值咸宁王文宣（弘度），俱目击李自成僭位事。

壬戌……晚，过王文宣、霍彦华，语旧事，知甲申大事记殆噂呓也。

九月壬午，……饭于吴太史所。太史同年侍郎孙北海（承泽）撰《四朝人物传》，其帙繁，秘甚。太史恳年余，始借若干首，戒勿泄。特示余曰，君第录之，愿勿著其姓氏于人也。

甲辰，吴太史又示我孙氏人物传若干。

十一月……癸卯，阴，先是霍鲁斋购《明实录》而缺熹庙，以问余，所录尚未全，无以应也。

十二月……辛未，……借霍鲁斋《万历实录》，向在嘉善钱相国所抄实录，为主书删其半，至是鲁斋以二百金全购。

壬申，朱生生（国寿）来，前兵部郎中，仕清陕西参政。

癸酉，答朱生生，生生留饮。……生生语明季事甚悉。

丙申（1656）正月……癸巳，大风，寒。过周子俶，值山阳咸大咸（默），弘光初明经，从左萝石北使，言北使事颇异。

戊申，阅《神宗实录》竟，归之。

> 癸丑，晚，于周子俶所复值咸大咸，语良久（关于弘光元年高杰被害事，及甲申之变太子走外家周氏被出首事）。

此外，《北游录·记闻》上《赵朴》条：

> 广宁门外……天宁寺，……内侍赵朴连城逃禅于此，尝值之，问以（懿安皇后及太子）遗事云。
>
> 记王绍徽、薛国观条，俱霍鲁斋先生说。

从以上所摘录的材料看，谈迁对明季史事的搜集，是尽了极大努力的。除了曹溶、吴伟业、霍达以外，他访问了故公侯的门客、降臣、宦官、皇亲等等，把所听到的都记录下来，和文献一一核对。他还到过十三陵的思陵，明代丛葬妃嫔王子的金山，和景帝陵，西山和香山的寺庙等，也都写了材料。他把这些目击的史料应用到《国榷》这部书上，以此，《国榷》的史料价值是很高的，特别是万历以后，崇祯、弘光间的记录。崇祯朝的史事根据邸报和访问，弘光朝则他自己在当时的宰相高宏图幕府，并和张慎言等大臣往来，许多事情都得于亲身闻见，因此，是比较可信的。

谈迁在北京两年多的收获很大，但是，也有许多困难。借书访人，都不是容易事。北京尘土飞扬，也不习惯：《北游录·纪文·寄李楚柔书》诉苦说：

> 口既拙讷，年又迟暮，都门游人如蚁，日伺贵人门，对其牛马走，屏气候命，辰趋午俟，旦启昏通，作极欲死，非拘人所堪。于是杜门永昼，而借人书重于卞氏璧，不可复得。主人邺架，颇同故纸，目翳不开，五步之外，飞埃袭人，时塞口鼻。惟报国寺双松，近在二里，伛偻卷曲，逾旬辄坐其下，似吾尘中一密友也。……顷者，益究先朝史，凡片言只行，犁然有当于心，录之无遗。拟南还后作记传表志，三年为期，不敢辄语人，私为足下道也。

他生性耿介，受不了这样生活，想回南了。《北游录·后纪程序》：

> 余欲归屡矣。乙未春三月欲附朱方庵，秋八月欲附徐道力，

而居停见挽，遂不自决。虽蜗沫足濡，而心终不怿。盖追访旧事，稍非其人，则不敢置喙。至于贷书则余交寡，市书则余橐耻，日攒眉故纸，非其好也。迨萌归计，而居停适有纂修之命，意效一二，佐其下风，则天禄石渠之藏，残缺失次，既无可资订，遂束身而南。

原来还想趁朱之锡修书之便，抄一点东西的。到了知道内阁图书已经残缺失次，无可资订，便下了决心，离京回家了。

四、谈迁生平

谈迁的生平，见于《海宁县志·隐逸传》、黄宗羲《谈君墓表》，都很简略。现在根据他所著的《北游录》和《枣林杂俎》，综合叙述如下：

谈迁原名以训，字观若，明亡后改名迁，字孺木，海宁县枣林人，明诸生。他自己题《枣林杂俎》：

吾上世……德祐末避兵徙盐官之枣林，今未四百祀，又并于德祐！吾旦暮之人也，安所避哉！求桃源而无从，庶以枣林老耳，书从地，不忘本也。

四百年前宋亡，他的祖先搬到海宁，如今，明朝又亡了，没有地方可搬了。这段话是很哀感的。

据《北游录·纪文·六十自寿序》："癸巳十月癸亥朔，抵长安，明日为揽揆之辰，周一甲子矣。"癸巳为公元1653年，往上推六十年，他生于1593年，明神宗万历二十一年癸巳。公元1621年，二十九岁，开始编撰《国榷》。1644年，他五十二岁，清军入关，北京沦陷。1645年，五十三岁，弘光被俘，南京沦陷。1647年，五十五岁，《国榷》全部手稿被窃，发愤重新撰写。1653年，六十岁了，受聘义乌朱之锡作幕友，到北京搜集明代史事，订正《国榷》，1656年，年六十三岁，离京回海宁老家。

他的卒年，据黄宗羲《谈君墓表》："走昌平，哭思陵，西走阳城，欲哭（张慎言）太宰，未至而卒，丙申岁冬十一月也。"按谈迁自撰《北游录》，丙申（1656）五月辛丑，从北京回家。在五月以前，也没有记到阳城的事实。《海宁县志·隐逸传》则说："丁酉夏，以事至平阳，去平阳城数百里远，处士徒步往哭张冢宰之墓。……卒年六十有四。"则谈迁死于丁酉年，年六十四岁。黄宗羲《墓表》所说丙申，应是丁酉之误。

他家很贫困，《县志》说他："处士操行廉，虽游大人先生之门，不妄取一介，至今家徒四壁立。"《北游录·纪邮》记他好几次拒绝人送礼物，拒绝人拿钱买他的文章。1656年南归时也不肯求人写介绍信给以方便，《纪程》下小序说："谈迁曰：余北游倦矣，得返为幸。……在燕时，或修贽广谒，而余不能也。别居停，竟长揖出门，不更求他牍。道中蹑一敝屣，殆于决踵。余岂不忧日后耶，忧日后又不如忍目前。余归计决矣，担簦而往，亦担簦而回，箧中录本殆数千纸，余之北游幸哉！余之北游幸哉！"从这段自述，可以看出他性格的耿介，是一个有骨头的老穷汉。

谈迁五十二岁以前的生活情形，不大清楚。从他后半生的生活看来，大概也是靠替人当幕友，办些文墨事务，代写些应酬文字，赚些月俸过日子的。《北游录》里《纪文》一共有十六篇序，除《六十自寿序》以外，其他各篇题目下面都注有代字，是代他的东家朱之锡写的。六十四岁这一年《县志》说他以事至平阳，大概也是替人作幕友，不然，他这样穷，为了私事是出不了这样远门的。《县志》载他的著作有《西游录》两卷，应该就是这次旅行的纪游文字。

黄宗羲《墓表》说："阳城张太宰、胶州高相国皆以君为奇士，颇折节下之。其在南都，欲以史馆处君，不果。无何，太宰、相国相继野死。"《县志》说："崇祯壬午（1642）间，受知阳城张公慎言、胶州高公宏图，二公者天下之望，相与为布衣交。甲申（1644）高入相，张为冢宰，凡新政得失，皆就谘于处士，多所裨益。相国以处士谙掌故，荐入史馆，泣辞曰，迁老布衣耳，忍以国之不幸，博一官。高乃止。勋寺交扇，时事日非，处士私语二公曰，公等不去，将任误国之咎。二公用其言，先后乞骸骨。乙酉张客死宣城，高致命会稽，处士归于麻泾之庐。”《北游录·纪文·六十自寿序》说：“记甲申正月既望，御史大夫阳城张藐山（慎言）初度，遍集齐、梁、吴、晋之士，余首坐，剧饮。先生顾诸客曰，冠进贤而来者，趾高气扬，仆视其中无所有也。虽一穷褐，胸中有书若干卷。深相礼重。”由此可见从公元1642年起，谈迁就入高宏图幕，并和张慎言往来，被两人所契重，参预谋划。他对国事所提的意见，散见《枣林杂俎》仁集《定策本末》、《劝进》、《监国仪注》、《王肇基》、《黄澍》、《高杰》等条。

谈迁对明代史事虽然十分重视，用一辈子功夫钻研搜集，但对小说戏曲，却非常轻视。如《北游录·纪邮》载：

> 观西河堰书肆，值杭人周清源，云虞德园先生门人也，尝撰西湖小说。噫，施耐庵岂足法哉！

又《纪闻》上《续文献通考》条：

> 华亭王圻《续文献通考》，其艺文类载《琵琶记》、《乐府》、《水浒传》，谬甚。

他的著作除《国榷》、《枣林杂俎》、《北游录》以外，有《枣林集》十二卷，《枣林诗集》三卷，《史论》二卷，《西游录》二卷，《枣林外索》六卷，《海昌外志》八卷。

1959年7月10日

关于评价历史人物的一些初步意见
——在南开大学科学讨论会上的讲话

关于评价历史人物的问题，我自己正在研究中，还没有成熟的看法，今天只能提出一些初步意见。半年以前，我曾经和一些研究历史和文学史的朋友们座谈这个问题，他们都认为这是在历史教学中与搞文学史的人们感到困难的问题，对某些历史人物应该肯定呢还是否定，没有把握。某些同志在研究古代画家时，把他们的阶级出身与艺术成就没有区别对待，造成了困难，所以只好笼统地说这些人都是中小地主出身。其实，如明代之董其昌就不是中小地主，他是大地主；又如唐代的王维，有庄园，有别墅，当然不是中小地主。因为过去能受比较高的教育的只是统治阶级的子弟，过去的画家大都出身于地主家庭中，当然也有出身农民的，例如王冕，但这样的人并不多。要知道过去时代掌握文化享有文化的人都是些什么人，包括历史家、教育家、政治家等等，他们能够脱产上多年学校，到各地游历访问，搜集广泛资料，而用不着负担自己和家庭的生活费用，这样的人绝不可能是工农成分的，而都是地主阶级分子。当然也有例外，但也不多。过去的旧社会是封建社会，文化为地主阶级所垄断。但是，我们也不能因为他们的阶级出身而否定他们在文化上的贡献。譬如王维是大地主，在他一生的政治生活中有不光彩之处，但他的诗画都很好，也不能因为他是官僚、地主，就说他的诗画也不好。我看，过去几千年的封建时代的文化，无论音乐、诗歌、绘画、雕刻等等，假如我们因为这些作者是地主阶级出身而一概否定了，这是危险的。试问过去的大政治家，哪个不出身于地主阶级，假如都因为阶级出身，而不问他们对人民做的是好事是坏事，一概把他们否定，那么，历史上就没有什么大政治家可以肯定了。

因此，分析历史人物不能单纯从阶级出身来决定一切，而要看他的言论、行动和成就，对时代的贡献等等。我很想研究一下这个问题，如何下手，我打算选取历史上某些有代表性的典型人物，从各方面进行分析研究，已经做了一些，还有些工作需要继续做。今天我仅对所研究过的四个历史人物提出一些意见，供大家参考。这四个典型历史人物中的两个是曹操、武则天，这两个人大家有不同的看法，对曹操已经讨论很久了，最近上海越剧团演了武则天这个戏，我看了也发表了个人意见；第三个人是海瑞，对这个人争论不多；第四个人是谈迁，这个人大家还不大知道。

一、曹　操

讨论他的文章已发表几百篇了，细节我不讲，只讲主要几点。

1. 曹操从二世纪中期生至220年死，他的一生是奋斗的一生，战斗的一生。从现在掌握的史料来看，他追求的是当时中国的统一，统一是好事，对整个中华民族好，应该肯定。公元208年赤壁之战这一仗打得不好是事实，但也有不同说法，我们不能听片面之词，打官司也得有原告被告。不管怎样，他统一南方的努力在这一仗以后遭到很大障碍，孙权、刘备趁此巩固发展自己地盘，形成了三国鼎立局面。曹操虽然没有能够统一全中国，但经过长期的努力，在他统一大半个中国的前提下，安定了社会秩序，有了法制（当然是封建法制），生产发展了，人口增加了，文化兴起了，外来的侵略挡住了，起了巩固内部和保卫国家安全的作用，所以，他对统一是有功的。对这一点也有人不同意，说“统一不是好事”，说“东汉末年的统一，政治腐烂得一塌糊涂”。我看，这种看法是有问题的。东汉后期，政治腐烂、民不聊生的情况，是封建统治所造成的，是社会制度问题，不能归咎于统一。统一时代所造成的坏事应由当时的社会政治制度、某些人物来负责，而不能由统一负责。所以，这是应该肯定曹操的第一个方面。

2. 第二方面是曹操做了了不起的事，和后来的武则天有相同之处，他对当时久已存在的封建统治阶级内部的腐朽力量进行打击。对当时的世家大族，如杨家、袁家等四世三公五公，政治上有威望的大地主大家族，都有意识地给予打击。为什么呢？因为这些家族的代表人物在政治上保守，一心一意为大地主服务，不利于农民发展生产，也不利于政治改革。相反，他所任用的人才，多提拔寒门，主要是出身低微的知识分子，都是些有能力、能办事的人，这样，他在政治上经济上许多措施，便可以顺利贯彻了。当时有两个政府存在，但真正掌握政权真正能办事的是曹操的魏政府，而不是汉献帝的汉朝政府。此外，曹操大搞水利，大搞屯田，推广新式农具，恢复并发展了农业生产，发展了社会经济，这些都是好事。曹操用人只要有才干就用，有人利用这点来攻击曹操，这是不对的。我认为，曹操改变了当时的社会风气，任用寒门代替豪族，扩大和加强了政权基础，以便于贯彻政策，在政治上这是了不起的措施。

3. 他个人的才能应肯定。曹操是中国的大军事家，当时孙权、刘备就很佩服他。他又是文学家，有人说把建安文学的兴起归功于他不公道，但不管怎样，他总是有功的，他提倡、鼓励、打气并保护文学家们，自己的诗、文也写得好，文学史上有他的地位。假如曹操与建安文学无关，那为什么孙权、刘备那里没有搞出一个什么文学呢？曹操又是书法家。他在政治上的成就不用说了。他又是运动家，假如把古代的运动家开个名单，我看，曹操应该入选。像这样具有多方面才能的人，了不起的人，大家对他有不同的意见，是很自然的。

有人说他杀人过多，但要看杀的是什么人。杀了杨家，消灭了袁家，都是大官僚，大地主。他杀了孔北海，孔融在当时很有名望，有许多人不满意，孔北海是反对曹操的政策的。他杀了名医华佗（安徽人），医学界人不满意。曹操是政治家，要取得政治斗争的胜利，必须打破旧机器建立新的国家机器，为了要贯彻自己的政策方针，打掉反对前进、阻碍社会前进的人，是完全必要的。这在历史上任何朝代都是一样，没有什么可以奇怪的。当然他多杀了一些人也乱杀了一些人是事实，但像书上说的杀得泗水为之不流，鸡犬都杀光了，事实是否如此，要看这话是什么人说的。有人说他杀得很多，也有人为他辩护，说他杀人不是那样多，我看这不是数量问题，而是该杀不该杀的问题。他的军令是残酷的："围而后降者屠。"这条军令当时他的将领就有不同意见。还有人把他打败黄巾改编青州军，说成是继承了黄巾的事业，他把黄巾没有完成的事业完成了。我看这种说法也很难令人信服。例如唐太宗是否也是继承了隋末农民起义的事业？清朝统治者是否也继承了明末李自成农民起义的事业呢？我看，不能这样说。

如何评价曹操，应从多方面来考虑。曹操有光明的一面，也有黑暗的一面；有保守的一面，也有进步的一面；有好的一面，也有坏的一面。从他对当时人民、对当时历史发展所起的作用，以及对在他以后的历史所起的作用来衡量，曹操无疑是应被肯定的，历史上应有他的地位。历史工作者是不是还应该进行一些工作，现在研究他的文章已上千篇了，意见也大体趋于一致。我看历史工作者还有工作可做，还得进一步区别开当时的统治阶级、当时的人民对曹操的看法；也应区别魏、吴、蜀、晋史家对他的不同看法和估价；区别三国以后史家政治家对曹操的看法。例如，北宋以前的人和北宋以后的人对他的看法是有不同的，不同的原因主要是正统论在作怪，从南北朝南北分裂到南宋时宋金对立，南北两方都自居正统，都指斥对方不是正统，曹操在这种政治情况下，他的名誉就受了影响了。还有汉族和少数民族的关系问题，也就是历史上"夷夏"问题。由于这样种种原因使得曹操这人物的历史地位，也随着时代的改变而有所改变。所以研究历史还应从整个历史发展进程进行研究，不然，就很难得到一个历史人物的真正面貌，而只能得到一个假象，这是很危险的。

二、武则天

大家对武则天谈得还不多。最近上海越剧团在北京演的《则天皇帝》，我看了，大体上还好；成问题的是把她写成失败人物。剧本提出她晚年到底她的皇位传给谁，儿子不成器，传给侄子，人家都反对，传贤呢，在当时是不可能的事，最后只好还是被迫由儿子继位，因为这样，就说她失败了，输了，以悲剧结局，我看，这样写是值得考虑的。我看：

1. 武则天是一个成功的人物，成功的政治家，不是失败的人物，不是悲剧人物。

2. 传贤思想在当时当地是不可能的，这是有了资本主义以后才有的思想，在封建社会是不可能的，不能把后人的思想强加于前人。

她死于八世纪初705年，活了八十二岁，三十岁进宫，第二年当皇后，参与政治；后又称天后，与高宗并称二圣，垂帘听政；以后又称则天皇帝，一直到她死。在中国历史上、唐朝历史上她起作用五十年，这样的人物在历史上是没有几个的。

研究唐代的历史应有这样的估计：唐太宗是了不起的人，打定了唐朝的基础；除高宗初年的几年以后，就是武则天的五十年；跟着是唐玄宗的开元之治的全盛时代。可以这样说：太宗打下基础，建立了规模；而武则天则是巩固发展了这基础的；唐玄宗是吃现成饭的。没有武则天起作用的五十年，也就没有玄宗的开元之治。开元之治是好事，人民生活安定了，生产、文化得到提高，为什么不好？是好的。我们热爱我们的祖国，热爱我们的历史，这个时期是我国封建时代的繁荣时期。并不是如有人所说的，一部二十四史都是人吃人的时代，应该说历史上曾经有过黑暗时代，也曾经有过光明的时代。光讲一面，是不全面的。从唐太宗到玄宗时代，中国人民的活动影响是超越国界的，从整个东方和当时唐朝影响达到地区的情况来说，中国人民抬起头来了，很值得骄傲。周围的许多国家都受唐的影响，例如大唐律的影响就很广泛。当时长安是国际性的都市，各国人都来进行经济和文化的交流，开辟了通达西方的路线。唐朝的官吏中各族人都有。当时文化提高了，生产发展了，其关键主要是武则天这五十年。加上唐初，这七八十年的安定局面，人民的文化生活、物质生活不断得到提高了。这是历史上大大的好事。

总之这个时期是了不起的，大诗人、大文学家、大政治家产生最多。我认为武则天统治的五十年间，对唐朝的历史、对祖国的历史都起了作用，是应该肯定的。

她的政治措施与曹操有相似之处，例如为了推行新的政策，就要打击元老重臣，当时元老重臣有许多人是反对她的。她要不要贯彻她的方针，在这点上她采取了坚决的行动，打击反对派，包括李家子孙在内。不管他们有多大功劳多高地位，只要是政治上的反对派就坚决消灭。她把太宗时代的功臣、大臣，基本上摆在一边，而用另一批出身寒门有抱负、有才能的人，来推行其政治，以达到她的政治主张。

其次，当时在政治用人上，从南北朝以来有南人、北人、关东、关西的不同看法，情况很复杂，统治集团内部是有矛盾的。唐太宗虽然很英明，但也难免有地域之见，支持这一地区的地主，轻视、压制那一地区的地主。武则天突破了这种地区成见，她不管什么地区，也不管什么家世，只要有才干就用。她用人的方针是违反当时统治阶级集团的利益的，因此，遭到不断反对。她通过科举制度和不次用人，扩大和加强了当时统治集团的政治基础。

同时，她用人不拘常格，甚至不管文化水平，她用的人有的是不识字的，只要认真办事的就用，目的是为了办好事情。这样，在她的时代培养了许多人，人才也多，大文学家、政治家培养提拔了许多，为下一代（唐玄宗的时代）准备了干部，开元朝廷上的主要人物大体都是武则天时代所培养的。唐玄宗初期的政策也是武则天时代的政策。由此可以看出，武则天是伟大的政治家，在当时当代发生作用，在中国历史上发生作用，中国几千年的历史，在她统治时期就占了五十年。

有人攻击她的男女关系，骂得很厉害，在这里应说明一下：(1) 在唐朝时代的男女婚姻关系，从当时的情况看，和宋以后是不大一样的，例如公主就有改嫁三次的，女人死了男人改嫁，在社会上并不是奇怪的事情。(2) 唐朝宫廷的家庭生活习惯，应该和其他少数民族的生活习惯比附研究，例如古时候汉朝王昭君嫁给匈奴单于，单于死了嫁给儿子，儿子死后嫁给孙子。清朝顺治的母亲嫁给他叔叔多尔衮，这种习俗汉人不容易理解，但作为少数民族习俗看就没有什么可以大惊小怪了。唐朝李家到底是什么族我们不去管他，但是，有一点是很清楚的，唐高祖的母亲，唐太宗的老婆都是少数民族，李家血统中有少数民族的因素，习染上某些少数民族的习俗不也是很自然吗？（3）研究武则天应根据什么史料。在当时武则天是被歌颂的，也有反对的。她死后唐朝许多人，包括她的子孙在内，对她的政治措施是肯定的，称她是“则天大帝”、“天后”，讲好话的多，说坏话的少。讲她坏话的开始，是司马光的《资治通鉴》，骂了不少，认为妇女管政治就是母鸡管天亮。宋朝理学家所谓饿死事小、失节事大，妇女的丈夫死了就不能改嫁，而应该上吊，或者守节，等养儿子成名了，请皇帝给立贞节牌坊，这样，正史上就出现了很多篇幅的烈女传、贞节传等等。可以看出，武则天就是在这种情况下挨了骂的。可是也很荒唐，她死时已经八十二岁了，说她晚年有许多男人侍候，这个那个的，极尽诬蔑的能事。而且即使是这样，又有什么了不得，那时代男人可以有很多妻妾，死了老婆可以再娶，女人呢，死了丈夫就不能嫁老公吗？这叫没有道理。所以，研究武则天，应该看评论她的人是什么阶级，什么立场，什么时代的人，应该区别来看。她在唐朝历史上起了承前启后的作用，对唐太宗的事业加以发展，给开元之治打下了基础，她是了不起的人物，了不起的政治家。

三、海　瑞

明朝十六世纪人，正德末年时生，死于1587年。

海瑞一向是被肯定的人物，但也有问题，过去的小说、戏剧、弹词等等，大体上都强调他是一个包公式的人物，平反冤狱，把他的政治成就局限在公案这一小范围了。而且，他作官的地方多在浙江、江苏、江西、福建、安徽，在北方的时间不多，所以有人称他是“南包公”。从史实看，他不仅是个好官，而且是当时有成就的政治家。的确他审了许多案，平反了一些冤狱，但这只是他事业的一部分，主要的海瑞是政治家，他是当时封建统治阶级内部的左派，是少数派，得到当时封建统治阶级某些中间、左派、一些青年知识分子及农民市民的支持，但是受到右派的反对。他同情贫、中农和市民，做了不少好事；但另一面，他毕竟是封建统治阶级的一员，他是维护封建礼法的。他当时对推行一条鞭法最积极，还主张和执行丈量田亩。明朝初年是大规模地丈量过田亩的，但经过二百年的时间，由于封建官僚制度，地主、官僚、贵族、皇亲国戚利用地位占有大量土地，边地的军官也把屯地占为私有。此外，明朝制度，可以根据官僚的地位等级豁免徭役若干人，这样，官僚、举人秀才的负担少了，都转嫁到农民身上，农民所负的徭役很重，生活不下去，只得连人带田地去投靠在有权势的豪门中；一般中小地主也受官僚地主的压榨，为了逃避国家赋税徭役的过重负担，也有投靠在大地主门下的。在南方，特别是江苏、浙江地区，有很大数量的老百姓被强迫附属在大地主门下，这一带官田多，赋税更重，要负担全国赋税的三分之一。海瑞主张重新丈量土地，推行一条鞭法，把各种各样名目的赋役，都归纳一类，简化了手续，按土地面积征粮，纳的粮大部分改折为银子。这样，农民负担就减轻了一些，但这办法对地主官僚却很不利。海瑞一辈子反对凭政治力量剥削农民的穷凶极恶的大地主。海瑞批评嘉靖皇帝下狱时，还是当时宰相徐阶说的情，徐阶看重海瑞。但海瑞不顾私人感情，在任应天巡抚时，一到任老百姓就告状一百多起，告的是有权势的大地主、乡官，主要是告徐家，海瑞第一个叫退休的宰相徐阶退田给老百牲，徐阶知道海瑞不讲情面，只得退了一点，海瑞一定要他退一大半。徐阶恨极了，就派人勾通京里的太监和言官，弹劾海瑞“鱼肉乡绅”，海瑞也反攻，说从前乡官鱼肉老百姓，他们不作声，现在老百姓才叫乡官退还他们非法占去的一部分就说是鱼肉乡绅了，怎么这样不讲理。也有人骂他过左了，说他矫枉过正了，他说他并没有矫枉过正，而是还没有做够。但他的一条鞭法还是执行了，广大人民的负担减轻了一些，地主剥削也少了一些，得到广大人民歌颂。所以，海瑞是有办法、有政治眼光、有魄力的政治家。当时骂他的人不少，说他好话的人更多。说他好的是农民、市民，骂他的是大地主、乡官。

研究海瑞是根据官僚地主骂他的话呢？还是根据他为百姓办了好事说他好话的来研究呢？这是一个立场问题。他的成就不限于审案，这样说对他不是翻案，而是正确地估计他在历史上的作用。另外一方面，海瑞斗争了一生，对当时人民是有利的，他打击了官僚地主，保护中小地主和贫农中农以及市民。同时他采取了一些措施，如当时的驿站——水陆交通，主张规定制度办理，这样，就可以减轻人民负担，对人民是有利的。但对官僚地主则不利，所以他们就群起而攻之了。

此外，他对城市平民的利益也是保护的，当时南京有一个坏风气，官府需要的日常用具都要由铺户无代价供给，准备不好就要受罚，官员游山玩水要人民抬轿，供给酒食，海瑞反对这个做法。他到南京上任，一调查，各衙门向铺户要东西的单子就有几百张，便下令禁止。总之，他一生向坏人坏事作斗争，丢过官，坐过牢，做一辈子官，此后全部家产才一百多两银子，一所一百二十两银子买的住宅，和祖传遗产十多亩田地；此外，便一无所有了。他敢于说话能批评人，也能接受批评，对皇帝的毛病也一一列举，毫不客气，这是历史上应肯定的人物。目前，“右倾机会主义分子”假借海瑞的敢说话的名声，也来冒充海瑞，反对党的总路线，大骂大炼钢铁，骂人民公社搞早了、搞糟了等等，这要区别开，要弄清楚站在什么立场说话，海瑞反对的是坏人坏事，从来没有反对过好人好事，“右倾机会主义分子”则是专门反对好人好事的，本质不同，绝对不容许假冒。

四、谈　迁

他写了一本书——《国榷》，五百多万字，这个人是值得我们宣传学习的，我们要学习他的顽强斗争、努力、刻苦研究的精神。他与上面的三个人是不同的。他是个穷秀才，给官僚起草文件当幕友过活。明末他在大学士高宏图的幕府中，福王被俘后，他就隐居了，他有民族气节。另外，他对明代历史用功了几十年，是一个历史学家。从二十九岁母亲死，他守孝时念历史，念了几本很不满意，便决心自己编明朝的编年史。但在当时的条件下，只有某些大官僚藏有些书，也有一些更大官僚例如当过大学士的，将万历以前实录抄下来，但抄得也不全，各种抄本也不一样。谈迁到处搜集抄写，《国榷》一书引用了一百几十种资料，花了很长时间修改过六次，编成后被人偷走了（当时有人当过官想留个名，要出部书，但自己不会写，知道谈迁写了这部书，知道买不动，便想法偷走了）。谈迁虽很伤心，但不灰心，哭了一场以后他又重新搜集史料，搞了五六年，并根据调查访问的资料将一些错误史料修正了，例如原载张春降敌，后到北京弄清楚张春没有投降，便把记录改了。他到北京后到处搜集史料，向几个藏书家借抄，还作实际调查研究工作。这样又花了一两年重新校补，书成名为《国榷》。这样顽强学习的精神是了不起的。还应指出，第一次写书，他是为了求得历史的真实而写，第二次写便不同了，是有亡国之恨写的，是在对国家的爱对民族的爱的情况下编写出来的。他认为明朝亡了，但明朝的历史却不能亡，把这个责任一个人担当起来，他是一个爱国的历史家。

他生活贫困，以私人之力搞出这部大著作，实在非常不容易，了不起。《明太祖实录》经过三次修改，其他各朝修实录的人对一些人物有歪曲，只能做为资料看，不能完全信赖。《国榷》除根据这里面的材料外，还参考了法院的判决书和一百多家的历史记载，内容很丰富。例如乌斯藏、朵甘和建州的有关史料在《国榷》中就记载得比较详细，根据这些史料可以了解当时少数民族的情况。这本书史料价值是很高的。他于1657年死，过了三百年，书到今天才印出，谈迁这个爱国主义史学家也翻身了，他在中国史学史上是有地位的。他有许多方面是值得我们学习的，他费了前后几十年功夫，求了多少人，跑了多少路，抄过多少书，改写过六七次，经历多少困难，忍饥受冻，有时还得受气，这样的学者对我们启发很大，他的顽强学习精神和忠于国家民族的精神对我们今天的学习，鼓干劲、争上游是都有现实意义的。

上面谈了这四个人，总的说有以下这些看法。要声明，只是些初步意见，仅供参考。

第一，评价历史人物，应从当时当地人民利益出发，他的作为对当时当地人民是好是坏，对生产起促进还是起破坏作用，对文化艺术是起提高还是摧毁作用，这是一个标准。不能拿要求现代的人的标准来衡量古人，那样就没有一个人会及格了，这样做，是非历史主义的。要不然，这样做的结果，把我们的祖宗全说成是坏人，祖国的历史漆黑一团，我们全是坏人的子孙，我们的历史只是今天才从头开始，把历史切断了，这有什么好处呢？总之，评论历史人物应该以对当时当地大多数人的利益为标准。我们的祖先有很多人是了不起的人，我们的民族是伟大的民族。

第二，要区别史料。凡是在当时历史上起过作用的人物和事件在当时及以后都必然会有不同的意见，例如土改，我们说好，地主说不好；“大跃进”，总路线，大炼钢铁，大办人民公社，我们说好，“右倾机会主义分子”说不好。所以应根据当时人民的意见，应根据当时大多数人的看法，而不应该根据当时和以后少数反对者大官僚人地主的意见。要看说话的是什么人，什么立场。对曹操的评论，宋以后和宋以前是有所不同的；武则天也是如此，研究武则天，要根据唐人对她的意见，要根据直接记载的史料。当然也不能一概而论，要对被歪曲的人物区别对待，为曹操翻案的道理就在于此。

第三，阶级出身不是评价历史人物的唯一条件。人是可以改变的，过去、今天、将来都是如此。一个地主官僚阶级出身的人可能成为坏人，但不一定都是坏人，曹操、武则天、海瑞出身全不好，过去有些大画家、书法家、美术家，也都是大地主阶级出身。因为在过去社会里，只有他们这些人才享有文化学习的机会。我们决不能为这些历史人物的阶级出身而片面否定他们的历史成就，要有区别。同时，也要有联系，家世和社会的影响对一个人的发展或多或少都会是有的，也不可以说阶级出身和个人的发展毫无联系，这样说，也是不对的。

第四，评论人物应从政治措施及作用来衡量，而不应单纯从私人生活出发。个人生活是有关系的，但不是主要的。武则天即使死了丈夫以后嫁一个两个老公或更多个老公，对唐代社会唐代人民，对中国历史之发展有何坏处？我看不出有什么坏处。说曹操杀孔融就是切断了中国的文化，我看也不见得。有人说海瑞虐待妻子，史料上无此记载，只说他的家庭生活不愉快。一定要从这方面去钻牛角尖，挑错儿，我看没有多大意思。总之，这些问题都是个别的，次要的，甚至不是重要的，不是评价历史人物的主要标准，我们不应该把这些个别问题和政治上的大节、历史上的关键性措施混淆起来。

第五，不能拿今天的意识形态强加于古人。武则天是了不起的人物，可是有些小说戏剧一定说她有民主思想，这就不对头了。她如活着，也会说这是胡说。武则天是个了不起的妇女，为妇女说过话，但也不能因此而说她主张妇女翻身。在当时，武则天的确翻身了，但当时的妇女并没有翻身。时代不同，社会性质不同，道德标准也就不同，奴隶社会有奴隶社会的道德标准，封建社会有封建社会的道德标准，社会主义社会有社会主义社会的道德标准，总之，社会性质改变了，道德标准也必然随着改变，这是个历史的发展观点，评价历史人物应从历史发展的观点出发，而不能拿今时今地的道德标准去评价彼时彼地的历史人物。

第六，实事求是，反对浮夸。不符合过去存在的客观实际就是浮夸，本来这人只有五六分好，你却说十分八分好，这就是不真实了。是怎样就是怎样，要力求合于当时实际情况。当然历史实际是不可能完全复原的，但我们历史工作者要用最大的努力力求符合当时的历史实际，不知道的就是不知道，宁阙疑，不要乱说。也有人说我们的历史博物馆有的时代的陈列实物这不够那不够，我看不是够不够的问题，我们不能从主观愿望出发，要实事求是，有什么合适的摆什么，没有呢只好空着，不要吹毛求疵，辽金时代存世的实物本来就是少嘛，这能怪谁。不过，话说回来，随着考古事业的发展，将来，我们可以希望会有越来越多的东西发掘出来，博物馆的陈列会随着越来越丰富多彩的。

第七，什么是历史？总括一句话，就是生产斗争阶级斗争的总结，就是和自然界的斗争、和反动统治阶级的斗争的总结。我们祖先所曾经努力、曾经斗争过的某些有益的经验，其中有些对于今天也还是有现实意义的。学习这些有益的经验，这也就是古为今用，古人为今人服务。因此评价历史人物，应该从生产斗争和阶级斗争出发，离开这些搞些鸡毛蒜皮，捡了芝麻，丢了西瓜，不是马克思列宁主义者研究历史的应有态度。

第八，评价历史人物还应从整个历史发展出发。从当时当地，也要从整个历史、几千年来多民族共同大家庭的历史来衡量。例如隋炀帝修运河是好事还是坏事，当时人民的确负担很重，但修成了，对当时人民，对后代人民却有大好处。秦始皇修长城是好事还是坏事，要看到，假如没有万里长城，就会增加抵御外来侵略的困难，而且这个建设一直起作用到明朝，从这方面说，决不能说全是坏事。所以评价历史人物还应从整个历史的发展来看。

以上的意见，只是根据这四个人物做了一些研究，做了些初步分析，归纳为这八条意见，是不成熟的初步意见，提供给同志们朋友们参考和指教。

1959年10月27日